Sabine Kebir
Zwischen Traum und Alptraum

Sabine Kebir

Zwischen Traum und Alptraum

*Algerische Erfahrungen
1977–1992*

ECON Verlag
Düsseldorf · Wien · New York · Moskau

Die Deutsche Bibliothek – CIP-Einheitsaufnahme

Kebir, Sabine:
Zwischen Traum und Alptraum: Algerische Erfahrungen 1977–1992/Sabine Kebir. – Düsseldorf; Wien; New York; Moskau: ECON Verl., 1993
ISBN 3-430-15279-8

Copyright © 1993 by ECON Verlag GmbH, Düsseldorf, Wien, New York und Moskau.
Alle Rechte der Verbreitung, auch durch Film, Funk und Fernsehen, fotomechanische Wiedergabe, Tonträger jeder Art, auszugsweisen Nachdruck oder Einspeicherung und Rückgewinnung in Datenverarbeitungsanlagen aller Art, sind vorbehalten.
Lektorat: Edda Bauer
Gesetzt aus der: Palatino, Berthold
Satz: Dörlemann-Satz, Lemförde
Papier: Papierfabrik Schleipen GmbH, Bad Dürkheim
Druck und Bindearbeiten: Ebner Ulm
Printed in Germany
ISBN 3-430-15279-8

Inhalt

Ein Mythos vergeht
Partisaninnen erzählen 7

Im Schatten der Hochtechnologie
Putzfrauenreport 24

Traktor und Esel im Wettlauf
Zu spät und verfehlt: Die Agrarreform 50

Wie die Nachfahren Jugurthas manipuliert wurden
Machtpoker der FLN 63

»Meine Frau ist die freieste Frau der Welt«
Im schön-schrecklichen Tal des Mzab 94

Entzauberung der Sahara
Erdöl und Kulturenvielfalt 115

Im Land des wirklichen Blau
Tuareg: Herren der Wüste oder Almosenempfänger? 138

Ein Gott, ein Volk, eine Sprache
Hochtechnologie und Hocharabisch 160

Frauen als Hebammen der Demokratie
Familiengesetz kontra Verfassung 199

Rückkehr des Schleiers
Die sexuelle Krise 237

Demokratische Chancen
Algerien zwischen Militärregime und Kalifat 267

Epilog 309
Begriffe 314
Quellen und erwähnte Bücher 317

Ein Mythos vergeht

Partisaninnen erzählen

Immer wenn sich das Flugzeug zur algerischen Küste senkte, war ich von Zärtlichkeit erfüllt: Lange hatte ich mir gewünscht, in diesem Land zu leben. Sein Unabhängigkeitskrieg (1954–1962) war die erste politische Passion meiner Kindheit. Nachdem ich die Indianerbücher beiseite gelegt hatte, wurde die von der Todesstrafe bedrohte Partisanin Djamila Bouhired meine erste Heldin der Wirklichkeit. Wer aber lernt schon seinen Winnetou kennen? Ich sollte die Chance haben, Djamila Bouhired zu begegnen und auch Zohra Drif, einer anderen berühmten Partisanin. Ihren Vornamen fügte ich dem Namen unserer Tochter Noara hinzu, die noch in der DDR geboren wurde.

Ich habe Algerien aber auch immer gern wieder verlassen, besonders in der Sommerhitze, wenn der Wasserhahn manchmal tagelang keinen Tropfen von sich gab. Das Leben war schwer dort. Es hatte nichts von dem, was eine Frau sich normalerweise wünscht. Die elf Jahre, die ich in Algerien verbrachte, konnte ich überhaupt nur aushalten, weil ich mir etwas Ungewöhnliches vorgenommen hatte: Ich wollte an einer Emanzipationsbewegung teilnehmen. Und dazu brauchte ich einen politischen Raum, der flexibler war als die DDR mit ihrem verknöcherten Sozialismus. Algerien schien ein solcher Raum zu sein. Aber als ich im Januar 1988 mit Noara-Zohra und Sarra im Flugzeug über die algerische Küste aufstieg, um nach Westberlin zu ziehen, war ich nahe daran, das Land zu verdammen. Es hatte ebensowenig wie die DDR vermocht, sich wirklich vorwärts zu bewegen.

Schon wenige Monate später kam die Explosion: der Oktoberaufstand, der zur Demokratisierung führte. Ende 1991 dann der

Wahlsieg der Islamisten, 1992 das Militärregime. Jetzt, 1993 – vielleicht der Bürgerkrieg?

Erst seit den Oktoberunruhen 1988 interessierte man sich in Deutschland wieder für Algerien. Bis dahin war das Bild des Landes von dem mehr als zwanzig Jahre alten Kultfilm »Die Schlacht um Algier« bestimmt, der heroische Bilder aus dem Unabhängigkeitskrieg heraufbeschwor. Wenn überhaupt, kamen nur positive Nachrichten über die von aller Welt anerkannte Außenpolitik des Landes. Auf dem Flugplatz von Algier wurden mehrere von Muslimen aus anderen Weltgegenden angezettelte Flugzeugentführungen vereitelt. Die algerische Regierung vermittelte beim Kidnapping der OPEC-Minister in Wien 1974 sowie im amerikanisch-iranischen Geiseldrama 1979/80. Nachdem die Geiseln in die USA zurückgekehrt waren, erhielt die algerische Botschaft so viele Geschenke dankbarer Amerikaner, daß deren Lagerung zum Problem wurde. Algerien vermittelte auch erfolgreich in Konflikten zwischen Ländern der Dritten Welt. Das kostete den Außenminister Banyahia das Leben. Er war auf dem Weg zu einem Vermittlungsversuch zwischen Iran und Irak, als sein Flugzeug 1982 auf türkischem Territorium abgeschossen wurde. Nie ist ein offizielles Untersuchungsergebnis des Vorfalls veröffentlicht worden.

Innere Entwicklungen Algeriens waren in Deutschland unbekannt. Noch im Juni 1988 hatte ich Mühe, bei einem Vortrag an der Universität Kassel klarzumachen, daß das Land in einen ökonomischen und sozialen Abgrund geraten war. Selbst der Professor, der mich eingeladen hatte und Algerien gut kannte, war noch ganz dem selbstsicheren Charme der jungen, dynamisch wirkenden Führungskräfte verfallen. Er konnte sich nicht vorstellen, daß es sich nur um den Charme der Petrodollars handelte und daß ähnliche Katastrophen wie in anderen Entwicklungsländern heranreiften ...

Der Mythos vom Unabhängigkeitskrieg und von einem halbwegs gelungenen Sozialismus war sowohl in der DDR als auch in der Bundesrepublik ungebrochen – während die algerische Jugend schon längst gähnte, wenn Regierungsfunktionäre die glorreiche Vergangenheit der FLN heraufbeschworen. Am Ende des Films »Die Schlacht von Algier« wird die Sprengung des Hauses gezeigt, in dem sich die Partisanin Hassiba Ben Bouali, Ali la Pointe und das Kind Omar verbarrikadiert hatten. Schon bei meinem ersten Besuch der Kasbah im Jahre 1977 habe ich die mit einer Gedenktafel versehene Ruine als Abfallgrube vorgefunden.

Mit diesem Buch möchte ich zum Abbau von Mythen über die Dritte Welt beitragen. Da Länder wie Algerien – trotz der auch dort lange Zeit vorherrschenden totalitären Informations- und Wissenschaftspolitik – heute durchaus über Elemente einer modernen Soziologie und Politologie verfügen, sind wir nicht mehr darauf verwiesen, negative Entwicklungen allein mit dem bei uns gängigen Feindbild Islam in Verbindung zu bringen. Schon Lessings Nathan lehrte, daß der Koran ein nicht weniger humanistisches Universum als die Bibel begründet, was freilich nicht verhinderte, daß sowohl im Namen des Christentums als auch im Namen des Islam die unglaublichsten Grausamkeiten begangen wurden und werden. Da beide Kulturen aber auch Toleranzpotentiale entwickeln können, muß die oft von den Medien genährte Legende begraben werden, daß es in islamischen Ländern viele fanatische Gläubige einerseits und einige wenige verwestlichte Atheisten andererseits gibt. In Wirklichkeit ist es nicht nötig, dem Koran abzuschwören und ausländischen Ideologien zu verfallen, um zu der Auffassung zu kommen, daß heutzutage keine Gesellschaft ausschließlich von Korangelehrten geführt werden kann, sondern kontrollierbare und korrigierbare Institutionen braucht.

Entgegen dem oberflächlichen Schein sind die Lebensrealitäten der islamischen Völker alles andere als einheitlich. Wie auch in Europa herrscht freilich bei den einzelnen Völkern und Volksgruppen jeweils noch das Denken vor, daß die eigenen Lebensregeln die »besten« und die »wahren« sind. Und dieses Denken ist bis heute politisch instrumentalisierbar.

Die westlichen Medien stellen aber nicht genug heraus, daß auch in der Welt des Islam die Anzahl der Menschen wächst, die die Zukunft auf Toleranz und nicht auf gewaltsame Ausdehnung ihrer eigenen Lebensformen aufbauen möchten. In diesem Buch kommen vor allem Algerier zu Wort, die sich als Demokraten *und* zugleich als Teil der sich gegenwärtig sehr widersprüchlich dynamisierenden muslimischen Kultur verstehen. Im Dialog mit ihnen wird deutlich, daß auch in Drittweltländern nur noch Selbstbestimmung – nach außen und nach innen – zur Lösung der Probleme führen kann. Nicht anders als bei uns ist Demokratisierung aber ein langwieriger, epochaler Prozeß, der auch Rückschläge erfährt. Wie die Linke werden auch die Anhänger des monolithischen Islam begreifen müssen, daß nicht die »Einheit« der Völker stark und schöpferisch macht, sondern die Anerkennung des Rechts auf Differenz und Autonomie.

Bevor ich 1977 nach Algerien zog, las ich »Die Verdammten dieser Erde« von Frantz Fanon und die vierbändige Dokumentation über den Unabhängigkeitskrieg von Ives Courrière. Durch meine eigenen Forschungen zu Antonio Gramsci hing ich keinen gradlinigen Fortschrittsvorstellungen mehr an und auch keiner Identifikation des Guten und Bösen mit dem althergebrachten Links-Rechts-Schema. Der Algerienkonflikt war 1954 unter der Verantwortung des damaligen sozialistischen Innenministers Mitterrand militärisch eskaliert. Auch die Kommunisten unterstützten bis 1958 die Idee des »Algérie Française«. Und das trotz Dien-Bien-Phu! Beendet wurde dieser Krieg – der in Frankreich offiziell noch immer nicht als solcher gilt – durch einen Rechten: Charles de Gaulle. Jahre mutiger Schachzüge waren nötig, um den pieds-noirs – den ehemals häufig links wählenden, im Verlauf der Ereignisse aber zur rechtsradikalen Mafia werdenden Algerienfranzosen – das »Algérie Française« zu entreißen. Obwohl de Gaulle den Krieg konsequenter als seine Vorgänger führte, besteht unter Historikern heute kein Zweifel, daß er von vornherein die Absicht hatte, ihn zu beenden. Er wollte ein neues Dien-Bien-Phu verhindern, das die Gefahr einer Faschisierung Frankreichs, einer Machtübernahme der Generäle mit sich gebracht hätte. Aus de Gaulles Sicht mußte der Krieg deshalb militärisch gewonnen werden, ehe man in die Verhandlungen von Evian eintreten und den Algeriern schließlich konzedieren konnte, was sie seit 1954 gefordert hatten. Weil ein Teil der Generäle die Taktik de Gaulles durchschaute, kam es zur Bildung der OAS (»Organisation Armée Secrète« – »Geheime Bewaffnete Organisation«), die gegen die Aufgabe der Kolonie mit Terror kämpfte und zeitweilig auch einen Putsch anvisierte.

De Gaulles Politik wirkt durchaus machiavellistisch. Sie zeugt aber von mehr Realitätssinn, als ihn die französische Linke aufbrachte. Deren historischer Niedergang hängt meiner Auffassung nach unter anderem mit ihrer Kolonialpolitik zusammen.

Es gibt heute auch kaum Zweifel mehr, daß die Führung der militärisch besiegten ALN, die sich hinter der tunesischen und marokkanischen Grenze verbarrikadierte, de Gaulles Plan ebenfalls durchschaute und bald begriff, daß er die Möglichkeit ihrer späteren Machtübernahme bot. Während die ALN im relativ sicheren Grenzgebiet immer mehr Waffen ansammelte und ihr internationales Prestige aufbaute, verblutete der innere Maquis. Dieser wurde durch die von der Auslandsführung der FLN beschlossene und Ende 1958 in Marokko realisierte Liquidierung von Abane Ramdane auch politisch geköpft. Die Führer fochten untereinander erbitterte Machtkämpfe aus, die nach 1962 nicht abflauten. Um nur die prominentesten weiteren Opfer zu nennen: Wenige Jahre nach der Unabhängigkeit wurde Mohammed Khider in Madrid umgebracht und Krim Belkassem in Frankfurt am Main.

In der ALN herrschte ein ausgeprägtes Mißtrauen gegen Intellektuelle. Ein Teil der revolutionären Führer hielt schon diejenigen, die französisch schreiben konnten, für potentielle Kollaborateure. Ein aus Algeriern bestehendes Fernsehteam, das dem französischen Fernsehen ORTF eine ganze Filmausrüstung entwendete, sie illegal übers Mittelmeer und durch Tunesien in den Maquis brachte, wurde auf der Stelle erschossen. Die Revolutionsführer erkannten lange den politischen Nutzen nicht, den das Ausstrahlen eigener Bildberichte ins Ausland gebracht hätte.

Die nach der Unabhängigkeit entstandene Regierung des inneren Maquis, zunächst von Ferhat Abbas, dann von Ben Khedda geleitet, bestand nur wenige Tage. Die Grenzarmee – kommandiert von Houari Boumediene – rollte mit ihren Panzern ins Land und setzte den von der Auslandsführung der FLN ausersehenen Ahmed Ben Bella als Regierungschef ein. Die Panzer der Grenzarmee sind bis heute die wahren Machthaber Algeriens geblieben.

Die Unabhängigkeitsbewegung war auch nicht frei von Rassismus. Frantz Fanon, ein aus Martinique stammender farbiger Psychiater, der ihr bedeutendster Theoretiker wurde, konnte nie zu einem ihrer Führer werden. Fanon starb an Leukämie ein halbes Jahr vor der Unabhängigkeit. Obwohl er offiziell geehrt wurde, und die Führungsriege stets darum wetteiferte, wer ihm am nächsten gestanden habe, dauerte es über zwei Jahre, bis das unabhängige Algerien ein paar Artikel von ihm publizierte. Und es vergingen fast dreißig Jahre, bis das Land »Die Verdammten dieser Erde« in einer eigenen Edition herausbrachte – das Buch, das die psychokulturellen Bedingungen der Revolution minutiös aufzeigte, aber auch bereits vor der Errichtung totalitärer Regimes in der Dritten Welt warnte. Eine Schülerin und Mitkämpferin Fanons, Alice Cherki, verließ das Land 1965, weil sie – übrigens auf Betreiben des gegenwärtigen Premierministers Belaid Abdessalam – als Jüdin die Jugendorganisation nicht auf einem Auslandskongreß vertreten durfte. Für ihre Anerkennung als Partisanin verlangte man plötzlich einen Nationalitätsnachweis – obwohl ihre Familie von den seit der Antike judaisierten Berbern abstammte und immer in Algerien gelebt hatte!

Auch zu meiner Zeit war Algerien nicht frei von Rassismus. Im Rahmen eines Nationalisierungsdekrets bin ich von der Universität gejagt worden, obwohl ich mit einem algerischen Mann verheiratet war, zu denselben materiellen Bedingungen arbeitete wie meine algerischen Kollegen, mich der Arabisierung angeschlossen und einen Antrag auf die Staatsangehörigkeit gestellt hatte.

Die algerische Revolution war nicht weniger furchtbar als andere Revolutionen. Heldentum, Verrat und Rache waren eng miteinander verschränkt. Fanon hat in »Die Verdammten dieser Erde« den Circulus vitiosus der vom Kolonisator ausgehenden alltäglichen Gewalt und der Gegengewalt beim Kolonisierten psychoanalytisch erklärt: »Als erstes lernt der Eingeborene, auf seinem Platz zu bleiben, die Grenzen nicht zu überschreiten. Deshalb sind die Träume des Eingeborenen Muskelträume, Aktionsträume, aggressive Träume. Ich träume, daß ich springe, daß ich schwimme, daß ich renne. Ich träume, daß ich vor Lachen berste, daß ich den Fluß überspringe, daß ich von Autorudeln verfolgt werde, die mich niemals einholen. Während der Kolonisation hört der Kolonisierte nicht auf, sich zwischen neun Uhr abends und sechs Uhr früh zu befreien. Diese in seinen Muskeln sitzende Aggressivität wird der Kolonisierte zunächst gegen seinesgleichen richten.«

In der Tat hat eine beträchtliche Anzahl Verelendeter auf seiten der Franzosen gekämpft – die Harkis. Sie waren es auch oft, die ihre Landsleute im Auftrag der Franzosen folterten. Daher sind ein Großteil von ihnen bei Kriegsende von der Bevölkerung ermordet worden. Die Überlebenden führen bis heute ein tristes Dasein in Frankreich. Sie und ihre Kinder werden von Franzosen und Algeriern gleichermaßen diskriminiert.

Harki in der französischen Armee wurde man zumeist nur aus bitterer Not. Über eine Amnestie für die Überlebenden – und die Möglichkeit der Eingemeindung der unschuldigen zweiten Generation – wird in Algerien erst seit der Demokratisierung diskutiert.

Die Diskriminierung der Harkis und ihrer Kinder erscheint um so ungerechter, da viele intellektuelle »Harkis«, d. h. Kollaborateure in Verwaltung und Kultur, unerkannt blieben und bis heute Posten und Pöstchen in Algerien innehaben. Der Chronist Laadi Flici hat mir erzählt, daß aus den in öffentlichen Bibliotheken Algeriens gesammelten Zeitschriften der Kriegsjahre ganze Artikel herausgeschnitten wurden. Bestimmten Autoren schien es ratsam, ihre damaligen Beiträge zumindest der algerischen Leserschaft zu entziehen. Aber Flici hütete sich, seine Erkenntnisse – die er natürlich in französischen Bibliotheken ergänzt hat – an die große Glocke zu hängen: Um die Rachegefühle der einstigen Opfer in Schranken zu halten, erließ die Regierung Ben Bella nach dem Krieg ein Gesetz, das die öffentliche Nennung von Kollaborateuren und Denunzianten der Kriegszeit verbietet.

Die Regierung Boumediene arbeitete dann ganz bewußt mit Funktionären, die kollaboriert oder sich zumindest nicht aktiv an der Revolution beteiligt hatten. Sie waren gefügiger.

Wie schwer es für die einstmals Verratenen ist, zu schweigen, habe ich gleich am Anfang meines Aufenthalts erfahren, als wir in Sidi Bel-Abbes wohnten. Wir waren anläßlich der Geburt eines Mädchens bei einer Familie eingeladen. Die Kleine wog nur 1800 Gramm. Man hatte sie der Mutter aber mit nach Hause gegeben, weil der einzige verfügbare Brutkasten nicht funktionierte. Nachdem wir gegessen und allerhand getrunken hatten, begann die Frau zu weinen und erzählte, daß ihr heutiger Chef sie an die Franzosen denunziert hatte, was ihr eine schwere Folterung einbrachte. War das vogelähnliche Kind deshalb so klein geraten? Aus seiner kräftigen Stimme hörte man indes eine Überlebenschance heraus, und es entwickelte sich dann tatsächlich normal.

Einige Frauen der Revolution sind berühmt geworden – wie die zum Tode verurteilte und durch Jacques Vergès' Verteidigung sowie weltweite Solidaritätsaktionen gerettete Djamila Bouhired. Wie war es möglich, daß die weibliche Präsenz im Befreiungskampf so wenig zur Verbesserung der Lage der Frauen im unabhängigen Algerien beigetragen hat?

In Wirklichkeit wurde die Rolle der Frauen in der Revolution ganz und gar von den Männern abgesteckt. Ihre Teilnahme war zu Beginn der Auseinandersetzungen zunächst überhaupt nicht erwünscht. Der 1956 von der FLN im Tal des kabylischen Flüßchens Soummam unter der Leitung von Abane Ramdane abgehaltene Geheimkongreß fixierte die historisch progressivsten Positionen der FLN, die sofort umstritten waren und teilweise rasch aufgegeben wurden. Aber selbst im Programm dieses Kongresses wurde die Rolle der Frauen im Unabhängigkeitskampf außerordentlich geschlechtsspezifisch-traditionalistisch definiert: moralische Unterstützung der Kämpfer, Nachrichtendienste, Versorgung mit Lebensmitteln, Sicherung von Verstecken für die Kämpfer, Hilfeleistungen für die Familien der Partisanen im Alltag.

Die Partisanin Nadjet hat mir über ihre Erfahrungen im Unabhängigkeitskrieg berichtet:

»Ich habe als Kind meine Eltern verloren und lebte bei meiner Großmutter und meinen Onkeln in Tebessa, in Ostalgerien. 1956 war ich sechzehn und träumte davon, in den Maquis zu gehen. Natürlich hatte ich keine Vorstellung davon, was das bedeutete. Aber ich wollte kämpfen, auch bis zum Tod. Natürlich mußte ich mich im geheimen davonstehlen, meine Familie hätte das nicht erlaubt. In der Nacht, in der ich aufbrechen wollte, schrieb ich einen Brief an meine Großmutter. Es war wichtig mitzuteilen, daß sie sich um meine Ehre keine Sorge zu machen brauchte. Den französischen Behörden mußte sie aber genau das melden – daß ich mit einem Mann durchgebrannt sei.

Mitten in der Nacht ging ich los. Mit Hosen bekleidet schlich ich mich aus der Stadt heraus, auf die Landstraße. Ich wurde ängstlich und begann laut zu singen – ausgerechnet die Lieder von Edith Piaf. Weil ich das später im Maquis auch oft tat, war mein Spitzname dort ›Piaf‹.

Es ist mir bis heute ein Rätsel, wie ich wohlbehalten bis in die Berge gekommen bin. Ich dachte, irgendwann, irgendwie werde ich dort schon auf die Partisanen stoßen. Gegen Morgen sah ich ein paar Schäfer, die ich ganz unbefangen fragte, wie ich zur ALN käme. Glücklicherweise waren das keine Harkis – die hätten mich sofort zur Polizei gebracht. Obwohl ich mich als Mädchen zu erkennen gab, wiesen sie mir eine Richtung. Und tatsächlich kam ich schließlich in ein Dorf, in dem nur Frauen lebten. Empfangen wurde ich von Hunden, die mich beinahe totgebissen hätten. Es war ein Stützpunkt der ALN, aber die Frauen gaben das natürlich nicht zu. Sie behaupteten, weder für die FLN noch für Frankreich zu sein. Ich sagte ihnen, daß ich Partisanin werden wollte, und bat sie, mich mit dem Maquis in Verbindung zu setzen. Nach einigen Tagen erschien ein Mann, der mir viele Fragen stellte. Immer wieder riet er mir, nach Hause zurückzugehen. Der Maquis sei überhaupt nichts für Frauen. Sie würden dort einfach nicht gebraucht. Als ich hartnäckig blieb, nahm eine Frau eine Leibesvisitation an mir vor. Sie suchte nach der ›Weißen Karte‹, mit der sich die Harkis bei französischen Patrouillen auswiesen. Weil ich zur Rückkehr nicht bereit war, blieb ich. Nach etwa einer Woche erschien zu meiner Überraschung mein Onkel. Er schaffte es nicht, mich zur Heimkehr zu bewegen. Schließlich haben mich ein paar Männer gewaltsam gefesselt und auf einem Esel nach Tebessa zurückgebracht.

Meine Familie versteckte mich, damit die Franzosen mich nicht doch über meine Abwesenheit befragten. Damals muß die FLN Erkundigungen über mich eingezogen haben, die günstig ausfielen. So erreichte mich eines Tages die Nachricht, daß ich als Partisanin anerkannt sei und man mich an einem bestimmten Ort abholen würde.

Ich bekam eine militärische Ausbildung: Erste medizinische Hilfe, Schießen, Handgranatenwerfen. Man teilte mich einer Gruppe zu, die Dokumente und Geld zu transportieren hatte. Feindberührung sollten wir eher vermeiden. Aber es passierte natürlich trotzdem. Einmal habe ich während eines Verhörs einen französischen Offizier erschossen. Ich war von unruhigem Temperament und habe oft gegen die Anordnungen verstoßen...«

Die Mittvierzigerin Nadjet hatte mit kräftiger Stimme ihre Erzählung begonnen. Nun klang sie viel leiser, fast emotionslos, als spräche sie nicht über sich selbst. Eine innere Distanzierung wurde spürbar, hier prahlte kein Söldner. Nadjet ist eine kleine Person, etwa 1,55 groß und sehr zierlich. Heute ist sie Sozialarbeiterin.

Als ich sie fragte, ob sie andere Gewalttaten im Krieg begangen hat, sagte sie, es müsse genügen, daß sie das Schlimmste benannt habe. Nach einigem Zögern fügte sie hinzu, daß sie auch einmal einen Mann gefoltert hätte. Und zwar gegen die zentralen Anweisungen. Aber es mußte sein, weil ihre Gruppe unbedingt eine bestimmte Auskunft brauchte.

Wie wird sie heute mit ihrem Vorleben als Partisanin fertig? Nadjet schafft es vielleicht nur, weil sie in einem Haus in El Biar wohnt, in dessen Souterrain die Franzosen einen großen Folterkeller hatten. Die Schrecken der Vergangenheit scheinen neutralisiert. Heute ist der Keller eine Turnhalle.

»Weißt du, wir waren ja bereit, in jedem Augenblick für die

Revolution zu sterben. Das war es, was einen so grausam machte. Und das war es auch, was uns das Durchhalten ermöglichte. Alle, die mit irgendeinem Kalkül für ›später‹ in den Maquis kamen, hielten nicht durch. Man mußte sich hundertprozentig geben oder es sein lassen.

Die Anwesenheit einer Frau war übrigens günstig für so eine Gruppe. Das hat die Männer angespornt. Und ich habe natürlich immer den Ehrgeiz gehabt, alles zu schaffen, was sie schafften: Märsche von 45 km und mehr. Obwohl ich manchmal mit einem Mann unter derselben Kaschabia schlafen mußte, ist sexuell nie etwas passiert. Da gab es eiserne Regeln.

Ende 1957 und 1958 war unsere militärische Situation so schwierig, daß mir immer häufiger befohlen wurde, nicht mit der Gruppe auszuziehen. Man wollte nicht, daß Frauen in Gefangenschaft gerieten – weil es da die schlimmsten Entehrungen und Folterungen gab. Ich sah das aber nicht ein, ich wollte weiterkämpfen. Einmal sollte die Gruppe ohne mich eine Bombe vor einen Zug legen. Ich spielte die Verrückte, die Löwin, ich wollte unbedingt mitgehen. Schließlich griff ich sogar nach einer Handgranate und drohte, den ganzen Stützpunkt in die Luft zu sprengen. Einem Mann gelang es, mir von hinten das Ding zu entreißen. Ich wurde gefesselt. Nach Stunden wurde ich losgebunden und gefragt, ob ich immer noch mitgehen wolle. Ich sagte: ›Ja, immer noch.‹ Aber die Gruppe war natürlich schon weg.

Zu dieser Zeit wollte die ALN alle Frauen loswerden. Man hatte keine Verwendung mehr für uns, wir waren nur noch eine Last. Uns wurde gesagt, daß wir die elektrisch gesicherte Morice-Linie, die Grenze nach Tunesien, überqueren und uns dort kasernieren lassen müßten. Dort sollten wir dann verheiratet werden.

Das war das Ärgste, was uns passieren konnte! Keine von uns war in den Maquis gegangen, um zu heiraten! Im Gegenteil, wir wollten überhaupt nie heiraten! Wir Mädchen haben in unserem Hauptquartier aus Protest einen Brand gelegt. Dann versuchten wir einen kollektiven Selbstmord: Wir drehten in unserem Schlafraum eine Gasflasche auf. Aber weder die Brandstiftung noch der kollektive Selbstmord sind gelungen.

Um den Frauen – von denen die meisten als Krankenschwestern und Köchinnen tätig waren – zu zeigen, was der Maquis bedeutet, kam unser Offizier auf die Idee, daß wir allein einen Gewaltmarsch durch gefährliches Gebiet unternehmen sollten. Ich war Gewaltmärsche ja gewöhnt, die meisten anderen Mädchen aber nicht. Sie bekamen nicht einmal Stiefel, ihre Beine sahen bald furchtbar aus. Aber keine gab auf, trotz blutender Füße. Schlimm war es, wenn wir einen Fluß überqueren mußten. Die meisten konnten nicht schwimmen. So habe ich mehrere meiner Kameradinnen auf den Schultern über die Flüsse gebracht.

Obwohl alle Mädchen den Marsch schafften, mußten wir doch nach Tunesien. Dort wurden wir kaserniert und nach und nach zwangsverheiratet. Die Männer suchten sich ein Mädchen aus, das aber zwischen verschiedenen Prätendenten wählen konnte, wenn es sie denn gab. Die anderen Mädchen spielten die Rolle der Familie und nahmen die Bitte um die Hand entgegen.«

Nadjet hatte einen Mann gewählt, den sie nicht liebte, der aber gut aussah.

»Ich hatte gar keine Vorstellung von der Ehe. Mein einziger Wunsch war, in Hosen zu leben, ein Mann zu bleiben. Mein Mann aber wollte eine Frau aus mir machen. Er wollte mir das Rauchen verbieten, ich sollte Röcke tragen. Ich rauchte weiter und trug auch während meiner ganzen Schwangerschaft keine Röcke, sondern blieb im Kampfanzug.

Als wir nach der Unabhängigkeit nach Algerien zurückkehrten, hat mir die FLN als Dank für meine Verdienste einen Frisiersalon überlassen. Das war es, was sie den Frauen zutrauten – einen Frisiersalon! Ich haßte ihn – diesen Salon! Sollte ich mich für die Frisuren unserer neuen Bourgeoisie verantwortlich fühlen? Ich habe den Salon schließlich der Tochter eines Schahids geschenkt.«

Nadjet hat eine furchtbare erste und eine kurze zweite Ehe geführt. Sie konnte sich keinem privaten Kommando unterordnen, deshalb lebte sie schließlich allein mit ihren drei Kindern. Ich habe sie nie in Hosen, nur in eleganten Röcken gesehen. Ihre noch gar nicht so weit zurückliegende Vergangenheit ist in Wirklichkeit sehr weit entfernt. Der älteste Sohn – mittlerweile Offizier – versuchte, seiner Schwester das Rauchen zu verbieten. Seiner Mutter gegenüber wagte er das freilich nicht. Nadjet vertraute mir an, daß sie Lust habe, frei mit einem Mann zu leben. Es scheitere aber daran, daß die Männer zu Partnerschaften unfähig seien, die nicht in Unterwerfung der Frau münden.

Ehemalige Partisaninnen sind die einzigen Algerierinnen, die mir so offen erotische Wünsche anvertrauten. Aber gerade sie lebten meist allein, oft sogar gedemütigt von der Männerwelt. Wenn ich an Aischa denke! Auch sie war Partisanin gewesen, aber viel politisierter als Nadjet. Keine Draufgängerin. Sie war etwas älter, als die Revolution begann, hatte schon in der Kommunistischen Partei gekämpft. Ihr Vater war Eisenbahner, ein alter Sozialdemokrat.

Aischa war 1954 aus der Partei ausgetreten, weil diese die gleichzeitige Mitgliedschaft in der FLN nicht akzeptierte. Die französische KP und ihr algerisches Anhängsel traten erst ab 1958 für die Unabhängigkeit ein. Auch aus diesem Grunde konnte sie nach der Unabhängigkeit nie eine wirkliche Massenpartei werden.

Aischa lebte in Frankreich. Ihr Mann kam 1956 bei den berühmten Brückenattentaten um, sie selbst wurde wegen konspirativer Verbindungen gefangengenommen. Ihre fünf Kinder waren seit ihrer Haft im Gewahrsam der »Assistance Sociale« und wurden zur Adoption vermittelt. Sie hat sie nie wiedergesehen. Daß sie ihre Kinder nach dem Krieg nicht gesucht und zurückgefordert hat, begründet Aischa damit, daß ihnen die »Assistance Sociale« und sicher auch die Adoptiveltern immer wieder gesagt haben könnten, daß ihre Mutter ein Monstrum sei. Obwohl mehr als dreißig Jahre verstrichen sind, akzeptiert Aischa zu diesem Thema keine weiteren Fragen.

Es gelang ihr, aus dem Gefängnis zu fliehen und nach Tunis zu kommen, von wo aus sie in den algerischen Maquis kam. Aischa beeindruckt auf andere Weise als Nadjet. Sie ist groß, stark, mit einer Bärenstimme. Sie hat, soweit ich weiß, nicht mit der Waffe in der Hand gekämpft. Sie war offiziell Krankenschwester, führte aber auch geheime politische Missionen aus. Sie wurde nicht zwangsverheiratet, sondern hat eine Liebesheirat im Maquis zustande gebracht.

Auch Aischa ist seit der Unabhängigkeit Sozialarbeiterin. Im Rahmen des Roten Halbmonds – des muslimischen Pendants zum Roten Kreuz – betreute sie uneheliche Mütter und ihre Kinder, leitete Ausbildungszentren für Waisen. Das war ihre Art, mit dem Verlust der eigenen Kinder aus erster Ehe fertig zu werden.

Sie ist 1968 aus der FLN ausgetreten – im Jahr, in dem diese brutal gegen die studentische Linke vorging und vielen Algeriern klarwurde, daß die Partei zum Besitztum einer selbstherrlichen Clique verkommen war.

Aischas zweiter Mann war nach einer Folterung zeugungsunfähig geworden. Erst nach dem Krieg, durch jahrelange Behandlung in Frankreich, konnten die beiden einen kleinen Jungen bekommen. Und dieser Frau widerfuhr es, daß der Ehemann – ohne es ihr zu sagen – kurz nach der Geburt des Kindes eine zweite Frau heiratete! Aischa erfuhr davon erst, als auch sie ein Kind erwartete!

Sie ist durch diese Erniedrigung krank geworden. Von Scheidung kann sie nur noch träumen. Der Ehemann – ein Funktionär der FLN – verbringt stets den Nachmittag bei ihr, hilft bei kleinen Problemen im Haushalt und entschwindet dann wieder zu seiner anderen Frau. Aischa träumt allerdings von Rache: von einem Liebhaber.

10 949 Partisaninnen sind registriert, wahrscheinlich hat es aber viel mehr kämpfende Frauen gegeben. Die meisten wurden als Köchinnen oder Krankenschwestern eingesetzt. 18 Prozent von ihnen waren Soldatinnen oder gehörten der Stadtguerilla an. 14 Prozent der Partisaninnen sind im Gefängnis gewesen. 10 Prozent kamen um.

Nadjet, Aischa und die anderen Partisaninnen, die ich kennenlernte, hatten sich das Algerien, für das sie kämpften, anders vorgestellt als das Land, in dem sie nun lebten. Sie waren enttäuscht von der frauenfeindlichen Politik der FLN und sind nun entsetzt über die Rolle, die der Islamismus der Weiblichkeit geben will. Sie haben für eine moderne, aufgeschlossene muslimische Kultur gekämpft, die den Frauen die gleichen Chancen wie den Männern bieten sollte.

Ich fand es immer erstaunlich, daß die ehemaligen Partisaninnen weniger Berührungsängste Frankreich gegenüber haben als die heutigen Islamisten. Nadjets Beruf war es, schwerkranke algerische Kinder in französische Krankenhäuser zu begleiten. Das Recht auf medizinische Betreuung in Frankreich stand bis 1985 allen Algeriern zu, deren Krankheit man im Lande selbst noch nicht behandeln konnte – die Erdölrendite machte es möglich. Auch Aischa fuhr öfter nach Frankreich, um sich dort zu erholen oder ärztlich behandeln zu lassen. Sie sagte, daß nur das Käppi des ersten französischen Polizisten bei ihr den Angstreflex der alten Zeiten auslöse, dann bewege sie sich völlig normal im Land ihrer ehemaligen Feinde. Diese Frauen haben nicht global gegen die französische Kultur gekämpft, sondern vor allem gegen die Ungleichheit, die das Kolonialsystem für die Muslime vorgesehen hatte.

Nadjet-Piaf und Aischa waren der französischen Kultur in einigen Punkten sogar verbunden. Ohne Christin zu sein, schmückte Aischa für ihr Söhnchen alljährlich einen Weihnachtsbaum. Wahrscheinlich wollte sie ihm etwas geben, wonach sie sich als Kind gesehnt hatte.

So furchtbar die Revolution, so mager ihre Ergebnisse waren – wenn ein Algerier sie heute bezweifelt, so spricht er meist im Affekt. Wer Fotos aus Filmen und Büchern über Algerier unter der Franzosenherrschaft kennt, versteht, daß die Unabhängigkeit zumindest eins gebracht hat: die unsägliche Erniedrigung des Menschen vor dem Menschen, die aus jeder Körperhaltung auf diesen Fotos spricht, existiert nicht mehr. »Das kolonisierte Ding wird Mensch« nannte Fanon diese Entwicklung. Die heutigen Algerier sind stolz. Auch der Ärmste läuft aufrecht. Sie fühlen sich als Imazighen, »freie Menschen«, als die sich ihre Vorfahren, die alten Berber, bezeichneten. Sie sind in der Tat »Imazighen«, obgleich viele ihre Abstammung von den Berbern leugnen möchten und der überhebliche Stolz gegenüber den marokkanischen und tunesischen Nachbarn alles andere als gerechtfertigt ist.

Für die »Entkolonisierten« war es allerdings schwierig einzuschätzen, was ihre unabhängige Gesellschaft aus eigener Kraft zustandebringen könnte. Es herrschte unbegrenzter Optimismus. Wenn ich Ende der siebziger Jahre Zweifel äußerte, daß ein Land, das noch größtenteils aus Analphabeten bestand, in wenigen Jahren zum Exporteur für Industrieprodukte werden könnte, wurde das als neokoloniale Skepsis abgetan: »Warum sollten wir das nicht können? Warum traut ihr es euch nur selber zu?«

Mitte der achtziger Jahre, als nach der Halbierung der Erdölpreise der Lebensstandard rapide sank, verkehrten sich die überspannten Erwartungen in die Modernisierung rasch in ihr Gegenteil. Vor allem diejenigen, die von den Vorteilen der Modernisierung kaum erfaßt worden waren, verbanden ihre Hoffnung auf Gerechtigkeit nun immer mehr mit einer konsequenteren Durchsetzung der Prinzipien des Islam. Mußte man die Gerechtigkeit früher den Kolonialherren abringen, wurde sie jetzt von den Bankrotteuren des eigenen Regimes eingefordert.

Die einzige Legitimität, die die FLN Ende der achtziger Jahre noch geltend machen konnte, war ihr historisches Verdienst im Unabhängigkeitskampf – für den sich die Gesellschaft aber immer weniger interessierte. Die Antwort der Islamisten auf diese Überstrapazierung der Geschichte ist einfach: Für sie ist alle Geschichte nach dem Untergang des letzten Kalifats relativ bedeutungslos, solange es nicht zur erneuten Gründung eines Staatswesens kommt, dessen Gesetzgebung allein auf dem Koran und der Scharia beruht. Die soziale Komponente des Unabhängigkeitskampfes – der Landhunger der Bauern – wird in einen Religionskrieg umgedeutet – der noch nicht an sein Ende gelangt sei und von konsequenteren Kräften fortgesetzt werden müsse.

So war es in den neunziger Jahren dann möglich, daß ein islamistischer Jugendtrupp den Gemüseladen der ehemaligen Partisanin Ouarda in der Cité des Annassèrs in Algier demolierte. Es störte die Jugendlichen, daß eine Frau ein florierendes Geschäft führte – eine Männersache. Das französische Fernsehen hat Ouarda vor ihrem nun für immer geschlossenen Laden und an der Stätte ihres einstigen Heldentums gezeigt, in den ostalgerischen Wäldern.

Dort brach sie in Tränen aus und schwor den jugendlichen Attentätern blutige Rache.

Ist der Circulus vitiosus der Gewalt noch immer nicht durchbrochen?

Die hohe Legitimität von Gewalt rührt zweifellos aus dem Unabhängigkeitskrieg her, in dem eineinhalb Millionen Algerier den Tod gefunden haben. Auf einem im Dezember 1987 in Algier stattfindenden Fanon-Kongreß hatte Professor Leonhard Harding aus Hamburg in seinem Beitrag klargestellt, daß Fanon die Gewalt des antikolonialen Kampfes nur als Gegengewalt zum Kolonialismus gerechtfertigt habe, keinesfalls jedoch als gesellschaftliche Kampfesform in demokratisch fundierten Gesellschaften. Weder Black Panther noch RAF hätten sich also zu Recht auf Fanon bezogen.

Erschreckt und amüsiert zugleich war ich, als Djamila Bouhired den Professor in privater Runde ernsthaft fragte, ob der Fehler der RAF nicht doch nur darin bestanden habe, zum falschen Zeitpunkt loszuschlagen?

Djamila Bouhired ist jung und schön geblieben, eine elegante Erscheinung. Die FLN hatte ihr für ihre Verdienste im Kampf eine Maßschneiderei vermacht. Die Islamisten von heute sehen in ihr womöglich eine französisch herausstaffierte Modepuppe. Sie war in Begleitung ihrer Tochter, eines aparten jungen Mädchens, das wenig von den Zügen seiner Mutter, aber viel von den vietnamesischen und blond-europäischen Vorfahren ihres Vaters, des Maitre Vergès, geerbt hat. Berufswunsch: Filmemacherin. Was mag beiden Frauen durch den Kopf gegangen sein, als Vergès, der ehemalige Gatte und Vater – den sie zwei Jahrzehnte aus den Augen verloren hatten – 1992 nach Algier zurückkehrte, um an der Verteidigung der Islamistenführer Abassi Madani und Ali Belhadj mitzuwirken, denen vom Militärgericht in Blida vorgeworfen wurde, zur Gewalt aufgerufen zu haben?

Im Schatten der Hochtechnologie
Putzfrauenreport

»Die Dritte Welt steht heute als eine kolossale Masse Europa gegenüber; ihr Ziel muß es sein, die Probleme zu lösen, die dieses Europa nicht hat lösen können.

Aber dann darf sie auf keinen Fall von Ertrag, von Intensivierung, von Rhythmus sprechen. Nein, es handelt sich nicht um eine Rückkehr zur Natur. Es handelt sich ganz konkret darum, die Menschen nicht auf Wege zu zerren, auf denen sie verstümmelt werden, dem Gehirn keinen Rhythmus aufzuzwingen, der es rasch auslöscht und zerrüttet. Es darf nicht geschehen, daß der Mensch unter dem Vorwand, Europa einzuholen, hin und her gezerrt, sich selbst, seiner Intimität entrissen, zermürbt und getötet wird.

Nein, wir wollen niemanden einholen.«

Frantz Fanon, »Die Verdammten dieser Erde«

Die erste Stadt, in der ich in Algerien wohnen sollte, war das im Landeswesten gelegene Sidi Bel-Abbes, etwa 80 km von Oran entfernt. Die Spuren meines Großonkels Julius haben sich in dieser Stadt verloren. Als er um 1930 seine kleine Kosmetikfirma verlor, ließ er sich von der Fremdenlegion anwerben. Er scheint nach wenigen Jahren umgekommen zu sein. Noch heute wird das Stadtbild vom Militär beherrscht: In die Kasernen der Legion sind nun algerische Wehrpflichtige eingezogen.

Saddek, mein Mann, arbeitete seit 1976 in der Personaldirektion der SONACOME, des riesigen Landmaschinenwerks von Bel Abbes, das von der Bundesrepublik aufgebaut wurde. Wir bewohnten ein betriebseigenes Appartement, das in einem »Le Rollet« genannten Gebäude im Stadtzentrum lag.

Als ich nach dem Flug Berlin–Algier und einer fünfstündigen Autofahrt mit der dreieinhalbjährigen Noara und dreizehn Gepäckstücken das »Rollet« erreicht hatte und in unseren Salon trat, erblickte ich einen riesigen Strauß exotischer Blumen. »Den hat dir die ›Femme de ménage‹ hingestellt!« erklärte Saddek. Die Nachricht, daß wir eine »Hausfrau« hatten, machte mich nicht besonders froh, weil ich das für Feudalismus hielt. Aber der opulente Begrüßungsstrauß erregte meine Neugier. Yamina sei eine Putzfrau aus dem Betrieb, sagte Saddek. Sie käme vor ihrer eigentlichen Arbeit bei uns vorbei.

Als die Frau am nächsten Morgen erschien und ihren weißen Schleier ablegte, war ich verblüfft. Sie trug – nach westalgerischer Sitte – ein rosarotes Prinzessinnenkleid aus seidigen Stoffen und eine erstaunliche Menge Gold an Hals, Armen, Fingern und Fußfesseln. Diverse Goldzähne, die wie zusätzlicher Schmuck wirkten, ergänzten das prächtige Bild. Meine Mutter in der DDR hatte eine Putzfrau mit Auto, während sie selber keins fuhr. Ich würde nun eine Putzfrau haben, die reichlich mit Goldschmuck behängt war, während ich selbst nur einen dünnen Goldring besaß. Der offensichtliche Wohlstand Yaminas beruhigte mich etwas. Trotzdem war es mir unangenehm, mit Noara zu frühstücken, während die Frau mit viel Wasser den Fußboden bearbeitete. Ich beschloß, sie zum Frühstück einzuladen.

Yamina war eine respektable Person von etwa vierzig Jahren. Sie sprach nur gerade genug französisch, um sich mit mir über die Hausarbeit verständigen zu können.

Noara zeigte sich anfangs ängstlich, wahrscheinlich, weil Yamina verschleiert eintrat. Diese reagierte mit Gelassenheit. Am nächsten Tag brachte sie dem Kind ein paar antike Schnapsgläschen auf Bronzefüßen mit – offensichtlich ein Überbleibsel von den pieds-noirs. Sie und Noara betrachteten die Gläschen als Spielzeug – ein Kontakt war hergestellt.

Ruhig und gewissenhaft erledigte Yamina ihre Arbeit. Die in verschiedenen Pastellfarben erstrahlenden Kleider gaben ihr den

Anschein eines Wesens aus »Tausendundeiner Nacht«. Nie trug sie eine Schürze, niemals beschmutzte sie sich.

Saddek wußte, daß Yamina die Frau eines im Krieg gefallenen Moudjahid war. Nach der Unabhängigkeit bekam sie eine gute Witwenrente, aber sie heiratete wieder. Der neue Mann schwängerte ihre Cousine, und es blieb ihm nichts anderes übrig, als diese zur zweiten Frau zu nehmen. Die Dreierehe ging nicht gut, Yamina ließ sich scheiden. Der Mann behielt alles: Wohnung und Einrichtung. Sie stand vor dem Nichts. Natürlich war ihr Anspruch auf die Witwenrente durch die zweite Ehe verwirkt. Mit ihrem Sohn aus erster Ehe mußte sie zu ihren Eltern zurückkehren. So entschloß sie sich, Putzfrau in der SONACOME zu werden.

Immer wieder überraschte mich ihre Großzügigkeit. Am 8. März, dem Internationalen Frauentag, füllte sie meine Vase wieder mit einem fürstlichen Blumenstrauß. Erstaunlich, daß der Internationale Frauentag hier so ernst genommen wurde und man sich sogar privat beschenkte! Unter dem Vorwand, Brot kaufen zu müssen, rannte ich rasch in die Geschäftsstraße hinunter, um Kuchen und ein Eau de Toilette für Yamina zu besorgen.

Beim Frühstück entdeckte Yamina dann in einer Zeitschrift eine Reklame für »Grand Marnier«. Sie fragte mich, ob das nicht dieselbe Flasche sei, die in der Küche stand. Ich bejahte und fragte spaßeshalber, ob sie den Likör probieren wolle? Sie zögerte. Als ich ihr versicherte, daß ein kleiner Schluck keinesfalls betrunken mache und daß sie getrost danach zur Arbeit gehen könne, war sie bereit, mit mir anzustoßen. Es war eigentlich unerhört, daß eine Verschleierte Alkohol trank! Denn der Schleier bedeutet vollkommene Unterwerfung unter die Religion, und das heißt absolute Alkoholabstinenz.

Obwohl wir uns gut verstanden, teilte mir Yamina über Saddek schließlich diskret mit, daß ihr die Hausarbeit für uns drei – neben ihrer Arbeit im Betrieb – zuviel sei. Besonders die Wäsche. Sie schlug vor, uns eine andere Putzfrau zu besorgen. Wäre der Kindergarten besser gewesen, in den ich Noara nun jeden Morgen brachte, hätte ich vielleicht damals schon auf eine Putzfrau verzichtet. Es gab kein Spielzeug, sondern nur einen Raum mit Schulbänken, auf denen die Kleinkinder die meiste Zeit des Tages sitzen und Koranverse lernen mußten. Sogar den Mittagsschlaf hielten sie auf den Bänken. Irgendwann durften sie auch ein wenig im Hof herumtollen. Die Kindergärtnerinnen hatten keine Ausbildung. Es waren junge Mädchen, die für die Ganztagsarbeit dieselbe Summe erhielten wie meine Putzfrau für drei Stunden: monatlich 200 Dinar. Wenn ich Noara nachmittags abholte, lief ihr das Pipi aus den Schuhen. Die Kinder wurden nur gruppenweise zur Toilette geführt.

Dabei war es ein Privileg, einen Platz in diesem Kindergarten zu bekommen. Er stand praktisch nur den Kindern höherer Kader offen, die in der SONACOME oder der SONELEC arbeiteten, einem von US-Firmen errichteten Werk für Unterhaltungselektronik, das vorwiegend Frauen beschäftigte.

In den ersten Tagen dachte ich, daß wir uns an so einen Kindergarten eben gewöhnen müßten. Aber Noara litt zu sehr. Nach zwei Wochen gaben wir den von anderen heißbegehrten Kindergartenplatz auf. Da ich mich an der Universität Oran um eine Stelle am Institut für Fremdsprachen bewarb, brauchte ich eine Haushaltshilfe, die auch auf Noara aufpaßte.

Eines Morgens brachte Yamina eine Frau mit, die sie ersetzen sollte. Erst auf den zweiten Blick sah ich, daß sie schon über fünfzig war, denn trotz der Falten war ihr Gesicht schön und voller Koketterie. Unter dem Schleier kamen allerdings sehr ungleichmäßig mit Henna gefärbte Haare hervor. Der Scheitel war ganz weiß. Gold trug sie nicht.

»Fatiha spricht gut französisch! Vielleicht arbeitet sie nicht so gut, wenn sie allein ist«, flüsterte mir Yamina zu. Zunächst wies sie sie in unseren Haushalt ein.

Als ich Fatiha fragte, wie sie so gut Französisch gelernt hätte, stellte sich heraus, daß sie keine Araberin war, sondern eine konvertierte pied-noir spanischen Ursprungs. Ihre Vorfahren stammten aus Kastilien. Sie war glücklich, wenn wir eine Flamencokassette spielten, von der sie allerdings nur ein Wort verstand: »›Almeria‹ – so sprechen die Spanier!«

Fatiha war zum zweiten Mal geschieden und lebte ganz allein. Auf ihre Konvertierung zum Islam war sie sehr stolz. Sie zeigte uns die Papiere, die sie als Muslima auswiesen. Ihren schon seit über 15 Jahren geführten Krieg mit dem Innenministerium, um auch die algerische Staatsbürgerschaft zu erwerben, hatte sie noch nicht gewonnen. Aber bei den letzten Wahlen hatte sie eine Wahlberechtigungskarte erhalten. Die Einheitspartei FLN, die Wahlergebnisse von über neunzig Prozent anstrebte, war da offensichtlich nicht so genau.

Ich vermutete, daß Fatiha einmal bessere Tage gesehen hatte, denn von Hauswirtschaft verstand sie wenig. Staubwischen war ihr unbekannt, und der Wäscheberg wuchs, statt abzunehmen. Hätte ich doch eine Waschmaschine kaufen können! Aber ähnlich wie in der DDR konnte man hier mit so einem Ansinnen nicht einfach in ein Geschäft gehen. Irgendwann würde es vielleicht irgendwo eine Lieferung Waschmaschinen aus Europa geben. Ersatzteile waren das nächste Problem. Mit nicht geringem Erstaunen stellte ich fest, daß unsere wohlhabenderen Freunde zuweilen zwei Waschmaschinen hatten – um sicherzustellen, daß zumindest eine immer lief. Im kleinen war das das Schema, nach dem die ganze algerische Wirtschaft der siebziger Jahre funktionierte.

An die Selbständigkeit Yaminas gewöhnt, wollte ich Fatiha keine Vorschriften machen und fing an, zumindest meine und Noaras Sachen wieder selbst zu waschen. Schließlich wurde mir klar, daß Fatiha schlecht sah. Eine Brille hatte sie nicht. Das erklärte vielleicht auch, weshalb ihre eigenen Kleider Löcher und offene Nähte aufwiesen. Wie viele ältere Frauen hatte sie sich angewöhnt, den Schleier mit den Zähnen festzuhalten. Wenn sie morgens zur Tür hereinkam, wirkte der freie Teil ihres eigentlich doch schönen Gesichts verklemmt.

Das Unangenehmste aber war ihre Servilität. Anstatt ihren Aufgaben nachzugehen, beobachtete sie mich und versuchte, mir Arbeiten abzunehmen, die ich schon begonnen hatte. Deckte ich den Tisch ab, wollte sie mir das Geschirr aus der Hand nehmen. Sah sie mich Gemüse putzen, unterbrach sie das Waschen. Überhaupt hätte sie am liebsten nur gekocht – aber das tat ich selber gerne. Hatte sie Hunger? Wenn man ihr beim Frühstücken zusah, war es fast anzunehmen. Dabei plapperte sie unaufhörlich, kokettierte mit ihrer europäischen Herkunft, um zwischen uns Familiarität herzustellen. Überschwenglich begrüßte sie Noara jeden Morgen, versuchte sie zu küssen und zu umarmen. Natürlich spreizte sich das Kind dagegen.

Beide Verhaltensmuster – übertriebene Servilität und Familiarität kannte ich nur aus Büchern. Sie stammten – wie ich damals meinte – aus einer welthistorisch vergangenen Zeit. Ich wußte nicht, wie ich darauf zu reagieren hatte. Sollte ich versuchen, Saddek zu imitieren, der Fatiha jeden Morgen in bestimmtem Ton anwies, das Schuheputzen nicht zu vergessen? Dabei schien er sie noch nicht einmal richtig anzusehen. Einmal fragte er mich: »Ist sie eigentlich jung oder alt?«

Diese »Hilfe« brachte meine Nerven und meinen Tagesablauf eher durcheinander, als daß sie mir nützte. War der ungute Geist um die Mittagszeit verschwunden, atmete ich auf. Aber oft wurde ich von einer weiteren Plage heimgesucht: von der jungen Witwe Zohra, die bei unserem Nachbarn Mokhrane – dem kommerziellen Direktor der SONACOME – die Hausarbeit versah. Sie war ganztags beschäftigt, weil sie Baby Poussi versorgen mußte. Mokhranes Frau Oureda arbeitete als Sekretärin in der SONELEC. Wenn Poussi mittags schlief, stattete Zohra mir einen Besuch ab und ließ sich auch nicht abweisen, wenn ich arbeitete. War die Tür offen, trat sie ohne Vorwarnung ein. Mußte ich aufschließen, schob sie sofort ihren Fuß über die Schwelle. Es sollte noch Jahre dauern, bis ich lernte, mich gegen solche Dreistigkeiten zu wehren. Damals aber kochte ich Kaffee und bemühte mich um Konversation. Zohra kam immer recht bald aufs wesentliche: ob ich nicht ein »zerrissenes Laken« hätte oder eine »alte Bluse«? Da ich aus der DDR nur meine liebsten Sachen mitgebracht hatte, vertröstete ich sie auf später. Wenn wir den Kaffee ausgetrunken hatten, ging sie ins Kinderzimmer und spielte mit Noara. Eine kleine Plasteschildkröte hatte es ihr angetan, die wollte sie unbedingt für ihre Kinder mitnehmen. Obwohl Noara die Schildkröte nicht herausrücken wollte, war sie eines Tages verschwunden.

Manchmal mußte ich Zohra besuchen, weil ich bei Mokhrane telefonieren durfte. Einmal überraschte sie mich, indem sie mich lachend mit Ouredas Parfüm »Madame Rochas« besprengte. Das reichliche Besprühen der Gäste mit Duftwässern – die in großen Flacons verkauft werden – ist zwar arabische Sitte, aber daß die Putzfrau völlig ungeniert mit Ouredas Parfüm umging, machte mich sprachlos. Natürlich konnte ich nicht anders als freundlich reagieren und pflichtete ihr bei, daß »Madame Rochas« eine sehr gute Marke sei. Sie erzählte mir dann lächelnd, daß Parfüm schuld an ihren sieben Kindern sei. Wenn sie sich parfümierte, konnte sie sich ihres Mannes nicht erwehren: »Ob Tag oder Nacht, er nahm mich dann mit Gewalt!«

Anstatt daß mir Fatiha Erleichterung schaffte, bereitete sie mir eher Seelenqualen, besonders als ich entdeckte, daß mir etliche Slips und Strumpfhosen abhanden gekommen waren. Mein Nähkasten war ausgeräubert. Nicht nur mein Parfüm, auch das After shave von Saddek waren arg vermindert. War das unverschämt oder gerecht? Durfte ich wissenschaftlich über die Emanzipation des Menschen nachdenken, ohne mit meiner Putzfrau alles zu teilen, was ich hatte? Ich wollte nicht alles teilen. Zumal ich meine Existenz durchaus noch als bescheiden empfand.

Es traf sich gut, daß Oureda Zohras Pflege für Baby Poussi nicht ausreichend fand und sie entließ. Meine Fatiha hatte Poussi schon lange ins Herz geschlossen, und so wechselte sie zu den Nachbarn über. Zu meinem bodenlosen Erstaunen hörte ich bald, daß sie dort im Ehebett ihren Mittagsschlaf hielt, obwohl durchaus andere Liegemöglichkeiten vorhanden waren. Da Mokhrane und Oureda froh waren, ihr Baby besser versorgt zu wissen, duldeten sie es achselzuckend. Dies war eine typische Haltung algerischer Kader in den siebziger Jahren. Sie waren der Meinung, daß man dem Sozialismus und der Gleichheitsforderung der Massen eben ein paar Opfer bringen müsse. Mit meiner Idee, daß ich ohne Putzfrau vielleicht glücklicher wäre, waren sie nicht einverstanden: Leute wie wir seien sozial dazu verpflichtet, einer Frau Arbeit zu geben.

Einstweilen kehrte Yamina zu uns zurück. Sie fühlte sich verantwortlich, wollte aber nur so lange bleiben, bis sie eine neue Putzfrau für uns gefunden hätte.

Eines Tages brachte sie eine etwa fünfunddreißigjährige Frau mit: Djamila wirkte müde, kränklich. Allerdings hatte sie wie alle Algerierinnen besonders große Augen und herrliches Haar, das sie in einem losen Zopf zusammenhielt. Sie war zur Zeit Alleinernährerin einer Familie mit angeblich dreizehn Kindern. Vielleicht stammte ein Teil der Kinder aus einer anderen Ehe ihres Mannes.

Djamila ging es nicht gut. Wenn sie für einen Tag viel Arbeit voraussehen konnte – weil ich ein größeres Essen für eine Gesellschaft vorbereitete –, ließ sie mich am nächsten Morgen mit den Geschirrbergen allein. Insgesamt aber kam ich mit Djamilas etwas phlegmatischem Wesen besser als mit der Unverfrorenheit Fatihas zurecht. Nur eins störte mich: Wenn ich sie um etwas bat, sagte sie nicht einfach: »Oui«, sondern antwortete leise: »A votre service!« Ich versuchte Djamila klarzumachen, daß ich keine »Madame« sei, aber sie sprach zu wenig Französisch. Dabei war sie vom Wesen her nicht servil. Das zeigte sich, wenn sie etwas ablehnte. Dann bekam sie plötzlich einen energischen Gesichtsausdruck, streckte mit königlicher Geste den rechten Arm vor, schwenkte energisch den Zeigefinger und sagte: »Non, non, non!« Ich erinnerte mich, daß auch Yamina mit dieser Geste Ablehnung ausdrückte: Sie gehört zur Körpersprache der Maghrebinerinnen.

Djamila besaß weniger Gold als Yamina, aber doch einige Ringe, Ohrschmuck und Ketten, teilweise auch aus Perlen. Einmal vergaß sie, ihre zwei goldenen Armreifen nach dem Wäschewaschen wieder anzulegen. Atemlos kam sie am Nachmittag in Begleitung einer kleinen Tochter angelaufen, um ihren Schmuck abzuholen.

Djamilas Zeit bei mir nahm ein brüskes Ende. Sie war mit ihrem Lohn nicht zufrieden und blieb von einem Tag zum anderen fort. Saddek hörte, daß ihr Mann wieder Arbeit gefunden habe.

Im »Rollet« wohnten vor allem westdeutsche Techniker der SONACOME, die den Putzfrauen natürlich viel bessere Löhne zahlen konnten. Djamila war deshalb der Meinung, bei einer Deutschen zu arbeiten und insofern auch ein deutsches Gehalt beanspruchen zu können. Sie wußte nicht, oder es war ihr egal, daß ich noch über ein Jahr auf meine erste Bezahlung von der Universität warten mußte und daß es sich dabei auch nur um ein algerisches Gehalt handeln würde ...

Yamina und Fatiha stellten mir kurz darauf ein fünfzehnjähriges Mädchen vor, das aus der arabischen Verwandtschaft Fatihas stammte. Sabrina war unverschleiert, wie die meisten jungen Mädchen damals. Und der Hidjab – das aus dem Orient stammende lange Mantelgewand mit Kopftuch – war in Westalgerien noch nahezu unbekannt.

Die Frauen behaupteten, Sabrina Saddek vorgestellt zu haben, während ich noch schlief. Und er sei einverstanden gewesen, daß sie mir im Haushalt half. Sie fing an, herumzuwirbeln und setzte zunächst den Salon unter Wasser. Weil Sabrina mich von ihren Qualitäten als kleine Hausfrau überzeugen wollte, wies sie immer wieder auf den Dreck in den Ecken hin, den ihre Vorgängerin nicht entfernt hatte. Als wir Kaffe tranken, fragte sie mich, ob ich ihr eine Bluse schenken könnte. Mit Abscheu fügte sie hinzu: »Die Araber haben mir meine Bluse zerrissen!«

Ich weiß nicht, worüber ich sprachloser war – daß Sabrina schon jetzt ein Geschenk haben wollte oder daß sie als Araberin ihre Landsleute wie die Franzosen mit dem Schimpfwort »Araber« belegte, um mit mir eine Art antiarabische Komplizenschaft einzugehen!

Als Saddek nach Hause kam, zeigte es sich, daß er Sabrina gar nicht eingestellt, sondern abgelehnt hatte. Er meinte, daß sich ein junges Mädchen eine ordentliche Arbeit oder eine Ausbildung suchen müsse!

Das war sehr vom grünen Tisch her geredet. An nichts fehlte es mehr als an Arbeits- und Ausbildungsplätzen für die Jugend. Um einen Ausbildungsplatz für ein Mädchen zu sichern, war oft die Anstrengung und Solidarität einer ganzen Großfamilie in allen Landesteilen notwendig. Sabrina konnte froh sein, daß ihr eine Stelle als Putzfrau vermittelt wurde.

Ich will die tragikomischen Geschichten nicht weiter schildern, die sich zwischen mir und den anderen Putzfrauen abspielten, die wir in Sidi Bel-Abbes noch ausprobiert haben. Es war nicht leicht zu begreifen, wieso es mit Yamina geklappt hatte und mit den anderen nicht. Lag das nur an ihrem großzügigen Charakter oder daran, daß sie eine andere – von vielen Frauen begehrte – Arbeit hatte und auf unser Geld nicht zwingend angewiesen war?

Der Kontakt mit den Putzfrauen war meine erste Berührung mit der Armut. Sie brachte mich in unvorhergesehene Konflikte. Ich war ausgezogen, um für eine Welt ohne Armut zu kämpfen und sah mich schon im Kleinen scheitern. Ich mußte mich daran gewöhnen, plötzlich zum reichen Teil der Welt gerechnet zu werden, mit dem Neid umzugehen, den ich bei vielen Algerierinnen erregte, allein weil ich Europäerin war. Es war ihnen unvorstellbar, daß auch ich nicht genau wußte, wo ich mein nächstes französisches Parfüm herbekommen würde.

Die Frauen, die weder arbeitende Ehemänner noch eine Erwerbsarbeit hatten und sich als Putzfrauen verdingen mußten, strebten eine Rundum-Versorgung an. Fatiha machte keinen Hehl daraus, daß sie den ganzen Tag bei uns bleiben, mit uns essen und möglichst auch bei uns schlafen wollte. Bei Mokhrane gelang es ihr, das durchzusetzen. Verheiratete Frauen arbeiteten fast nie in fremden Haushalten – wie das in Deutschland üblich ist –, um das Familienbudget aufzubessern. Es wäre ihren Männern und auch ihnen selbst als Schande erschienen. Das war bei Djamila deutlich geworden. Ein Gehalt aber, womit eine geschiedene Frau oder eine Witwe mit etlichen Kindern ihr Auskommen fand, konnten nur die westlichen Kooperanten zahlen. Leute mit algerischen Gehältern wie wir konnten es nicht.

Ich löste mein moralisches Dilemma, indem ich zu meiner ursprünglichen Vorstellung zurückkehrte, daß man seinen Haushalt eben selbst in Ordnung halten muß. Noara brachte ich fortan bei Nachbarinnen unter, wenn ich nach Oran zur Universität fuhr.

Später habe ich mich über die Leiden meiner algerischen Freundinnen mit ihren Putzfrauen amüsiert, wenn sie denn eine hatten. Es wurde immer schwerer, eine Frau zu finden, wenn man kein westlicher Kooperant war. Meine Freundin Rabia ist so weit gegangen, eine Bettlerin auf dem Markt zu fragen. Die Frau hat abgewunken.

Ob es heute auch noch so ist? Oder ob das Elend schon wieder dafür sorgt, daß Frauen – wie in Marokko und Tunesien – froh sind, einen Putzjob zu finden, und so gut wie jede Bezahlung dafür akzeptieren?

Denn ich habe hier von den siebziger Jahren gesprochen, den Zeiten der größten Prosperität in Algerien. Etwas Erdölmanna war auf alle herabgefallen. Und die, die wenig abbekamen, waren noch guter Hoffnung, bald mehr zu bekommen. Auch meine Putzfrauen waren ganz sicher, ein Anrecht auf das Erdölmanna zu haben. Diese Sicherheit verlieh ihnen Würde: Für jede Dreckarbeit und jeden Drecklohn gaben sie sich nicht her. Wenn man sich vergegenwärtigt, daß das in Algerien für »arbeiten« benutzte arabische Wort von »chdm« abgeleitet ist, was vor allem »dienen« bedeutet, und daß das vom Französischen abgeleitete »souvri« (les ouvriers) für »Fabrikarbeiter« auch »Landstreicher« bedeuten kann, wird klar, warum die traditionell akzeptierten Einkommensquellen des Bettelns und des Handelns immer noch von vielen vorgezogen wurden. Seinerzeit hatte ich Max Weber noch nicht gelesen und sah dies alles mit den unsäglich staunenden Augen meiner eigenen »protestantischen Ethik«.

Die aus dem Unabhängigkeitskrieg und dem Petrodollersegen erwachsene Macht der egalitären Ansprüche hat weder im feudal strukturierten Marokko noch im kleinkapitalistisch und touristisch dahinwurstelnden Tunesien ein Pendant. Nirgends im Maghreb ist der Amazigh so selbstbewußt aus der Unabhängigkeit hervorgegangen und nirgends ist er so tief enttäuscht worden. Die egalitäre Forderung lebt im Islamismus der Massen heute weiter, ungeachtet dessen, daß die Führer der Islamisten eine gesellschaftliche Hierarchie vorbereiten, wie sie das vorkoloniale Algerien nie gekannt hat.

Glücklich die Algerierin, die einer offiziellen Erwerbsarbeit nachgeht! Nur das eigene Geld gibt Freiheit, für die die Familie aber oft kein Verständnis aufbringt. Die SONELEC von Bel Abbes, die Fernseher, Plattenspieler und Transistorradios produzierte, brachte zum Internationalen Frauentag von 1980 eine Festschrift heraus, in der junge Arbeiterinnen erzählen, mit welch unglaublichen Schwierigkeiten sie wegen ihres Berufes in ihren

Familien kämpften. Eine mußte sich daran gewöhnen, mitten in der Nacht aufzustehen, um ihrem Bruder zuvorzukommen, der es sich zum Sport gemacht hatte, ihre Handtasche oder gar Kleidungsstücke zu verstecken. Damit wollte er verhindern, daß sie morgens in den Betrieb ging. Ein junges Mädchen, dessen Eltern getrennt lebten, berichtete, daß der Vater weder ihr noch der Mutter Unterhalt zahle, aber doch regelmäßig gegen ihre Arbeit in der SONELEC protestiere.

Fabriken, in denen Frauen und Männer zusammen arbeiten wie auch gemeinsame Schulen für Jungen und Mädchen, lösen bei vielen Eltern Sorgen aus. So veranstaltete der Direktor der SONELEC auf Wunsch besorgter Angehöriger Betriebsführungen, um zu beweisen, daß der Betrieb kein Bordell war, daß hier wirklich »nur« gearbeitet wurde. Viele Mädchen der SONELEC beantragten auch, am Wochenende und während des Urlaubs arbeiten zu dürfen – nur um der Familie zu entfliehen! Ähnliche Forderungen sind auch von Verkäuferinnen der großen Kaufhäuser in Algier bekannt geworden. Schon damals sahen sich arbeitende Frauen einem unglaublichen männlichen Neid um den Arbeitsplatz ausgesetzt, der heute eine der mächtigsten Triebfedern des Islamismus ist. Die Errichtung der SONELEC in Sidi Bel-Abbes – die von vornherein vor allem weibliche Arbeitskräfte beschäftigen sollte – ist wahrscheinlich nur möglich gewesen, weil zur gleichen Zeit auch die SONACOME gebaut wurde, in der vor allem Männer Arbeit fanden.

»L'Industrie industrialisante« wurde die algerische Form der Industrialisierung genannt, »Industrie« die weitere Industrie hervorbringt«. Es handelte sich um eine Neuauflage des sowjetischen Konzepts des Aufbaus der Schwerindustrie als Basis für nachfolgende Leichtindustrien – das freilich nirgends in der Welt wirklich leistungsfähige Leichtindustrien hervorgebracht hat. Um die Ursachen für das Scheitern des algerischen Weges zu klären, genügt es freilich nicht, auf die Gemeinsamkeiten mit den sowjetischen Vorstellungen hinzuweisen, sondern auch auf die grundlegenden Unterschiede. Aus rein technokratischer Sicht war der algerische Weg chancenreicher. Hier sollte nicht mehr alles selbst erfunden werden, die Algerier leisteten sich mit Hilfe der Erdölrendite neueste Technik auf dem westlichen Markt. Oft wurden ihnen die Betriebe »clé en main«, d. h. »schlüsselfertig«, verkauft. Das konnte bedeuten, daß wenige Tage vor der Übergabe noch ein Flugzeug voller Putzfrauen aus Köln oder Frankfurt nach Algerien geschickt wurde, die dem Werk dann zu einem strahlenden Aussehen verhalfen. Der Petrodollar machte es möglich. Wer sich darüber empörte und meinte, daß Frauen wie Yamina doch durchaus auch in der Lage wären, Betriebe zu reinigen, dem wurde erklärt, daß Yamina den Umgang mit chemisch komplizierten Reinigungsverfahren nicht beherrsche. Daß entsprechende Qualifizierungslehrgänge auf die Dauer nützlicher sein könnten, wurde nicht in Erwägung gezogen.

Um Fehler anderer Entwicklungsländer – z. B. die zu große Abhängigkeit von einem einzigen Partnerland – zu vermeiden, verfolgte Algerien das Prinzip, Technik aus möglichst vielen Ländern zu importieren – ein Bumerang, weil sich dadurch die verschiedensten Normen durchkreuzten, was die Vernetzung der Wirtschaft äußerst erschwerte. So bemerkte man erst nach der Fertigstellung eines von der DDR in Berrouaghia errichteten Werks, daß die dort produzierten Pumpen wegen ihrer anderen Industrienormen nirgendwo angeschlossen oder zwischengeschaltet werden konnten.

Weil Boumediene die technischen Verbindungen zu Frankreich abbauen wollte, wurde die Bundesrepublik zum Hauptlieferanten der algerischen Wirtschaft. Davon hat sie zweifellos weit mehr profitiert als Algerien.

Am problematischsten waren Betriebe, die nach dem Prinzip »produit en main«, gekauft wurden, d. h. mit einer vom westlichen Partner abgesicherten Produktgarantie. Hier sollte auch in Zukunft nur unter Kontrolle westlicher Techniker gearbeitet werden. Dieses technische Personal lehnten die algerischen Hilfskräfte oft genug als unqualifiziert ab und verlangten die Einstellung technisch versierterer Arbeiter aus Jugoslawien oder dem Fernen Osten.

Mag diese Form moderner Sklaverei in den bevölkerungsarmen Ölstaaten der arabischen Halbinsel einen ökonomischen

Sinn machen, so programmierte sie für das bevölkerungsreiche Algerien die soziale Katastrophe. Die Kapazität des Arbeitsmarktes blieb hinter der Arbeitsnachfrage der Jugend immer hoffnungsloser zurück. Obwohl es auch in hochmodernen Betrieben zu technologisch nicht zu rechtfertigenden Einstellungen gekommen ist, hat es doch in Algerien nie Pläne gegeben, die industrielle Struktur einer Region zu verpflichten, das vorhandene Potential an Arbeitskräften zu qualifizieren. Insofern kann das algerische Modell nicht als Ostblockmodell bezeichnet werden. Wenn Vollbeschäftigung und Gleichberechtigung der Frauen ein Hauptmerkmal von Sozialismus ist, hat es in Algerien nie Sozialismus gegeben.

Vom Ostblock übernommen wurde nur die totalitäre Struktur der Politik: Einheitspartei, Einheitsgewerkschaft, einheitlich ausgerichtete und kontrollierte Medien. Der radikal monotheistische Islam – der weder Heilige noch Gottmenschentum zuläßt – stellte für die totalitäre politische Struktur eine geradezu ideale Grundlage dar: ein Gott, ein Volk, ein Führer! Die von Houari Boumediene pathetisch vorgetragene und von Chadli Benjedid leidenschaftslos genuschelte »sozialistische Option« war nur eine Worthülse für jene Bevölkerungsteile, die die gerechtigkeitsstiftende Rolle des Korans nicht für ausreichend hielten.

Die totalitäre Gesellschaftsstruktur vertrug sich auch mit der erhalten gebliebenen traditionellen Clan- und Vetternwirtschaft, die eine weitere Ursache für die Ineffizienz der Industrie war. Posten und Pöstchen wurden weniger nach politischen als nach clanstrategischen Gesichtspunkten vergeben. Die FLN basierte ihre Macht mehr auf dem Dirigieren der Clans als auf den Zwang zur Parteimitgliedschaft.

Weil die Clans die Personalpolitik der Wirtschaft bestimmten, kam es zu dem für Entwicklungsländer typischen Mißstand, daß die vom Auslandsstudium zurückkehrenden Algerier nicht den ihrer Qualifikation entsprechenden Arbeitsplatz bekamen und nach einer Zeit vergeblichen Abwartens oft nach Europa oder in die USA zurückkehrten.

Der für die »Industrie industrialisante« verantwortlich zeichnende Minister war Abdessalam Belaid. Er und sein Industriekonzept fielen ab 1979 unter Chadli Benjedid in Ungnade. Sein Name taucht aber in der neuesten Geschichte Algeriens wieder auf: Er ist der gegenwärtig vom Militär eingesetzte Regierungschef.

Vergleichsweise war die SONACOME von Sidi Bel-Abbes ein relativ vernünftiges Projekt. Schon der Aufbau erfolgte unter Einbeziehung von algerischen Fachkräften und Arbeitern. Es sollte das größte Landmaschinenwerk Afrikas werden. Weder von den Ausmaßen noch vom technischen Standard her hatte der Betrieb ein Pendant in der Bundesrepublik. Die SONACOME war für die Deutschen eine Art Versuchslabor. Ihre Kapazitäten waren auf mindestens 24 verschiedene Landmaschinentypen in einem Umfang geplant, der auch Exporte in andere afrikanische Länder möglich machen sollte.

Der Betrieb war ein Palast aus Licht und Glas. Bis zum Stahlbesteck und den Kristallgläsern in der Kantine war alles aus der Bundesrepublik importiert. Das Geschirr, aber auch die Seife und die Handtücher in den Waschräumen, verschwanden in Windeseile. Die Fabrikleitung beschloß, diese Dinge immer wieder neu zu beschaffen, und hoffte, daß irgendwann alle Arbeiter mit genug Geschirr und Handtüchern eingedeckt wären. Die damals reichlich fließenden Petrodollars ermöglichten eine solche Großzügigkeit. Schwerer wog, daß die gleichzeitig errichteten Neubauwohnungen in Sidi Bel-Abbes nur für die Deutschen und die algerischen Führungskräfte reichten. Die Arbeiter kehrten abends wie eh und je in ihre Höhlen zurück, nachdem sie tagsüber Knöpfchen gedrückt hatten, deren Funktion ihnen weitgehend unbekannt war.

Die Diebstähle in Waschräumen und Kantinen waren das geringste Problem. Als schlimmer erwies sich, daß die Arbeiter Aggressionen gegen die blitzenden Maschinen entwickelten, deren Feinheiten und Tücken sie viel zu unvorbereitet gegenüberstanden. Funktionierte eines der guten Stücke nicht, mußte oft ein Techniker aus Deutschland per Flugzeug kommen, um den Schaden zu beheben. Der Widerspruch zwischen den eigenen Lebensbedingungen und dem Luxus in der Fabrik führte auch zu Selbstaggressionen. Eines Morgens fand man einen jungen Kollegen, der sich nachts vor dem Werktor aufgehängt hatte. Er war nicht der erste und nicht der letzte Selbstmörder unter den Arbeitern der SONACOME.

Daß neue Technologien von einer Bevölkerung nur dann angenommen werden, wenn sie sie versteht und sich einen sofortigen eigenen Vorteil ausrechnen kann, hätten die Algerier schon aus Frantz Fanons Analyse ihrer Revolution lernen können. So wies er beispielsweise darauf hin, daß selbst wohlhabende Algerier bis zum Unabhängigkeitskrieg kein Interesse am Radio hatten, weil man das Anhören erotischer Lieder im Familienkreis für ungehörig hielt. Dieser Vorbehalt wurde sofort aufgegeben, als 1954 die Revolution ausbrach. Die aus dem Radio tönende Angst des Feindes trug das Bewußtsein eigener Stärke in jeden Haushalt. Ähnlich lag es bei der Akzeptanz der modernen Medizin, die ebenfalls vor dem Unabhängigkeitskampf bei den Algeriern eher Mißtrauen erweckte. Plötzlich aber, als man massenhaft Verwundete versorgen mußte, wurde der Nutzen von Antibiotika und vor allem von Medikamenten gegen Wundstarrkrampf offensichtlich. Und das um so mehr, weil die Kolonialmacht gerade diese Medikamente unter strenger Kontrolle hielt, um zu verhindern, daß sie den Maquis erreichten.

Das Landmaschinenwerk von Sidi Bel-Abbes nützte nur wenigen, genaugenommen nur den Deutschen und den algerischen Kadern. Die Arbeiter, die man nicht zu Facharbeitern qualifiziert hatte, sondern als einfache Knöpfchendrücker agieren ließ, hatten zu wenig von ihr. Um diesem Mißstand zu begegnen, erfand die Regierung Boumediene die GSE (Gestion Socialiste des Entreprises), die »Sozialistische Führung der Betriebe«. Hier sollten innerbetriebliche Entscheidungen von Kommissionen getroffen werden, in denen nicht nur Kader und Techniker saßen, sondern auch Arbeiter, Putzfrauen, Wachpersonal. Da der Anteil der Analphabeten in diesen Kommissionen oft beträchtlich war, lief die GSE aber auf eine Lähmung der wenigen kompetenten Kräfte hinaus, die in der Lage gewesen wären, sachlich begründete Entscheidungen zu fällen.

Saddek meinte schon damals, daß es sich bei der GSE nur um eine Art Trojanisches Pferd handele, das kein anderes Ziel habe, als das noch lebendige Interesse für die »sozialistische Option« so schnell wie möglich abzuschwächen.

Konnte Basisdemokratie ernst gemeint sein, wenn zugleich Streikverbot herrschte? Als die SONACOME einmal eine Gewerkschaftsdelegation mit Vertretern aus vielen arabischen Ländern empfing, enthüllte die GSE ihr wahres Gesicht. Die Iraker brachten das altbekannte Argument vor, daß Streik im Sozialismus unsinnig sei, weil die Arbeiter gegen sich selbst streiken würden. Die Ägypter begründeten das bei ihnen ebenfalls herrschende Streikverbot mit der permanenten Kriegsgefahr gegenüber Israel. Ein Exilägypter, der als Dolmetscher zwischen dem Maghrebarabischen und dem Hocharabischen der Orientalen vermittelte, sagte plötzlich, daß die Gewerkschaften seines Landes heute weniger Rechte hätten als während des englischen Kolonialismus. Und das sei eine Schande. Der Mann wurde als »Marxist« beschimpft und sowohl von den Delegierten wie von den algerischen Sicherheitsleuten zurechtgewiesen. Er sagte aber, daß er die Gefängnisse bereits von innen kenne und die Lügnerei nicht mehr mitmache.

Das in arabischen Ländern herrschende Streikverbot war freilich nie so strikt durchsetzbar wie im Ostblock. In Algerien wurde mit der zunehmenden Wirtschaftskrise immer mehr gestreikt. Aber die totalitär kontrollierten Medien durften darüber nichts schreiben und verhinderten so für geraume Zeit die politische Vernetzung der Unruhen.

Wie auch immer: Der Import hochmoderner westlicher Technologie entprach nicht dem basisdemokratischen Leitungsprinzip: Von einer »Beherrschung« der High Technology, geschweige denn ihrer soziopsychischen Folgen konnte keine Rede sein. Die in den siebziger Jahren aus dem Westen importierte Hochtechnologie hat in Algerien nie mehr als dreißig Prozent ihrer potentiellen Leistungskraft entfaltet.

Durch die Erfahrung von Bel Abbes war mir der chinesische Weg der Industrialisierung einleuchtender. Es kann nicht verkehrt gewesen sein, jedes Dorf zu einer kleinen Stahlproduktion zu ermuntern. Was man selbst erfindet, kann man auch selbst reparieren.

Als die SONACOME von Bel Abbes fertig und weitgehend algerianisiert war, konnte sie schließlich nur zwei Typen von Landmaschinen herstellen. Das Werk war weit davon entfernt, die Bedürfnisse des algerischen Marktes zu befriedigen, geschweige denn zu exportieren. Es ist freilich vertragsgerecht mit Petrodollars bezahlt worden.

Firmen aus der Bundesrepublik haben auch an anderen Projekten in Sidi Bel-Abbes nicht schlecht verdient. Ich erinnere mich an Bauschilder von LIEBHERR, CLAAS und DIAG. Die Baufirma BUM hatte einen Auftrag für ein enormes Kontingent an Wohnungen bekommen, aber auch für ein Sportstadion mit 45 000 Plätzen. Warum die BUM plötzlich Pleite ging und sowohl die halbfertigen Wohnungen als auch das halbfertige Stadion sich selbst überließ, haben wir nie erfahren. Uns blieb nur das Gefühl der Ohnmacht, das alle Afrikaner befällt, die ihre Wohnungen nicht mehr selber bauen können. Immer wieder fragte man sich, warum Algerien nur noch mit importiertem Zement baute und nicht mehr mit den eigenen lokalen Baustoffen, die Hitze und Kälte viel besser neutralisieren. Die einzige Antwort: Internationale Korruption. Die algerischen Kader, die sich im Ausland über Produktpaletten informieren sollten, wurden großzügig mit Werbegeschenken und Barem überschüttet.

Allem Modernisierungsstreben zum Trotz glaubte ein beträchtlicher Teil der Algerier immer noch, daß Allah über das Wetter entscheidet. Die Notabeln der Stadt und auch die hohen Kader der Betriebe wurden angehalten, bei Trockenheit öffentlich um Regen zu beten. An diesen Gebeten nicht teilzunehmen, erforderte wohl einige Zivilcourage. Der Religion kam schon dieselbe Disziplinierungsfunktion zu wie dem Lippenbekenntnis zum »Marxismus-Leninismus« im Ostblock. Deshalb haben in Sidi Bel-Abbes auch Atheisten an den Regengebeten teilgenommen.

Saddek ließ sich freilich nicht dazu herab. Es machte ihm mehr Spaß, originelle Einfälle für die Demonstration am 1. Mai zu entwickeln. So ließ er an der Spitze des Demonstrationszuges durch eine in der SONACOME gebaute Wasserberieselungsmaschine Eau de Cologne versprengen – und zwar algerisches.

Der Künstler in ihm meldete sich mit Macht zurück. Er bemühte sich um eine Stelle beim Fernsehen in Algier. Vor seinem Ausscheiden aus dem Betrieb hat er noch geschafft, Yamina und ihrem Sohn über die GSE eine der begehrten Neubauwohnungen zuzuschanzen.

Daß Sidi Bel-Abbes heute eine Hochburg des Islamismus ist, verwundert nicht. Er konnte überall dort Wurzeln schlagen, wo Industrialisierung und Modernisierung voreilige Versprechungen gemacht, aber letztlich keine überzeugenden Vorteile für die große Mehrheit gebracht haben.

Aus der DDR war ich in der Überzeugung weggegangen: kein blöder Land auf dieser Welt. Ich konnte mir gut vorstellen, eine andere Kultur anzunehmen. Aber kaum hatte ich mich in Bel Abbes niedergelassen, änderte sich dieses Gefühl. Es waren vor allem die Schicksale der Frauen, die mich warnten. Von meiner Emanzipation wollte ich nichts preisgeben.

So lag es vielleicht in meiner Weiblichkeit begründet, daß ich – für mich selbst – überraschend schnell keine Schwierigkeiten mehr mit meiner deutschen Identität hatte. Ich beschloß, die Verantwortung nicht nur für die deutsche Geschichte, sondern auch jeweils für denjenigen deutschen Staat zu übernehmen, der gerade interessierte. Die Beschwerden über den Bankrott der westdeutschen Baufirma BUM in Bel Abbes nahm ich gleichermaßen entgegen wie die Klagen über die Fehler des ostdeutschen Gießereibetriebes GISAG in Berrouaghia.

Meist spielte die Unterscheidung zwischen Ost- und Westdeutschen für die Algerier nur eine sekundäre Rolle. Im Vergleich zu der äußerst schlichten und zudem auch wenig ausdifferenzierten Warenpalette Algeriens wirkten meine Geschenke und Mitbringsel aus der DDR nur wenig bescheidener als die aus dem Westen.

Für DDR-Produkte wie Puddingpulver, Suppenwürfel, Tütensuppen, Schnipsgummis, Wandhaken, Klebstoff und sogar für »Ostschokolade« konnte man hier beneidet werden.

Obwohl ich mich auf meine in Europa erworbene weibliche Identität besann, versuchte ich, mich in Algerien zu Hause zu fühlen. Durch ausgedehnte Spaziergänge mit der kleinen Noara wollte ich mein neues Terrain kennenlernen, es erfühlen. Aber die größtenteils aus der Kolonialzeit stammenden gesichtslosen Häuser von Bel Abbes sagten mir wenig. Geschichten erzählte mir zunächst nur der christliche Friedhof, der von einem äußerst wachsamen muslimischen Ehepaar behütet wurde: Die Zeiten, in denen Algerier die Europäerfriedhöfe plündern konnten, waren lange vorbei. Auch ich durfte den französischen Perlenkränzen keine der wunderschönen altrosa Perlenschnüre entnehmen, aus denen ich mir gerne eine Kette gemacht hätte.

Zumindest die Hälfte der Gräber trug spanische Namen: Carrasco, Lopez, Gonzales. Auch schienen einige orientalische Christen hier ihre letzte Ruhe gefunden zu haben, so wie eine Familie Hamadi Mami Kraznandar. Am augenfälligsten war ein Heiligengrab, in dem ein offensichtlich wundertätiger San Vicente Navarro lag, laut Inschrift am 8. Juli 1843 mit 44 Jahren gestorben – in den ersten Jahren der Kolonisation. Über der Marmorplatte stand ein Häuschen, mit unzähligen Dankesplaketten behängt, auf denen die Körperteile abgebildet waren, die er einst geheilt hatte: Augen, Hände, Füße, Ohren, Münder und sogar Frauenbrüste. Die Plaketten trugen Aufschriften wie »Gracias a San Vincente« oder auch »Merci à Saint Vincent«. Sie waren dermaßen fest angebracht, daß es auch unserem holländischen Freund Guus, der ein erfahrener Friedhofsräuber ist, nicht gelang, ein paar Frauenbrüste mitzunehmen.

Bei einem meiner Spaziergänge beobachtete ich, wie eine weiß verschleierte Frau – eine Muslima also – auf das Grab des heiligen Vincente eine brennende Kerze pflanzte. Etwas Unerhörteres kann man sich kaum vorstellen. Und doch gibt es eine Erklärung: In Westalgerien blüht der Marabukult – die Verehrung lokaler Heiliger, die der streng monotheistische Islam auch dann ablehnt, wenn es sich um muslimische Persönlichkeiten handelt. Insbesondere die Frauen verehren trotz dieser Verbote Marabus. Da auf die religiöse Kultur der Frauen traditionell weniger Wert gelegt wurde als auf die der Männer, wurde und wird der Marabukult zumeist geduldet. Daß aber sogar die Verehrung eines christlichen »Marabu« möglich ist, zeigt, wie weit Männer- und Frauenkult in muslimischen Gesellschaften auseinanderklaffen können.

Es ist heute eine der Stärken der islamistischen Bewegung, daß sie versucht, diese religiöse Kluft zwischen den Geschlechtern zu beseitigen. Sie läd die Frauen in die Moscheen ein, die ihnen der Prophet offengehalten, die frühen Kalifen aber bereits geschlossen hatten.

Das von Bel Abbes 80 km entfernt liegende Oran sei eine Stadt, die dem Meer ihren Rücken zuwende – schrieb Albert Camus in »Die Pest«. Nachdem ich Oran kennengelernt hatte, mußte ich immer wieder über diese Formulierung lachen – weil sie stimmte! In der Tat hat Oran keine Strandpromenade, und nirgends bietet sich eine wirklich imposante Sicht auf das Meer. Obwohl die Stadt durch ihr südliches Gepräge natürlich doch irgendwie schön und keineswegs unübersichtlich ist, verwirrt sie den Fremden. In dem Jahr, als ich an der Universität im Vorort Es-Senia lehrte, wollte ich auch hier heimisch werden.

Es wollte mir aber nicht recht gelingen, mich in Oran wohlzufühlen. Das einzige Café, in das man sich als Frau setzen konnte, schenkte von einem Tag zum anderen an Damen kein Bier mehr aus. Und um fünfzehn Uhr gab es oft keine freien Plätze mehr für die Busse, die bis um neunzehn Uhr einmal stündlich nach Sidi Bel-Abbes fuhren. Da mir meist kein Auto zur Verfügung stand, mußte ich dann mit der Eisenbahn vorlieb nehmen. Mit ihr habe ich in dem einen Jahr drei schreckliche Unfälle erlebt, obwohl ich sie doch höchstens zweimal in der Woche benutzte. Einmal zerquetschte unser Zug ein Auto auf der Bahnkreuzung. Ein anderes Mal war jemand aus dem Zug gefallen – kein Wunder, denn junge Männer saßen gern auf den Plattformen bei offenen

Türen und ließen die Beine herausbaumeln. Jedesmal bedeutete so ein Unfall stundenlangen Aufenthalt – woran ich also schon gewöhnt war, als es irgendwann bei Oued Tlelat zu erheblicher Wartezeit kam. Dieser eigentlich bedeutungslose Ort war mir aus dem Roman des pied-noir Emmanuel Roblès, »Die Höhen der Stadt«, im Gedächtnis geblieben. Die Szene in Oued Tlelat habe ich einst immer wieder gelesen, weil sie ihr dunkles Geheimnis lange nicht preisgab: Der wegen eines politischen Attentats von der Kolonialpolizei gesuchte Said wird auf der Flucht nach Marokko in einer Bar von Oued Tlelat gestellt. Der Beamte, der ihn verhaftet, setzt sich neben ihn, trinkt in aller Ruhe einen Kaffee und raunt ihm diskret zu: »Bruder, du mußt mir folgen!« Ich brauchte viel Zeit, um zu begreifen, daß der Polizist Algerier war. Die traurige Zärtlichkeit zwischen den beiden vermittelte mir zum ersten Mal einen Hauch der Schizophrenie der kolonialen Situation.

Und nun, fünfzehn Jahre nach der Lektüre, saß unser Zug in Sichtweite von Oued Tlelat fest. Nach zwei Stunden sickerte durch, daß die Bahn aus Algier vor uns entgleist war und die unsere blockierte. Sandwiches- und Colaverkäufer aus Oued Tlelat stiegen in unseren Zug und machten Bombengeschäfte. Als die Dunkelheit hereinbrach, begann ich, mich mit den Leuten anzufreunden, die um mich herumsaßen, um von ihnen in der Nacht dann beschützt zu werden. Ich versuchte bereits einzuschlafen, als ich plötzlich die Stimme meines Schwagers Zakeria hörte, der mich sorgenvoll gesucht hatte und nun mit dem Auto nach Hause fuhr.

Meine eigenen abenteuerlichen Autofahrten zwischen Bel Abbes und Oran sind weniger relevant für die Frage des öffentlichen Transports. Auch auf diesem Gebiet hatte der Petrodollar der Regierung Flöhe ins Ohr gesetzt: Boumediene förderte vor allem das Flugzeug, in dem er offensichtlich das zukünftige Fernverkehrsmittel der Algerier sah. Nicht nur der öffentliche Nahverkehr, auch die Eisenbahn waren Stiefkinder der Investitionsentscheidungen und schon damals in einem weitaus desolateren Zustand als in den Nachbarländern Marokko und Tunesien.

Trotz der Transportprobleme zwischen Bel Abbes und Oran habe ich hartnäckig um eine Stelle im deutschen Department des Fremdspracheninstituts gekämpft. Zunächst stellte man mich nicht ein, weil Algerien schon damals versuchte, den Bestand an ausländischen Hochschullehrern zu vermindern. Zum Semesterbeginn 1978 wurde in der offiziösen Tageszeitung »El Moudjahid« aber besonders für die Universität von Oran ein großer Lehrermangel beklagt. Mit einer Fotokopie dieses Artikels hatte mein dritter Bewerbungsversuch schließlich Erfolg. Vielleicht entschied man sich auch deshalb für mich, weil ich als Frau eines Algeriers nicht die Privilegien der Kooperanten in Anspruch nehmen konnte, d. h. ich wurde nicht in Devisen, sondern wie die Einheimischen, in Dinar bezahlt.

So gab ich deutsche Konversationsstunden, machte grammatische Übungen und veranstaltete ein Seminar zu Bertolt Brecht. Meine Hauptaufgabe war jedoch ein vierstündiges Seminar »Soziologische Analyse literarischer Texte«, das mangels geeigneten Personals mehrere Jahre lang nicht durchgeführt worden war. Weil diese Veranstaltung für die Studenten aller Philologien im Lehrplan stand, hatte ich über neunzig Hörer, die ich in Französisch unterrichten sollte. Obwohl ich Wort für Wort vorbereitete, bekam ich Lampenfieber und wollte vor Unterrichtsbeginn lieber im Boden versinken als anfangen. Und tatsächlich fanden die Studenten zunächst, daß ich nicht richtig französisch sprach und deshalb mein Vortrag über Literatur nicht anhörenswert sei. Das von mir benutzte Wort »népotisme« für »Vetternwirtschaft« verstand niemand. Obwohl ich den Sinn erklärte, hielten sie es für ein Kunstwort, das ich mir ausgedacht hätte. Unruhe entstand. Ich schickte einen Studenten in die Bibliothek, um ein Wörterbuch zu holen. Er schlug im »Larousse« nach, fand das Wort und verlas die Erklärungen. Darauf ging ein versöhnliches Raunen durch den Hörsaal: »Le piston« hat sie gemeint!« In Algerien benutzt man für »Vetternwirtschaft« nur diesen Jargonbegriff, den ich natürlich fortan auch gebrauchte. Meine Autorität war durch diesen Handstreich gestärkt. Ich galt nun als gelehrt. Niemals in den ganzen elf Jahren habe ich noch Schwierigkeiten mit Studenten gehabt, weder als Frau noch als Ausländerin. Auch nicht mit Muslimbrüdern. Der Wissensdurst war enorm. Sobald eine Atmosphäre geschaffen war, in der ein Austausch von Kenntnissen und Erfahrungen gesichert schien, haben mir die Studenten immer nur vorurteilsfreies Interesse entgegengebracht.

Das Seminar »Soziologische Analyse literarischer Texte« wurde dann doch noch ein Erfolg. Nach meinen Einführungsvorlesungen war eine Leistungskontrolle vorgesehen. Ich kam auf die Idee, die Studenten Vorträge über frei gewählte literarische Werke halten zu lassen. Etwa die Hälfte entschied sich für »Nedjma« von Kateb Yacine, ein Drittel für »Südwind« von Abdelhamid Benhedouga. Auf diese Weise lernte ich selbst die Vorlieben und Gedanken der Studenten kennen. Natürlich kamen bei weitem nicht alle neunzig zu Wort – obwohl gerade das Vortragen großen Spaß zu machen schien. Einer meiner damaligen Studenten, Hafid Gafaiti, ist Literaturkritiker geworden. Er hat einen interessanten Interviewband mit Rachid Boudjedra veröffentlicht.

Obwohl sich die Situation der Studierenden in den folgenden Jahren noch verschlechtert hat, fühlten sich schon die damaligen Studenten um ihre Hoffnungen betrogen. Die Aufbruchstimmung, die in den sechziger Jahren und auch noch zur Zeit der Agrarrevolution herrschte, war vorbei. Verbitterung machte sich breit. In einem Aufsatz hat eine Studentin auf rührende Weise ihre Lage beschrieben. Ihre Beherrschung des Deutschen ist erstaunlich, ich habe hier nur die Rechtschreibung verbessert:

». . . Mascara, meine Heimatstadt, ist eine sehr kleine Stadt, wo jeder jeden kennt. Für die jungen Leute gibt es keine Zerstreuung, deshalb ist die Langeweile in allen Gesichtern gezeichnet. Einmal an der Universität, glaubte ich, ein ganz verschiedenes Leben führen zu können . . . Aber was die Realität betrifft, sie ist ganz anders, besonders wenn man in einem Studentenheim lebt. Es scheint mir, daß ich nichts erlebt habe und daß ich nichts erleben werde. Ich eile nur zwischen der Universität und meinem Zimmer umher. Es gibt keine Betreuung für uns arme Studenten und besonders nicht für Studentinnen.

Ich weiß, daß alles von uns abhängt, die Studenten sind nicht organisiert, und die Rücksichtslosigkeit herrscht überall. Unsere Lebensbedingungen sind unerträglich. Das ist ein Leben, das passiv vergeht, obwohl wir die schönste und jüngste Zeit unseres Lebens verlieren. Im Restaurant gibt es keine Stühle mehr. Alle müssen ohne Gabel essen. Das Gedeck existiert nicht. Stromunterbrechungen und Wasserausfall sind sehr häufig, besonders während der Periode der Prüfungen. Manchmal wird ein Abendfest organisiert. Das Fest ist für das Studentenheim organisiert. Es nehmen aber nicht nur Studenten daran teil, sondern auch betrunkene Leute, die aus der Stadt kommen, um uns zu provozieren. Eine Studentin kann abends, auch innerhalb des Studentenheims, nicht frei herumlaufen. Man schläft nicht gut, ißt nicht gut, es mangelt an allem. Obwohl ich seit langer Zeit von der Zeit in der Universität träumte, sehne ich mich nun nach der Zeit, die ich außerhalb dieses Gefängnisses verbringen kann. Ich will mich davon entfernen, um weit in die Welt gehen zu können, aber . . .«

Weit weggehen! Diese Sehnsucht kannte ich doch aus meinem Land! Sie war hier nicht weniger stark, wenn man es auch eher schaffen konnte, dem »Gefängnis« zu entkommen. Ein anonymes Dichtertalent hatte damals (in Französisch) folgenden Vers auf eine Toilettentür der Universität geschrieben:

> Wir sind in einen tiefen Brunnen gefallen,
> Aus dem wir niemals herauskommen.
> Das ist ein Unglück. Aber es ist nun mal so.
> Nichts kann ich für euch tun. Ich gehe weg,
> Ich haue ab,
> Ich verlasse euch,
> Und komme niemals zurück
> In dieses
> Verfluchte
> Algerien.

Weggehen konnten natürlich nur wenige. Unsägliche Enttäuschung begann sich schon damals aufzustauen. Ende der siebziger Jahre hörte man nur von marokkanischer Rai-Musik – jener

Mixtur aus traditioneller maghrebinischer Caféhausmusik und modernem Rock, in der die Jugend ihre Sehnsüchte nach Liebe und besserem Leben unverblümt hinausschreit. Der westalgerische Rai, der heute die Diskotheken der Welt erobert hat, war noch nicht an die Öffentlichkeit gedrungen. In die Katakomben Orans, wo er in den siebziger Jahren wohl schon gespielt wurde, bin ich nicht vorgedrungen. Das Gedicht oben könnte aber ein Rai-Text sein.

War es nicht einfach gewesen, an der Universität von Oran angestellt zu werden, so war es auch alles andere als einfach, dort zu demissionieren, als wir 1978 nach Algier umzogen. Der Institutsdirektor, der mich zuerst nicht haben wollte, stimmte jetzt meiner Kündigung nicht zu. Und das, obwohl nach Landessitte die Ehefrau dem Ehemann ohne wenn und aber zu folgen hat!

Das Gehalt für zwei Semester traf auf meinem Konto erst ein, als wir uns während der Sommerferien 1978 schon in Algier niedergelassen hatten.

Traktor und Esel im Wettlauf
Zu spät und verfehlt: Die Agrarreform

> Blühende Gärten hat der Fremde gepflanzt
> Im Land des wilden Bachs
> Das Wasser ließ er durch Rohre fließen
> Hat's mit List sich gefügig gemacht

Die Strophe dieses Volksliedes, das im 19. Jahrhundert in der arabophonen kleinen Kabylei entstand, gibt das Erstaunen der Algerier über die als gewaltsam empfundenen Umgestaltungen wieder, die die französischen Siedler in dem okkupierten Land vornahmen. Die Einheimischen wurden auf die unfruchtbarsten Äcker abgedrängt, und niemand kümmerte sich in der 130 Jahre währenden Kolonialzeit darum, ob sie sich ausreichend ernähren konnten. Der Soziologe Djilali Sari hat durch Archivstudien zu seiner Arbeit über die Hungersnot von 1867 bis 1871 nachgewiesen, daß damals mehr als eine Million Algerier umkamen. Wegen der hohen Sterblichkeitsrate wurde das alljährliche Gebären der Frauen während der Kolonialzeit die einzig mögliche Form kollektiven Überlebens.

Mit der Erringung der Unabhängigkeit bekamen die Algerier endlich die Möglichkeit, selbst die »blühenden Gärten« ihres Landes zu unterhalten.

Der einige Jahre nach der Unabhängigkeit entstandene Spielfilm »Noua« von Abdelaziz Tolbi schildert die Geschichte eines jungen Mädchens, dessen Dorf im Unabhängigkeitskrieg zerstört wird und das auf der Flucht in den Maquis gerät. Der in Geist und Rhythmus an den Stil Eisensteins erinnernde Film arbeitete hauptsächlich mit Laien. Er kam mit weniger Technik und weniger Melodramatik aus als der viel bekanntere Film über die Schlacht von Algier. Nouas Kleid hängt übrigens im Pariser Filmmuseum neben dem berühmten Kleid von Marylin Monroe aus »Bus stop«.

Das Ende des Films »Noua« wurde in Algerien bis in die achtziger Jahre hinein von der staatlichen Zensur nicht zugelassen: das Gespräch zwischen einem algerischen Kadi – Kontaktperson zwischen dem französischen Grundbesitzer und den »Eingeborenen« – und seinem Sohn. Die beiden sind nun sicher, daß die Kolonialmacht bald abzieht. Was aber wird mit dem Boden, den der Vater den Franzosen bereits abgekauft hat? Der Kadi weiß, daß der Landhunger der Bauern die eigentliche Triebkraft der Revolution war. Aber er beruhigt den Sohn: »Du wirst sehen, das arrangieren wir irgendwie!« Er schlägt vor, von nun an der FLN Unterstützungsgelder zu zahlen.

Noch in Berlin, etwa 1972, hatte mir Saddek von einem eigenen Kurzfilmprojekt über die gerade beginnende Agrarrevolution berichtet, das mir damals reaktionär vorkam. Der Film sollte zwei Bauern zeigen, die aufs Feld wollen, einer fährt im Traktor, einer reitet auf dem Esel. Der Traktorfahrer rattert fröhlich an dem Reiter vorbei, dessen Tier immer wieder bockt oder am Wegesrand Disteln naschen will. Ehe er auf dem Feld ist, hat der Traktorfahrer eine Panne, springt ab und versucht, sein Stahlroß zu reparieren. Der Esel trottet mit seinem Reiter vorbei.

Warum um Himmels willen sollten die Algerier Traktoren nicht reparieren können? – fragte ich mich damals. Wieso sollten die Chancen für die 1971 begonnene Agrarreform – die von vielen auch als Revolution bezeichnet wurde – so schlecht aussehen?

Natürlich war so ein Film nicht zu realisieren. Dieses Projekt fiel mir erst wieder ein, als wir von Westberlin aus endlich einmal nach Marokko fahren konnten und dort Bauern ohne Maschinen, aber mit Frauen und Kindern auf den Feldern arbeiten sahen. Ein solches Bild habe ich in Algerien nie zu Gesicht bekommen. Man hätte es für äußerst beschämend befunden.

Im Verlauf der Agrarreform haben die algerischen Bauern in der Tat vom Staat Traktoren bekommen, ohne die sie sich fortan nicht mehr auf die Felder begeben mochten. Aber um ihre Fähigkeiten, mit den Maschinen umzugehen, stand es nicht besser als bei den Arbeitern. Und mit dem Maschinenpark verfielen dann auch die Landwirtschaft und die Fähigkeit, sich selbst zu ernähren. Die Erdölrendite ermöglichte Importe . . .

Die marokkanischen Bauern leben dagegen von eigenen Produkten: Gemüse, Weizen, hin und wieder auch Fleisch. In den letzten Jahren exportierten sie sogar Orangen nach Algerien. Ihre Kollegen dort hatten verlernt, die Apfelsinenbäume zu beschneiden und zu pfropfen. Ein Großteil der Plantagen ist verfallen. Erdöl machte es möglich, daß sich die Algerier in Stadt und Land schon seit zwei Jahrzehnten hauptsächlich von importiertem amerikanischem Weizen ernähren. Es ist eine Folge der sozialistischen Agrarrevolution, daß Fleisch, Gemüse und Obst selbst für die Mittelklassen Luxus geworden sind.

Bevor ich nach Algerien auswanderte, war ich noch der Meinung, die Gründe für die Mängel des sozialistischen Produzierens in der DDR basierten darauf, daß es sich um einen durch die Rote Armee importierten, nicht wirklich von der Bevölkerung gewünschten und nach eigenem Gusto konstruierten Sozialismus handelte. In Algerien lagen die Dinge wohl anders. Das Land hatte sich selbst befreit. Die sozialistische Option schien von der Mehrheit nicht angefochten. Um so verwunderter war ich, als ich schon wenige Wochen nach meiner Ankunft in Sidi Bel-Abbes feststellen mußte, daß die Waren auf dem »Souk el Fellah«, dem Markt der Kollektivbauern, – wo ich aus Prinzip einkaufte – ähnliche Mängel aufwiesen, wie ich es von der DDR her kannte. Eine nur wenig gekürzte Tagebuchaufzeichnung vom Mai 1977 gibt mein Erstaunen wieder:

»Der Souk el Fellah verkauft stinkende Hühner, die in Papier eingewickelt sind! So genieren sie nicht die Nase des Verkäufers und die des Käufers erst zu Hause. Als ich das dürre Hühnchen auspackte, bemerkte ich zunächst nur etwas Fäulnis an der Gurgel. Als ich es später aus dem Kühlschrank holte, um es zuzubereiten, schlug mir der üble Geruch mit voller Kraft entgegen.

Es widerstrebte mir, in diesem Land, in dem Fleisch eine Kostbarkeit ist, ein Huhn einfach wegzuschmeißen. Schließlich hatten wir auch in der DDR manchmal Fleisch gegessen, das nicht mehr wirklich frisch war. Ich beschloß, das Huhn zu kochen und dann erst zu entscheiden, ob wir es essen sollten oder nicht. Während ich es nun anbriet und mit Wasser übergoß, wurde mir übel, und ich sah immer deutlicher voraus, daß wir es nicht essen könnten. So schüttete ich die Brühe weg und warf die elende kleine Hühnerleiche in den Müllschlucker. Mich schauderte bei dem Gedanken, daß sie sicher Esser gefunden hätte, wenn ich sie auf die Straße gelegt hätte.

Ich verbrachte den Tag tief gestört. Es scheint ein unausweichliches Gesetz zu sein, daß mit sozialistischer Anonymität von Produktion und Handel die Qualität sinkt. Niemand in der langen Kette zwischen Produzent und Käufer ist für irgend etwas verantwortlich. Protest nützt wenig, denn man weiß ja schließlich, daß der Verkäufer mit der Produktion des Huhns nichts zu tun hat und sicher auch nichts dafür kann, wenn keine Kühlkette zwischen Produzent und Handel existiert.

Schweren Herzens habe ich mich heute auf den Weg zum Markt der privaten Bauern gemacht und ein Privathuhn gekauft.«

Auf den ersten Blick mag verwundern, daß die algerische Agrarreform erst ein Jahrzehnt nach der Unabhängigkeit in Angriff genommen wurde. Es wird verständlicher, wenn man sich klarmacht, daß der Unabhängigkeitskrieg mit einer Volksfront geführt und gewonnen wurde: In der FLN waren alle damaligen Klassen, Schichten und Tendenzen der Algerier zusammengefaßt. Wie es Tolbis Film zeigt, ist schon während des Unabhängigkeitskrieges eine Schicht algerischer Großgrundbesitzer entstanden – denn immer mehr Franzosen verließen und verkauften ihr Land. 1962, zum Zeitpunkt der Unabhängigkeit, waren bereits 52 Prozent des nutzbaren Bodens in algerischer Hand. Die neuen Landbesitzer unterstützten die FLN freiwillig oder wurden durch Terror dazu gebracht. Von daher erklärt sich der Optimismus des Kadi in Tolbis Film: Das Geld der neuen Feudalität kam einem politischen Faustpfand gegen die Aggrarreform gleich.

Schon während des Krieges war die Führung der FLN tatsächlich darüber zerstritten, ob die Agrarreform in das politische Programm aufgenommen werden sollte oder nicht. Abane Ramdane, ihr bewußtester Verfechter, hatte gegen viele Widerstände durchgesetzt, daß sie wichtigster Programmpunkt des Summam-Kongresses wurde. Als Führer des inneren Maquis hatte er verstanden, daß dies der einzige Weg war, den Partisanen jene furchtbaren Opfer aufzuerlegen, die der Kampf erforderte.

Wahrscheinlich ist in Ramdanes entschiedenem Eintreten für die Agrarreform der Grund für seine Ermordung zu suchen. Die anderen, vom Ausland her agierenden Führer der FLN haben dieses Programm in bündnispolitischer Hinsicht wahrscheinlich für falsch gehalten: Sie glaubten, auf das Geld der reichen Algerier angewiesen zu sein und ihnen eine Perspektive nach der Revolution geben zu müssen.

Das Summam-Programm wurde offiziell niemals widerrufen, aber nicht konsequent verwirklicht. Der Tod Abane Ramdanes wurde von dem damals in Tunis erscheinenden »Moudjahid« als das vom Feind verursachte Ende eines Märtyrers gemeldet. Erst nach 1988 beteiligen sich algerische Zeitungen an der Wahrheitssuche.

Im Sommer der Unabhängigkeit, 1962, hatten die letzten abziehenden Franzosen auch Ländereien zurückgelassen, die sie nicht mehr verkaufen konnten. Dieses herrenlose Land wurde sofort von den darauf beschäftigten Tagelöhnern besetzt und abgeerntet. Aus diesen Landbesetzungen entstanden die ersten Kooperativen, für die aber fast ein Jahrzehnt kein institutioneller und materieller Rahmen existierte. Armut und Perspektivlosigkeit auf dem Dorf trieb immer mehr – vor allem junge – Menschen in die Städte. So blieb die Agrarrevolution während der sechziger und beginnenden siebziger Jahre ein Kampfziel der algerischen Linken.

Es war indes kein Zufall, daß der Staat sie 1971 offiziell lancierte. Die eben abgeschlossene Nationalisierung der Erdölquellen ermöglichte es, daß sich die Agrarreform nicht als brutale Enteignung vollzog. Beträchtliche, vom Staat gezahlte Entschädigungen für die Großgrundbesitzer hielten deren Widerstand zunächst relativ gering. Familien, die sich frühzeitig und opferreich der Revolution angeschlossen hatten, konnten einen Teil ihrer Ländereien behalten. Das Geld, das die Regierung als Entschädigung zahlte, und die nicht ganz zerschlagene Macht der »alten Familien« werden nun aber zum Grundstein des Islamismus. Die enteignete und entschädigte Feudalität ließ 1972 die ersten »wilden Moscheen« erbauen, um darin an die vom Koran gesicherte Unverletzlichkeit des Privateigentums zu erinnern.

Um nicht im Gegensatz zum Koran zu stehen, schloß die Agrarreform Privateigentum nicht grundsätzlich aus: Aber keine Familie sollte mehr Land besitzen dürfen, als sie selber bearbeiten konnte. Es gab keinen Zwang zur Kollektivierung. Nur die Aussicht auf vom Staat finanzierte Mechanisierung förderte die Bildung von Kooperativen.

Die von dem über Nacht reich gewordenen FLN-Staat ausgehende Initiative zur Agrarreform bedingte freilich sofort ihren autoritären Charakter. Zwar bleibt es historisch unbestritten, daß die Bauern das Land endlich bekommen mußten, aber man übergab es doch keineswegs ihrer eigenen Verantwortung und Kompetenz.

Die Landwirtschaft wurde quasi über Nacht technisiert. Und das traditionelle ländliche Elend, der niedrige Lebensstandard, wurde ebenfalls über Nacht durch garantierte Mindesteinkommen beseitigt. Mit der Wohnungsnot auf dem Lande sollte aufgeräumt werden: Der Neubau von 1000 kompletten »Sozialistischen Dörfern« wurde in Angriff genommen. Als Präsident Boumediene eines der ersten neuerbauten Dörfer besuchte und sich bei den Bauern über ihre Lage erkundigte, behaupteten sie vor laufenden Kameras, daß sie rundum zufrieden wären. Allerdings fehle ihnen noch der Fernsehapparat.

Auch dieser ließ nicht lange auf sich warten. In den siebziger Jahren erreichte Algerien die größte Dichte von Fernsehapparaten in ganz Afrika. Die Bauern änderten ihren Lebensrhythmus. Er wurde vorher von den Bedürfnissen der Erde geprägt, die wegen der Trockenheit vor Sonnenaufgang bearbeitet werden muß. Das dafür erforderliche frühe Aufstehen konnte den fernsehmüden Bauern nun freilich nicht mehr zugemutet werden.

Diese sozialen Verbesserungen waren gerecht, der Nachholbedarf der Landbevölkerung in punkto Lebensstandard war enorm. Aber die spezifische Form der Agrarreform – hohe Technisierung und autoritäre Bevormundung – wurde zur Ursache, daß ein Großteil der algerischen Bevölkerung heute zu keiner Selbsthilfe mehr fähig scheint. Der vom Staat assistierte Bürger war entstanden, ein Bürger, der bereits konsumierte, ehe er produziert hatte. Der schließlich überhaupt nur noch produzieren konnte, wenn ihm der Staat bestimmte Bedingungen bereitstellte.

Es blieb nicht aus, daß sich trotz der unzweifelhaften Verbesserungen des Landlebens auch bald wieder Unzufriedenheit ausbreitete. Bei weitem nicht alle Bauern fanden in den schmucken »Sozialistischen Dörfern« Platz, und die garantierten Mindestlöhne erwiesen sich als recht niedrig; sie betrugen nur ein Siebtel der Löhne, die in der nationalisierten Erdölindustrie gezahlt wurden. Und diese Industrielöhne waren es schließlich, die die Preise und den Rhythmus der Inflation prägten.

Als eigentliche Achillesferse der Agrarreform entpuppte sich aber das Staatshandelsmonopol. Es wurde mit solcher Akribie umgesetzt, daß selbst Produzenten von Kartoffeln ihren eigenen Kartoffelbedarf über den Markt decken mußten – natürlich zu Preisen, die höher waren als die, die der Staat ihnen für ihre Kartoffeln zahlte. Der bei den Bauern dadurch ausgelöste Unmut ließ den anfangs durchaus vorhandenen Enthusiasmus für die Agrarreform schnell verebben.

Die Agrarreform konnte die Landflucht nicht stoppen. Wer auf dem Lande blieb, sah sich bald nach günstigeren Erwerbsmöglichkeiten um. Die lagen vor allem in der Ausweitung des schwarzen Marktes. Nichts ermunterte zur Steigerung oder Verbesserung der kooperativen Produktion. In wenigen Jahren verwilderten enorme Anbaugebiete von Obst und Gemüse, auch die Oasen des Südens. Der ehemals renommierte algerische Wein verlor – teilweise bis zur Untrinkbarkeit – an Qualität.

Als Schuldiger für die ausbleibenden Erfolge wurde bald jener »Staat« erkannt, den man sich gerade erst erkämpft hatte. Denjenigen, die ihren Landbesitz verloren hatten – rasch vermehrt um die

Spekulanten des Schwarzmarktes – fiel es nicht schwer, statt Boumedienes »Islam und Sozialismus« den Islam als Alternative zum Sozialismus hinzustellen.

Als nach Boumedienes Tod die Frage der zugrunde gerichteten Landwirtschaft in die öffentliche Diskussion kam, wurden Stimmen laut, die ernsthaft vorschlugen, Marokkaner und Tunesier als eine Art Tagelöhner ins Land zu holen, da diese das Arbeiten noch nicht verlernt hätten. So löste der Erdölwahn – wie in den Golfstaaten – auch in Algerien Träumereien von moderner Sklaverei aus, die freilich nicht realisiert wurden.

Paradoxerweise sind die Landfrauen die Hauptverliererinnen der sozialistischen Agrarrevolution. Ihnen haben vor allem die neuen Dörfer von Anfang an nicht besonders behagt. Obwohl sie manche Alltagserleichterung brachten, stellte sich der neu errungene Komfort nicht immer als Vorteil dar. Es ist vorgekommen, daß die Frauen eines Dorfes die Wasserhähne in ihren Häusern zerstörten, um sich wieder wie früher am Brunnen treffen zu können. Die Rückeroberung ihres alten Treffpunktes – an dem man ehemals nicht nur schwatzte, sondern auch Eheschließungen vorbereitete – war für die Frauen vor allem deshalb so wichtig, weil ihre vordem oft in Gruppen ausgeführte Arbeit auf den Feldern oder in den Olivenhainen mit der Agrarrevolution weitgehend beendet war. Das den Männern garantierte Mindesteinkommen bewirkte auch hier, daß diese ihre Frauen nicht mehr arbeiten lassen wollten und sie in die Häuser einschlossen. Die Landfrauen führten plötzlich die bequemere, aber isolierte Lebensweise der städtischen Kleinbürgerinnen: Sie durften das Haus nur noch zu bestimmten Anlässen verlassen, und dies nur verschleiert. Auch im Hause selbst büßte die Landfrau an Prestige ein. Wie fast überall in Afrika war der Hausbau traditionell eine Angelegenheit der Frauen gewesen, was eine gewisse weibliche Autorität im Hause nach sich zog. Die neuen, den Männern vom Staat zugeteilten Häuser konnten weder in der Stadt noch auf dem Lande ein Hort weiblicher Hausmacht mehr sein.

So kam es, daß der schwarze Schleier Ostalgeriens die vordem unverschleierte Kabylei innerhalb eines einzigen Jahrzehnts fast vollständig eroberte. Nur fernab von den großen Verkehrswegen, in den noch nicht an die Elektrizität und die Gasleitungen angeschlossenen Dörfern, sieht man noch Frauen mit vielfarbigen Turbanen über dem unverschleierten Gesicht schwere Reisigbündel oder Olivenkörbe heimtragen. Als ich Mitte der achtziger Jahre mit Saddek und unserer Freundin Dalila auf einer Wanderung in der Kabylei durch ein solches abgelegenes Dorf kam, wurden wir zwei Frauen von einer aggressiv lachenden Kinderschar umringt. Sie hatten wohl noch nie Frauen in europäisch geschnittenen Hosen gesehen. Wir erschienen ihnen so fremd, daß sie die Bonbons nicht annahmen, die wir verteilen wollten, sondern warfen sie als recht scharfe Geschosse zurück.

Aus einem Garten winkte uns jedoch eine unverschleierte Frau freundlich heran. Sie rief die Kinder zur Ordnung und wollte uns frische Eier verkaufen – ein Zeichen, daß sie zu den immer seltener werdenden Bäuerinnen gehörte, die noch etwas produzierten. Die Eier, die man normalerweise kaufte, stammten längst aus »modernen« Legebatterien.

Einige Kilometer von dem Dorf entfernt wurde bereits der Damm für die Schnellstraße angelegt, die wenig später auch das Leben dieses Dorfes umgekrempelt haben dürfte. Die erste Veränderung wird wohl der Schleier gewesen sein, denn die Männer haben sicher nicht zugelassen, daß die nun häufiger auftauchenden Fremden ihre Frauen taxieren.

Die fragmentarisch bleibende und neue Widersprüche erzeugende Form der Modernisierung, von deren negativen Auswirkungen die Frauen in besonders starkem Ausmaß betroffen sind, erklärt, weshalb heute auch viele Frauen nostalgisch in die vermeintlich bessere Vergangenheit schauen und ansprechbar für den Islamismus werden. Statt die Mängel der Agrarreform zu analysieren, stellt der Islamismus jedwede Entwicklung der Gesellschaft als »Verwestlichung« in Frage. Der Kolonialismus wird nicht mehr in erster Linie als soziale Ausgrenzung der Algerier dargestellt. Der Landraub erscheint nur noch als Kampf zwischen zwei Religionen, als Versuch, die Algerier dem Islam zu entfremden und allmählich zum Christentum zu führen.

Sowohl der späte Beginn als auch die rasch nachlassende Attraktivität der Agrarreform führte zur kontinuierlichen Landflucht, zur unsäglichen Aufblähung der Städte. Davon war natürlich insbesondere die Hauptstadt betroffen, deren Bevölkerungsstärke seit der Unabhängigkeit von einer halben auf drei Millionen angewachsen sein soll. Das heißt, daß heute fast jeder zehnte Algerier hier lebt. Die Zunahme der Bevölkerungsdichte bemerkt man auf eindrucksvolle Weise, wenn man sich Filme oder die immer noch erhältlichen Ansichtskarten aus den sechziger Jahren anschaut: So leer wie auf diesen Bildern waren Algiers Straßen zu meiner Zeit nur noch nachts.

Sowohl die Entwurzelung der Menschen aus den Stammesverbänden und Großfamilien, die das soziale Verhalten geregelt hatten, als auch die bei vielen nicht geglückte Integration in einen Beruf, der den erhofften Wohlstand bringen sollte, schufen eine Atmosphäre der Frustration und Aggressivität.

Als wir im Sommer 1978 nach Algier zogen, glaubten wir noch, bald eine eigene Wohnung zu finden. Provisorisch nisteten wir uns in der Dreizimmerwohnung meiner Schwägerinnen Rebiha und Nadjiba ein. Eine dritte Schwägerin, Habiba, hatte gerade geheiratet und war ausgezogen.

Das Provisorium sollte acht Jahre dauern. Unser Haus lag in einer der scharfen Kurven des Boulevard Salah Bouakouir, des alten Télémly, fünf Minuten vom oberen Eingang der Universität entfernt, angelehnt an einen der steil abfallenden Felsen Algiers. Auf der Boulevardseite hatte es acht Etagen, auf der Seeseite dreizehn. Von den großen Fenstern und vom Balkon unseres Salons aus sahen wir über die ganze Bai von Algier. Nachts blinkten uns die Lichter der unteren Stadt und der Schiffe entgegen. Wenn Gäste diesen Ausblick lobten, pflegte die damals achtzehnjährige Nadjiba immer seufzend zu sagen: »Das ist aber auch alles, was wir haben.« Sie ist 1982 nach Paris emigriert.

Die schöne Aussicht bot sich indes nur, wenn man strikt geradeaus schaute. Blickte man abwärts, sah man auf eine Müllhalde. Hier entledigten sich nicht nur die weitaus ärmeren Leute der Rue de Moulhouse eines Teils ihres Abfalls, es passierte auch, daß jemand aus unserem Haus den Müll einfach aus dem Fenster warf. Und das, obwohl die Straßenreinigung jede Nacht die Müllsäcke vorm Haus einsammelte. Kurz nach der Unabhängigkeit, als unsere Familie – wie alle anderen hier – die Wohnung einfach besetzt hatte, wuchsen unter dem Haus noch Gras und Blumen.

Da Rebiha nie etwas ausrangierte, fand ich noch Zeugnisse der Franzosen, die früher hier gelebt hatten: Briefumschläge mit der Adresse einer Pariser Bank und eine Eierhandgranate, mit der sich die Leute vielleicht in letzter Not an der Haustür hatten verteidigen wollen. Ich war recht froh, als ich das Ei einem Verwandten mitgeben konnte, der sich bereit erklärte, es in der Gendarmerie abzuliefern. Vielleicht wäre es früher oder später von selbst explodiert? Oder der damals fünfjährigen Noara in die Finger gekommen?

Mir war, als hätte ich auch vom Télémly in der Literatur schon gelesen. Als ich Emmanuel Roblès' Roman »Die Höhen der Stadt« wieder einmal in die Hand nahm, entdeckte ich, daß ich nun genau in der Kurve wohnte, hinter der Said einen pied-noir erschoß, der ahnungslose Algerier an die »Organisation Todt« als Arbeitssklaven nach Nazideutschland verkauft hatte. Das Attentat fand vor dem Haus Nummer 52 statt – wir wohnten in der gegenüberliegenden 43a. Den lieblichen Garten der Nummer 52, die scharfe Straßenkurve davor und den in unserem Haus einst tatsächlich befindlichen Lebensmittelladen (er wurde zu unserer Zeit als Garage genutzt, ist aber vor zwei Jahren wiedereröffnet worden) – das alles hat Roblès getreulich beschrieben, wie auch Saids Fluchtweg: die Treppen an unserem Haus vorbei, hinab in die steil zur unteren Stadt führende Rue de Moulhouse. Sie war zu meiner Zeit ein Treffpunkt von Islamisten geworden, die sich dort sammelten, um in der Universität zu demonstrieren.

Sofort empfand ich Algier, verglichen mit Bel Abbes und selbst mit Oran, als eine viel gefährlichere Stadt. Wenn sich in Bel Abbes ein Passant mir gegenüber auch nur die kleinste Bemerkung erlaubte, kamen sofort Händler, Frisöre oder auch Garagisten aus ihren Läden heraus und wiesen ihn zurecht: Ich stand unter dem Schutz der Kleinstadt. Das Ausmaß der Männerfrechheit auf der Rue Ben M'Hidi und auf der Rue Didouche Mourad war mir neu.

Einmal hat mich ein Mann eine Weile lang bis in die Kaufhäuser hinein verfolgt. Er lief abwechselnd mal vor, mal hinter mir und wisperte mir unablässig etwas zu. Plötzlich traf er Freunde, begann mit ihnen zu diskutieren, und ich hielt mich für befreit – ein Irrtum. Als ich an ihm vorbeilief, rief er mir zu: »Ich komme gleich nach!« Aus seiner Sicht war ich schon erobert und zierte mich nur noch ein wenig, wie es sich für Frauen eben gehört!

Ein anderes Mal, als ich mit Nadjiba am hellichten Tag durch das Menschengewühl der Rue Ben M'Hidi ging, drängten sich vier junge Männer von hinten immer dichter an uns heran – und berührten uns schließlich sogar. Völlig außer mir, drehte ich mich um und spuckte einem der Typen ins Gesicht. Er antwortete sofort mit einer Ohrfeige! Mir war klar, daß er noch mehr schlagen würde, wenn ich mich weiter wehrte. Kein Passant kümmerte sich um die Szene, weil offenbar alle der Auffassung waren, daß die Züchtigung einer Frau durch einen Mann schon ihre guten Gründe haben wird. Diese Erfahrungen brachten mich schnell dazu, die diskrete Art und Weise zu erlernen, mit der sich algerische Frauen auf der Straße bewegen: Niemals schlendern oder lange vor Schaufenstern stehen, womit man sich in Windeseile einen Schatten zulegt. Mit einem Blick erfassen, was an Sehenswürdigkeiten oder in den Vitrinen interessant wirkt. Schnell und zielgerichtet weiterlaufen. Am besten mit Aktentasche.

So bin ich bei der Erkundung Algiers weitaus vorsichtiger gewesen als in Bel Abbes und Oran. Nie bin ich hier auf die Idee gekommen, mir Friedhöfe anzusehen. Die Stadt machte von vornherein angst, sie quoll über vor Menschen, die aus den verschiedensten Gegenden des Landes gekommen und nun weitgehend atomisiert waren: Hier gab es kaum noch die alten kollektiven Vernetzungen der Großfamilien und Stämme. Überall lauerte Aggressivität.

Die städtische Anonymität war weitaus größer als in Europa. Viele Menschen aus unserem Haus kannte ich nur vom Sehen, ohne sie einer Familie zuordnen zu können. Den Ehemann meiner

Nachbarin Fatima habe ich niemals zu Gesicht bekommen, obwohl unsere Balkone nebeneinander lagen und unsere Kinder zusammen spielten. Meine Schwägerin Rebiha, die schon etwa zwanzig Jahre hier lebte, pflegte zu niemandem engere Beziehungen. Obwohl so gut wie alle Hausbewohner aus Dörfern stammten und die Wohnungen erst nach dem Abzug der Franzosen besetzt hatten, kam sich jeder irgendwie besser als der andere vor. Rebiha selbst war Näherin in einer Lederwarenfabrik. Sie leitete ihren Adel wohl von der religiösen Autorität ihres Vaters in Ostalgerien ab.

Entgegen einem weitverbreiteten Vorurteil war der Besuch der Kasbah jedoch weitaus ungefährlicher als ein Spaziergang auf der Rue Ben M'Hidi. Obwohl viele Menschen vom Lande neu zugezogen waren – was teilweise den Verfall und die zunehmende Verwahrlosung erklärt –, schien hier die Sicherheit der Straße noch kollektiver Verantwortung zu unterliegen. Jedenfalls konnte man sich als Frau in der Kasbah bewegen, ohne angepöbelt oder gar angefaßt zu werden. Ich gewöhnte mir bald an, Einkäufe dort allein zu tätigen. Auch Gäste führte ich problemlos in der Kasbah herum. Doch nur in der ersten Zeit – als ich die hohe Bedeutung der familiären Intimität in der islamischen Kultur noch nicht voll begriffen hatte – nahm ich auch Angebote wahr, bei irgendwelchen Familien die Terrassen zu besichtigen oder Tee zu trinken. Die strikte Sauberkeit der türkisch gekachelten Höfe und Räume stand im krassen Gegensatz zur Verschmutzung der Straßen.

In den zehn Jahren meines Algieraufenthalts verfiel die Kasbah in rasantem Tempo. Auch wenn die Erde nicht gebebt hatte, konnten Häuser einstürzen. Und immer wieder brachen Kasbahrevolten aus. Nirgends in Algier war die Überbevölkerung so drückend wie hier. Die durchschnittliche Belegung einer Drei- oder Vierzimmerwohnung betrug schon Anfang der siebziger Jahre 24 Personen.

Wie die Nachfahren Jugurthas manipuliert wurden

Machtpoker der FLN

> Constantine, die stolze Stadt!
> Hier wohnte Bey Achmet.
> Nobel war unser Geld vorm Desaster
> Heute ist es nur elender Zaster

»Constantine, la Citadine« – so hat meine Schwägerin Drifa ihre französische Übersetzung dieser weiteren Strophe des schon im vorigen Kapitel zitierten Volksliedes aus dem 19. Jahrhundert begonnen. Das Lied hat mich fasziniert, weil es sich naiv und zugleich erstaunlich scharfsinnig mit ökonomischen Problemen befaßt. Und dann: La Citadine! Leider kann ich im Deutschen keine Übersetzung finden, die deutlich macht, daß Constantine die majestätischste, kurz die »städtischste« Stadt ist, die ich kenne.

»Adlernest« wird der auf einem 1000 × 700 m großen Felsplateau gelegene alte Stadtkern genannt, von dem aus sieben Brücken ins Umland führen, auf das sich die Stadt freilich schon lange ausgedehnt hat. Die großartigen Brücken von Constantine überspannen vielhundertmetertiefe Schluchten, in denen man weit unter sich die Vögel fliegen sieht. Noch tiefer schlängelt sich das wilde Flüßchen Rhummel. Auf »Sidi M'cid«, einer freischwebenden Brücke, kann die Sehnsucht nach den Vögeln und dem Rhummel am größten werden, sie ist die letzte Station vieler Selbstmörder.

In dem 1973 veröffentlichten Roman »Das Erdbeben« von Tahar Ouettar – der auch das Szenarium von »Noua« geschrieben hatte – reist ein Großgrundbesitzer nach Constantine, um bei der Administration noch einmal seine Verschonung von der Enteignung zu beantragen. Beim verzweifelten Nachdenken auf den sieben Brücken der Stadt kommt Cheikh Boulerouah aber zu dem Schluß, daß sein Schicksal besiegelt sei. Und das, obwohl der heilige Koran – wie er sich vor der El-Kantara-Brücke besinnt – das Privateigentum anerkennt und auch das Recht des Besitzers, frei darüber zu verfügen! Auf Sidi M'cid beginnt er zu fluchen: »Wenn es der Regierung einfällt, dem Volk Erde zu geben, hat sie nur die Berge abzutragen und das darunterliegende Land zu verteilen! Wozu haben sie denn ihre russischen Freunde, wenn die ihnen nicht einmal zeigen können, wie man Berge abrasiert!« Cheikh Boulerouah ahnt ebensowenig wie der Autor, daß man ihm sein Land ein Jahrzehnt später gern wiedergeben würde, wenn er es denn in jenem verkommenen Zustand, in den es die Agrarreform brachte, überhaupt wieder nähme!

Im Gegensatz zu der zumeist vordergründig plakativen Literatur über die Agrarrevolution zeigt dieser in verständlichem algerischem Arabisch geschriebene Roman Talent. In der literarisch keinesfalls üblichen derben Volkssprache schildert er, wie sehr die Stadt heruntergekommen ist, ihren Schmutz, den Gestank, die Verelendung.

Die »Suika«, die verfallende Türkenstadt, aber auch die neueren Bauten werden immer mehr von den überall wuchernden Wellblechsiedlungen dominiert. Fast eine Million Menschen soll Constantine heute mehr schlecht als recht beherbergen. Die Traditionen der Stadt sind vom malekitischen Ideal der Kargheit und Strenge geprägt: Sie trägt ihre augenscheinliche Armut mit Würde. Wer Arbeit hat, muß zumeist ins weitere Umland fahren. Beim Vorort El Khroub liegt eine große Motorenfabrik, ein Zweigbetrieb der SONACOME. Ein weiterer mächtiger Industriekomplex für Straßenbauausrüstungen steht bei Ain Smara.

Die Franzosen hatten in den Schluchten des Rhummel idyllische Spazierwege angelegt, die während der Revolution gesprengt wurden, weil sie den Moudjahidin als Versteck hätten dienen können. Man hat sie nicht wieder restauriert. Heute ist es ohnehin gefährlich, in Constantine spazierenzugehen. Selbst Liebespaare kämen gar nicht auf die Idee, sich offen irgendwo zu zeigen, geschweige denn in den Schluchten des Rhummel lustzuwandeln. Constantine war die erste algerische Großstadt, der die Islamisten ihr Gesetz aufzwangen. Unverschleierte Frauen wurden hier schon gegen Ende der siebziger Jahre seltener. Die weibliche Jugend, allen voran die Studentinnen, kleidete sich – lange vor ihren Kommilitoninnen in der Hauptstadt – mit dem Hidjab und dem Kopftuch, das die zumeist so schönen Haare verdeckt. Die älteren Frauen tragen den traditionellen schwarzen Schleier der Region, der oft rote Ränder hat, die auf dem Rücken in einem besonders schönen Faltenwurf drapiert werden. Der schwarze Schleier mit dem roten Rand soll eine Art ewige Trauer um den zwischen 1771 und 1792 regierenden türkischen Bey Salah bedeuten, der nicht nur als rühriger Bauherr beliebt war, sondern dem Dey von Algier sogar politische Konkurrenz machte. Dieser ließ ihn in einen Hinterhalt locken und mit einem roten Tuch erwürgen. Nicht zuletzt aber wegen dieses schwarzen Trauerschleiers ist das imposante Constantine auch eine besonders düstere und traurige Stadt.

Der starke Einfluß der Islamisten läßt sich nicht historisch begründen, sondern hängt sicher damit zusammen, daß Constantine das städtische Zentrum einer großen landwirtschaftlichen Region ist, in der besonders scharf um die Agrarrevolution gekämpft wurde. In der Vergangenheit war die Stadt fundamentalistischen Tendenzen eher abgeneigt. Der bedeutende Reformer Ben Badis (1885–1944) wirkte in einem Constantine, in dem die schmale Schicht muslimischer Wohlhabender gegenüber den Kolonen zu neuem Selbstbewußtsein gelangte und begann, politische Rechte zu fordern. Er selbst führte die »Bewegung der Ulemas« an, jener Geistlichen, für die die Verbesserung der Lage der Algerier mit einer Reformierung des Islam einhergehen sollte. Um die allmähliche Assimilierung an die Christenheit zu verhindern, müsse er sich den modernen Zeiten anpassen, erkannte Ben Badis. So ächtete er beispielsweise den Verkauf der Mädchen in die Ehe. Um Freiraum für die Entwicklung seiner eigenen Religion gegenüber den Kolonisatoren überhaupt erst zu schaffen, übernahm er das Prinzip der Trennung von Staat und Religion – was heutzutage geradezu revolutionär wirkt. Vom französischen Staat forderte er volle Bürgerrechte für die Muslime – die 1870 nur an die algerischen Juden verliehen worden waren. Mit den staatsbürgerlichen Rechten sollte freilich das Recht auf freie Religionsausübung und auf Schulen in arabischer Sprache verbunden werden.

Das von Ben Badis angestrebte Arrangement mit Frankreich hat seine Schüler nicht gehindert, an der Revolution teilzunehmen. Der aus der Umgebung des etwa hundert Kilometer östlich von Constantine gelegenen Guelma stammende Houari Boumediene ist Schüler der Ulemas gewesen, bevor er seine Studien an der Zeituna von Tunis und der Al Azhar-Universität in Kairo fortsetzte.

Auch mein Schwiegervater Si Ali Kebir, der sich in dem 16 km von Constantine entfernten El Khroub als Inhaber eines Lebensmittelgeschäftes niedergelassen hatte, stammte aus der Schule von Ben Badis. Saddeks älteste Schwester Zohra durfte auf eigenen Wunsch schon in den vierziger Jahren in die Schule gehen. Die Onkel hörten freilich nicht auf, den Schulgang des Mädchens zu kritisieren, und so hatte ihre etwas jüngere Schwester Rebiha dann keinen Mut mehr, zur Schule zu gehen. Die später geborenen Mädchen wurden alle in die Schule geschickt.

Si Ali und seine Frau La Chamsa haben sich zeitlebens traditionell gekleidet. Er hat es seinen heranwachsenden Töchtern aber freigestellt, ob sie sich verschleiern wollten oder nicht. Zohra besitzt Jugendfotos, auf denen sie im amerikanischen Rock 'n' Roll-Look mit Pferdeschwanz zu sehen ist. Rebiha hat den Schleier nur kurze Zeit getragen. Auf die Religiosität der Mädchen hatte die Schleierfrage keinen Einfluß. Zohra und auch Rebiha waren von Jugend auf sehr fromm. Ein Teil der jüngeren Schwestern und der Enkelinnen Si Alis wenden sich erst seit einigen Jahren der Religion stärker zu.

Keine seiner Töchter hat Si Ali in die Ehe verkauft. Um dem Koran Genüge zu tun, forderte er nur einen symbolischen Dinar von den Schwiegersöhnen ein. Als Saddek seine Verheiratung mit mir meldete und Si Ali von seinen Cafégenossen immer wieder gefragt wurde, wann ich endlich zum Islam übertrete, antwortete er schlicht, daß das doch allein seinen Sohn etwas angehe.

Ich habe ihn nie ein anderes Buch lesen sehen als den Koran, und er freute sich sehr, als Noara begann, arabisch zu sprechen und sich für theologische Fragen zu interessieren. In seinen letzten Lebensjahren war er mit dem – wahrscheinlich islamistisch argumentierenden – Imam von Khroub verfeindet und betete deshalb immer zu Hause. In die Moschee kehrte er dann nur noch als Toter zurück.

Trotzdem war er so etwas wie eine religiöse Autorität in ganz Ostalgerien. Denn als er 1981 starb, kamen mehrere Tage lang Bauern von weit her, um zu kondolieren. Unter den Trauernden waren besonders viele Frauen. Die in einem Zimmer versammelten, schreiend weinenden Schwarzverschleierten wirkten auf mich wie altgriechische Klageweiber! Nur der jüngste Sohn, der mit Si Ali noch unter einem Dach gelebt hatte, wußte, daß die FLN den Vater im Unabhängigkeitskrieg beauftragt hatte, die von den Partisanen zurückgelassenen Ehefrauen mit Lebensmitteln zu versorgen. Welche Überraschung auch für einen Teil der Kinder! Die älteren, die diese Zeit bewußt miterlebten, hatten die vielfältigen Kontakte des Vaters mit der Weiblichkeit im Hinterstübchen des Ladens heimlich grollend als Ehebruch angesehen! Aber natürlich konnte diese Aufgabe nur einem Mann mit höchster moralischer Integrität anvertraut werden. Das Geschäft ist 1963 niedergebrannt, und seitdem lebten Si Ali, La Chamsa und die jüngeren Kinder in ärmlichen Verhältnissen. Daß er sich weder die ihm zustehende Moudjahidrente auszahlen ließ, noch viel über seine Aktivitäten in der Revolution sprach, war für ihn eine Frage der Ehre.

Wenn wir die Eltern in Khroub besuchten, habe ich immer auch einen halben Tag allein in Constantine verbracht. La Chamsa versorgte mich mit selbstgerolltem Couscous, aber ich wollte auch noch Ziegenbutter und andere traditionelle Teigwaren aus der Suika mitnehmen: braunen Couscous aus Roggenmehl, »Tlitli« genannte reisförmige Nudeln, »Laisch« – handgerollte Kügelchen für Suppe und »Trida« – dünne Karrés für ein Hühnergericht. Dies alles wird von verwitweten Frauen hergestellt und im Einzelhandel angeboten. Weder in Algier noch in Oran kann man diese Waren noch bekommen.

Bevor ich die Suika betrat, ging ich aber spazieren, ohne je groß an die Gefahren zu denken, die vielleicht damit verbunden waren. Trotz der finsteren Muslimbrüder, denen man auf Schritt und Tritt begegnete, habe ich mich hier immer sicherer gefühlt als in Algier. Es gefiel mir einfach zu sehr, mir immer wieder die Geschichte der Stadt zu vergegenwärtigen. Es war, als könnte man sie einatmen: Während Algier seine Geschichte hinter den sie unaufhörlich durchziehenden Menschenmassen verbirgt, zerstückelt, vielleicht sogar jeden Tag aufs neue auslöscht, legt diese Stadt ihre Geschichte wie vernarbte Wunden offen dar. Auf engstem Raum »riecht« man hier die verschiedenen Schichten einer zweieinhalb Jahrtausende währenden Folge von Zivilisationen. Nichts ist hier jemals wirklich zu Ende gegangen, über nichts ist Gras gewachsen. Und das, obwohl es außer den imposanten Resten eines zweistöckigen römischen Aquädukts in der Nähe des Bahnhofs keine nennenswerten antiken Ruinen gibt! Aber die Fundamente der Stadt sind numidisch-römisch, und – was wichtiger ist – der aufrührerische unbeugsame Geist von Constantine ist noch ganz der Geist Jugurthas!

Bevor Kaiser Konstantin der Stadt im 3. Jahrhundert n. Chr. den heutigen Namen gab, hieß sie Cirta. Seit dem 3. Jahrhundert v. Chr. war das »Adlernest« die Residenz der numidischen Fürsten. Um die seit dem Untergang Karthagos zunehmende Abhängigkeit von Rom zu beenden, führte König Jugurtha zwischen 111 und 104 v. Chr. einen erfolgreichen Krieg, in dem er sämtliche ihm entgegengestellten Heere besiegte. Die römische Republik sah sich bereits in großer Gefahr, und es gelang dem Numider, einen Teil des Senats zu bestechen! Im Jahre 106 mußte Rom mit ihm einen schmählichen Frieden schließen, der Jugurtha das alte Reich seines Großvaters Massinissa wieder zusprach, das zwischen Mauretanien am Atlantik und der großen Syrte lag. Erst Marius gelang es, Jugurtha zu besiegen, und das auch nur, weil sein Schwiegervater, Bocchus von Mauretanien, ihn verriet und auslieferte. So endete die gefährlichste Staatskrise des frühen Rom. Im königlichen Schmuck wurde der Numider durch die Straßen Roms geführt und der haßerfüllten Plebs preisgegeben. Ob der ohne Kleidung und Nahrung darauf ins Tullianum geworfene König bis zum Hungertod klaglos ausgeharrt oder wie ein Kind gejammert hat, blieb bis ins zwanzigste Jahrhundert ein Streitpunkt zwischen Nordafrikanern und kolonialen Schulbüchern.

Beeindruckende Reste eines – ursprünglich 30 m hohen – numidischen Grabturmes, den die Leute der Gegend Massinissa zuschreiben, befinden sich übrigens auf einem Hügel unweit von Khroub. Als ein französischer Laienarchäologe das Grab im vorigen Jahrhundert öffnete, zeigte sich, daß es nicht ausgeraubt war. Die Untersuchung von Skelettresten ergab, daß ein Mann von ungefähr sechzig Jahren und ein etwa zwanzigjähriger Jüngling zusammen begraben wurden. Es handelt sich also nicht um das Grab des neunzig Jahre alt gewordenen Reichsgründers Massinissa, sondern wohl eher um das seines Nachfolgers Micipsa und dessen Sohns Hiempsal. Die Grabfunde bestätigen auf eindringliche Weise Sallust, der berichtet, daß Jugurtha – ein Neffe Micipsas – kurz nach dessen Tod den jungen Hiempsal im Erbfolgekonflikt ermorden ließ.

Da die Frauen von Khroub kaum historische Bildung haben, ist das Grab für sie ein geheimnisvoller Marabu, dem man allerhand Zauberkräfte zutraut. Vielleicht hat es dieser alte Glaube vor Plünderung bewahrt. Die beeindruckenden Grabbeigaben im hellenistischen Stil sind vor einigen Jahren in Deutschland restauriert worden und befinden sich heute im Museum von Constantine. Dort sind übrigens auch eine Reihe interessanter phönizischer Stelen mit den Symbolen des Baal Hammon und der Mondgöttin Tanit zu sehen: Karthago lag nur vierhundert Kilometer entfernt. Reste numidischer Grabtürme oder pyramidenähnlicher Mausoleen gibt es an vielen Orten Algeriens, einige auch in Tunesien. Weil die Numider die statischen Berechnungen der hellenistischen Architektur nicht beherrschten, sondern diese nur äußerlich nachahmten, sind die meisten Türme bei den häufigen Erdbeben schnell zusammengebrochen. Allein der Grabturm im tunesischen Dhugga ist in seiner alten Form rekonstruiert worden, zumeist stehen nur noch die Stümpfe. Die Bearbeitung der Steine kann sich mit der frührömischen Technik durchaus messen. Sie ist weit vorzüglicher als bei den späteren byzantinischen und arabischen Gebäuderesten.

Um dem »Berberismus«, d. h. der kulturellen Befreiungsbewegung der Berber, keinen Vorschub zu leisten, wird die alte numidische Geschichte des Landes in der Schule nicht ausführlich behandelt. Die algerischen Kinder sollen sich als Nachfahren der Araber, nicht der mit der römischen Kultur verbundenen Numider fühlen. Dabei kann »Yugrtn« bis heute im Berberischen »der Größte von allen« bedeuten und wird zugleich als Euphemismus benutzt für jemanden, der in der Erbfolge an letzter Stelle steht – beides verweist auf den antiken König Jugurtha.

So ungenau die Constantiner über ihre fernen Vorfahren Bescheid wissen, um so mehr ist ihnen über den Widerstand gegen die Franzosen unter Bey Ahmed bekannt. Gern wird die Geschichte der »Bresche« erläutert, dem einzigen Zugang zum »Adlernest« von der Ebene her. Nach einjähriger Belagerung gelang es den Franzosen am 13. Oktober 1837 mit ihren Kanonen, hier die Mauern zu durchschießen und in die Stadt einzudringen. Am »Platz der Bresche« beginnt der – teilweise durch den Berg getriebene – Boulevard Zighout Joucef, der Constantine nach Westen begrenzt. Hinter seinem steinernen Schutzgeländer fallen die Felsen 1200 Meter tief ab. 1837 fürchteten sich die Menschen so sehr, in die Hände des Feindes zu geraten, daß viele in letzter Minute Stricke knüpften, um sich in die Tiefe hinabzulassen. In den Abgründen sollen unzählige Leichen gelegen haben. Dem türkischen Bey Ahmed glückte jedoch die Flucht ins Aurès-Gebirge. Er wird wie Bey Salah noch heute von der Constantiner Bevölkerung verehrt, obwohl seine Weigerung, sich mit dem in West- und Mittelalgerien operierenden Emir Abd el Kader zu verbünden, wahrscheinlich zum endgültigen Triumph der Franzosen geführt hat. Ahmed wollte nur seinen Beylik retten. An dem von Abd el Kader angestrebten, auch von den Osmanen unabhängigen Nationalstaat zwischen Marokko und Tunesien war er nicht interessiert. Aber diese dunkleren Seiten der eigenen Geschichte werden von den Algeriern bislang wenig kritisch gesehen oder gleich gänzlich unter den Tisch gekehrt.

Vom Boulevard Zighout Youcef aus blickt man auf eine malerische Ebene, an deren Horizont sich nebelhaft der Djebel Ouach und der Djebel Chettaba erheben. Geradeaus liegen Thermalquellen, die schon die Römer nutzten. Bey Salah errichtete hier eine liebliche Sommerresidenz. Links unten dampfen freilich die in ewigen Brand geratenen Müllhalden von Constantine, bei entsprechender Windlage wehen von dort üble Gerüche in die Stadt. Läuft man den Boulevard weiter hinauf, kommt man in einen durch den Fels geschlagenen Tunnel. In seinen dunklen Nischen liegen oft leere Rotweinflaschen herum. Die Walis – die Bezirkschefs – des Constantinois haben schon in den siebziger Jahren den Alkoholverkauf verboten, was freilich nicht zur allgemeinen Abstinenz, wohl aber zum enormen Anstieg der Schwarzmarktpreise für Wein geführt hat. Die trinkende Jugend hat keinen legalen Ort, wo sie ihrer Sucht frönen kann.

Ein Stück hinter dem Tunnel sieht man weit unten Wasserfälle, die »Kaskaden«. Der Rhummel bricht hier direkt aus den Felsen hervor. Es handelt sich aber nicht um einen natürlichen Ausgang des Wassers. Ein Monsieur Lanvin hat in den zwanziger Jahren den 3 km langen Flußtunnel aus dem Stadtinneren durch den Felsen schlagen lassen, um die Wasserkraft für eine Getreidemühle zu nutzen. Es war ein echtes Kolonialunternehmen, das mehrere hundert Tote gekostet haben soll.

Dann gelangt man zu Sidi M'cid, der freischwebenden Brücke, die 1912 von den Franzosen errichtet wurde. Um ihre Festigkeit zu prüfen, wurde nach der Fertigstellung zunächst ein Karren mit zum Tode verurteilten Algeriern und zusätzlich angebrachten Gewichten hinübergezogen. Den Menschen hatte man die Freiheit versprochen, wenn die Brücke halten sollte. Sie hält bis heute. Bis heute hat sich freilich auch der Anspruch des Abendlandes gehalten, Menschen und Natur der Dritten Welt als Versuchsobjekte für die eigene Technik zu nutzen.

Der Brücke gegenüber liegt die Kasbah. Mit diesem Wort wird hier nicht wie in Algier die Altstadt bezeichnet, sondern – philologisch exakt – nur eine Kaserne, die auf der alten Türkenfestung errichtet wurde. Teilweise liegt sie hoch in den Felsen, von denen aus die Türken ihre Hinrichtungen vollzogen haben: Es heißt, der Verurteilte wurde mit einer Katze in einen Sack gesteckt und in die Schlucht hinuntergeworfen.

Gegenüber lag früher das jüdische Viertel. Die Synagoge ist abgerissen worden, und an ihrer Stelle befindet sich heute ein Parkplatz. Wenngleich seit den frühen siebziger Jahren keine Juden mehr in Constantine leben, sind sie im Geist der Stadt dennoch aufgehoben. Nichts geht hier wirklich verloren. Jeder Stadtführer wird an das Judenviertel erinnern, vielleicht auch an den – angeblich von der Kolonialmacht angezettelten – Pogrom von 1956. Schulterzuckend wird er schließlich erzählen, daß die Juden am Ende alle nach Frankreich oder Israel ausgewandert sind, »obwohl sie in Wirklichkeit doch auch Algerier waren wie wir«.

Wenn man an der Kasbah vorbei durch die Rue Didouche Mourad ins Stadtinnere geht, gelangt man bald zu Bey Ahmeds prächtigem Palast von 1835, den er jedoch nur noch zwei Jahre nutzen konnte. Dafür hat Napoleon III. im Jahre 1865 hier residiert.

Constantine atmet gewaltsame Geschichte auf Schritt und Tritt. Und zwischen all den sprechenden Sehenswürdigkeiten wohnen unglaublich viele Menschen!

Aber Constantine ist nicht nur eine Stadt der Geschichte, sondern hat in exemplarischer Weise Entwicklungen antizipiert, die andere Landesteile erst später erfassen sollten. Die Kämpfe zwischen »Modernisten« und »Traditionalisten«, die heute das ganze Land erschüttern, fanden hier schon ein Jahrzehnt früher statt. Der Constantiner Historiker Ahmed Rouadjia hat in seiner 1990 erschienenen Studie »Die Muslimbrüder und die Moscheen« gezeigt, wie die Stadt über eine Strategie des Baus von Moscheen innerhalb eines Jahrzehnts zur islamistischen Hochburg wurde. Die durch die Agrarrevolution enteignete, aber vom Staat großzügig entschädigte alte Feudalität und jene Neureichen, die auf dem niemals abgeschafften Schwarzmarkt Geschäfte machten, gingen schon zu Beginn der siebziger Jahre dazu über, einen Teil ihres Kapitals in den Bau von Moscheen zu investieren. Eigentlich unterlagen auch die religiösen Assoziationen, die eine Moschee gründen wollten, einem 1971 erlassenen Assoziationsgesetz, das ihre Aktivitäten der Kontrolle des zuständigen Ministeriums, des Innenministers und dessen lokalem Vertreter unterwarf. In Constantine entstanden aber schon ab 1973 Assoziationen, die mit dem Bau von Moscheen begannen, ohne um eine Genehmigung nachzusuchen. Diese »illegalen« oder »wilden« Moscheen wurden zunächst aus einfachsten Baumaterialien errichtet – aus altem Bauschutt und Zeltleinwand. Die Assoziation bat die in der Nähe wohnenden Bürger um materielle Hilfe für den Weiterbau, aber vor allem um moralische Unterstützung – für den Fall, daß der Staat die Anerkennung der Moschee verweigerte, etwa weil das Terrain ungeeignet oder für eine andere Bebauung vorgesehen war. Vor vollendete Tatsachen gestellt, hat die Verwaltung dem Moscheenbau stets zugestimmt. War eine Moschee einmal genehmigt, wurden oft auch staatliche Mittel für ihre Vollendung bewilligt. Das bedeutete dann freilich auch, daß der Staat den Imam einsetzte und kontrollierte.

So entstanden immer mehr Moscheen, die vorsätzlich nie vollendet wurden – ein sicheres Mittel, sie der staatlichen Kontrolle zu entziehen. Auf diese Weise sicherten sich die Bauherren auch das intellektuelle Monopol über ihre Moschee – denn sie bezahlten die Imame und die anderen Angestellten. Vom Standpunkt der Sunna aus ist diese Vorgehensweise legitim. Sie führte zur fast unbehinderten Ausbreitung islamistischer Moscheen, in denen nach und nach immer mehr vom Sozialismus frustrierte Menschen davon überzeugt wurden, daß die Agrarreform gescheitert war, weil sie durch die Enteignung von Privateigentum antiislamisch war. Der Islam will soziale Gerechtigkeit ausschließlich über freiwillige Transfers von den Wohlhabenden zu den Mittellosen erreichen. Für die Gerechtigkeit, die die Agrarreform des Staates nicht gebracht hatte, wollten nun die »alten Familien«

sorgen, die durch ihre Investitionen in den Bau von Moscheen zu beweisen schienen, daß sie den Islam respektieren.

Rouadjia führt aus, daß die Strategie der »alten Familien« und der Neureichen, die mit so manchem FLN-Bonzen – z. B. mit dem Militärkommandanten des Constantinois, Colonel Abdelghani, mehr oder weniger offen zusammenarbeiteten, vor allem deshalb Erfolg hatte, weil sie die einzige private assoziative Aktivität war, die der totalitäre Staat Boumedienes und Benjedids duldete. Keine anderen Parteien oder Assoziationen konnten sich legal bilden und Einfluß auf die Bevölkerung ausüben. Demokratische oder linke Bewegungen, die den technokratisch-autoritären Charakter der Agrarreform kritisierten und ein anderes Profil für die Entwicklung der Landwirtschaft vorschlagen wollten, hatten Organisationsverbot und wurden vom Staat hart verfolgt. Colonel Abdelghani aber konnte unter Chadli Benjedid Innenminister und schließlich eine Zeitlang Premierminister werden.

So wurden die Moscheen die einzigen Orte des politischen Widerstands. Der Zement, der auch für den Wohnungsbau und die Verbesserung der katastrophalen Infrastruktur der Stadt dringend benötigt wurde, floß zu nicht unbeträchtlichen Teilen in die Moscheen. Deren kühle Höfe waren wiederum die einzigen Orte, wo die in ihren Wohnungen zu eng eingepferchten Männer Entspannung fanden – und geistige Anregung. Paradoxerweise wurde Mitte der siebziger Jahre das noch als Kino dienende alte französische Casino im Stadtzentrum abgerissen – angeblich, um ein neues »Kulturhaus« zu errichten. Darauf wartet die Jugend von Constantine bis heute. Auch für sie gibt es außer den Moscheen keine Freizeitorte. Und selbstverständlich üben die illegalen, die Staatsmacht kritisierenden Moscheen eine größere Anziehungskraft auf junge Leute aus als die offiziell anerkannten und kontrollierten Moscheen.

Die Bedeutung der Moscheen als Kulturzentren kann bei wachsender Bevölkerung und steigender Wohnungsnot nicht hoch genug veranschlagt werden. Oft besitzen sie Wasserreservoirs – unschätzbare Waschgelegenheiten, wenn das Wasser zu Hause wieder einmal tage- oder gar wochenlang abgestellt ist. Als in den achtziger Jahren die Erdölrendite zurückging, wurden die Moscheen zunehmend auch Orte sozialer Hilfeleistungen. Seit dem Zusammenbruch des öffentlichen Gesundheitswesens gibt es dort Armenärzte, aber auch Bibliotheken, die weitaus großzügiger ausgestattet sind als die der Schulen und der Stadt. Das Geld für diese Segnungen stammt nicht mehr nur von den »alten Familien«, sondern auch aus Saudi-Arabien und den Golfstaaten, mit denen diese enge Beziehungen unterhalten.

Hauptsächlich von Petrodollars aus dem Orient finanziert, wurde in Constantine die größte Moschee Afrikas gebaut. Auch sie ist ursprünglich eine »wilde« Moschee gewesen und wurde auf einem Terrain errichtet, das den enormen Betonmassen nicht gewachsen ist. Um ihr Absinken zu verhindern, wird immer wieder neuer Beton an die Fundamente gegossen. Das zieht so schwere Erdverwerfungen nach sich, daß alle umliegenden Gebäude bereits Risse haben und einsturzgefährdet sind.

1984 wurde die Moschee »Emir Abd el Kader« unter Anwesenheit Präsident Chadli Benjedids – der nach algerischem Brauch oft nur beim Vornamen genannt wird – eingeweiht. Der Moschee angegliedert ist eine große Islamische Universität, als deren Präsident der Staat den in der muslimischen Welt renommierten Imam El Ghozali berief. Wegen seiner islamistischen Lehren hatte er seine ägyptische Heimat verlassen müssen und lange Zeit in Mekka und El Quatar gewirkt – bevor ihm die algerische Regierung die verantwortungsvolle Aufgabe übertrug, die Kluft zwischen der Staatsdoktrin und dem rebellischen Islamismus von Constantine möglichst klein zu halten. El Ghozali, der in den achtziger Jahren zum Fernsehstar und zur unangefochtenen obersten religiösen Autorität arrivierte, drehte den Spieß aber um, indem er auf dem Bildschirm die Staatsdoktrin dem Islamismus immer mehr annäherte. Er ging so weit, 1989, beim Tode Kateb Yacines – des größten Schriftstellers Algeriens – öffentlich dazu aufzurufen, diesem »Atheisten« das Begräbnis in der islamischen Erde seiner Heimat zu verweigern. Wohl nicht zufällig hat El Ghozali Algerien wenig später verlassen. Mit der beginnenden Demokratisierung spürte er, daß seine Rolle ausgespielt war.

Constantine hat aber auch eine laizistische, von dem Brasilianer Oskar Niemeyer entworfene Universität, die seit den frühen siebziger Jahren zum Schlachtfeld zwischen Islamisten und Modernisten wurde. Die als links geltende Studentenbewegung UNEA war 1968 in landesweiten blutigen Auseinandersetzungen niedergeschlagen und verboten worden.

Der damalige Parteichef von Algier, der die Repression auf höchster Ebene leitete, ein Monsieur Mansouri, war in den siebziger Jahren Botschafter in der DDR – ein Posten, mit dem Boumediene ihn für das Blutbad unter den Studenten belohnte. Mansouri war äußerst konservativ. Er verweigerte damals den Algeriern, die deutsche Frauen heiraten wollten, ein zur Eheschließung erforderliches Dokument. Das hatte auch die Hochzeit von Saddek und mir um etliche Monate hinausgezögert. Er soll geäußert haben, es nicht verantworten zu können, daß Algerier deutsche Huren ehelichen.

Trotz des Verbots der UNEA existierte insbesondere an der Universität Constantine weiterhin eine starke linke Strömung, die im Kampf mit einer als rechts geltenden lag. Die letztere, früher aus Arabisanten, später zunehmend aus Islamisten bestehende Bewegung konnte inzwischen unablässig an Terrain gewinnen.

Auf den Berliner Filmfestspielen 1992 trafen wir unsere Freunde El Hachemi Zertal und Rachid Nefir aus Constantine. Rachid ist Direktor der dortigen Kinemathek und El Hachemi ihr kultureller Beirat. Beide haben zu Beginn der siebziger Jahre in Constantine Soziologie studiert und gehörten der linken Jugendbewegung an, die in den Semesterferien als Volontäre auf die Dörfer ging, um bei den Bauern für die Agrarrevolution zu werben. Ich fragte sie, wie die Konfrontation zwischen linken und rechten Studenten zustande kam.

RACHID:
»Ich muß da gleich mit einer Differenzierung beginnen, weil wir die Rechten damals schon ›Islamisten‹ genannt haben. Das würde ich jetzt als falsch ansehen. Viele sind heute nämlich nicht bei den

Islamisten, sondern bei ihren Gegnern – und umgekehrt. Es wäre besser, für die damalige Zeit von den Arabophonen oder Arabisanten zu sprechen. Und die standen in Konfrontation mit den Frankophonen – das waren wir. Wenn ich mir die damalige Zeit vergegenwärtige, sehe ich vor allem die Sprachenfrage. Diejenigen, die zu Hause oder in der Schule gut Französisch gelernt hatten, wollten in Französisch studieren. Die anderen, die von zu Hause her nur einen algerischen Dialekt mitbekommen hatten, wollten in Arabisch studieren. Für beide Sprachen gab es damals getrennte Studiengänge. Die Arabisanten wollten das Französische vollkommen ausrotten. Die Frankophonen plädierten für die Zweisprachigkeit.«

Versteckte sich dahinter nicht auch ein Problem der beruflichen Perspektiven?

RACHID:

»Ja, natürlich, es war ein Problem des Arbeitsmarktes. Die Frankophonen bekamen wesentlich leichter Arbeitsplätze. Aber es steckten auch ideologische Fragen dahinter. Eben weil sie mehr Chancen auf dem Arbeitsmarkt hatten, glaubten die Frankophonen, realitätsnäher zu argumentieren. Die Arabophonen waren in unseren Augen rechts, weil sie gegen die Agrarrevolution auftraten. Die Linken waren für die Agrarreform, für eine Demokratisierung des Bildungssystems, für die kostenlose Medizin, d. h. für eine ganze Reihe tiefgreifender sozialer Reformen.«

Aber die Arabisanten kamen doch sehr oft aus den ärmeren und sehr armen Familien? Waren die denn gegen solche Reformen?

RACHID:

»Ja, das klingt nicht sehr logisch, hier beginnt das Problem. Ich glaube, daß es da eine Manipulation gegeben hat von seiten der FLN. In unseren damaligen Auseinandersetzungen haben sich in Wirklichkeit weniger unsere eigenen Interessen als Kämpfe der Führungsgruppen innerhalb der FLN widergespiegelt. Das war übrigens nicht nur bei den Studenten der Fall, sondern auch bei den Arbeitern. Die Herren da oben trugen ihre Differenzen nicht direkt miteinander aus, sondern manipulierten bestimmte Gruppen in der Bevölkerung, die sie dann aufeinander loshetzten. In den siebziger Jahren waren es die Studenten, die kämpfen mußten. Der Inhalt unseres Kampfes war vor allem die Agrarrevolution, die Boumediene politisch dazu nutzen wollte, einen Teil seiner Gegner zu schwächen oder auszuschalten. Die Positionen für und gegen die Agrarreform wurden niemals öffentlich gemacht. Nur Boumediene machte seine Position publik, die anderen taten so, als wären sie dafür, versuchten aber, einen Teil der Studenten dagegen zu mobilisieren. Solche Gegenbewegungen gab es sogar in den Gewerkschaften. Daß aus der Agrarrevolution nichts werden konnte, kann man allein aus der Tatsache schließen, daß Tayebi Larbi, der Landwirtschaftsminister, selbst der größte Besitzer von Schafherden war. Die dritte Stufe der Reformen, die Nationalisierung des Cheptel – der Schafherden – ist deshalb nie in Angriff genommen worden, und die Fleischproduktion blieb bis heute ein Terrain der Spekulation.«

Wieso äußerte sich die Frontlinie zwischen diesen ökonomischen Positionen als Sprachkonflikt?

RACHID:
»Diese Absurdität nicht erkannt zu haben, war unser Hauptfehler. Ich gebe ein Beispiel. Ich habe viele Jahre am Volontariat für die Agrarrevolution teilgenommen. Es ist wirklich vorgekommen, daß wir Leute für das Volontariat nur deshalb abgelehnt haben, weil sie Arabisanten waren. Die haben dann natürlich ganz mechanisch die andere Seite gewählt. Dabei handelte es sich oft um Leute, die in der Landwirtschaft besser Bescheid wußten als wir. Sie kamen ja vom Lande. Jetzt begreife ich kaum noch, weshalb wir damals glauben konnten, den Bauern die Agrarrevolution erklären zu müssen.

Oft sind heute gerade diese Leute, die wir damals abgelehnt haben, gegen die Islamisten, und zwar wieder aus dem Grund, weil sie deren Inkompetenz sehen. Andere, die weniger Durchblick haben, sind später erst Islamisten geworden, d. h. sie haben sich wirklich in Richtung des Konservatismus bewegt.«

Das Volontariat scheint mir typisch für das äußerlich demokratische, im Kern aber autoritäre Vorgehen der FLN gewesen zu sein. Das Chaos war schon allein deshalb vorprogrammiert, weil sich die verschiedenen Kräfte in der FLN-Führung gar nicht einig waren über das, was unternommen werden sollte. So wichtig ihr euch als junge Intellektuelle dabei vorgekommen sein mögt, aber wahrscheinlich hat man sich das Volontariat überhaupt nur ausgedacht, um euch in einer Weise zu beschäftigen, die euch selbst sinnvoll vorkam. Was wurde aus der linken Bewegung nach dem Verbot der UNEA?

RACHID:
»Ja, sicher, das Volontariat war ein Versuch, die illegal gewordene UNEA im ganzen Land politisch zu kanalisieren. Man muß wissen, daß hinter ihr die Kommunisten standen, die PAGS. Sie war in den sechziger Jahren relativ einflußreich. Da sie sich aber 1965 gegen den als rechts geltenden Staatsstreich von Boumediene wandte, hatte sie in der folgenden Zeit viele Opfer zu beklagen: Tote, Gefolterte, Gefangene. Als das Regime in den siebziger Jahren begann, einige Reformen in Angriff zu nehmen, die die Kommunisten auch gewollt hatten – wie die Agrarreform –, änderte sich das Verhältnis, obwohl noch immer einige kommunistische Führer im Gefängnis saßen. Ich denke besonders an den inzwischen gestorbenen Bachir Hadjali. Aus dem Gefängnis von Ain Sefra schrieb er einen Brief an Boumediene: ›Ich sitze im Gefängnis, man hat mich gefoltert, aber trotzdem möchte ich sagen, daß wir die Agrarreform unterstützen, weil sie dem Volk nützt. Wir unterstützen sie auch, wenn sie vom Regime Boumediene ausgeht.‹ So hat es seit 1970/71 eine gewisse Mitwirkung der Kommunisten bei der Agrarreform gegeben.

Manche Kommunisten sind auch Islamisten geworden. Ich habe einen Freund, einen Ingenieur. Früher, in den schlimmsten Zeiten der Illegalität, war er Kommunist. Er trank in aller Öffentlichkeit Alkohol. Jetzt gehört er zur FIS und ist Vizepräsident des Gemeinderats von Khroub.«

Kannst du genauer beschreiben, wie aus den Arabophonen Islamisten wurden?

RACHID:
»Heute, nach allem, was geschehen ist, und angesichts der islamistischen Gefahr ist es wichtig, nicht jeden Arabisanten für einen Islamisten zu halten. Die politische Frontlinie verläuft nicht gerade zwischen Frankophonen und Arabophonen. Trotzdem muß gesagt sein, daß hinter den beiden Sprachen natürlich verschiedene Kulturen stehen. Davon sind die Lebensanschauungen dann schon geprägt.

Wichtig für die Herausbildung des Islamismus ist folgendes: In den siebziger Jahren – nach der Nationalisierung des Erdöls – war Algerien plötzlich ein reiches Land. Die Regierung hatte die Arabisierung beschlossen und glaubte, auch ein Mittel dafür zu haben. Man lud massenweise Kooperanten aus dem Orient ein, besonders aus Ägypten, die an unseren Schulen und Universitäten Hocharabisch unterrichten sollten. Das waren Ausländer, die in ihren Ländern zumeist arbeitslos waren. Es waren nicht gerade die besten und erfahrensten Pädagogen. Sie hatten ihre eigenen religiösen Traditionen und Vorstellungen, zu denen insbesondere bei den Ägyptern der Islamismus gehörte. Oft waren es elende Existenzen, die zu Hause Verbindung mit den Muslimbruderschaften hatten. Constantine ist eine Stadt, die von ihrer Tradition her dem Islamismus eher feindlich gegenübersteht. Die islamistisch denkenden ägyptischen Lehrer haben es aber geschafft – aufgrund ihres Prestiges als bessere Kenner der arabischen Sprache –, allmählich ihre Ideologie zu verbreiten.«

EL HACHEMI:
»Man kann nicht oft genug sagen, daß die Arabisierung und die Art, wie sie durchgeführt werden sollte, eine Regierungsentscheidung war. Sie entsprach nicht dem kulturellen Profil Algeriens. Bei uns lehrten Ausländer aus dem Orient, an die allerhöchste Erwartungen geknüpft wurden, obwohl es meistens Leute waren,

die nur einen schnellen Petrodollar verdienen wollten. Und auf der anderen Seite standen die – vorwiegend in Französisch ausgebildeten – Intellektuellen Algeriens, die das Land und unsere Probleme wirklich kannten. Und die wurden nun plötzlich diskriminiert und bekämpft!

Als nach vier Jahren die ersten Arabisanten ihre Diplome bekamen, stellte sich heraus, daß sie vollkommen inkompetent waren, daß sie außer ein wenig Hocharabisch nichts gelernt hatten. Es war ausgeschlossen, daß sie jemals wichtige Posten in den damals emporschießenden neuen Industriebetrieben besetzen könnten. Das war es aber, was sie anstrebten. Für diese Leute muß das furchtbar gewesen sein: Sie hatten dem Staat gehorcht und in Arabisch studiert. Nun aber hatten sie ein wertloses Diplom in der Hand. Alle Verantwortlichen in den Betrieben lehnten ab, sie einzustellen.

Das eigentliche Problem aber war, daß die Politik nicht geändert wurde und daß die Konfrontation zwischen Arabophonen und Frankophonen an Schärfe immer mehr zunahm. Die Arabophonen glaubten, man müsse nur die französischen Studiengänge auflösen, dann würden ihnen die Arbeitsplätze in der Wirtschaft automatisch zufallen.

Es ist nicht so, daß die Frankophonen das Problem der Arabophonen nicht erkannt hatten. In ihren Meetings sagten sie immer wieder, daß deren Forderung nach Arbeit natürlich legitim sei und eingelöst werden müsse. Es war doch klar, daß die Arabophonen nicht nur von Empfehlungen und politischen Stellungnahmen leben konnten. Die einzige Lösung hätte damals schon in der Zweisprachigkeit als Pflicht für alle Studenten bestanden. Dieser Weg wurde nicht eingeschlagen. Im Gegenteil, bis heute ist die einseitige Arabisierung immer weitergetrieben worden, und sie hat nichts weiter als ein riesiges Arbeitslosenheer hervorgebracht. Wen wundert es, daß diese Menschen enttäuscht sind, sich politisch radikalisieren, und zwar auf der Basis der Bildung, die sie genossen haben. Und in dieser Bildung steckte eben von vornherein ein islamistischer Einfluß aus dem Mittleren Osten.«

In Europa ist die Auffassung verbreitet, daß der Islamismus vor allem ein Wiederaufleben der Religiosität ist?

RACHID:
»Es ist wichtig zu sagen, daß der Islamismus von außen gekommen ist und daß er keinesfalls identisch ist mit der Religion an sich. In unseren Augen ist der Islam eine tolerante Religion. Der Islamismus ist das Gegenteil, er ist Gewalt. Ich meine nicht nur die Gewalt auf den Straßen, die man während der großen Zusammenstöße sieht. Es gibt auch eine organisierte, versteckte Gewalt. Ein Beispiel: Heutzutage können Leute, die gegen die Islamisten auftreten, plötzlich per Post ein Päckchen bekommen, in dem ein Leichentuch liegt. Das ist eine Morddrohung. Solche Praktiken gehören nicht zu den algerischen Traditionen.«

Stimmt es, daß die Islamisten eine eigene Rechtsprechung haben?

RACHID:
»Ja, natürlich. Wenn sie sich versammeln, kann es passieren, daß sie X oder Y zum Tode verurteilen. Todespäckchen mit Leichentüchern bekommen oft die Familien von Polizisten. Oder alleinlebende Frauen. Mir ist historisch keine Epoche in Algerien bekannt, wo sich Muslime auf diese Weise bekämpft haben. In der Geschichte waren die muslimischen Bewegungen hier eher gemäßigt. Unsere Ulemas mit Ben Badis an der Spitze waren ja sogar bereit, unter bestimmten Bedingungen des Algérie Française zu akzeptieren. Es war die eher modernistisch ausgerichtete nationalistische Bewegung, die als erste die Unabhängigkeit gefordert hat.«

EL HACHEMI:
»Ich denke nicht, daß es jetzt noch Sinn hat, den ganzen Islamismus als Import aus dem Ausland zu sehen. Mittlerweile ist er hier verwurzelt und regeneriert sich aus unseren eigenen Problemen und Widersprüchen. Ich glaube, er hat deshalb so sehr an Gewicht gewonnen, weil die ungelösten Probleme immer größer wurden.«

RACHID:

»Wir müssen aber doch unterscheiden zwischen dem, was die Volksbewegung hofft, und der islamistischen Theorie, der die Anführer folgen!«

EL HACHEMI:

»Ja, aber trotzdem bin ich nicht einverstanden, alles mit der Importtheorie zu erklären. Was stört, gilt in Algerien seit jeher als importiert. Als wir für die Agrarrevolution eintraten, wurde gesagt, daß diese Ideen uns fremd wären, sie kämen aus dem sozialistischen Lager. Das hat die Regierung zugleich nie daran gehindert, auch den Imperialismus als Drahtzieher für Ereignisse hinzustellen, für die in Wirklichkeit Algerier verantwortlich waren, die ihr nicht paßten.

Für die Ausbreitung des Islamismus spielt heute auch der weltweite Zusammenbruch des Sozialismus eine Rolle. Die Leute sagen: ›Uns hat der Kapitalismus nichts gebracht.‹ Damit meinen sie den Kolonialismus. Und der Sozialismus ist auch gescheitert. Es bleibt nun angeblich nur der Islam.«

Es verliert wirklich an Bedeutung, was am Islamismus importiert ist und was nicht. Wichtiger scheint mir, genau die Ursachen zu erkennen, die seine Ausbreitung fördern?

RACHID:

»Ursachen sind die Arbeitslosigkeit, das Elend. Ich glaube übrigens, daß das die Ursachen für alle Extremismen sind, die wir auf der Erde haben. Der Islamismus ist am Ende nur ein Extremismus unter vielen. Er drückt sich eben überall mit kultureller Spezifik aus. Die Leute können sich weder mit der westlichen Zivilisation identifizieren noch mit dem, was sie bisher in Algerien erlebt haben.«

EL HACHEMI:

»Natürlich ist es falsch, wenn die westliche Presse den Islamismus nur als religiöses Erwachen hinstellt. Er ist in der Tat vor allem ein soziales Erwachen. Das schlimme bei uns ist, daß den Menschen nach der Unabhängigkeit alles als Sozialismus untergejubelt wurde. Das ist ein Hohn angesichts des enormen Defizits an Arbeitsplätzen und Wohnraum. Bei uns wohnen zumeist zehn bis fünfzehn Personen in einer einzigen Wohnung! Und das bei einer sehr jungen Bevölkerung – 65 Prozent der Menschen sind unter dreißig Jahren, die meisten von ihnen arbeitslos. All das mußte zu einer politischen Krise führen, in der die Leute nur noch eines wollen: ein anderes System. Sie glauben, daß jedes andere System besser sein muß als das jetzige. Viele junge Leute, die nicht beten, die die elementarsten religiösen Regeln nicht beherzigen – jugendliche Haschischraucher, Trinker, Prostituierte –, haben einfach deshalb FIS gewählt, weil sie die Nase von dem, was war, voll haben. Und in der Tat war die FIS die einzige Partei, die einen radikalen Wandel versprochen hat. So haben es jedenfalls die Leute wahrgenommen. Diese jungen Menschen wissen nicht, daß die FIS, wenn sie einmal an der Macht ist, keinesfalls ihre Probleme lösen wird. Im Gegenteil, sie wird ein drakonisches System errichten, das dem im Iran ähnelt: ein System des Todes, der allgemeinen Abschreckung. Einem kleinen Ladendieb kann dann schon die Hand abgehackt werden.«

Im Islamismus scheinen die Grenzen zwischen Sunnismus und Schiismus unscharf zu werden. Das schiitische Regime in Teheran war doch das erste, das der sunnitischen FIS nach ihrem Wahlsieg am 26. Dezember 1991 gratulierte!

EL HACHEMI:
»So einfach ist es nicht. Ich habe einen Bekannten, der FIS wählt. Er hat mich neulich mit seinem Auto aufgegabelt, weil er mit mir diskutieren wollte. Ich habe ihm von meiner Angst erzählt, daß die FIS Algerien zu einem zweiten Iran machen würde. Da hat er nur gelacht und gemeint, daß wir doch keine Schiiten wären, daß der sunnitische Islam eben anders ist. Der Mann hat keine Ahnung von der Gefahr, in der wir alle schweben. Das Beispiel zeigt auch, daß die Gefahr nicht eigentlich von den Leuten ausgeht –

denn die meisten FIS-Wähler wollen natürlich keine iranischen Verhältnisse hier. Die Gefahr geht von den Anführern aus. Sie haben nie einen Zweifel daran gelassen, daß sie die Demokratie nicht akzeptieren, daß sie keine anderen Parteien zulassen werden. Sie drohen sogar den Menschen, die den demokratischen Parteien angehören, mit der Strafe, die der Islam für Gotteslästerung vorsieht! Aber auch die kleinen Leute werden zu leiden haben. Um hart bestraft zu werden, muß man dann keine Millionen mehr stehlen, sondern nur ein Stück Kuchen. Wir müssen jetzt sehr aufpassen, in welche Richtung wir gehen. Denn die sozialen Probleme werden nicht von heute auf morgen gelöst, die Jugendlichen werden doch weiter randalieren und stehlen! Von der geplanten Rechtlosigkeit der Frau ganz zu schweigen. Sie wird kein eigenes Recht auf Scheidung haben, kein Recht auf Wohnung, auf die Kinder. Und wenn sie sich aus Not prostituiert, wird man sie töten. Und das im Namen des Koran! Ich frage mich, wie die Islamisten die ökonomischen Probleme Algeriens lösen wollen. Wir brauchen Investitionen, ausländisches Geld. Aber wer wird in einem Land investieren, in dem solche Barbarei herrscht?

Leider haben wir keine politische Kultur hier, die dem Islamismus entgegentreten kann. Und das ist die Schuld der FLN, die alle Strömungen unter ihrer Fuchtel halten wollte!«

RACHID:

»Das scheint mir ein wichtiger Punkt zu sein! Gerade wir in Constantine wissen nur zu gut, daß die FIS, die heute als Hauptgegner der FLN erscheint, in Wirklichkeit deren eigene Kreation ist. Weil sie das Klavier der Macht allein spielen wollte, hat die FLN uns, die vorwärts wollten, schon damals mit Hilfe derer abgewürgt, die nur von der Vergangenheit träumten. Deshalb nennen wir auch die FIS ›le Fils de l'FLN‹ – den ›Sohn der FLN‹.

Meiner Meinung nach hat die FLN auch die Ereignisse von 1988 selbst provoziert und gelenkt. Chadli wollte aus der vorhersehbaren sozialen Krise als Sieger hervorgehen und den Pluralismus gewissermaßen von oben einführen, als ein weiteres Geschenk der FLN an das algerische Volk. Dazu war es nötig, die Armee zu schwächen, die womöglich damals schon seine Absetzung geplant hatte. Sein Manöver schien am Anfang aufzugehen. Die Armee hat 1988 geschossen und sich in der Tat vor dem Volk diskreditiert.«

Solche machiavellistischen Fähigkeiten hätte ich Chadli gar nicht zugetraut!

RACHID:
»Es wäre ein Irrtum zu glauben, daß es eine Volksbewegung für die Demokratie gegeben hat. Natürlich gab es einen Kampf um Demokratie hier – an dem wir immer teilgenommen haben. Aber das Volk, das 1988 demonstrierte und beschossen wurde, war aus anderen Gründen auf die Straße gegangen. Es hatte genug von den Versprechungen, die in immer größerem Gegensatz zu den Realitäten standen.

Zu unserer Studentenzeit wurde eine sogenannte Rechte gegen die Linke ausgespielt und 1988 die Armee gegen das Volk. Nicht nur Boumediene, auch Chadli war ein Dämon! Er wollte, daß sich die Armee beschmutzt, weil er selbst vor ihr Angst hatte.

Ich bin fest davon überzeugt, daß die Einführung des Pluralismus schon vor dem Anzetteln der Unruhen geplant war. Die Menschen haben ihn nicht mehr und nicht weniger gefordert als bei den Unruhen in Tizi Ouzou 1980 und in Constantine 1986. Auch bei diesen Erhebungen hat es an Toten nicht gemangelt.

Daher hat die Demokratie, die wir jetzt haben, ihre Schwächen: Sie ist eigentlich nicht erkämpft, sondern geschenkt worden. Wie kann man sonst erklären, daß es einige Parteien gab, die nur eine Stimme bekamen? Nur der Führer hat sich selbst gewählt! Es gab sogar Parteien, die gar keine Stimme bekommen haben.«

SADDEK:
Wie seht ihr euch denn nun selbst in diesem Kräftespiel? Ihr wart lange Jahre Leiter der Kinemathek – auch schon unter dem Regime der FLN, als sie noch als Einheitspartei herrschte. Ihr wart die einzige Konkurrenz zur Moschee, der einzige Ort in Constantine, in dem eine kulturelle Aktivität stattfand, die professionell war und auf den Universalismus des Menschen

zielte. Hat das Regime versucht, euch zu benützen, oder war es umgekehrt? Wieso waren eure Aktivitäten geduldet, während keine andere kulturelle Aktivität zugelassen wurde?

RACHID:
»Natürlich haben wir gesagt: Wir benutzen die Macht, und natürlich hat die Macht uns benutzt. Wir waren das universalistische Feigenblatt in der Ideologie der FLN, auf das sie ja nicht ganz verzichten wollte. Wir waren ein Prestigeobjekt.«

El Hachemi wurde 1986 nach den schweren Unruhen in Constantine verhaftet, ohne je einen Grund erfahren zu haben. Wahrscheinlich warf man ihm vor, mit der für die französische Zeitung »Liberation« in Algerien akkreditierten Journalistin gesprochen zu haben. Er wurde für ein halbes Jahr in ein Lager bei Illizi, ganz im Süden der Sahara, gebracht. (Auf diese Lager ist die Weltöffentlichkeit erst 1992 aufmerksam geworden, seit dorthin Tausende islamistische Aktivisten verbannt wurden.) Weil der damalige Parteichef der FLN von Constantine, Mohamed Saidi, unser Nachbar am Télémly war, erreichte Saddek, daß El Hachemi nach seiner Rückkehr von ihm empfangen wurde. Saidi gehörte zu den wenigen FLN-Kadern, die in der Sowjetunion studiert und den Habitus der dortigen Funktionäre angenommen hatten. Allerdings hatte er sich auch eine gewisse Sensibilität für kulturelle Fragen erworben. Offensichtlich nicht korrupt, lebte Saidi auch als Abgeordneter ziemlich bescheiden mit Frau und sieben Kindern in der Dreizimmerwohnung über uns. Immer wieder vertraute er uns an, daß es ihm in der FLN zu kulturlos zuginge. Manchmal lieh er sich Bücher oder Kunstbände aus.

Für El Hachemi hatte Saidi nun freilich kein Wort des Bedauerns. Er sagte ihm vielmehr, daß er froh sein könne, glimpflich davongekommen zu sein. Allerdings sorgte er dafür, daß El Hachemi in seine Funktion als kultureller Beirat der Kinemathek zurückkehren konnte.

El Hachemis Einschätzung der Rolle der Kinemathek unterscheidet sich etwas von der Rachids:

»Ich denke, daß die FLN zwar versucht hat, uns zu benutzen, aber es ist ihr nicht gelungen. Sie haben uns zum Beispiel oft zu ihren Versammlungen eingeladen oder sogar hinbestellt, ganz abgesehen von anderen Einschüchterungsversuchen. Aber darauf haben wir doch nicht reagiert, das können wir für uns in Anspruch nehmen. Darüber hinaus haben wir einen Raum der freien Meinungsäußerung geschaffen, wie er sonst nirgends existierte. Die Filme, die wir aus aller Welt holen, haben Diskussionen ausgelöst um Probleme, die alle Menschen betreffen, alle Kulturen. Bei uns kamen alle politischen Tendenzen zu Wort – und das war wichtig, weil sie sich mit dem Wort bekämpften, nicht mit Gewalt. Leider ist das alles nach der Einführung der Demokratie etwas abgeflaut. Jetzt kann man sich anderweitig ausdrücken, auch auf der Straße.«

SADDEK:
Nicht zu vergessen ist, daß mit der Demokratisierung auch die Parabolantenne erlaubt wurde, d. h. die Algerier müssen nun nicht mehr in die Kinemathek gehen, wenn sie mit der übrigen Welt in kulturellen Kontakt treten wollen. Ebenso wichtig ist die Demokratisierung des algerischen Fernsehens. Erst heute kann man erfassen, wie wichtig die Kinemathek als einziger Ort eines einigermaßen freien Ausdrucks war, und das in einer so wichtigen großen Stadt! Aber wie steht ihr zu dem Problem, daß es praktisch keine algerischen Filme gab, die die wirklichen Schwierigkeiten der Menschen aufzeigten?

EL HACHEMI:
»Zu den Dingen, die die Leute heute abhalten, ins Kino zu gehen, muß man auch noch die Ausbreitung der Videokultur zählen. Ich habe keinen Videorecorder, aber meine Putzfrau hat zum Beispiel einen! Das ist für Frauen besonders interessant, weil es nicht selbstverständlich ist, daß sie ins Kino gehen. Nun aber wird diese Frau nicht einmal mehr davon träumen, ins Kino zu gehen. Ich glaube, daß die schwindende Anziehungskraft der Kinemathek auch mit den zunehmenden sozialen Problemen der Leute zusammenhängt. Und in der Tat, gerade darauf gab es keine Antworten in unseren Filmen. Die Regisseure drehten ja immer

weniger, und wenn sie einen Film zustande brachten, dann war das irgend etwas, was sich in dem vom Staat zugelassenen Rahmen bewegte. Die algerischen Filme haben also nicht viel Material für unsere Debatten abgegeben: diese wurden viel mehr durch Filme aus dem Ausland animiert. Es war gerade der ›fremde‹ Blick auf die Dinge, der den Leuten bei uns geholfen hat, ihre eigenen Angelegenheiten besser zu verstehen.«

RACHID:
»Die Legalisierung des Videoverleihs und der Parabolantenne ist sicher für die Regierung die billigste Lösung gewesen. Anstatt endlich die eigene kulturelle Produktion zu fördern – was freilich auch dazu geführt hätte, daß der Gesellschaft unsere eigenen Probleme klarer würden –, gab man den Leuten die Parabolantenne. Wir sind nicht dagegen, es wäre dumm, gegen diese technischen Möglichkeiten zu sein. Aber es ist gefährlich, wenn sie die einzigen Kulturträger bleiben. Die Rechnung wird auch nicht aufgehen: Die Parabolantenne beruhigt die Leute nur für eine gewisse Zeit.«

Auch in der DDR kreiste der Witz: »Lieber zehn amerikanische Filme im Fernsehen als eine Stunde Selbstkritik!« Wenn die Parabolantenne ein Bumerang ist, muß man sie nicht für den Islamismus mitverantwortlich machen?

RACHID:
»Wir sind wirklich nicht gegen die Parabolantenne. Das Schlimme ist nur, daß die Macht nichts getan hat, damit die Leute kulturell zu sich selbst finden. Sie sehen immer nur die scheinbar heile fremde Welt des Westens, wollen so leben, wie sie glauben, daß man dort lebt. Und weil sich das als unmöglich erweist, werden sie schließlich aggressiv.

Damit sind wir wieder beim Problem der Demokratie. Sie kann nur wachsen, wenn die ökonomischen Probleme einigermaßen gelöst werden, wenn das kulturelle Niveau steigt. Man muß ja wirklich erst lernen, wie man wählt zwischen den Dingen und zwischen den Menschen.«

Und wie soll es weitergehen?

RACHID:
»Schwer zu sagen. Allerdings ist es eine Illusion zu glauben, daß die Krise durch das Verbot der islamistischen Partei beendet wird. So wird man mit dem sozialen Phänomen nicht fertig. Der einzige Weg führt über die Entschärfung der ökonomischen Probleme. Die zweite Frage, die gelöst werden muß, ist die Frage eines von uns selbst zu entwerfenden zivilisatorischen Modells, die Frage der Identität. Die unsere kann weder im Westen noch im Orient liegen.«

Wie würdet ihr denn eure eigene Identität beschreiben? Im Westen glaubt man immer, in den islamischen Kulturen fände ein Kampf statt zwischen Religion und Tradition der Massen einerseits und den schmalen Schichten, die quasi verwestlicht sind.

EL HACHEMI:
»Also ich zum Beispiel mache keinen Ramadan und glaube nicht an Gott. Aber das ändert nichts daran, daß ich den Ramadan sehr gerne habe, daß er ein Teil meiner Kultur ist. Ich wohne bis heute in der Suika, der Altstadt, die wohl die älteste Stadt des Maghreb ist. Heute ist das ein populäres Viertel, wo einfache Menschen wohnen. Mein Haus ist türkischen Ursprungs, es hat einen Säulenhof aus Marmor. Und da herrscht dann eben eine ganz besondere Stimmung, wenn die Frauen im Ramadan den ganzen Tag über das Essen vorbereiten: die Suppe, den Burek und so weiter. Solange ich noch zu Hause wohnte, hat meine Mutter – obwohl sie selber fastete – mir auch tagsüber Essen angeboten. Auch die Arbeiter in der Kinemathek wissen, daß ich nicht faste, und sie respektieren das. Sie machen vielleicht ihre Witze darüber, das ist alles. Auch ich versuche, sie zu respektieren, und esse nicht vor ihren Augen. Abends, wenn das große Essen vorbei ist, geht man hinaus auf die Straße. Manche kommen mit Gitarren, manche singen, überall werden Kuchen verkauft. Man besucht Freunde und Verwandte, ganze Familien besuchen sich gegenseitig. Die

jungen Leute wie wir bleiben bis zum Morgengrauen wach. So ein Nachtleben – an dem auch die Frauen teilnehmen – findet hier nur im Ramadan statt. Es ist der einzige Monat im Jahr, an dem die Frauen auch nachts allein ausgehen können, sogar nach Mitternacht. Man trifft sie in den Cafés und auf den Terrassen, wo sie Eis essen – wenn der Ramadan im Sommer liegt. Und niemand wird ihnen etwas tun. Das ist ein Teil unserer Kultur, mit dem ich mich ganz eng verbunden fühle. Wenn ich mir etwas wünschen könnte, dann wäre es das ganze Jahr über so, dann würden wir immer so leben. Ich bin Demokrat genug, um auch die Menschen zu achten, die abends dann noch in ihren traditionellen Kleidern in die Moschee gehen und beten. Besonders schön ist der 27. Tag des Ramadan, wenn alle in ihren weißen Hemden zur Moschee gehen, wenn so ein gewisses religiöses Fieber herrscht. Warum denn nicht? Wichtig ist doch nur, daß keine Gewalt daraus entsteht. Am letzten Tag, am Aid, stehe ich sogar ganz früh auf, auch wenn ich müde bin und obwohl ich gar nicht beten will. Aber ich schalte das Radio oder den Fernseher ein und höre mir die religiöse Musik an, die empfinde ich dann ganz stark. Ich will damit sagen, daß ich dieser Kultur angehöre, auch wenn ich nicht praktiziere. Es ist keinesfalls so, daß ich ihren Untergang herbeiwünsche. Im Gegenteil, sie soll sich weiterentwickeln.«

RACHID:
»Auch ich kann gar nicht anders, als mich der muslimischen Kultur zugehörig zu fühlen, wie jeder Algerier. Sie bestimmt doch unseren Alltag von früh bis spät. Es gibt aber ein Entwicklungsproblem unserer Kultur. Es besteht ein Konflikt zwischen unseren eigenen Traditionen, die lokal, regional oder national zuzuordnen sind, und einer angeblich übergeordneten Kultur, die allen Muslimen eigen sein soll. Dabei ist auch das nicht ganz zu leugnen, es gibt durchaus Dinge, die ich mit einem Libanesen oder Pakistani gemeinsam habe...«

EL HACHEMI:
»Ich nicht!«

RACHID:

»Ja, es geht um etwas anderes. Man will uns gewisse Äußerlichkeiten unserer Kultur als etwas Wesentliches aufzwingen, zum Beispiel, daß man die Religiosität nach außen demonstrieren soll. Die Islamisten wollen die Einheit der muslimischen Welt schaffen, indem man zum Beispiel gemeinsam betet, sich regelmäßig in der Moschee zeigt. In unserer Familie hat das nie eine Rolle gespielt. Mein Vater ist heute 66 Jahre alt und betet seit 40 Jahren. Ich weiß aber nicht, ob er jemals in der Moschee gebetet hat. Für ihn ist es nicht wichtig, was der Imam sagt. Er hat auch seine Kinder nie gezwungen zu beten. Heute zerrt man Kinder in die Moschee, die noch nicht einmal die grundlegenden Regeln des Islam kennen und denen der Zutritt zur Moschee und das Beten doch eigentlich noch verboten sind. Aber die Islamisten wollen uns weismachen, daß man sich in der Moschee zu zeigen hat, daß man eine bestimmte Kleidung tragen soll und den Bart. Auch das kollektive Beten ist unseren Traditionen fremd. Der Glaube war früher eine intime Angelegenheit, etwas, was nur zwischen dem Gläubigen und Gott stattfand. Manche gehen heute aber so weit, sich beim Beten die Stirn auf den Steinfußboden zu schlagen, damit man eine kleine Wunde oder Narbe sieht, die sie dann in der Öffentlichkeit als fromm ausweist.«

Daß alte Leute die islamistische Moral nicht begreifen, scheint mir bedeutsam zu sein. Dies ist auch der Fall bei meiner Schwiegermutter La Chamsa, die nach dem Tode ihres Mannes das winzige baufällige Häuschen verlassen konnte. Ihre nach Paris ausgewanderte Tochter Nadjiba hat ihr eine Dreizimmerwohnung gekauft. La Chamsa fühlte sich dort sehr wohl und sträubte sich zunächst dagegen, daß einer ihrer Enkel zu ihr zog. Endlich konnte sie Ruhe und Geräumigkeit genießen – zur Zeit des Krieges wohnten sechsundzwanzig Menschen in ihren zwei Zimmern!

Aber kaum war sie in ihre Wohnung eingezogen, machte ihr der Nachbar moralische Vorhaltungen, weil La Chamsa oft Herrenbesuch empfing! Er zog überhaupt nicht in Betracht, daß sie in ihrem respektablen Alter erwachsene Söhne und Enkel haben könnte! Alleinlebende Frauen sind den Islamisten unter allen Umständen suspekt! Aus Sicherheitsgründen hat La Chamsa schließlich eingewilligt, daß ihr Enkel Samy, ein Student, zu ihr zog. Tagsüber versorgt sie den kleinen Sohn ihrer 1961 geborenen Tochter Sophia, die als ausgebildete Hebamme in einem Zentrum für Empfängnisverhütung arbeitet. Diese jüngste von sechs Töchtern ist die einzige, die laut darüber nachdenkt, ob sie den Hidjab anlegen soll. La Chamsa selbst war zeitlebens verschleiert, hat Sophia aber nun angedroht, sie nicht mehr über die Türschwelle zu lassen, falls sie eines Tages im Hidjab erscheinen sollte.

La Chamsa konnte in den fünfziger Jahren sicher nicht leicht akzeptieren, daß die damals heranwachsende Zohra keinen Schleier anlegen mochte. Allmählich hat sie sich aber an den Gedanken gewöhnt, daß die Zeit des Schleiers vorbei ist. Nun versteht sie die heutige Jugend nicht mehr.

»Meine Frau ist die freieste Frau der Welt«
Im schön-schrecklichen Tal des Mzab

Mir wurde rasch klar, daß sich mein Wunsch, an einer »Emanzipationsbewegung« teilzunehmen, in Algerien nicht erfüllen würde. Ich konnte aber menschliche und politische Erfahrungen sammeln, die mir rückblickend immer bedeutsamer erscheinen.

Für die Unbilden des Alltags haben mich damals vor allem Reisen in die Sahara entschädigt, die wir besonders in den ersten Jahren häufig unternahmen. Aber welcher der sieben Weisen hatte uns vor der ersten Abreise geflüstert, daß wir unser Auto wegen der Sandstürme einfetten müßten? Der Garagist in Sidi Bel-Abbes hatte so eine Einfettung noch nie vorgenommen. Er lieferte uns ein nicht wiederzuerkennendes, mit einer 2–3 cm dicken öligen Schicht bedecktes Gefährt, das bei den Kindern unseres Viertels lautes Johlen auslöste. Kaum hatten wir die Landstraße erreicht und fuhren schneller, klebten auch schon meine aus dem Fenster wehenden Haaren fettig. In jeder Ortschaft erregten wir Aufsehen. Nirgendwo sahen wir ein ähnlich ausgerüstetes Auto.

Das mochte daran liegen, daß wir die Sahara noch gar nicht erreicht hatten. Wir durchquerten ein malerisches Faltengebirge – die Hochplateaus. Dann Mascara – die Geburtsstadt des Emir Abd el Kader. Am südlichen Gebirgshang erreichten wir Tiaret, im 9. Jahrhundert Hauptstadt der Ibaditensekte, deren Einfluß sich zeitweise von Fes bis Libyen erstreckte. Heute ist Tiaret ziemlich unscheinbar, es hat aber ein Werk, das Lastwagen baut.

Die braune, bisweilen ockerfarbene Erde trägt in dieser Gegend im Frühjahr noch Weizen, der aber bald übergeht in das nur für die Schafzucht nutzbare Alfagras. Hier, in der Steppe, tut sich ein Horizont von unerhörter Breite auf, der erste Tafelberge präsentiert und Hügel, die wie versteinerte Dünen aussehen. Ein ganz neues, nie gekanntes Raumgefühl erfaßt mich. Die enorme Weite löst plötzlich alle Spannung! Die Probleme, die ich im Norden hatte, erscheinen mir fern oder gar lächerlich. Ich spüre, wie innerhalb weniger Augenblicke alle Verantwortung aus mir herausläuft, sogar die Verantwortung für mich selbst. So seltsam es klingt, bei jedem Eintritt in die Sahara war ich sofort bereit, wenn es denn sein müßte, dort auch mein Leben zu lassen.

Bei Aflou halten wir vor einer Tankstelle. Ich vertrete mir die Beine und schaue mir den körnigen Boden an: Ameisen und Käfer krabbeln herum, nicht weit entfernt huscht eine Maus vorbei. Die Wüste lebt also! Nichts hat mich mehr erstaunt, als hier sofort auf Tiere zu treffen! Auch habe ich das Gefühl, ein rhythmisches Schlagen in der Erde wahrzunehmen, ihren Herzschlag vielleicht? Es ist jedenfalls beruhigend festzustellen, daß wir nicht auf dem Mond sind. Wenn ich nur nicht von oben bis unten mit dem verdammten Fett beschmiert wäre! Immer noch sind wir weder dem Sandsturm noch einem anderen Auto begegnet, das ebenso ausgerüstet ist wie unseres.

Auf der Höhe von Laghouat, der ersten wirklichen Oase, beginnt eine ockerfarbene, nach und nach orange werdende Geröllwüste, über der blauester Azur hängt. Als welch trockenes, unerbittliches Element muß diese Gegend früheren Reisenden erschienen sein! Nach zweieinhalb Stunden Fahrt durch die Geröllwüste passieren wir die liebliche Oase Berriane. An dem schlichten, rhombenförmigen, sich nach oben verjüngenden Minarett ist zu erkennen, daß wir die erste der sieben Mozabitenstädte erreicht haben. Ihre größte, Ghardaia, ist unser erstes Reiseziel. Welcher Anblick, als sich nach weiteren 60 km die Straße endlich ins Tal des Mzab hinuntersenkt und sich uns im feuerroten Schein der Abenddämmerung ein architektonisches Schauspiel darbietet, das auch in Algerien seinesgleichen sucht! Wie Bienenwaben aneinanderklebende Häuser ziehen sich die Düne empor, bis hoch zur schlanken Moschee. Ghardaia sei eine »Wohnmaschine«, hat der Architekt Le Corbusier gesagt, der hier in den fünfziger Jahren ein Studienatelier einrichtete. Aus den Höfen und von den Terrassen springt intensives Weiß und häufig auch ein suggestives Blau hervor, das mit Violett gemischt zu sein scheint. Mit den aus Natursteinen und Naturmörtel errichteten ockerorangefarbenen Außenmauern, dem grünen Neonlichtlein, das vom Minarett her blinkt, und dem Sonnenuntergang ergibt das Ganze ein phosphoreszierendes Wunder aus Tausendundeiner Nacht! Endlich im Orient angekommen, denke ich. So einen Zauber haben die von den Franzosen gebauten Städte des Nordens nicht zu bieten!

Wir parken im unteren, sichtlich neueren Teil der Stadt. Es herrscht reges Treiben in den Straßen – man sieht allerdings nur Männer, die fast alle Ganduras und ein Käppi tragen. Die sorgfältig gestalteten reichen Auslagen der Geschäfte erstaunen mich sehr, denn Wüstenorte hatte ich mir bislang stets arm und jämmerlich vorgestellt! In Ghardaia werden aber die gleichen, wenn nicht bessere und sogar mehr Waren als in Nordalgerien angeboten. Die überall spürbare Betriebsamkeit ist für Algerien einmalig. Hier weiß jeder Mensch auf der Straße offenbar, was er will und wohin er will. Es herrscht ein gewisses Tempo.

Weil wir das Haus unseres Gastgebers nicht finden, kehren wir zum Auto zurück. Ein Junge, dem wir den Namen sagen, rennt sofort in eine der Gassen hinein und kommt wenig später mit Mussa zurück.

»Seid ihr verrückt?« meint der staunend, »was habt ihr denn mit eurem Auto gemacht?« Als wir ihm von unserer Sandsturmangst berichten, lacht er. »Sandstürme gibt es doch nur im Frühjahr! Und selbst dann wird kein Mensch sein Auto so vollschmieren! Morgen laßt ihr das gleich wieder abwaschen!« Daß auch ich vollgeschmiert bin, übersieht er höflich. Die Mozabiten sind sehr sittenstreng und würden nie eine Bemerkung hinsichtlich der Frau eines Gastfreundes machen.

Wir folgen dem europäisch gekleideten Mussa eine Weile zwischen den fensterlosen Mauern der Gassen – Straßenschilder oder Hausnummern scheinen hier überflüssig zu sein –, treten dann durch eine schäbige Holztür und gelangen durch eine Art Labyrinth in einen hohen, hellgetünchten Saal. Dies ist der für die

Gäste vorgesehene Teil des Hauses. Auch der willkommenste Freund darf nicht hoffen, mit dem Familienleben der Mozabiten in Kontakt zu kommen. Zwei kleine Holztüren führen zu Toilette und Dusche – wohin ich schnellstens verschwinde!

Später sitzen wir an dem von Teppichen und Matratzen umgebenen flachen Tisch und erzählen, wie unsere Reise war und wie die Dinge im Norden laufen. Vor uns steht ein Tablett mit Limonadenflaschen, die vielfarbig leuchten: gelb, orange, grün und milchig-weiß. Viel lieber hätte ich Wasser getrunken, aber das ist hier vielleicht nicht ungefährlich. Wir müssen uns daran gewöhnen, in einer sehr bunten Welt gelandet zu sein. Ein Söhnchen tischt die Gläser auf und beäugt uns neugierig. Die Ehefrau werden wir wohl nicht zu Gesicht bekommen. Die Frauen sogar vor den Gästen unter Verschluß zu halten ist in Algerien sonst nirgends üblich, würde sogar als ungehörig gelten.

Immer wieder betrachte ich staunend den nach Mussas Auskunft eben erst fertiggestellten Raum. Nichts an Wänden und Decke ist hier eben oder gerade, nirgends hat man den rechten Winkel oder die Wasserwaage angelegt. Die Wände sind ungeglättet und tragen überall die Arbeitsspuren menschlicher Hände. Und das ist nicht etwa ein Ausdruck von Armut, sondern mozabitischer Stil, wie ihn Le Corbusier abkupferte! In der Tat sind wir hier bei wohlhabenden Leuten: In einer Ecke läuft ein riesiger Ventilator, in einer anderen flimmert ein Farbfernsehgerät. Sooft Saddek es ausschaltet, Mussa schaltet es immer wieder ein. Einen Fernseher im Gästezimmer laufen zu lassen, auch, wenn keiner hinschaut, gehört zum guten Ton in Algerien.

Immer wieder verschwinden Mussa und sein Söhnchen in der Küche und kehren mit beladenen Tabletts zurück. Die Suppe, die Pasteten, das Bohnengemüse, das Huhn, der Hammelbraten – das ganze herrliche, opulente Mahl nehmen wir jedoch mit recht zwiespältigen Gefühlen ein, da es nun einmal unangenehm ist, wenn man sich nicht bei der Frau bedanken kann, die das alles gekocht hat. Zum Glück werden wir durch die Ankunft des jüngeren Bruders Nazim von unseren Skrupeln abgelenkt. Die noch an seiner Gandura klebenden Mehl- und Teigreste zeugen davon, daß er eben seine Arbeit in der familieneigenen Bäckerei beendet hat. Es ist etwa 20 Uhr. Nachdem wir noch Früchte und Kuchen mit bittersüßem Tee in uns hineingestopft haben, versinken wir auf den Teppichen und Matratzen in Schlaf.

Mitten in der Nacht wache ich auf. Saddek klettert auf die über eine kleine Leiter erreichbare Terrasse. Ich folge ihm. Nachdem wir ein wenig herumgewandelt sind und uns das friedliche Bild der nächtlichen Stadt angeschaut haben, sehen wir plötzlich in zwei Nischen ein paar Männer in ihrer Tageskleidung schlafen! Sie wachen auch nicht auf, als wir näher kommen. Saddek flüstert mir zu: »Das sind bestimmt Arbeiter aus der Bäckerei! Die Mozabiten beschäftigen ihre armen Verwandten und geben ihnen dann nicht einmal ein Bett!«

Frühstück mit heißem Milchkaffee, frischem Kuchen und Croissants aus der Bäckerei. Kurzer Besuch in der Backstube, die nicht nur mit einer automatischen Backanlage für Baguettes ausgerüstet ist, sondern auch mit einem hochmodernen Teigrührgerät, das der bereits wieder schwitzende Nazim überwacht.

Im stechenden Morgenlicht treten das Weiß der Häuser und das Orange der die Stadt umgebenden Gerölldünen noch intensiver hervor. Das von manchen Wänden leuchtende Blauviolett, erklärt Mussa, sei ein Schutzanstrich gegen Insekten. Die winzigen, scheinbar willkürlich in die fensterlosen Hausmauern eingelassenen Luken sind den Frauen zuliebe angebracht worden. Sie dürfen so ihr »Recht auf Neugier« befriedigen: Sehen und nicht gesehen werden! Ein Sprichwort sagt, daß die Frauen in Ghardaia nur zweimal das Haus verlassen: ihr Elternhaus, wenn sie heiraten, und das Haus des Ehemannes, wenn sie gestorben sind. In vielen Familien gehen die Frauen wohl auch heute noch nur aus dem Haus, um Eltern oder nahe Verwandte zu besuchen.

Freilich sieht man doch hin und wieder Wesen an den Mauern vorbeischleichen, die einen weiblichen Gang haben: Tief in den für Ghardaia typischen weißen Wollschleier eingewickelt, lassen sie zumeist nur ein Auge sehen.

Trotz dieser beklemmenden Eindrücke nimmt uns der Charme der Stadt voll gefangen. Der spontane Schwung, die stets abgerundeten, eleganten Formen der Mauern, Nischen, Treppchen und Türmchen bezaubern. Es ist eine Schönheit, die ganz aus der funktionalen Form heraus geboren ist, nach Dekor oder äußerlichem Schmuck sucht man vergeblich. Kargheit und Strenge sind bewußte Gestaltungsprinzipien. Was uns heute als schön erscheint, weil es an wesentliche Seiten der modernen Architektur erinnert, ist das Ergebnis einer jahrhundertealten Überlebenstechnik. Die Mozabiten sind die letzten Nachfahren jenes Ibaditenreiches, dessen zeitweilige Hauptstadt Tiaret in der Mitte des 10. Jahrhunderts von den Fatimiden zerstört wurde. Die Überlebenden zogen sich tief in den Süden zurück, ins 200 km südlich von Ghardaia gelegene Sedrata bei Ouargla. Tiaret und Sedrata – letztere Oase besaß 400 000 bewässerte Palmen – waren auch wegen ihrer reichen Architektur berühmt, die noch ganz in der islamischen Tradition stand und viel Dekor aufwies. Aber Anfang des 11. Jahrhunderts wurde auch Sedrata zerstört. Und diesmal beschlossen die Überlebenden, ein für allemal in eine Gegend zu ziehen, die bei keinem Eroberer Neid erregen konnte. Sie ließen sich im unwirtlichen Tal des Mzab nieder, wo sie innerhalb von fünfzig Jahren dicht nebeneinander fünf Städte gründeten: Melika, Bou Noura, Beni Isghen, El Atteuf und zum Schluß Ghardaia – die heute bedeutendste. (Im 17. Jahrhundert entstanden noch das 44 km nördlich gelegene Berriane und das 71 km östlich liegende Guerara.)

Im Tal des Mzab konvertierten die Ibaditen zu äußerlich bescheidenen Lebensformen. Aber sie blieben Händler und sammelten mit der Zeit wieder Reichtum an. Aufgrund ihrer schlechten Erfahrungen in der Vergangenheit verbargen sie ihn jedoch von nun an, und es entwickelte sich eine im islamischen Raum recht ungewöhnliche, protestantisch anmutende Lebensweise. Fleißig und geschäftig sind die Mozabiten wie kein anderes Wüstenvolk. Ihr Sinn für Kapitalakkumulation ist – im Gegensatz zum sonstigen Afrika – voll entwickelt. Hätten sie irgendwelche Rohstoffe gehabt, wären sie ganz selbständig auch zu produzierenden Kapitalisten geworden!

Mittlerweile sind wir auf dem berühmten Markt von Ghardaia

angekommen. Er ist von schattenspendenden Gängen umgeben, deren Säulen auch aus der freien Hand heraus gebaut wurden, unregelmäßig, ganz der jeweiligen Höhe und Dicke des Palmenstammes folgend, der in jeder Säule steckt!

Auf diesem Markt wird jeden Morgen eine kuriose Mischung von modernen Industriegütern und traditionellen Waren aus ganz Algerien – aber auch von weither, aus Europa oder aus Mali und Niger angeboten. Sogar im Sozialismus ist Ghardaia ein Drehpunkt des Sahara-Handels geblieben! Das liegt natürlich daran, daß jener hier keineswegs gesiegt, sondern nur ab und zu an die Tür geklopft hatte – beispielsweise in der Person Erich Honeckers, der den Mozabiten einen Tagesbesuch abstattete.

Hinter dem nicht nur von Einheimischen, sondern auch von Touristen überschwemmten Markt beginnt eine enge Straße, in der Lebensmittel, vor allem aber herrlich frisches Gemüse angeboten werden. Dieses Gemüse ziehen die Mozabiten nicht selbst, sondern der ihnen seit eh und je hörige arabophone Stamm der Chaamba, dessen Heimstatt das etwa 30 km entfernte Metlili ist. Sobald man die Wüste bewässert, sprießen hier die besten und wohlriechendsten Gemüse in enormen Dimensionen, ohne daß man Düngemittel einsetzen muß. Riesenkarotten, Riesentomaten, Zwiebeln, Rote Beete, süße gelbe Rübchen, Salat, Artischocken und Fenchel verbreiten einen unvergeßlich aromatischen Duft, der wegen der Enge der Gasse auch nicht so ohne weiteres in die Atmosphäre entweichen kann. Nie bin ich aus Ghardaia weggefahren, ohne eine große Tasche Chaamba-Gemüse mitzunehmen, dessen Qualität die des nördlichen Gemüses noch weit übertrifft.

Auch aus den Gewürzläden dringen besonders wunderliche Düfte. Ein Sack mit gelblichen, scharf riechenden Klümpchen fesselt meine Aufmerksamkeit. »Das ist unser Käse!« erklärt Mussa. »Wir graben ein flaches Loch in die Erde, legen ein Tuch hinein und füllen saure Schafs- oder Ziegenmilch darauf. Am nächsten Tag ist der Käse hart wie Stein, aber er bleibt jahrelang eßbar! Von dem Steinkäse erhält man einen Abrieb, der mit gequetschten Datteln oder Butter vermengt wird.« Karawanenkäse, denke ich und kaufe ein Kilo davon. Er soll mir helfen, den chronischen Käsemangel im Norden auszugleichen.

Zum Mittagessen sind wir beim ältesten Bruder eingeladen, der sich mit einer seiner zwei Frauen ein paar Urlaubstage im Palmenhain gönnt. Im Unterschied zu anderen Sahara-Oasen, deren Palmenhaine traditionell der Dattel- und Gemüseproduktion dienen, sind die Gärten der Mozabiten mit Villen ausgestattet, in denen die wohlhabenden Familien die Sommermonate verbringen. Sie werden aber auch als Gästehäuser genutzt.

Die breiten Wege der Palmeraie sind mit dem Auto befahrbar. Wir folgen Mussa, der auf dem Motorrad vorausrattert. Welch idyllischer Frieden unter den majestätischen Palmen tatsächlich herrscht, erkennen wir daher erst richtig, nachdem wir in das Besitztum der Bäckerfamilie eingetreten sind. In einer rundlichen Nische des Hauses, die von schattenspendendem Bast überdacht ist, erwartet uns Mohamed. Ausgestreckt auf einer Matratze, mit einer weißen Gandura bekleidet, strahlt er paschahafte Vornehmheit aus. Wir nehmen einige Erfrischungen zu uns, dann trägt er den Couscous in einer riesigen Holzschüssel herbei, aus der wir alle gemeinsam essen. Hinter einer kleinen Mauer lugen kichernde Kinder hervor, die sich selbst auf die eindringlichste Einladung des Vaters hin nicht dazu bewegen lassen, näher zu kommen.

Mohamed spricht das gewandteste Französisch. Als ältester der Brüder führt er die Geschäfte der Familie auf internationaler Ebene – welche, will er nicht präzisieren. Jedenfalls gehört er zu den Mozabiten, die auf die baldige Einrichtung einer Fluglinie Ghardaia–New York hoffen. Mussa betreut die Lebensmittelgeschäfte der Familie auf algerischer Ebene. Nazim wiederum ist nur für die Bäckerei zuständig, in der er selbst mitschuftet. Er ist nur einmal im Leben in Algier gewesen. Der vierte und jüngste Bruder – wird angedeutet – hat sich aus dem Quartett gelöst und ein selbständiges Unternehmen aufgezogen. Eigentlich verständlich, denn von brüderlicher Aufteilung der ökonomischen Rollen und ihrer jeweiligen Vorteile kann wohl keine Rede sein. Es handelt sich vielmehr um die typische Familienhierarchie der Mozabiten, die bis heute noch die vorkolonialen Strukturen eines gesellschaftlichen Modells kompletter Integration bewahrt haben, in dem es für gehorsame Angehörige weder ausweglosen Elend noch Ausgeschlossensein gibt.

Im Unterschied zum Norden konnte sich die bis 1830 für alle – auch für die Frauen – obligatorische Koranschule hier während des Kolonialismus halten. Deshalb trifft man im Mzabtal grundsätzlich keine Analphabeten. Der Patriarch versorgt die ganze Familie: Wer kein Kapital hat, wird für manuelle Arbeiten eingesetzt und zumindest mit ernährt. Ein Teil des Lohnes wird vom Arbeitgeber einbehalten und ausgezahlt, sobald das Kapital für die Gründung eines eigenen Geschäfts reicht. Auf dieser Entwicklungsstufe befand sich offensichtlich Bruder Nazim. Traditionell vererbt jeder Mozabit ein Drittel seines Vermögens dem Gemeinwesen, wovon die öffentlichen Arbeiten bezahlt werden, ein Teil fließt aber auch bedürftigen Familien zu. Die Kapitalien der Mozabiten entspringen vor allem großen Lebensmittelketten in ganz Algerien, aber auch in Nachbarländern und sogar in Frankreich. So soll der Lebensmittelhandel von Lyon unter ihrer Kontrolle stehen.

Überall, wo mozabitische Geschäfte getätigt werden, existiert eine ausschließlich reisenden Mozabiten vorbehaltene Hotellerie, denn Ausgaben in öffentlichen Restaurants werden – wie jeder Luxus – von diesen Krämerseelen als Verschwendung angesehen. Selbst die mozabitischen Mekkapilger finden an den heiligen Stätten des Islam ein eigens für sie bestimmtes Hotel. Alle Versuche, es für Algerier aus anderen Gegenden zu öffnen, sind gescheitert.

Worauf gründet sich dies seltsame Sektierertum? Die Ibaditen wollten nach dem Tod des Propheten die Statthaftigkeit des Schiedsspruchs zwischen Othman und Ali als konkurrierende Anwärter auf das Kalifat nicht anerkennen – weil dieses Verfahren eine von Menschen und nicht von Gott getroffene Entscheidung war.

Der Unterschied zu dem in Algerien allgemein herrschenden sunnitisch-malekitischen Kult ist heute angeblich nur noch eine winzige Differenz in der Gebetsformel. Die Imame der Mozabiten besuchen dieselben religiösen Schulen. Aber keine Volksgruppe des Landes ist so auf den Erhalt ihrer Besonderheit bedacht, wie sie – zweifellos, weil sich ihr ökonomischer Erfolg über die Lebensmittelketten als großes Stammesunternehmen gewissermaßen ausgezahlt hat. Es scheint sie nicht zu stören, daß sie nicht sonderlich beliebt sind. Weil die Kolonialmacht die traditionelle Lebensweise der Wüstenvölker weniger zerstörte als die der Bewohner des Nordens, sahen die Mozabiten zunächst auch keinen Grund, am Unabhängigkeitskampf teilzunehmen. Erst ein Boykott ihrer Läden, zu dem die FLN 1958 aufgerufen hatte, zwang sie, die Revolution materiell zu unterstützen.

Wie überall gibt es auch im Mzabtal Ausnahmen: Ein von der mozabitischen Gemeinschaft Exkommunizierter, der in den Orient emigrierte Dichter Mufdi Zakeria, wurde Autor der algerischen Nationalhymne.

Wahrscheinlich weil sie nicht mehr als hunderttausend Menschen zählen und ihre historisch gewachsene Isolation auch im 20. Jahrhundert nicht aufgeben wollen – niemand wird sich stammesfremd verheiraten –, sehen viele der hellhäutigen, berberophonen Mozabiten einander ähnlich. Leider haben sie auch gemeinsame Krankheiten, insbesondere der Augen: Nirgendwo in der algerischen Wüste werden so dicke Brillengläser getragen.

Nach dem Essen besichtigen wir noch die Brunnen und die Kanäle, die die Palmeraie in anmutigen Schlängelbewegungen durchziehen. Die Zuteilung des Wassers ist nach strengen Gesetzen geregelt, niemand kann seinen Palmen unbefugt Wasser zuleiten. Ein striktes System ist notwendig, denn der Mzab bringt durchschnittlich nur einmal in zehn Jahren Wasser. Und dieses Wasser bricht dann urplötzlich in den Dimensionen einer echten Überschwemmung ins Tal. Trotz der zu Warnzwecken errichteten und immer besetzten Türme fordert das Wasser jedesmal einige Menschenleben. In einem komplizierten System von Stauanlagen und unterirdischen Speichern wird es dann aufbewahrt und verteilt. Bis zu hundert Meter tief in den steinigen Boden sind manche Brunnen getrieben!

Zum Abschied klettert der mollige Mohamed erstaunlich flink

auf einen Zitronenbaum und wirft uns ein paar von den stark duftenden Früchten hinunter. Mussa drängt zum Aufbruch. Wir sollen noch Beni Isghen, die »Heilige« unter den Mozabitenstädten, kennenlernen, hinter deren Mauern bis vor wenigen Jahren kein Fremder dringen konnte. Die Öffnung der Tore für die Außenwelt hat erst die algerische Staatsmacht durchgesetzt: der Polizeikommissar von Ghardaia unternimmt noch heute nächtliche Routinefahrten nach Beni Isghen. Normale Besucher können die »Heilige« nur in Begleitung eines Einheimischen betreten.

Auch Mussa aus dem eine halbe Stunde Fußweg entfernten Ghardaia darf uns Beni Isghen allein nicht zeigen. Er bringt uns zu einem außerhalb der Stadt wohnenden Mann, der in Beni Isghen geboren ist und uns führen wird. Hammu lädt uns aber zunächst zu einem kleinen Imbiß ein, der aus gedünsteten Zwiebeln, Tomaten und Rührei besteht. Sichtlich weniger wohlhabend als unsere Bäckerfamilie, scheint Hammu doch auch Geschäfte im Ausland zu tätigen, denn er berichtet von einer Flugreise zwischen Rom und Madrid, auf der ihn unbezähmbare Lust überfiel, die Pilotenkanzel zu besuchen. Sein Nachbar meinte, das sei zweifellos verboten. Schließlich übergab Hammu der Stewardeß einen Brief: »Sehr geehrter Herr Kommandant! Wenn Sie mir vorführen, wie man ein Flugzeug fliegt, lade ich Sie ein, Ihnen beizubringen, wie man ein Kamel reitet!« Wenig später wurde er aufgefordert, in die Kanzel zu kommen, wo er bis zur Landung in Madrid bleiben durfte. In der Tat klopfte der Kommandant drei Jahre später an Hammus Tür und wollte seine Ausbildung im Kamelreiten beginnen.

Meine Bitte, mir die Toilette zu zeigen, versetzt Hammu einen Moment in Verlegenheit. Er hat keine Gästetoilette, und auf das Männerklo soll ich offensichtlich auf gar keinen Fall gehen. Und so kann ich – völlig unerwartet – doch noch in die mozabitische Frauenwelt vordringen, in einen richtigen Harem! Vor dem Frauengemach bleibt Hammu stehen und wispert ein paar mir unverständliche Worte. Dann soll ich eintreten, er selbst darf nicht weiter mitkommen, wahrscheinlich befinden sich in diesem Harem auch Schwägerinnen. Hier im Tal des Mzab darf der Bruder die Frau des Bruders nicht sehen!

Aus dem etwa vier mal acht Meter großen Raum schlägt mir eine stickig-dumpfe Atmosphäre entgegen. Ich treffe in der Tat auf eine regelrechte Frauenversammlung, die unmöglich Hammu allein gehören kann. Strickend, webend, Kinder wiegend, sitzen etwa acht Frauen jeden Alters herum. Nichts von der den Mozabitinnen angedichteten Schönheit ist zu entdecken: Blaß, fragil, ja kränklich und ängstlich wirken sie. Der Anblick einer Fremden im Jeansanzug verwandelt den Harem aber in einen freudig erregten Vogelkäfig. Da ich kein Wort berberisch verstehe und diese Frauen weder französisch noch arabisch können, lächeln wir uns nur an. Schließlich reicht mir die Älteste – die zuvor einem mongoloiden Kind auf ihren Knien mit einem Fliegenwedel Luft zufächerte – ein Handtuch und Seife und zeigt mir die Toilette. Als ich wieder zurück bin, bekomme ich noch Süßigkeiten zugesteckt, die wohl für meine Kinder bestimmt sind.

Als ich den Harem verlasse, bin ich benommen vor Entsetzen. Welches Gefühl, dann als freie Frau mit Saddek, Mussa und Hammu durch das mächtige Tor der noch immer mit intakten Mauern umgebenen heiligen Stadt zu laufen! Hinter dem Tor macht uns Hammu klar, daß wir nun auch noch einen der hier bereitstehenden Stadtführer mieten müssen. Wäre nicht der Himmel so ungewöhnlich tiefblau und die ganze handgestrickte krumme Stadt so unwirklich märchenhaft, hätten wir uns bestimmt mehr gewundert, nun plötzlich mit drei Führern dazustehen! Ein quickiger Greis mit schneeweißem Haar und schneeweißer Gandura weist uns in bestem Französisch die Richtung.

Während besonders die unteren Stadtteile Ghardaias schon viele Neubauten aufweisen, wie sie heute in Algerien üblich sind, tritt der Charme der mozabitischen Baukunst in Beni Isghen noch ganz rein hervor. Die Gesetze des rechten Winkels und der geraden Linie, denen die europäische Architektur ja nicht erst mit dem industriellen Bauen, sondern seit den alten Römern auch in der Anlage der Städte gefolgt ist, waren der islamischen Architektur weniger geläufig. Aus Verteidigungsgründen baute man gern auf Hügeln, und aus Sparsamkeitsgründen klebt ein Haus am anderen. Aber jeder baute doch ganz nach seinem familiären Bedarf, fügte noch ein Eckchen für den Großvater oder eine Nische für Vorräte hinzu. So sind die Straßen niemals gerade, sondern mäandrieren von der Höhe der Düne ins Tal hinab, quer verbunden durch Treppchen und Wege. Aus dieser spontanen Funktionalität und Naivität entsteht für den heutigen Betrachter ein ungeheurer Reiz.

In Beni Isghen, der ganz in sich selbst ruhenden Stadt, herrscht noch mehr Sauberkeit als in Ghardaia – einer heute mauerlosen Stadt, gewissermaßen mit offenen Flanken. Wie genau man es in Beni Isghen mit der Reinlichkeit hält, beweist der alte Führer, der ein auf dem Boden liegendes Stück Papier auf seinen Stock spießt und kurzerhand über die Stadtmauer balanciert. Dann führt er uns zu einer Nische, in der ein Sack aus Kamelhaut hängt. Daraus gießt er uns in einige ebenfalls bereitstehende Becher Wasser und lädt uns zu einem Umtrunk ein. Das Wasser ist herrlich kühl – welch bemerkenswerter öffentlicher Komfort! Eine tiefverschleierte Frau kommt uns entgegen. Kaum hat sie uns wahrgenommen, dreht sie sich zur Mauer und rührt sich erst wieder, nachdem wir vorbeigelaufen sind. Das ist die Regel, nach der sich die Weiblichkeit hier überhaupt nur auf den Straßen bewegen darf!

Wir sind nun auf der Höhe angelangt und treten auf den Markt, der hier nachmittags abgehalten wird und eine besondere Kuriosität darstellt. Es ist ein sogenannter Schreimarkt, wie er früher auch andernorts üblich war. Hier laufen nicht die Kunden an den Händlern vorbei, sondern umgekehrt: Die Kunden sitzen bequem und faul um den triangelförmigen Platz herum und lassen sich von schreiend herumrennenden Verkäufern Waren zeigen, die dem Meistbietenden schließlich abgelassen werden. Das Angebot reicht von alten, durchlöcherten Decken über Teppiche, lebende Schafe bis hin zur nagelneuen Black & Decker. Mussa sagt mir, daß die Verkäufer nicht die Besitzer der Waren sind, sondern Angestellte, die ein paar Prozente verdienen. Als wir uns setzen, um dem Spektakel etwas zuzuschauen, bekommen wir unerwartete Probleme: Saddek zündet sich eine Zigarette an und wird sofort von mehreren Seiten harsch aufgefordert, das Teufelszeug auszumachen und wegzustecken. Einem Fremden das Rauchen regelrecht zu verbieten wäre zur damaligen Zeit im benachbarten Ghardaia wohl schon nicht mehr möglich gewesen. Die Mozabiten verwerfen offiziell alle Suchtmittel – was sie natürlich nicht daran hindert, in geschlossenen Gesellschaften allen möglichen Lastern zu frönen.

Als wir in der Abenddämmerung mit Mussa noch eine Spazierfahrt im Auto zu den naheliegenden Städten Melika, Bou Noura und El Atteuf machen, sehen wir, daß die jetzigen Mozabiten wenig Tendenz haben, ihr traditionelles Bauen aus freier Hand fortzusetzen. Die meisten neuen Häuser weisen eine für hiesige Verhältnisse befremdliche Dominanz von korrekten geraden Linien und rechten Winkeln auf! Mussa erzählt, daß es zwar Gesetze, staatliche Aufsichten und sogar materielle Anreize gibt, die dafür sorgen sollen, daß Neubauten dem alten Stadtbild angepaßt werden. Aber Wohnungsnot und verständliche Modernisierungswünsche treiben die Leute immer wieder dazu, die Gesetze zu unterlaufen und notfalls ein Haus in einer einzigen Nacht zu errichten. Dabei kommt ihnen noch einmal die überkommene Sitte zu Hilfe, daß der Hausbau kollektiv, vom ganzen Gemeinwesen organisiert wird.

Wenn bei den Mozabiten heute ein erstes Zeitalter der geraden Linie und des rechten Winkels angebrochen ist, so bieten die weichen, rundlichen Formen ihrer alten Städte den modernen Architekten des flexiblen Stahlbetons unablässig Anregungen. Das internationale Architekturstudio von Le Corbusier – der die Kapelle von Ronchamp nach mozabitischen Anregungen baute – wird bis heute weitergeführt.

Zwar sind auch die Dekrete der sozialistischen Agrarreform nach Ghardaia gedrungen. Es kann hier aber nicht besonders schwer gewesen sein, sie zu umgehen. Unsere Bäckerfreunde sind im »Moudjahid« einmal angeklagt worden, ein Terrain, das für die Agrarreform vorgesehen war, an sich gerissen und rasch mit einer

Villa bebaut zu haben. Mir ist nicht bekannt, daß sie dafür irgendwie sanktioniert wurden.

Eine einzige große Fabrik wurde bei Ghardaia errichtet. Sie stellt Rohre für Erdgas und Erdöl her – womit das Mzabtal zumindest symbolisch an die große Erdölproduktion der Sahara angebunden ist. Das Glück der Mozabiten liegt aber vielleicht gerade darin, daß es in ihrer Gegend kein Öl gibt und daß sie sich – auch hier sind sie einzigartig unter den Wüstenbewohnern – nicht als Erdölarbeiter anwerben ließen. Sie blieben beim Handel und beim kleinen Handwerk, selbst als der Sozialismus mit seinen Restriktionen kam.

Daß eine neue Zeit angebrochen ist, wird in Ghardaia nur an neuen Institutionen deutlich. Die Fabrik, die staatlichen Organe der Justiz, des Gesundheitswesens und der Polizei haben auch einem Teil der Bürger, die kein Kapital besitzen, zu einem unabhängigen Arbeitsverhältnis verholfen. Besonders die schwarzhäutige, früher als Sklaven gehaltene Bevölkerung arbeitet in diesen Strukturen – was typisch ist für den ganzen Süden, bis hinunter nach Tamanrasset.

Und es muß auch gesagt sein, daß es schon Ende der siebziger Jahre eine aus Ghardaia stammende Ärztin im dortigen Krankenhaus gab. Nicht wenige Familien haben begonnen, die Mädchen nicht nur in die Koranschule, sondern auch in die staatliche Schule zu schicken.

Bei einer späteren Reise nach Ghardaia, die ich mit meiner holländischen Freundin Carla unternahm, lernte ich doch noch die Frauen der Bäckerfamilie kennen. Dieses Privileg wurde uns wahrscheinlich nur deshalb zuteil, weil wir ohne männliche Begleitung waren. Mussa erwartete uns mitten in der Nacht an der Bushaltestelle und brachte uns diesmal nicht im großen Gästesalon unter, sondern in einem Dachstübchen. War es Tolpatschigkeit, daß er morgens, ohne anzuklopfen, mit dem Frühstückstablett hereinstürmte? Oder ist es in Ghardaia unbekannt, wie man sich alleinreisenden Damen gegenüber zu benehmen hat? Mussa hatte uns jedenfalls unsanft aus dem Schlaf gerissen und für einen gewissen

Schrecken gesorgt. Während ich an dem backstubenfrischen Croissant knabberte und den heißen Kaffee trank, kam mir in den Sinn, daß er diesmal nicht nur unser Führer, sondern auch unser Beschützer war, daß wir ihm gewissermaßen ausgeliefert waren. Ich erinnerte mich plötzlich an Geschichten, die mir eine Freundin in Sidi Bel-Abbes über die Frauen von Ghardaia erzählt hatte und die ich bislang als völlig unwahrscheinlich abgetan hatte: Angeblich führten sie ihren Ehemännern Touristinnen zu! Ich hoffte nur, daß Carla nichts von meiner plötzlichen Unruhe spürte ...

Nachdem wir einen kleinen Rundgang durch die morgenfrische Stadt gemacht und Nazim in der Bäckerei begrüßt hatten, kehrten wir zum Haus zurück, wo Mussa uns seine Schwägerin, die Frau Nazims und seine eigene Frau vorstellen wollte. Mohamed würden wir mittags im Palmenhain sehen, wo er sich wieder mit einer seiner Ehefrauen aufhielt.

Jeder der drei Brüder bewohnte mit Frau und Kindern eine Etage des Stadthauses. Als wir mit Mussa Nazims Etage betraten, blieb er vor einem Vorhang stehen und ließ ein Wispern hören. Nach einiger Zeit knackte eine Tür hinter dem Vorhang, wir hörten leichte Schritte. Mussa wechselte ein paar Worte mit seiner Schwägerin und bedeutete uns, seitlich am Vorhang vorbeizugehen. Er selbst blieb wie angewurzelt stehen.

Was außer der schlanken jungen Frau noch hinter dem Vorhang war, sah ich nicht. Mir war übel vor Empörung über diese unmenschliche Sitte. Die Schwägerin war wunderschön und trug eine leichte Gandoura. Wir reichten ihr die Hand und murmelten ein paar Begrüßungsworte, die sie in ihrer Sprache erwiderte. Es war unsäglich peinlich, als weitgereiste Frau das Mauseloch zu betreten, das die ganze Lebenswelt einer Frau ausmachte. Wenn wenigstens Mussa nicht hinter dem Vorhang gestanden und trotz seiner Unsichtbarkeit alles unter Kontrolle gehabt hätte! Schnell kehrten wir zu ihm zurück.

Dann stiegen wir auf seine Etage. Er führte uns auf eine Terrasse, wo auf einem Teppich seine Frau saß. Ein winziges, aber seltsam breites Wesen, das in bunte Röcke gehüllt war und unter vielfarbigen Tüchern ein verhutzeltes Gesichtchen ohne Alter sehen ließ. Neben ihr baumelte ein Baby in einer Art Hängematte. Wie ein Kind sah uns die Frau an, neugierig, freundlich und ängstlich zugleich. Zur Begrüßung sprang sie auf, aber wir mußten uns dennoch hinunterbeugen, um ihr die Hand zu geben. »Das ist Aischa!« stellte Mussa sie vor. »Sie ist zweiundzwanzig Jahre alt. Dieses Jahr sind wir zehn Jahre verheiratet. Weil es jetzt verboten ist, so früh zu heiraten, habe ich sie erst mit sechzehn ins Haus geholt. Wir haben drei Kinder!«

Die kleine Frau servierte Tee und Kekse und warf ab und zu einen verstohlenen Blick auf uns. Mussa, der sie zärtlich wie ein Kind behandelte, wies auf einen Webstuhl, in dem ein halber Teppich hing: »Wenn sie Lust hat, kann sie weben! Wenn sie keine Lust hat, läßt sie es bleiben. Meine Frau ist die freieste Frau der Welt. Niemand zwingt sie zu arbeiten!«

Ich traute meinen Ohren nicht. Sicher spürte auch Carla einen eisigen Schauer über den Rücken laufen.

Nachdem wir unseren Tee getrunken hatten, wurde uns noch eine besondere Ehre zuteil. Mussa schlug vor, uns das eheliche Schlafzimmer zu zeigen. Als wir in den winzigen, stickigen Raum traten, fiel es uns schwer, das Kichern zu unterdrücken: An der Decke hingen – dicht an dicht – Weihnachtskugeln! Grünsilberne und gelbsilberne, eine neben der anderen! Und das aus vielen übereinandergelegten Decken und Matratzen bestehende Bett war fast so hoch wie Mussa selbst und sicher doppelt so hoch wie seine Frau. Ich konnte nicht anders, als sofort an die von allen Unbilden der Welt ferngehaltene »Prinzessin auf der Erbse« zu denken. Dabei wurden die Matratzen abends sicher abgebaut und dienten auch den Kindern als Schlafstätten.

»Gefällt es euch?« fragte Mussa stolz. Es blieb uns nichts anderes übrig, als höflich zu bejahen. Ich fragte, woher er die bunten Kugeln an der Decke hätte. »Schön – nicht? Fünfzig Dinar hat das Stück gekostet. Sie wurden im vorigen Jahr hier verkauft. Kamen wohl aus Mali!«

Fünfzig Dinar bedeuteten damals etwa fünfundzwanzig Westmark! Noch immer also bringen Europäer Glitzerkram nach Afrika und verkaufen ihn dort zum Hundertfachen seines Werts.

Die Weihnachtskugeln habe ich wenig später auch auf der Messe in Tamanrasset gesehen. Es muß sich um eine ganze Schiffsladung gehandelt haben, die dann womöglich per Karawane ins Herz der Sahara gelangte.

Während wir das Schlafzimmer betrachteten, stand Aischa in der Tür und blickte bescheiden nach unten. Durfte sie fernsehen? War ihr der Klang der fremden Sprache wenigstens von dorther bekannt? Waren wir die ersten Wesen aus der anderen Welt, die sie zu Gesicht bekam?

Zum Mittagessen war ein Couscous im Palmenhain angesagt. Dort sollten wir die Lieblingsfrau von Mohamed kennenlernen. Er führte uns sofort hinter die kleine Mauer, hinter der das letzte Mal seine Kinder hervorgelugt hatten, und stellte sie uns vor: wieder eine sehr kleine, verhärmte und ängstlich wirkende Person in bunten Röcken, mit feuerrotem Kopftuch. Auf einem Rechaud, hier im Freien, stand der Couscous-Topf, aus dem es verlockend duftete. Während sie uns zur Begrüßung vorsichtig anlächelte, hielt die kleine Frau ihren Kochlöffel fest in der Hand. Freilich muß man in Ghardaia stets mit Überraschungen rechnen. Auf die Information, daß Carla unverheiratet sei, reagierte sie – laut Übersetzung des Ehemanns – mit folgendem weisen Spruch: »Da ist sie besonders schlau und hat keinen Ärger mit den Kindern!« Aber um nichts in der Welt war diese Frau zu bewegen, mit uns zusammen zu essen. Mohamed selbst trug die große Holzschüssel auf den Tisch, setzte sich je ein Kind auf die Knie und wünschte guten Appetit.

Im Halse schien er uns steckenzubleiben, dieser Couscous! Und wie schwierig die Konversation mit den beiden Männern war, da man sich doch eigentlich überhaupt nichts zu sagen hatte! Mussa überließ die Führung des Gesprächs ganz seinem älteren Bruder, der schließlich welterfahrener war. Mohamed fing an, von den Zerstreuungen und Vergnügungen zu schwärmen, die Europa und Amerika den Menschen in ihrer Freizeit bieten. Nachdem wir vom Hundertsten ins Tausendste gekommen waren, fragte er – inzwischen bequem auf seiner Matratze ausgestreckt –, was wir von den europäischen Ehefrauen meinten? Hielten wir sie für treu oder doch eher mit jener Moral ausgestattet, die die Vergnügungsindustrie auf Schritt und Tritt suggeriert?

Ich blieb sehr zurückhaltend bei der Interpretation der europäischen Sitten, denn wieder fühlte ich mich auf unsicherem Boden. Was wurde hier getestet? Wirkte etwa die Tatsache, daß wir als Frauen allein reisten, schon wie der Wunsch nach einem Abenteuer? Machte ich mir unnötige Sorgen, oder hieß es, auf der Hut zu sein? Wurden wir verführt? Glättete die kleine Frau womöglich schon die Bettlaken?

Da kam unversehens Rettung. Mein Schwager Slimane, zu dem wir eigentlich erst am nächsten Tag weiterreisen sollten, muß sich ähnliche Gedanken gemacht und beschlossen haben, uns schon jetzt wieder unter familiären Schutz zu stellen. Ein Auto wartete, dessen Fahrer uns ohne Verzug in das 200 Kilometer südöstlich gelegene Ouargla bringen sollte!

Mein den Bäckerbrüdern gegenüber lebhaft ausgedrücktes Bedauern, daß wir Carla nun nicht das ganze Mzabtal gezeigt hätten, hielt sich in Wirklichkeit in Grenzen. Nur fort aus diesem Irrenhaus!

Die Sitten der Mozabiten erlebt man als schier unerträglichen Kontrast zur außergewöhnlichen Schönheit ihrer Architektur und zum Respekt vor ihrer unbestreitbaren zivilisatorischen Leistung. In einem der trockensten Teile der Wüste haben sie über viele hundert Jahre etwas geschaffen, was stellenweise dem Paradies ähnelt. Für die Frauen, die bislang ihre im Norden arbeitenden Männer im allgemeinen nicht begleiten dürfen, aber wohl doch nicht mehr ganz ahnungslos über die Existenz anderer Lebensmöglichkeiten sind, muß das Mzabtal allmählich zur Hölle werden.

In einer einzigen Domäne spielen die Frauen hier eine gesellschaftliche Rolle. Ab einem gewissen Lebensalter kann eine Mzabia mit gutem Lebenswandel in die Gruppe der Totenwäscherinnen aufgenommen werden, denen auch die religiöse Unterweisung der Mädchen und jungen Frauen obliegt. Obwohl diese Funktion mit dem Nimbus einer besonderen Ehre umgeben ist, erscheint sie mir pervers – denn die Anzahl der Lebenden, mit der eine Frau gesellschaftlichen Kontakt pflegen darf, ist ja außerordentlich eingeschränkt. Sie kann – wenn sie das Glück hat, als untadelig zu gelten – ihre Mitbürger nur im Zustand des Todes kennenlernen. Ich fühle mich mit diesen unmenschlich eingeschlossenen Frauen so verbunden, daß ich – wenn es denn möglich wäre – nach meinem Tod am liebsten in ihre Obhut kommen würde. Auch erscheint es mir sehr verlockend, im ockerfarbenen Geröll der Dünen um Ghardaia beerdigt zu werden.

Wann hat sich bei den Mozabiten diese extreme Form der Frauenunterdrückung herausgebildet? Sie ist ja vor allem auch deshalb so erstaunlich, weil die Lage der Frauen bei den Berbern oft etwas besser ist. Nur im Gründungsmythos von Ghardaia – der bei anderen Städten des Südens übrigens in ähnlicher Form wiederkehrt – existiert noch eine richtige berberische Urmutter, die stark und selbstbewußt ihr Schicksal in die eigene Hand nahm: Ein junges Mädchen namens Daia soll von einer Karawane, die im Mzabtal haltmachte, im Stich gelassen worden sein, weil sie ein uneheliches Kind erwartete. Mit einigen Vorräten an Datteln hielt sie sich in einer Höhle eine Weile lang am Leben. Das Feuer, das sie nachts entzündete, um sich zu wärmen und vor wilden Tieren zu schützen, wurde schließlich vom Cheikh einer anderen Karawane gesichtet. Sein Name war Sidi Bou Gdemma. Er schickte einen Sklaven, zu erkunden, was es mit dem Feuer auf sich habe. Der Sklave berichtete, daß er eine wunderschöne junge Frau gefunden habe, die den Cheikh freundlich grüßen ließ. Dieser dachte eine Weile nach und schickte den Sklaven erneut zu Daia, damit er für ihn um ihre Hand anhielt. »Nichts leichter als das!« soll sie freudig geantwortet haben – weshalb man sie heute auch »das leichte Mädchen« nennt. Die Hochzeit wurde in derselben Nacht vollzogen. Wenige Tage danach kamen Bauleute aus Melika des Weges, befreundeten sich mit Sidi Bou Gdemma und gründeten mit ihm zusammen die Stadt Ghardaia.

Wie es noch heute bei den die Probeehe praktizierenden Teilen der marokkanischen Berber Sitte ist, störte die fehlende patriarchale Legitimität des ersten Kindes der Daia die Mozabiten damals offenbar weniger als ihren eigenen Stamm – wahrscheinlich Araber.

Die fundamentalistischen Sitten des Mzabtals, deren Radikalität in Algerien einmalig ist, entsprechen dem islamistischen Ideal. Man hätte daher annehmen können, daß die FIS hier ein leichtes Spiel haben würde. Aber es gehört zu den größten Überraschungen der Demokratisierung nach 1988, daß die Mozabiten anders wählten. Aber davon später.

Entzauberung der Sahara
Erdöl und Kulturenvielfalt

Die orangefarbene Geröllwüste geht etwa 10 km vor Ouargla in die enormen gelben Sanddünen des östlichen Erg über. Erst hier beginnt die Sahara des Bilderbuchs! Reist man nachts, sieht man von weither die Fackeln der ersten Bohrtürme. Das schon von den Franzosen genutzte Erdölvorkommen von Hassi Messaoud liegt nur 80 km südöstlich.

Breite Avenuen und Verwaltungsneubauten dominieren das weiträumige Ouargla. Die alte Stadt ist ohne Originalität und wirkt verkommen. Ein großer See im Norden sorgt für erhebliche Belästigung durch Insekten. Die Oase hat eine mächtige, über 500 000 Bäume umfassende Palmeraie, in der man stundenlang spazierengehen kann. Seit der Agrarreform ist sie aber fast menschenleer. Die Dattelproduktion ist weit zurückgegangen, und nach Gemüsebeeten unter den Bäumen suchten wir fast vergebens: So nah am Erdöl hat niemand mehr Lust, sich mit traditioneller Landwirtschaft zu beschäftigen.

Das auf den Touristen sicher unscheinbar wirkende Ouargla birgt indes seine Geheimnisse. Nachdem die Ibaditen im 11. Jahrhundert aus dieser Gegend wegzogen, siedelten sich Schwarzafrikaner hier an, die in den folgenden Jahrhunderten teils Sklaven, teils Pächter einer dünnen weißen Oberschicht wurden. Die Sklaverei ist erst 1936 durch Dekrete der Kolonialmacht abgeschafft worden. Da die schwarze Bevölkerung aber kaum Chancen zur ökonomischen Selbständigkeit hatte, bestand sie in verdeckter Form weiter. Aus dieser sicher stark reglementierten Vergangenheit, in der die Sklaven u. a. nicht heiraten durften, erklärt sich wohl der bis heute erhalten gebliebene Brauch der

Männerehe, der freilich mit äußerster Diskretion weiterlebt. Neben ihrem Ehepartner haben die Männer von Ouargla auch Ehefrauen, mit denen sie angeblich jedoch nur zum Zwecke der Kinderzeugung zusammenkommen. Nach außen hin wirkt das wie eine islamische Gesellschaft, in der die übliche Geschlechtertrennung herrscht. Unter dieser »normalen« Oberfläche liegt dann – für Fremde unsichtbar – eine stark ritualisierte, von den Beteiligten als durchaus islamisch empfundene, ganz besondere Lebensform. Bis heute, so höre ich, werden die Männerehen jedenfalls auch von einem Imam mit der Fatiha – der ersten Koransure – abgesegnet und unterliegen einer eigenen Rechtsprechung. Wie die Frauen von Ouargla leben, konnte ich nicht in Erfahrung bringen. Jedenfalls werden sie nicht annähernd so strikt von der Außenwelt abgeschirmt wie in Ghardaia. Man sieht sie beim Einkaufen. Sie tragen oft den im Süden gebräuchlichen bunten, mit Blumen übersäten Schleier und lassen das Gesicht nicht selten frei.

Unklar ist, wie groß der Bevölkerungsanteil ist, der die alten Traditionen bewahrt hat. Die Zahl der Zugewanderten aus dem Norden ist groß. Und was aus den traditionellen Sitten wird, wenn die vom Staat errichteten Neubauwohnungen an Normalfamilien mit Vater, Mutter und Kindern vergeben werden, liegt ebenso in dunkeln. Leider werden in Algerien keine ethnologischen Forschungen unternommen, die die Dramatik des Zusammenpralls von alter und neuer Zeit in solchen abgeschiedenen Regionen erfassen.

Aus der Zeit der Sklaverei überkommen ist wohl auch die in Algerien einmalige Sitte, Hunde- und Katzenfleisch zu essen. Auch heute kann man das nur als Ausdruck praktischen Geistes bezeichnen, da die Fleischpreise weder vor noch nach der Agrarreform den Geldbörsen der Normalbürger angepaßt waren. Natürlich ist es traurig, wenn es Hunde trifft, die man kennt. So ist auch die Schäferhündin Rita, Liebling meines Schwagers Slimane, samt ihren Kindern in irgendeinem Kochtopf von Ouargla gelandet.

Meine erste Reise in diese Stadt fand im elend heißen Monat

Juli statt. Ich wollte einen Termin wahrnehmen, an dem man dort zu besonders günstigen Bedingungen den Führerschein erwerben konnte. Nur drei Wochen lang hatte ich privat ein paar Fahrstunden bei einem Chauffeur der SONACOME genommen und war keineswegs sicher hinterm Steuer. Wegen der großen Hitze sollte die Prüfung morgens um sechs Uhr stattfinden. Ich hatte bei meinem Schwager eine schriftliche Aufforderung vorgefunden, mich mit einem Fahrzeug zur Prüfung zu begeben, das mit Rückspiegel, Blinklicht und Bremse ausgestattet war. Seltsam erschien mir, daß die Ausstattung mit solchen Accessoires offensichtlich nicht als selbstverständlich galt, und daß ich schon vor bestandener Prüfung mit dem Auto erscheinen sollte!

Prüfungsort war der große quadratische Markt von Ouargla, an dessen Rand eine stattliche Anzahl Kamele weideten. Zu meinem großen Erstaunen standen auf dem Platz an die fünfzig Männer herum, die mit demselben Anliegen wie ich aus allen Himmelsrichtungen angereist waren.

Ein Mann rief die Namen auf, dann mußte man zu dem Fahrlehrer in einen verbeulten Citroën – ohne Rückspiegel! – steigen und drei Fragen zur Theorie beantworten. Obwohl ich eine Antwort verpatzt hatte, durfte ich mich danach wieder in die Reihe derer stellen, die auf die praktische Prüfung warteten. Die bestand darin, den Marktplatz einmal zu umfahren. Nachdem er gesehen hatte, daß ich nicht einmal den Wagen problemlos zünden konnte, genügte dem Prüfer in meinem Falle die halbe Runde. Und zu fahren brauchte ich eigentlich auch nicht, weil er mit seinen Pedalen irgendwie alles unter Kontrolle hatte. In Erwartung des Mißerfolgs war ich bereits völlig durchgeschwitzt und traute meinen Ohren nicht, als er mir »Admis – Bestanden« zuraunte. Von Frauen werden hier eben nicht unbedingt normale technische Leistungen erwartet.

Mein Schwager Slimane wohnte in der »Cité des 200 logements«, einem Neubauviertel, das aus kleinen Villen bestand, die, ohne Garten und Wege, einfach in den Sand gestellt waren. In der Villa neben ihm wohnte ein agil wirkender Deutscher in den Mittsechzigern mit seiner etwa vierzigjährigen algerischen Frau und sechs Kindern. Hadj Hans war kein Kooperant, der moderne Hochtechnologie einführen sollte, sondern ein verdienter Kämpfer der Revolution, der jetzt von seiner Moudjahidrente und kleinen Geschäften lebte. Wahrscheinlich, weil er in unseren holländischen Freunden Mike, Pieter und mir Landsleute vermutete, erfolgte eines Tages eine Einladung zum Couscous.

Slimane hatte uns gesagt, daß wir auf Überraschungen gefaßt sein sollten. Und in der Tat stockte mir der Atem, als wir bereits im Korridor mehrere selbstgebastelte Nazisymbole an den Wänden ausmachten, von der Salon dann geradezu gespickt war: Naziflaggen, große und kleine Hakenkreuze aus Holz oder Metall, unbeholfene kleine Gemälde, die einen Bomberpiloten mit seinem Flugzeug in allen möglichen Posen darstellten.

Im ersten Moment fragte ich mich, ob wir das Haus gleich wieder verlassen oder uns der Neugierde hingeben sollten – wenn der große Erg nun schon eines seiner Geheimnisse preisgeben wollte? Was konnte die dicke, aber wunderschöne Frau des Hauses dafür, die da so würdig in der Ecke saß und ihrem Jüngsten die Brust gab, während sie eine Zigarette im Mundwinkel hielt und die schattenhäutigen, blonden Kinder, deren Ältester demnächst nach Algier zum Studium sollte?

Der Couscous gehörte jedenfalls zu den besten, die ich je gegessen habe. Nach Wüstenmanier war die Soße aus Fleisch und Gemüsen mit ein paar Datteln gewürzt. Auf Bitten meiner Schwägerin bekamen wir auch noch die köstlichen, nach Heringsart eingelegten großen Sardinen zu probieren, deren Zubereitung Madame ihrem deutschen Ehemann zuliebe gelernt hatte. Wahrscheinlich, weil das alles von viel Rotwein begleitet wurde, verfiel Hadj Hans bald vom Französischen ins Deutsche und erzählte mit lodernden Augen sein erstaunliches Leben.

Angeblich war er als Freiherr, als Sohn eines ostpreußischen Junkers geboren. Seine Familie hatte Hitler anfangs nicht unterstützt, sie wollte lieber den Kaiser wiederhaben. Als es jedoch hieß, Deutschlands Geographie auszuweiten, war Hans mit Begeisterung in den Krieg gezogen. In der Pilotenkanzel wollte er alle großen Schlachten des Zweiten Weltkrieges mitgemacht haben: England und Griechenland habe er ebenso bombardiert wie Montecassino und Rotterdam. Natürlich war er auch mit Rommel in Nordafrika gewesen. Der Wlassow-Armee hatte er einen Besuch abgestattet und dort miterlebt, wie rote Kommissare bis zum Hals im Sand vergraben und dann im Verlauf eines kosakischen Säbeltanzes geköpft wurden. »Der Russe ist eben der Inbegriff des Grausamen, Inhumanen – der Weiße genauso wie der Bolschewist!« Deshalb müsse Deutschland prinzipiell vor der russischen Gefahr geschützt werden. Die deutsche Armee habe sich dagegen überall zivilisiert benommen – anderslautende Berichte seien erfunden. Hitlers Ziel war ohnehin kein anderes als die Schaffung der Vereinigten Staaten von Europa. Dafür sei freilich die Zeit noch nicht reif gewesen, insbesondere, da man weder den Erbfeind Frankreich noch Rußland habe niederschlagen können.

Im besiegten Deutschland hatte Hadj Hans es nicht lange ausgehalten. Schon wenige Jahre nach dem Krieg verschlug es ihn nach Nordafrika, und er wurde dort zum Waffenhändler und Ausbilder für die Rebellen, später für die Partisanenarmee, die ALN. Da er offiziell unter den pieds-noirs lebte, war seine Doppelexistenz für die Algerier von außerordentlichem Nutzen.

Nach Deutschland ist er nie zurückgekehrt. Man merkte es deutlich: An ihm war noch nicht einmal eine oberflächliche Entnazifizierung vorgenommen worden. Der Mann war ein lebendes Fossil, zudem ein bizarres Beispiel für die Verbindungslinien, die es zwischen dem Nazireich und den von England und Frankreich kolonisierten arabischen Völkern gab. Hitlers Feinde waren auch ihre Feinde, deren prinzipielle Besiegbarkeit ihnen der Zweite Weltkrieg vor Augen geführt hatte. Vor Frankreichs Desaster in Dien-Bien-Phu hatten ihnen schon Hitler und Rommel Mut gemacht, sich gegen ihre Kolonialherren zu erheben.

Im Gegensatz zu Hadj Hans hatte Madame mit einiger Besorgnis registriert, daß wir uns immer wieder entsetzte Blicke zuwarfen. Sie versuchte uns beim Abschied davon zu überzeugen, daß ihr Mann dummes Zeug geredet habe, weil er eben »soul«, d. h. besoffen, war. Das wiederholte sie auch immer wieder an den kommenden Tagen. Krank sei er nach diesem Abend gewesen, das Bett mußte er hüten.

Mit dem frisch erworbenen Führerschein fuhr ich an einem der nächsten Tage nach Hassi Messaoud, wo mir unser Freund Abdelkrim Kaarer die sogenannten »Basen« zeigen wollte, Wohnorte für die Erdölarbeiter, die für die Petrodollars sorgten. Es war verabredet, daß uns der Direktor einer Basis führen würde.

Das ölhaltige Gestein, das hier ausgepumpt wurde, reicht bis 800 km weiter südlich nach Ain Amenass, wo es fast an der Erdoberfläche liegt. Der Ort Hassi Messaoud – der vor fünfzig Jahren nichts anderes als ein Brunnen für Nomaden war – ist heute eine zunächst farblos wirkende Neulandsiedlung, die dominiert wird durch die gigantische Kulisse der Bohrtürme, Speicher, Pipelines und Gasrohre. Das Erdöl gehörte damals zu 51 Prozent Algerien. 40 Prozent der Brunnen wurden von den USA ausgebeutet, die dafür technisches Know-how lieferten. Den Rest teilten sich andere Nationen, selbst Rumänien war vertreten.

Die Arbeitsbedingungen sind extrem, nicht zuletzt wegen der höllischen Temperaturen. Hassi Messaoud gehört zu den heißesten Orten Algeriens – hier steigt die Temperatur im Sommer leicht auf 50 Grad im Schatten, und bei den Bohrtürmen kann sie 65 Grad und mehr erreichen. In Anbetracht dieser schweren Bedingungen wurden die Arbeiter damals im Schnitt jedoch siebenmal so gut bezahlt wie ein Landarbeiter in den von der Agrarreform geschaffenen neuen Strukturen. Nach zwei Wochen Schicht können die Arbeiter eine Woche nach Hause fahren. Wer will, kann den Urlaub auch sammeln.

In den Reihenhäusern vor den Produktionsanlagen sind indes nur Ausländer untergebracht. Die algerischen Arbeiter leben in den etwas weiter entfernten Basen, die wie utopische Freizeitparks wirken. Sie wurden noch von den Franzosen angelegt und sind – im Gegensatz zum sonstigen Verfall der französischen Hinterlassenschaften – weiterhin hervorragend gepflegt. Hier lag der neuralgische Punkt des neuen Algerien: Ein Streik der Erdölarbeiter wäre einer Katastrophe gleichgekommen.

Jede einzelne der Basen ist mehrere Quadratkilometer groß und ein wahres Blumenparadies, was wieder beweist, daß die Wüste sehr fruchtbar ist, wenn man sie nur bewässert! Neben Blumenrabatten und -beeten in allen Farben und Größen gibt es Tennisplätze, Gehege mit Affen, Gazellen und anderen Wüstentieren, Swimmingpools und Cafés – die allerdings keinen Alkohol ausschenken. Der Direktor erklärte das damals, Ende der siebziger Jahre, noch nicht religiös. Er meinte nur, Wein oder Bier würde die Arbeitsdisziplin untergraben.

Jede Basis hatte eine Bibliothek, eine Bühne und ein Kino – das wichtigste Freizeitvergnügen der Erdölarbeiter. Freund Kaarer – ein ehemaliger Filmschauspieler – hatte die hochverantwortliche Position eines Filmbeschaffers für eine dieser Basen. Er kam jeden Monat für einige Tage nach Algier und suchte in der dortigen Kinemathek Filme aus. Da er ein wandelndes Lexikon, insbesondere des amerikanischen Kinos war, konnte er den Arbeitern die Filme auch gut erklären sowie Geschichten und Geschichtchen über die Stars erzählen. Das hatte ihm eine geachtete Stellung eingebracht. Trotzdem wohnte er schon jahrelang mit mehreren Arbeitern zusammen in einem Zimmer. Aus diesem Grunde konnte er wie viele Algerier nicht heiraten.

Der Direktor lud uns zum Essen in eine Art Bungalow ein, der vollklimatisiert und mit Holz getäfelt war. Er wollte uns vorführen, was die Arbeiter hier angeblich auch genießen, und zwar kostenlos – die tägliche Verpflegung wurde auf den Lohn noch aufgeschlagen. Selbst wenn das nur die halbe Wahrheit gewesen ist, muß die Versorgung doch sehr gut gewesen sein. Ich bekam jedenfalls das beste europäische Menü, das ich je in Algerien gegessen habe: Gemüsesalate mit verschiedenen Mayonnaisen, Omelette mit Champignons, Sardinen, Steak mit Pommes frites, Käse, Obstsalat mit Eis, Kuchen mit Eis, Kaffee, Tee. Halb ernst, halb spaßhaft wollte mir der Direktor weismachen, daß seine Basis den Kommunismus verwirklicht hätte. Trotzdem zog er es persönlich vor, seine Familie im Norden wohnen zu lassen. Gelegentliche Besuche dort oben genügten ihm. Er wollte, daß die Kinder traditionell erzogen würden. Das kosmopolitische

Klima von Hassi Messaoud sei für Heranwachsende nicht geeignet.

Er erzählte dann noch von einer Art Wüstenrausch, der die Leute aus dem Norden hier leicht erfaßt. So sehr man sich nach seiner Familie sehne und nach anderen Annehmlichkeiten – nach ein paar Jahren könne man sich im Norden kaum noch eingewöhnen. Die Wüste nähme den Menschen in Besitz wie eine Droge.

Da ist natürlich etwas dran. Aber war es nicht auch das Geld, das zog? Wo wird heute der Stolz dieses Direktors geblieben sein, nachdem die von 1970 stammenden Dekrete über die Nationalisierung des Öls 1990 aufgehoben wurden und ausländische Gesellschaften wieder mehr als 49 Prozent der Aktien eines Erdölfeldes besitzen dürfen?

Mehr kulturelle Eigenart als Ouargla und Hassi Messaoud offenbaren die knapp 200 km nördlich von Hassi gelegene Oase Touggourt und das noch 100 km weiter östlich liegende El Oued. Spätestens in Touggourt wurde mir klar, daß jede Palmenoase einen völlig eigenen Produktionsstil hat, der sich als Anpassung an die Naturbedingungen entwickelte. Der 1 300 000 Bäume umfassende herrliche Palmenhain von Touggourt verfügt über ungewöhnlich viel Wasser, das jedoch beinahe kochend heiß aus der Erde sprudelt und erst in großen viereckigen Becken abgekühlt werden muß, ehe es in die Gräben zwischen die Palmen geleitet werden kann. Obwohl in dieser Gegend die berühmten Deglet en Nour (»Lichtfinger«) gedeihen – die beste Dattelqualität –, wurden die Bäume Anfang der achtziger Jahre nur noch bewässert, aber nicht mehr befruchtet. In ganz Touggourt beherrschte niemand mehr die dafür erforderliche Technik des Palmenkletterns!

Das Erdöl zog.

Touggourt ist heute arabophon, hat aber eine ähnlich berberische Gründungslegende wie Ghardaia, in der sich verschiedene historische Stufen der Moralentwicklung mischen: Eine außerordentlich schöne Frau, die man »Bahadja, die Glückliche« nannte, wurde wegen ihrer lockeren Sitten aus dem Dorf gejagt. Sie baute sich eine kleine Hütte an der Stelle, wo heute die Moschee von

Touggourt steht. Als Sidi Bou Djemlin, ein Marabu aus M'Sila, in die Gegend kam, verweigerten ihm die Leute Gastfreundschaft. Bei Bahadja fand er jedoch freundliche Aufnahme. Er bat daraufhin Gott, ihre Hütte zu einem großen Haus werden zu lassen und die Häuser der anderen Leute zu verderben. In der Tat brachen nun große Unruhen aus, die die Gegend verwüsteten. Aber um Bahadjas neues Haus herum entstand die Stadt Touggourt.

Sehenswert sind die vier Königsgräber, mannshohe Kuppeltürme, die zwischen dem 15. und dem 19. Jahrhundert entstanden.

Wenige Kilometer im Süden von Touggourt befindet sich die kleine Oase Temacine mit einer wunderschönen Moschee aus dem 15. Jahrhundert. Obwohl sie von den Gläubigen genutzt wird, ist sie auch Touristen zugänglich. Diese mit naiv wirkenden Malereien ausgestattete Moschee war die einzige, die ich je in Algerien betreten durfte.

Zwischen Touggourt und El Oued liegen die lieblichsten Sanddünen der algerischen Sahara. Teilweise werden sie – wie Meeresdünen – durch eingerammte Holzpflöcke gegen Windverwehungen geschützt. El Oued ist von vielen kleinen Palmenhainen umgeben, die in riesigen, oft hundert Meter tiefen, von Menschenhand geschaffenen Sandtrichtern liegen. Nur so kommt man hier an Wasser heran! Noch heute plagt mich das Gewissen, wenn ich daran denke, wie wir bei unserem ersten Besuch in so einer Trichteroase die Hänge zu den Palmen hinunterrutschten und erheblich viel Sand mitnahmen. Es war uns nicht bewußt, daß wir eine kunstvolle Konstruktion demolierten, eine Produktionsstätte! Erst der Spielfilm »Sandsturm« von Lakhdar Hamina hat mir gezeigt, wie mühsam die Leute dieser Gegend den ständig hinabrieselnden Sand wieder hochschleppen müssen! Erstaunlich, daß der Mann, den wir unten bei der Arbeit trafen, uns nicht ausschimpfte, sondern nur in sehr gemessenem Tone bat, den Rückweg behutsamer anzutreten. Im Gegensatz zu Touggourt wurden die Palmen hier noch gepflegt, ein Zeichen außerordentlicher Armut. Der Mann erzählte, wie sich sein nahe gelegenes Dorf vor einigen Jahren die Elektrifizierung erkämpft hat. Nach dem offiziellen Plan sollte es mit dieser Segnung der Moderne noch nicht bedacht werden, obwohl doch neue Leitungen zwischen Touggourt und El Oued gelegt wurden. Da war die Bevölkerung eines Tages geschlossen vor die Baustelle marschiert und hatte die Arbeiten einfach blockiert. Am nächsten Tag erschienen 700 Soldaten. Die Dörfler wichen aber nicht von der Stelle. Schließlich sollen die Soldaten sogar ihre Gewehre in Anschlag gebracht haben, aber letztendlich nicht geschossen haben. Der Staat lenkte – und das war typisch für das Algerien der siebziger und beginnenden achtziger Jahre – in solchen Situationen im allgemeinen ein. Nachdem die Drohgebärde der Armee nichts ausgerichtet hatte, erschien der Wali und gab den Leuten sein Wort, daß sie an das Elektrizitätsnetz angeschlossen würden.

Auf ähnliche Weise haben sich übrigens die Leute von Khroub in dieser Zeit auch einmal das Recht erobert, in mehrere Neubaublocks einzuziehen, die ursprünglich für Funktionäre aus Constantine gedacht waren.

Die Stadt El Oued ist eine der lieblichsten Oasen, deren einmaliger Baustil einen sonst in Algerien nicht anzutreffenden orientalischen Einfluß verrät. Alle Dächer sind mit einer großen oder mehreren kleinen Kuppeln gekrönt. Dadurch kann sich dort kein Sand festsetzen.

Diese Region – Tunesien und Libyen sind nicht weit – war und ist das Einfallstor für arabischen und orientalischen Einfluß in Algerien. Davon zeugt auch die hier verbreitete poetisch-mystische Glaubensform des Sufismus. El Oued öffnete sich auch bereitwillig dem Islamismus – es wurde eine seiner wenigen Hochburgen in der Sahara. Schon 1981 wurden hier während einer Demonstration ein Alkoholgeschäft und die Bar des internationalen Hotels zerstört.

Von Ghardaia über Ouargla, Touggourt, El Oued zieht sich die sogenannte Ostschleife der Saharastraße noch etwa 200 km in den Norden bis Biskra, einer Oase am Fuße des Aurès-Gebirges. 17 km östlich von Biskra liegt das Dorf Sidi Okba, in dessen alter Moschee der gleichnamige Anführer des ersten arabischen Heeres begraben liegt, das im Jahre 683 versuchte, in das heutige

Algerien einzudringen. Sidi Okba hatte den zunächst besiegten christlichen Berberfürsten Quosaila in einer Schlinge bis nach Tlemcen geführt, um den Berbern ihre Niederlage zu demonstrieren. Erstaunlicherweise konnte sich Quosaila aber befreien, ein neues Heer um sich scharen und am Ort der ersten Schlacht seinerseits Sidi Okba schlagen. Dieser fiel dann unweit des heutigen Dorfes. Die Berber haben den Arabern noch etwa hundert Jahre militärischen Widerstand geleistet. Symbolfigur dieser Zeit ist die aus dem Aurès-Gebirge stammende Königin Kahina, die jüdischen Glaubens gewesen sein soll. Erst die von Berbern und Arabern gemeinsam unternommene Eroberung der iberischen Halbinsel war der Anlaß zur Versöhnung und besiegelte die endgültige Islamisierung des Maghreb.

Die Moschee von Sidi Okba ist ein wichtiger Pilgerort, der das bis heute nicht vollständig durchgesetzte Arabertum der Algerier beschwört. Die beiden Male, die ich dort war, durfte ich mich der Moschee nicht einmal nähern.

Allerdings beginnt man sich in Algerien auch wieder des historischen Widerstandes der Berber zu erinnern – der auf kulturellem Gebiet nie erloschen ist. Das zeigt unter anderem die zunehmende Popularität der Kahina, nicht zuletzt in den Frauenbewegungen – übrigens auch in Marokko und Tunesien. Eine meiner Nichten trägt sogar ihren Namen.

Die ebenfalls in Ghardaia beginnende Westschleife führt in ein Gebiet, in dem so gut wie kein orientalischer Einfluß, dafür aber um so mehr die alte berberische und schwarzafrikanische Kultur sichtbar geblieben sind. Das 300 km südwestlich von Ghardaia gelegene, überaus friedlich, ja verschlafen wirkende EL Golea ist heute zwar von arabophonen Chaambas bewohnt, hat aber einen aus dem 9. Jahrhundert stammenden berberischen Ksar, das alte Taourit. Auch hier existiert die wohl auf tatsächliche historische Ereignisse fußende Legende einer starken, den Stamm führenden Königin namens Karhaoua, die von einem Tuareg-Heer belagert wurde und Menschenfleisch gegessen haben soll. Die Sieger haben sie schließlich in einen Brunnen von 120 m Tiefe geworfen, der noch zu besichtigen ist. Der Stil des ausgezeichnet erhaltenen Ksars ist identisch mit der Bauweise der noch heute bis nach Tunesien, Mali und Marokko üblichen Wohnburgen. Die Ksour bestehen aus über- und nebeneinander verschachtelten quadratischen Lehmbauten. Oft kleben sie an Berghängen, deren Höhlen die ältesten Wohnungen waren und dann Anbauten bekamen. Weil jeder, der Raum braucht, einfach irgendwo etwas anbaut, entsteht ein für den Fremden schwer überschaubares Labyrinth von Wohn- und Vorratsräumen, die durch Türen, Treppenhäuser und Gänge miteinander verbunden sind. Irritierend ist auch die in unseren Augen seltsame Gewohnheit, ungenutzte Teile des Ksar einfach verfallen zu lassen. Das ist zwar ein malerischer Anblick, zugleich aber ein Bild der Verkommenheit.

Der Eindruck von Armut und Lethargie, den eigentlich die ganze Westschleife vermittelt, täuscht nicht. Die Bevölkerung ist seit vielen Jahrhunderten sich selbst überlassen geblieben. Die Kolonialmacht hat in EL Golea nur eine imposante Kathedrale gebaut, in der das Herz des Missionars Charles de Foucault aufbewahrt wird. Wir werden ihm im Hoggar-Gebirge, ganz im Süden, wiederbegegnen. Auch der algerische Staat hat sich mit sichtbaren Neuerungen zurückgehalten. Das Erdöl ist weit.

Von außerordentlicher Armut ist auch die Wüste, die man auf der Westschleife durchfährt. Nach Ghardaia durchquert man zunächst ein Gebiet, in dem das Geröll immer farbloser wird und sich mit kleinen Sandhäufchen mischt, die man nur mit gutem Willen als Dünen bezeichnen kann. Nach EL Golea schließlich beginnt eine noch trostlosere Gegend – eine vollkommen platte, mit grauem Schotter und Staub bedeckte Ebene, in der nun so gut wie alles Leben erstorben zu sein scheint. Und das über mindestens 200 km! Als wir 1980 zum erstenmal in diese Gegend kamen, existierte dort nur die alte Kolonialstraße, die mittlerweile schlimmere Schlaglöcher aufwies, als wir sie aus der DDR gewohnt waren. Sie war so schmal, daß man die ab und zu entgegenkommenden Fahrzeuge als ziemlich gefährlich empfand. 1982 gab es dann schon eine neue Straße, auf der es sich weitaus komfortabler fuhr. Wir waren froh, den Vergleich zur alten Straße ziehen zu können. Wenn auch die Industrialisierung mißlungen war – für die Verbesserung der Infrastruktur hat das neue Algerien gesorgt, bis hin in die abgelegensten Gebiete.

Kurz vor Timmimoun wechselt die Landschaft. Die tote Ebene geht ziemlich plötzlich in eine wundervoll rötliche Dünenlandschaft über: Der westliche Erg beginnt.

Rot die Dünen, rot der Ksar, rot die Erde im Palmenhain von Timmimoun, der von jedem, der ihn kennt, als der allerschönste und allerfriedlichste in Algerien empfunden wird. Gegen das leuchtende Rot der Erde setzt sich ein sattes Grün der Pflanzen ab, das selbst in der Sahara seinesgleichen sucht. Am grünsten sind die Roggenpflänzchen, die hier noch angebaut werden. Sind es die Minerale der Erde, oder ist es einfach der Wasserreichtum dieser Oase, der solch Grün hervorbringt? In diesem Palmenhain wachsen nicht nur Palmen, sondern auch Obst- und Mandelbäume, und natürlich gedeiht Gemüse – es ist eine Oase wie in alten Zeiten. Und wie in alten Zeiten findet man hier auch – kaum versteckt vor der Staatsmacht – Haschischpflanzungen. Die Menschen, so heißt es, konnten ihre ständige Unterernährung nur rauchend ertragen, und daraus ist dann eben eine Gewohnheit geworden. Die vorwiegend schwarze Bevölkerung geht auf die früher teils als Pächter, teils in Sklaverei lebenden Harratin zurück. Besonders die alten Leute sind außerordentlich kleine und verhutzelte Menschen, die – dank des Haschisch – einen ausgeglichenen, zuweilen abwesenden Eindruck machen. Der kleine Alte, den wir bei der Arbeit antreffen, erzählt uns, daß ihn der Ertrag seines Gartens im Palmenhain nicht ernähren könne. Gäbe es nicht die Semoule, das Hartweizenmehl aus dem Norden, würde hier wie früher gehungert. Von der Agrarrevolution hat er noch nie gehört. Viel Aufsehen kann sie hier in Timmimoun also nicht erregt haben. Für umgerechnet ganze hundert Mark im Jahr wollte der Alte uns ein Häuschen vermieten, das er hier im Palmenhain besaß. Man hätte mit dem Flugzeug am Wochenende anreisen müssen. Ein Traum? Wir bedauern heute noch, auf den Vorschlag nicht eingegangen zu sein.

Neben seiner Farbenpracht, den Gemüse- und Obstdüften trägt

auch das bemerkenswerte Bewässerungssystem zum besonderen Charme des Palmenhains von Timmimoun bei. Es sind schmale, aus Lehm geformte Kanäle, die sich oft mehrfach überschneiden, daß teilweise das verkleinerte spielzeugartige Bild eines amerikanischen Highway-Knotenpunktes entsteht. Und im Gegensatz zu anderen Palmenhainen, in die nur ab und zu Wasser geleitet werden kann, fließt hier unablässig klares, glucksendes Naß. Dennoch ist auch dieses Wasser nach einem ausgeklügelten System rationiert, d. h., es wird den einzelnen Gärten nur in bestimmten Quantitäten zugeführt. Aus der Erde kommt es über das von den Persern erfundene und von den Juden in der Antike hier eingeführte System der Foggara, das in der ganzen Gegend verbreitet ist. Auf unterirdischen Kanälen wird Wasser aus der am Rande des Erg befindlichen feuchten Schicht in die tiefer gelegenen Palmenhaine geleitet. Die einst von Sklaven errichteten und gepflegten Anlagen sind heute gefährdet, weil kaum noch Arbeitskräfte für die schwierige Instandhaltung zu finden sind.

Eine unserer Reisen nach Timmimoun unternahmen wir zusammen mit dem Schriftsteller Rachid Boudjedra, der das Bewässerungssystem des Palmenhains sofort als Grundlage der Sozialstruktur der Oase erkannte, was ihm auf der Stelle die Idee zur Grundstruktur eines Romans lieferte. Er entwarf das Bild eines Dorfes, in dem man sich ununterbrochen um das Wasser streitet, es umleitet, sich gegenseitig die Kanäle versperrt und so weiter. Leider blieb der Roman bislang ungeschrieben.

Gesellschaftlicher Höhepunkt des Lebens in Timmimoun ist der Mulud, der Geburtstag des Propheten. Er verbindet sich in dieser Gegend auf eigenartige Weise mit Riten aus Schwarzafrika, die auch deshalb wenig erforscht sind, weil die Stämme der Gegend dieses Fest eigentlich geheimbündisch, d. h. ganz unter sich, feiern wollen. Da solches Sektierertum dem um die Reinheit des Islam besorgten algerischen Staat suspekt ist, finden heutzutage zwei parallele Feiern statt: Eine davon ist eine große »Fantasia«, ein Schieß- und Reitspiel, zu dem die Autoritäten aus dem Norden eingeladen werden: der Wali, der Polizeikommissar und die ihnen unterstellte Beamtenschar.

Die wirklich traditionellen Feierlichkeiten beginnen in Timmimoun jedoch bei einer bestimmten Mondkonstellation, etwa zehn Nächte vor dem Termin des Mulud, der ja jedes Jahr mit dem Mondkalender wandert. Kein Außenstehender wird Zeitpunkt und Ort des Festbeginns genau erfahren.

In der Hoffnung, doch irgend etwas vom eigentlichen, hier üblichen Mulud mitzubekommen, sind wir 1980 einige Tage zuvor nach Timmimoun gefahren. Und richtig – in der Nacht hörte man von verschiedenen Ecken der Stadt her seltsame Männergesänge, später fanden auch Umzüge statt. Schließlich kam eine Kette prächtig gekleideter, größtenteils schwarzhäutiger Männer bis ins Hotel und schlängelte sich tanzend und singend mehrmals durch das Restaurant, zwischen allen Stühlen und Tischen hindurch. War das eine rituelle Inbesitznahme des Ortes? Oder eine Aktion, die die Neugier der Fremden von den eigentlichen geheimbündischen Aktivitäten ablenken sollte? In dem wunderschönen Hotel, das der Franzose Pouillon unter teilweiser Verwendung der roten Materialien der Gegend errichtet hat, verkehrten ja vor allem die Autoritäten aus dem Norden, weil sie dort Wein trinken konnten.

Jedenfalls fand in Timmimoun offensichtlich ein großes Treffen der Stämme der Umgebung statt. Tagsüber wurde geschlafen, und nachts kam es zu einer Reihe geheimnisvoller Zeremonien. Die Orte waren nur wenigen Eingeweihten im voraus bekannt.

In einem Dorf der Umgebung soll es eine Art Mysterienspiele geben, bei denen die Leute jedes Jahr selbst darstellen, wie sie 1492 durch den Imam El Merili vom Judentum zum Islam bekehrt wurden. Hier zeigt sich die kollektive Erinnerung an das zwischen dem 1. und dem 15. Jahrhundert in dieser Gegend gelegene jüdische Königreich Tamentit – vielleicht die Endstation des verlorenen Stammes Dan? Tamentit muß in den letzten Jahrhunderten seines Bestehens reich gewesen sein, es war eine wichtige Station auf der Goldstraße von Mali nach Marokko. Im Bewußtsein der saharischen Juden überstieg die Bedeutung des Untergangs ihres Königreiches die des Untergangs von Jerusalem. Noch im 20. Jahrhundert grüßten sich die Juden von Ghardaia zum Passafest mit der Formel: »Nächstes Jahr in Tamentit!«

Das ein wenig südlich von Adrar gelegene Tamentit ist heute ein von Harratin bewohntes Dorf, das noch immer den Beinamen »Jüdisches Dorf« trägt und besondere Formen von Schmuck und Töpferwaren produziert. In der Gegend soll es auch noch eine aus der Zeit des Königreichs stammende Bibliothek geben, die von einem alten Mann bewacht wird, aber für Besucher verschlossen ist. Eine algerische Archäologin hat mir erzählt, daß es in der Region auch hebräische Felsinschriften gibt, die ebenfalls unter Verschluß gehalten werden. Der algerische Staat ist ängstlich bedacht, jedweden Anlaß zu großisraelischer Neugier auszuschalten.

Die Gegend ist heute eher bekannt durch die neu angelegten großen Tomaten- und Möhrenplantagen von Adrar, auf denen Früchte von über einem Kilo Gewicht geerntet werden. Man kann sie zuweilen auf den Märkten des westlichen Erg bestaunen. Eine nennenswerte Verbesserung der Versorgung des Nordens – insbesondere mit den für die algerische Küche wichtigen Tomaten – ist bislang nicht zustande gekommen. Das Gemüse soll tonnenweise verrotten, weil Kühl- und Transportkapazitäten fehlen.

Ein befreundeter Fotograf, der auch versuchte, etwas von den Geheimnissen des hiesigen Muludfestes zu erhaschen, konnte Saddek und mich bei einer Familie in Timmimoun einführen. Die Gastgeber baten uns über den Freund, das Fleisch für den Couscous zu kaufen und vorher vorbeizubringen. Dies war ein weiteres deutliches Zeichen für die außerordentliche Armut der Gegend – in der es nach einem Überfall von Heuschreckenschwärmen noch immer üblich ist, die Plagegeister einzusammeln und zu einem angeblich delikaten Mahl zu verarbeiten. Auf dem spärlich versorgten Markt von Timmimoun gab es nur Kamelfleisch, das im Norden ebenfalls unüblich ist.

Als wir abends zum Essen kamen, wurden wir von Brahim, dem Hausherrn, in einen Raum ohne festen Fußboden geführt. Man nahm im Sande Platz. Auf meine Frage, wie man hier wohl saubermachen könne, erfuhr ich, daß der Sand öfter durch ein

Couscous-Sieb geschüttelt und ab und zu ausgewechselt wird! Brahim sparte allerdings für einen Steinfußboden. Durch den Sand können ungehindert Skorpione ins Haus dringen. Um dieser Gefahr zu begegnen, läßt man ein paar Hühner herumlaufen, die sie aufpicken, ehe sie dem Menschen etwas tun können. Auch Katzen warnen Schläfer, wenn ein Skorpion im Anzug ist, fressen ihn aber nicht.

Äußerst seltsam mutete die Dekoration des Salons an: Überall hingen Fotos von der englischen Königin! Brahim verehrte sie, ohne daß er das begründen mochte. Er fragte nach, ob ich ihm über jüngste Ereignisse im englischen Königshaus berichten könne. Wenn ich je nach Großbritannien käme, sollte ich ihm eine Postkarte mit dem teuren Konterfei senden!

Seine Frau, eine Großmutter und die Kinder hatten wir begrüßen dürfen, sie wollten aber nicht mit uns zusammen essen. Der Couscous war mit einer mir bis dahin unbekannten köstlichen Soße aus Kürbis und Linsen geschmückt. Das Kamelfleisch schmeckte wie Rind.

Erstaunlichen Sympathien für England sind wir mehrmals in Timmimoun begegnet. Auf einem kleinen Platz, mitten im Ksar, saß ein Alter in der Sonne und ließ sich von zwei jugendlichen Oberschülern im Englischen unterrichten! Auch er gab keine andere Begründung, als daß es sich eben um eine wichtige Sprache handele, für deren Erlernen es nie zu spät sei. Unsere linguistische Diskussion klärte schließlich auch, daß die Verständigung zwischen den Dialekten der hiesigen Berber und denen der Kabylen einfacher ist als mit den geographisch viel näheren marokkanischen Chleuh. Wenn er nicht gerade Englisch lernte, beschäftigte sich der Alte mit der Abschrift eines besonders schönen alten Korans. Fotokopien waren in Timmimoun noch unbekannt.

Wenig südlich von diesem roten Paradies steigt die Westschleife wieder nach Norden an. Man bleibt aber noch lange im Gebiet der lehmgestampften Ksour. Der schwarzafrikanische Einfluß ist auch in dem 300 km entfernten Beni Abbes spürbar, wenngleich die Hautfarbe der Bevölkerung im Durchschnitt heller ist. Am

Vortag des Mulud führen die Väter der im letzten Jahr geborenen Jungen einen stundenlang dauernden Tanz auf. In einem Arm halten sie das prächtig herausstaffierte Kleinkind, im anderen ein Gewehr, mit dem sie ab und zu in die Luft schießen. Das geht zweifellos auf einen afrikanischen Initiationsritus zurück, an dem hier aber auch die teilnehmen, die sich für Weiße halten. Die Leute von Beni Abbes – wie auch die von Timmimoun – würden schwören, daß ihre Art, den Mulud zu begehen, die einzig richtige, die einzig wirklich islamische ist. Der offiziöse Islam des algerischen Staates, der den Glauben vereinheitlichen wollte, verurteilte diese Sitten, ging aber klugerweise nicht wirklich rigoros gegen sie vor. Von einer islamistischen Regierung wäre das aber zu erwarten. Während der dem orientalischen und auch dem nördlichen Einfluß viel offenere Osten der Sahara aus seinen alten Kulturen kaum noch Widerstandspotential gegen den Islamismus zu ziehen scheint, könnten die vitaleren Lokalkulturen des Westens wohl eher eine Identitätsbarriere gegen die drohende Vereinheitlichung bilden.

Am Tage des Mulud findet in Beni Abbes ein großer Umzug statt. Die ganze Bevölkerung wandert durch die vernachlässigten Palmenhaine und einen alten, seit dem Unabhängigkeitskrieg nicht mehr bewohnten Ksar. Die Franzosen hatten ihn entsiedelt und seine Brunnen zerstört, weil sie hier ein Widerstandsnest vermuteten. Aber zum Mulud findet eine neue Inbesitznahme statt. Die neben ihren Eltern laufenden Kinder haben neue Kleidung geschenkt bekommen und schlecken eine Delikatesse aus der Hand, die ihre Mütter speziell für dieses Fest zubereiten: Pulver aus gestampften Kichererbsen, mit etwas Salz vermischt. Manche Kinder haben in kleinen Schachteln oder in einem Taschentuchknoten sogar einen Vorrat von diesem Pulver bei sich. Weil die Frauen mitwandern, sind sie am Mulud vom Kochen befreit. Abends wird ein von den reichen Familien spendierter kollektiver Couscous gegessen.

Viele Bürger tragen Gewehre und dürfen an diesem Tag – wann es ihnen gerade Spaß macht – in die Luft schießen. Im Norden hätte der Staat das niemals toleriert. Aber sogar Cathérine, eine der »Kleinen Jesusschwestern«, in deren Kloster wir wohnten, lief in ihrer blauen Tracht mit einem Gewehr durch den Ort und ballerte ab und zu in die Luft.

Nonnenklöster gibt es übrigens auch in Touggourt und Bechar. Hier, in Beni Abbes, leben auch Mönche, von denen 1983 einige sogar noch in Staatsbetrieben arbeiteten, obwohl die Entlassung aller Ausländer von der Regierung bereits beschlossen war. Von unseren Nonnen arbeitete nur noch eine im Krankenhaus. Die anderen hatten sich der Landwirtschaft verschrieben, sie bauten wohlschmeckendes Gemüse an. »Früher hatten wir Arbeiter für das Land«, erklärte uns Cathérine. »Als die Agrarreform festlegte, daß jeder nur so viel Land besitzen dürfe, wie er bebauen kann, haben wir uns entschlossen, unser Land selbst zu bearbeiten. So konnten wir es behalten. Nur für die Instandhaltung der Foggara mieten wir ab und zu einen Arbeiter!«

Das Land der Schwestern war das bestgepflegte des ganzen Ortes. Manchmal konnten sie von ihrem Gemüse oder auch von den Eiern und dem Geflügel, das sie hielten, sogar noch etwas verkaufen oder verschenken. Wenn niemand mit einer sozialistischen Agrarreform zurechtkommt – die Kirche kann es! Kollektives Produzieren ist ihr in ihrer langen Geschichte ja nie fremd gewesen.

Schwester Cathérine führte uns durch den verlassenen Palmenhain von Beni Abbes. Er wurde nicht einmal mehr bewässert. Die Bäume waren am Absterben. Zwischen allerhand Abfällen lagen auf dem Boden vertrocknete Datteln herum. Ich werde nie vergessen, wie sie plötzlich stehenblieb, die Hände über dem Rock kreuzte, die Augen senkte und traurig sagte: »Die Leute hier hatten Angst vor den alten Besitzern. Sie glaubten nicht, daß diese sechs Familien ihre Palmenhaine wirklich den ehemaligen Pächtern überlassen würden. Das erschien ihnen gotteslästerlich. Sie sind alle zum Erdöl gegangen.«

Noch über Hunderte von Kilometern führt die Westschleife durch ein Tal mit den majestätischen Dünen des Erg auf der rechten und geheimnisvollen dunklen Gebirgen auf der linken Seite. Ich fragte mich, ob diese schwarzen Berge schon zu Marokko gehören? Die Frische, die von dort herüberzuwehen schien, machte mir ungeheure Lust, dieses Land zu besuchen. Aber es war fast so, als wenn man in Ostberlin vor der Mauer stand: Die Grenzen waren geschlossen, beide Länder befanden sich wegen der Unabhängigkeit der Westsahara in einem Kleinkrieg, der sich Anfang der achtziger Jahre noch jederzeit zu einem großen Konflikt auswachsen konnte. Als Deutsche hätte ich natürlich nach Marokko fahren können, aber Saddek wäre das verwehrt gewesen.

Einmal besichtigten wir das unweit des neuen Staudamms von Abadla gelegene »Sozialistische Dorf« Mecheria, das von dem spanischen Stararchitekten Ricardo Bofill für ehemalige Nomaden des Hamian-Stammes entworfen wurde, einst berühmt wegen seines besonders starken Unabhängigkeitsgeistes.

Das Dorf, auf einer ganz flachen Ebene gelegen, war von einer Mauer umgeben. Dahinter lag ein auf den ersten Blick elegant wirkendes, weiß-rotes architektonisches Ensemble, das teils futuristische, teils traditionell-funktionale Elemente aufwies. All das machte jedoch nicht nur deshalb einen kalten Eindruck, weil es der frostige Morgen des ersten Weihnachtsfeiertages 1983 war, sondern weil Beton in der Sahara grundsätzlich kalt und deplaziert wirkt. Die Wohnbauten waren um ein großzügiges, langgestrecktes öffentliches Areal gruppiert, auf dem die Männer von Mecheria in ihren dunklen Kaschabias herumstanden und uns neugierig, aber mit großer Ruhe in Augenschein nahmen. Ein paar Ziegen knabberten an Plastresten herum.

Wir fragten nach einem Café. Es gab keins. Deshalb das befremdliche Bild der vielen umherstehenden Männer! Allerdings wurden wir sofort in ein Haus eingeladen. Die Beni Hamian hatten ihre nomadische Identität noch nicht ganz gegen eine dörfliche eingetauscht. Ein Café paßte da offenbar noch nicht hinein. Bedingungslose Gastfreundschaft ist aber das Grundgesetz der Wüste.

Einige Männer führten uns über einen kleinen kahlen Hof in ein Haus, das sich als so gut wie leer erwies. Hier gab es keine Möbel, nur eine einfache Matte auf dem Betonfußboden. Was hatte sich

Bofill dabei gedacht, die Räume ohne Fenster zu lassen? Es gab nur eine Art Luken unterhalb der Zimmerdecke.

Im Nebenraum begann eine Frau auf einem Holzkohleöfchen Tee zu kochen. Trotz seiner Eleganz hatte Mecheria weder Gas noch Elektrizität.

Kaum hatten wir uns auf die Matte gesetzt, lugten ein paar Ziegen und Schafe ins Zimmer. Ich dachte im ersten Moment, daß es schüchterne Kinder wären. Bald überwanden die Tiere ihre Scheu und traten ein. Nun kam ich mir vor wie im Stall von Bethlehem. Ein Schäfchen begann vertrauensvoll an mir herumzuschnuppern, wahrscheinlich war ihm mein Lammfellmantel sympathisch.

Dann wurde der Tee gebracht. Unser Gastgeber reichte eine große Schachtel einfacher Kekse herum.

Wovon lebt man hier in Mecheria? fragte Saddek die Männer. Eigentlich, antworteten sie, sollten sie Gemüse pflanzen und genug ernten, um einen Teil in den Norden zu schicken. Aber der Stausee wartete seit zwei Jahren auf Wasser aus den marokkanischen Bergen. So waren die Beni Hamian arbeitslos, wurden jedoch vom Staat mit dem Mindestlohn der Agrarreform versorgt. Sie sagten ausdrücklich, aber ohne Enthusiasmus, daß sie mit ihrer neuen Lebenslage zufrieden seien. Hier wohne es sich besser als in den alten Wollzelten.

Man gewann den Eindruck, daß es außer den Keksen hier nichts, aber auch gar nichts gab. Die sanften, in futuristischen Beton eingemauerten Nomaden warteten auf irgend etwas mit scheinbar unendlicher Geduld. Da sie sich noch kein Café eingerichtet hatten, sondern mit einer gewissen Würde herumstanden, habe ich das Bild des Dorfes in Erinnerung, als hätte es De Chirico gemalt. Ob sie bis heute auf das Wasser aus Marokko warten?

Manchmal träume ich noch von dem traurigen Besuch in Mecheria. Wir essen dann keine Kekse, sondern löffeln, gemeinsam mit den Nomaden, dunkel glänzendes Erdöl aus einer großen Couscous-Schale.

Wir ließen die bereits schmutzig-nördlich wirkende Stadt Bechar, in der viel Militär stationiert war, das auf den Abruf an die Westsaharafront wartete, hinter uns zurück und fuhren eine Weile die marokkanische Grenze entlang. Die von den Franzosen errichtete Stacheldrahtbarriere – die ehemalige Challe-Linie – war noch immer vorhanden, wenn auch ohne elektrische Ladung. Seinerzeit sollte die ALN gehindert werden, sich zwischen Algerien und dem damals solidarischen Marokko frei zu bewegen. Nun markierte der Stacheldraht die Grenze zwischen zwei wegen der Westsahara befeindeten Ländern.

Der Schwarzhandel florierte trotzdem. Die Marokkaner waren an den subventionierten Grundnahrungsmitteln der Algerier interessiert, diese wiederum an den in Marokko erhältlichen Westwaren. In diesen Jahren der Dürre wurde ein Großteil des marokkanischen Cheptel – der Schafherden – nach Algerien getrieben, geschlachtet und verkauft. Schon damals erzielte hier Fleisch ein Vielfaches des in Marokko üblichen Preises.

Für manche war die Grenze immer durchlässig. Der »Große Maghreb« – die politische und wirtschaftliche Union von Marokko, Algerien, Tunesien, Libyen und Mauretanien – existierte für die Schwarzhändler schon lange, ehe ihn die Regierungen 1987 offiziell verkündeten.

Die Stunden, in denen sich die Wüste wieder in Steppe verwandelt, gleichen der Austreibung aus dem Paradies. Ich spüre, wie die Alltagsprobleme, die ich verdrängt, vergessen habe, mich wieder einnehmen. Wie ich mich plötzlich wieder für tausenderlei Dinge verantwortlich fühle. Und wie der Horizont verengt sich auch wieder mein eigener innerer Raum.

Ob die im Süden Algeriens noch heute deutlicher als im Norden hervortretende, aus den verschiedensten Etappen der Geschichte ererbte kulturelle Vielfalt von den demokratischen Kräften als Stärke erkannt und verteidigt werden wird, ist ungewiß. Der Unabhängigkeitskrieg hat die Kulturen des Nordens weitgehend einander angeglichen. Der neue Staat setzte die Tendenz der kulturellen Gleichmacherei durch die Verbreitung einer autoritär und monolithisch konzipierten Ideologie fort – Verquickung eines bestimmten Islam und eines bestimmten Sozialismus, die eben »von oben« konstruiert war. Während im Süden noch eine gewisse Duldsamkeit gegenüber den bestehenden Sitten und Gebräuchen an den Tag gelegt wurde – man bemühte sich nur um ein oberflächlich »bereinigtes« Bild –, erweist sich der Islamismus von vornherein als unversöhnlich gegenüber den lokalen Kulturen. Damit steht er im Gegensatz zur Tradition der Sunna, die jegliche menschliche Anmaßung, den wahren Islam zu vertreten, ausdrücklich ablehnt und damit faktisch den lokalen Auslegungen Raum läßt. Die heute noch bestehenden Reste der Regionalkulturen sind bedroht, zwischen diesen beiden Typen von Totalitarismus zerrieben zu werden, wenn sie nicht noch eine Anerkennung als demokratisches Potential finden.

Im Land des wirklichen Blau
Tuareg:
Herren der Wüste oder Almosenempfänger?

Die große, von Algerien bis an die Grenze von Niger und Mali gebaute Transsaharastraße ermöglicht, daß man auch in den extremen Süden, ins Land der Tuareg, mit dem Auto fahren kann. Nie haben wir aber die zehn Tage Zeit gehabt, die man zumindest für die Hin- und Rückreise braucht. Nach Djanet oder Tamanrasset sind wir immer nur mit dem Flugzeug gekommen. Freilich flößt die Sahara auch aus der Luft Respekt ein. Die von weitgehend konstanten Windverhältnissen herrührenden regelmäßigen geographischen Formationen wirken vom Himmel her wie erstarrter Brei in sanft wechselnden Farben.

Während der Zwischenlandung bei den Erdölfeldern von Ain Amenass steigen oft schon große, blauverschleierte Männer zu, die malerische, meist ebenfalls blaue Gewänder tragen: Auch Tuareg sind Erdölarbeiter. Die faszinierende Würde und Gelassenheit, die sie ausstrahlen, ist selbst in Algerien einmalig: Wenn der Amazigh noch irgendwo ohne Abstriche existiert, dann hier.

Kaum zu glauben: Diese stolzen Männer sind zugleich das, was wir als »Pantoffelhelden« bezeichnen würden! Nirgends hat sich mehr vom alten berberischen Machtmonopol der Frauen über die Sexualität erhalten als hier. Noch heute genügt es, daß die Hausherrin die Lage des Zelteingangs verändert, um dem Mann klarzumachen, daß er nicht mehr zurückkehren darf. Noch heute wird das Tindi-Fest gefeiert, bei dem sich Männer und Frauen kennenlernen können: Die jungen Leute beiderlei Geschlechts konkurrieren im Minnesang. Aber die Frauen sind es hier, die ihre Partner wählen, und die Kinder gehören dann zu ihrer Familie. Aber auch bei den Tuareg kann keine Frau ein gesellschaftliches Amt ausüben. Und allein die Tatsache, daß man männliche Tuareg im Flugzeug sieht und so gut wie nie eine Targia, zeigt, daß auch hier die Moderne den Männern Mobilitäts- und Machtzuwachs bringt, die Position der Frauen indes eher schwächt.

Das Flugplatzgebäude von Tamanrasset ist eigentlich nur eine kleine Bude. Die Reisenden werden mit Autos, Pferdekutschen oder Kamelen abgeholt und bewegen sich zur Stadt auf einer sandigen Piste, die an einem Berg entlangführt. Noch blauer scheint der Himmel hier zu sein als in der nördlichen Sahara. Und noch ruhiger – aber um so deutlicher – schlägt der Puls der Erde. Das Gefühl, jetzt im wirklichen Afrika angekommen zu sein, entsteht auch durch den Anblick des am Berge klebenden, bienenwabenähnlichen Ksars und seiner dunklen, ziemlich elend wirkenden Bewohner. Hier hausen keine weißen Tuareg, sondern Abkömmlinge ihrer ehemaligen Sklaven. In Tamanrasset gibt es zwar keinen Hunger. Aber psychologisch ist der Hunger schon präsent. Die Sahelzone, mit der Südalgerien zahlreiche Verbindungen hat, ist nicht weit. Beim Anblick dieses Ksars wußte ich plötzlich, daß ich versuchen würde, nie Hungernden zu begegnen. Jedenfalls nicht als Touristin.

Die schlichten Gebäude von Tamanrasset oder Tam – wie es die Insider nennen – sind aus rötlich braunem Stampflehm errichtet. Als administratives Zentrum eines riesigen Gebietes wächst der Ort schnell, aber man hat ihn doch immer noch rasch durchquert und steht dann in einer langweiligen Staubwüste, in der sich nur selten ein Baum erhebt. Historisches gibt es nicht zu besichtigen. Auch einigen Tuaregfamilien sind möblierte Häuser zur Verfügung gestellt worden. Sie sagten ihnen aber nicht wirklich zu. Sie mochten den mit Teppichen belegten festen Fußboden nicht und schleppten weichen Sand in die Räume, der ihnen zum Sitzen angenehmer ist. Auch paßten ihnen die hohen Mauern des Innenhofes nicht. Im Gegensatz zu den Familiensitten des Nordens muß sich die Targia vor fremden Blicken nicht verstecken. Der Targi möchte aber von seiner Schlafstatt aus jederzeit einen Blick auf sein wertvollstes Eigentum, das Kamel, werfen können. Insofern mußten die Eingänge der Höfe für den ungehinderten Zugang der Kamele vergrößert werden.

Maurische Bäder und Moscheen werden fast nur von Leuten aus dem Norden benutzt. Die Tuareg lehnen die Wasserverschwendung ab, die ausführliches Waschen mit sich bringt. Außerdem glauben sie, daß das wirkliche islamische Gebet unter freiem Himmel stattfinden muß. Der Staat hat es nicht geschafft, daß der Fußgängerschutzstreifen auf der Hauptstraße respektiert wird. Die Tuareg meinen, daß ihnen auf ihren Straßen der Vortritt natürlicherweise zukommt. Sie erwarten von den Autos, daß sie gefälligst stehenbleiben und zwar mit und ohne Schutzstreifen.

In unserem Quartier gab es keinen Sandfußboden. Aber wir wurden bezeichnenderweise von den Frauen begrüßt. Wie es sich für einen Familienvorstand gehört, führte die Großmutter am Abend mit uns eine regelrechte Konversation und erkundigte sich nach unserer Reise und unseren Familienverhältnissen. Erst später bekamen wir die Männer zu Gesicht, die uns nur beiläufig begrüßten – wie es andernorts die Frauen tun.

Als ich einmal wegen Halsschmerzen morgens allein in unserem Zimmer zurückblieb, holten mich die Frauen sofort in ihre Räume und luden mich zu ihrem warmen Frühstück ein, das mir wegen der erbärmlichen Kälte sehr gut tat. Es war der grobkörnige Couscous des Südens. Obwohl er wie fast alles Essen hier mit knirschendem Sand vermischt war, habe ich ihn und die schwesterliche Fürsorge dieser Frauen in bester Erinnerung. Es waren keine armen Leute. Sie hatten Möbel, Teppiche, einen großen Fernseher. Das Baby lag in einem mit Häkeldecken und Goldfäden pompös ausgestatteten Bettchen. Ich erfuhr, daß sie sich als Araber, nicht als Tuareg fühlen. Nur die Großmutter war eine Halbtargia. Sie versprach mir, mich mit ihrem Sohn zu »ein Meter achtzig großen Tuaregfrauen in den Bergen« zu führen – was eine Panne des familieneigenen Landrovers dann leider verhinderte.

In Tamanrasset findet am Ende des Jahres immer eine Messe statt, an der auch Händler der Nachbarländer teilnehmen. Wahrscheinlich stellt Algerien aus diesem Grunde auch seine Industrieprodukte aus, obwohl ein Teil davon in der hiesigen Umgebung ziemlich paradox wirkt: ganz besonders die in allen möglichen Pastellfarben emaillierten Badewannen, Waschbecken und Toiletten. Für solche sanitären Anlagen gibt es in diesem Teil der Sahara nicht genug Wasser. Und wer nur einige Tage hier gelebt hat, wird erkennen, daß man sich wegen der großen Trockenheit in der Tat auch nicht ständig zu waschen braucht und daß die hier üblichen Trockenklos sogar hygienischer sind als die zumeist unregelmäßig mit Wasser versorgten Toiletten im Norden.

Auch die SONACOME besaß einen kleinen Pavillon auf der Messe, in dem Kataloge und Fotos eingesehen werden konnten. Anstandshalber hatte man davon abgesehen, einen Traktor oder einen Mähdrescher auszustellen. Während der Agrarreform bemühte man sich, einige Tuareg oder deren ehemalige Sklaven dazu zu bringen, Gemüse anzupflanzen. Auf den jämmerlichen Markt gelangte aber außer Zwiebeln so gut wie nichts. Und zum Mittagessen ist es uns in Tam immer wieder passiert, daß wir als Vorgericht Tomatensuppe mit Fadennudeln und zum Hauptgericht Spaghetti mit Tomatensoße bekamen. Werden keine Nudeln vorgesetzt, dann garantiert Hülsenfrüchte. Aber kein Grund zum Klagen! Man ist heilfroh, daß man überhaupt etwas bekommt, und hat infolge der guten Luft den besten Appetit.

Nicht nur Männer, selbst viele Frauen – oft in kleinen Gruppen – besuchen die Messe. Auch sie tragen zumeist blaue Schleier, verdecken aber nicht wie die Männer die untere Gesichtshälfte. Ihr Schleier ist eine Art Umhang oder Mantel, der ihre in allen Braunschattierungen leuchtenden Gesichter madonnenhaft einrahmt. Neben dem einmaligen metallisch leuchtenden Schwarzblau, das exklusiv für die Tuareg in Kano, in Nigeria, hergestellt wird, sind auch alle anderen Blautöne vertreten: Indigo, Kobaltblau, Türkis und Schwarz mit feinen weißen Applikationen. Zusammengehalten wird der Schleier vorn seitlich oder auf dem Rücken – durch ein großes Schlüsselbund, das am unteren Zipfel baumelt! So wird auf schönste Weise demonstriert, daß die Frau nicht nur das Haus beherrscht, sondern das Schlüsselrecht für sich beanspruchen kann – wenn man nicht mehr im Zelt wohnt.

Nirgends in Algerien trifft man auf so viel selbstbewußte Weiblichkeit.

Die Tuareg, die von weither zur Messe angereist waren, bildeten lange Schlangen vor den Ständen für Tee, Öl, Zucker und Semoule. Auch arabisch bestickte Bettwäsche aus China erfreute sich vieler Käufer. Und nicht zuletzt die von Malinesen angebotenen Weihnachtskugeln! Unmengen von Ananasbüchsen – in Algerien vom Markt verschwundene Delikatesse – wurden von einem Marokkaner verkauft. Wie mag der wohl über die Grenze gekommen sein?

Die Tuareg deckten sich nicht nur selbst für das kommende Jahr ein, sondern versuchten auch soviel wie möglich an die hungernde Verwandtschaft im tieferen Süden weiterzugeben. Die subventionierten Lebensmittel waren beliebte Schmuggelware. Kein Grenzschutz konnte die Ténénré-Wüste hundertprozentig kontrollieren, von wo die illegalen Tuareg-Karawanen irgendwann mit Hi-Fi-Geräten zurückkamen, die sie in Libyen erworben hatten und in Algerien günstig verkaufen konnten.

Mehrere Tage haben wir gewartet, bis ein Mann unserer Gastfamilie Zeit hatte, uns mit seinem Landrover in den Hoggar, nach Assekrem zu fahren. 60 km von Tam entfernt, ist dies der landschaftlich imposanteste Punkt Algeriens.

Zunächst fährt man durch ebenes, staubiges Land, dann durch eine schwarze Geröllwüste. Bisweilen mäandrierend gewachsenes, zumeist aber vertrocknetes Steppengras zeigt den Verlauf von Rinnsalen an, die sich bilden, wenn es doch mal regnet. Mehr und mehr tauchen die für den Hoggar typischen stalaktitähnlichen Felskerne auf, die je nach den Lichtverhältnissen sandrot oder pechrabenschwarz wirken. Die Felsen stehen immer dichter, gruppieren sich schließlich zu einer unwirklich scheinenden Mondlandschaft, bizarre Reste des einstigen Vulkanismus. Über etwa 70 km weit kann man diesen schwarzen Wald aus Lavagestein von dem berühmten Geröllberg aus überblicken, der Assekrem genannt wird. An seinem Fuße steht eine Karawanserei. Wer den Sonnenaufgang über der Mondlandschaft erleben will, muß hier schlafen. Das Hotel wurde von einem freundlichen jungen Targi geführt, der einen riesigen Turban aus weißem Baumwolltüll trug. Dieser an Schlagsahne erinnernde Kopfschmuck erschien unserer damals viereinhalbjährigen Noara dermaßen phantastisch, daß es zunächst möglich schien, sie während unseres Aufstiegs bei ihm zu lassen. Zumal sie uns ja immer sehen konnte. Auch unser Fahrer wollte unten bleiben.

Ich hatte mich getäuscht. Als wir auf halber Höhe angekommen waren, hörte ich Noaras Schreien und war hin und her gerissen, ob ich wieder zurückkehren oder weiterklettern soll. Aber mich hatte der Wüstenrausch gepackt, ich mußte weiter, zumal uns die Mönche, die oben in der Einsiedelei des Charles de Foucault lebten, bereits mit Begrüßungsrufen anfeuerten. Die herrliche Aussicht gönnte ich mir allerdings nur wenige Augenblicke, um dann wieder zu der erbärmlich weinenden Noara zurückzukehren. Sie behauptet noch heute, damals ein Trauma erlitten zu haben. Daran hat auch der Talisman aus bunter Wolle nichts geändert, den ihr der junge Targi geschenkt hatte, um sie zu beruhigen. Er lud uns noch zum Tee ein. Sein Domizil war sauber, aber äußerst ärmlich. Es war nur mit jenen grauen Decken ausgelegt, die aus Lumpen gepreßt werden – ein Material, das selbst in der DDR nur noch für Scheuerlappen verwendet wurde. Alle vierzehn Tage, erzählte der junge Targi, werde er abgelöst, damit er zu seiner Familie fahren könne.

Zum Glück bin ich noch öfter nach Assekrem gekommen und habe mich auch einmal in Ruhe in der Einsiedelei umsehen können. Sie wurde 1908 von dem aus der Armee ausgeschiedenen und zum Mönch gewordenen Charles de Foucault gegründet. Die Algerier halten ihn für einen Agenten der französischen Kolonisation. Die katholische Kirche meint, daß er einfach nur ein Mystiker war, der sich für die Tuareg und ihr Land begeisterte. Angesichts der Mondlandschaft hier oben hat Foucault jedenfalls gesagt, daß er endlich begreife, was Gott vermag und dem Menschen unmöglich sei. Sicher wird er irgendwann heiliggesprochen. Ungeklärt ist, wieso er 1912 von befreundeten Tuareg, die ihn ab und zu mit Proviant versorgten, ermordet aufgefunden wurde.

In seinem ehemaligen Arbeitsraum liegen die dicken Wörterbücher und Enzyklopädien aus, die er über die Sprache und Kultur der Tuareg erarbeitet hat: sowohl in lateinischen als auch in arabischen Lettern – und in Tifinagh, der hier noch immer in Gebrauch befindlichen altberberischen Schrift. Sie soll aus dem phönikischen Alphabet entwickelt worden sein, worauf auch die Wurzel ihres Namens hinweist: f-n-k. Das »T« am Anfang ist der berberische Artikel.

Die Karawanserei von Assekrem kann die erste Station der einmaligen Reise zwischen Tamanrasset und Djanet im Tassiligebirge sein, für die man im Landrover fünf Tage braucht. Ich habe sie zweimal mit europäischen Touristengruppen gemacht – Algerier interessieren sich für diese Art Reisen kaum. Wer sich dafür entscheidet, muß sich von der Zivilisation verabschieden. Wasser gibt es nur zum Trinken. Kein Dorf wird man sehen, dafür aber ein um so intensiveres Körper- und Naturerleben haben. Die bizarrsten Felsformationen lernt man kennen, die lieblichsten Sandmeere. Und unendliche Einsamkeit. Wie viele Berge gibt es hier, die wohl noch nie ein Mensch erklommen hat!

Mittags öffnete der Koch einen Koffer, holte seine Geräte heraus und zauberte in einer halben Stunde ein Menü, das zumeist aus Ölsardinen und Salaten bestand, die er aus am Vorabend gekochten Kartoffeln, Gemüsen und Hülsenfrüchten zubereitete. Das Nachtmahl enthielt Rindfleisch, das im Landrover mitgeführt wurde. Die Trockenheit verhindert Fäulnis, und so bleibt Fleisch auf solchen Reisen erstaunlich lange frisch. Einmal ließ der Reiseleiter aber zum Entsetzen der Gruppe eine Gazelle jagen, um uns zu ernähren – was bei einem Teil der Leute zum Eßstreik führte.

Da die Zubereitung des Abendessens bis zu zwei Stunden dauern konnte, beschloß ich, mit Carla, die mich auf einer dieser Reisen begleitete, noch einen Spaziergang zu machen. Um wieder zurückzufinden, fixierten wir – eigentlich mehr aus Spaß – einen Punkt in der vor uns liegenden Gebirgswand und wanderten etwa eine halbe Stunde darauf zu, ohne ihm freilich wesentlich näher zu kommen. Als wir uns umdrehten, erschraken wir: Nichts von unserem Lagerplatz war mehr zu sehen, noch nicht einmal der

Schein des Feuers! Unser Fixpunkt hatte uns überhaupt nichts genützt! Welche Idiotie auch, ihn nicht in der Richtung des Lagers, sondern gegenüber gewählt zu haben! Außerdem war er zur Orientierung viel zu weit entfernt.

Uns packte die Panik. In der letzten Dämmerung suchten wir ängstlich nach unseren eigenen Fußspuren, um den Rückweg zu finden. Die unsägliche Kälte der Nacht kroch uns schon unter die Kleidung. Durch unser Rufen trafen wir schließlich auf einen anderen Verirrten, und schließlich fanden wir auch unser Lager wieder. Die Tuareg waren gerade mit Taschenlampen ausgeschwärmt, um uns zu suchen. Unglaublich, wie leicht man in der Sahara verlorengehen kann!

Der Tag bringt die Sensationen der Landschaft, die Nacht die Sensationen der Sinne. In der Weihnachtszeit, in der ich beide Reisen unternahm, kann das Thermometer hier weit unter Null Grad fallen. Der Rekord, den ich erlebt habe, lag bei minus 13 Grad. Während wir uns mittags bis auf ein T-Shirt auszogen, mußten wir nachts alles anziehen, was wir mithatten, und uns in einem möglichst dicken Schlafsack einrichten. Ein belgisches Ehepaar hatte diese Art der Übernachtung im eigenen Garten erprobt!

Richtig gut geschlafen hat kaum einer. Da war die Milchstraße, die klarer und grandioser als im Planetarium über uns leuchtete. Auch die grün und blau phosphoreszierenden Steine und Felsen wirkten beunruhigend. Ab und zu huschte eine Maus vorbei. Dazu kam die Angst vor Skorpionen! Und dann die furchtbare Kälte, der Rauhreif gegen Morgen. Trotzdem waren das großartige Nächte, in denen ich endlich mal wieder träumte wie schon viele Jahre nicht mehr. Es waren Träume, in denen alle wichtigen Menschen und Fragen meines Lebens auftauchten.

Das Unangenehmste war der Morgen. Niemand war ausgeschlafen und kroch gerne aus dem nun endlich warm gewordenen Schlafsack heraus, um das Frühstück in Empfang zu nehmen: heißen Kaffee und ein Stück trockenes Brot. Die Laune besserte sich allerdings schlagartig, wenn wir in die Landrover stiegen und wieder in die herrliche Landschaft vorstießen. Gegen zehn Uhr wurden die Temperaturen erträglich und stiegen dann schnell weiter an.

Djanet im Tassiligebirge ist eine kleinere und weltentrücktere Oase als Tam. Durch ihr vieles Grün wirkt sie auch freundlicher. Sie hat sogar ein paar Gemüsegärten, in denen ich nur Frauen arbeiten sah. Die Männer waren vielleicht in Ain-Amenass oder betrieben Schmuggelkarawanen über die nahe libyische Grenze? Unser Gastgeber erzählte uns jedenfalls, daß man unter den noch vorhandenen Männern kaum Leute findet, die bereit sind, einen aus dem Norden kommenden Lastwagen mit Semoule oder Baumaterialien zu entladen. Neulich sei ein Wagen aus diesem Grunde mehrere Tage stehengeblieben. Schließlich habe sich ein deutsches Pärchen ans Werk gemacht, das vergeblich auf eine Geldsendung gewartet hatte und froh war, sich nun den Unterhalt für die nächste Zeit verdienen zu können.

Von Djanet aus haben wir mehrmals Tuaregführer und einige Esel gemietet, um auf das Hochplateau des Tassiligebirges zu steigen. Hier gibt es Hunderte von Höhlen mit jungsteinzeitlichen Felsmalereien und Gravuren.

Die Ränder des Tassili splittern sich in Täler auf. Überall liegen Steine herum, die das Vorankommen sehr erschweren. Man tanzt quasi von Stein zu Stein, bald stellen sich Rückenbeschwerden ein. Wegen dieser Steine und der vielen nicht ganz ungefährlichen Kletterpartien an ziemlich steilen Hängen braucht man Esel für das Gepäck. Der kleinste Rucksack würde das Gleichgewicht gefährden. Die Esel müssen zum Teil große Umwege laufen. Wenn sie bocken, werden sie von den Tuareg mit Steinen beworfen.

Unser Führer Ali war ein sehr sanftmütiger, vielleicht fünfunddreißigjähriger Targi. Er trug eine hellbraune Gandura über einem gelb-weiß geringelten Wollpullover und hochmoderne Adidas. Sein Chech ließ den Hinterkopf frei, und so sah man, daß er schon ein paar graue Haare hatte. Arglos erkundigte ich mich nach Frau und Kindern. Die Frage war ihm unangenehm. Leise sagte er, daß er unverheiratet sei. Irgendwie schämte er sich dafür. Ein »sitzengebliebenes Männchen!« schoß es mir durch den Kopf. Keine Frau hatte ihn haben wollen! Er zierte sich, wie sich früher ein »spätes Mädchen« in unserer Kultur geziert hätte!

Angenehmer war es ihm, über die Reise zu sprechen, die er einmal nach Algier unternommen hatte. Er beschrieb seine Schwierigkeiten in der großen Stadt mit denselben Worten, mit denen wir unsere Spaziergänge in der Wüste schildern würden: Die Orientierung fiel ihm schwer, weil alle Straßen gleich aussahen. Füße und Rücken taten ihm weh, weil er das Laufen auf dem glatten Beton nicht gewöhnt war. Er fühlte sich verloren wie in einem Meer, das ihn verschlucken wollte.

Schließlich konnte ich Ali auch fragen, warum ein Targi die untere Gesichtshälfte versteckt. Selbst beim Essen zeigt er den Mund nicht, sondern schiebt die Bissen unter den Schleier. Ali erklärte mir, daß es sich um eine Frage des Anstandes handele. Kein Wort von Sandstürmen in der Wüste, die wahrscheinlich der rationale Urgrund der Männerverschleierung sind. Im Bewußtsein der heutigen Tuareg müssen sich die Männer aus denselben Gründen verschleiern, der für andere Muslime die Frauenverschleierung nötig macht.

Als wir auf dem ebenfalls mit Steinen übersäten Plateau ankamen, kämpften wir schon mit Muskelverspannungen. Dagegen schritten unsere Tuareg leichtfüßig dahin. Allen voran Ali. In den Händen hielt er ein dünnes Stöckchen, mit dem er uns später die Felszeichnungen erklärte und auf dem Kopf balancierte er eine Wasserflasche.

Statt der geplanten vier Stunden brauchten wir sechs, um im Zeltlager anzukommen. Auch hier sind die Winternächte bitterkalt. Um sich einen wirklichen Überblick über alle Felszeichnungen zu verschaffen, die etwa zwischen 6000 v. Chr. und den ersten Jahrhunderten nach Christus entstanden sind, braucht man mindestens zehn bis zwölf Tage. Die meisten Zeichnungen befinden sich in Höhlen. Die ältesten stellen neben Tieren auch Menschen dar, die Kosmonautenanzüge zu tragen scheinen: »Periode der Rundköpfe«. Offensichtlich handelte es sich um eine schwarzafrikanische Bevölkerung, die später abgelöst wurde durch große schlanke Menschen, heutigen Tuareg, aber auch den Äthiopiern ähnlich. Farbige Darstellungen vieler Tierarten bis hin zu Elefanten, Nashörnern, Krokodilen und Fischen zeigen an, daß es hier nicht immer so trocken war wie heutzutage. Befremdlich ist, daß spätere, deutlich zu unterscheidende Stile und Kulturen nicht davor zurückschreckten, neue, kräftigere Bilder über die bereits vorhandenen zu malen. Wollte eine Kultur die andere auslöschen?

So tanzten wir mehrere Tage über die Steine des Hochplateaus von Höhle zu Höhle. Einmal führte uns Ali auch in ein feuchtes Tal – letztes Überbleibsel eines Wadi, in dem es zu Anfang unseres Jahrhunderts noch Krokodile gegeben haben soll! Die außerordentliche Trockenheit dieser Region ist also relativ neu. Im nassen Sand entdeckte Ali die Botschaft eines Kollegen: Mit großen Tifinagh-Schriftzeichen hatte ein anderer Targi die Nachricht hinterlassen, daß er hier vorbeigekommen war und die nächsten Vorbeikommenden grüße. Im Norden, in der Kabylei, galt der Gebrauch des Tifinagh damals als oppositionelle Aktion der Berberisten. Hier, im extremen Süden, schien der Staat noch nichts dagegen zu unternehmen. Auf der Messe in Tamarasset habe ich – zwar etwas im verborgenen – ein paar handgemalte Karten gekauft, die blaugewandete Frauen bei der Hausarbeit zeigen und mit Tifinagh beschriftet sind.

Wieviel und was man von den steinzeitlichen Zeichnungen und Gravuren zu sehen bekommt, hängt auch davon ab, ob man auf die Tuaregführer einen vertrauenerweckenden Eindruck macht. Der Tassili ist ein von der UNESCO geschütztes Kulturgebiet, aus dem Touristen schon allerhand geraubt haben. Einige kleinere Fresken sind mit Fräsmaschinen aus dem Felsen getrennt worden.

Wir müssen auf unsere Tuareg seriös gewirkt haben, denn sie hielten am letzten Tag eine besondere Überraschung für uns bereit. Um am nächsten Morgen mehr Zeit für den Abstieg zu haben, konnten wir nicht mehr im Zeltlager, sondern mußten am Rande des Plateaus übernachten. Als wir an der betreffenden Stelle angekommen waren, schleppten die Tuareg aus einem Holzversteck Brennholz heran und entzündeten ein Feuer vor der Höhle, in der wir wie Urmenschen schlafen sollten. Im Lichtschein entdeckten wir, daß die Höhlendecke mit einer rötlichen Herde von Rindern und Giraffen aus der Steinzeit geschmückt war! Da ich früher einmal Paläontologin werden wollte, war ich entzückt!

Es wurde die phantastischste Nacht der vielen phantastischen Nächte, die ich in der Sahara verbracht habe. Aus einem Sack kramte Ali einige Schachteln und Säckchen hervor, Eßschalen und Besteck. Er setzte einen kleinen Topf auf das Feuer, goß Öl hinein und ließ Zwiebeln anbraten. Dann kam Wasser dazu, Tomatenmark und Pfeffer, zum Schluß noch eine Handvoll grober Couscous, der die Soße sämig machen sollte. Während sie brodelte, begann er, in einer Schale Semoule, etwas Wasser und Salz zu einem Teig zu kneten. Nachdem er ihn lange durchgewalkt hatte, formte er eine rundliche Galette, nahm die Soße vom Feuer, schob es mit einem großen Holzscheit beiseite und vergrub das Brot darunter! Nachdem er das Feuer an seinen alten Platz zurückgebracht hatte, ließ er die Soße darauf weiterköcheln. Ein steinzeitliches Brot entstand hier! Es wurde vor einer steinzeitlichen Höhle gebacken, in der wir bald schlafen würden!

Nach etwa zwanzig Minuten wurde das Brot herausgeholt, umgedreht und wieder unter dem Feuer vergraben. Im letzten Dämmerschein verrichteten die Tuareg nun ihr Gebet. Dann grub Ali das Brot aus, klopfte mit seinem Stöckchen sorgfältig den Sand ab, um es schließlich in kleine Bissen zu zerreißen, auf Teller zu verteilen und die Soße darüber zu gießen. Trotz seiner Bemühungen, allen Sand zu entfernen, knirschte das Essen zwischen den Zähnen. Aber das gehört nun einmal zur Küche der Region. Es schmeckte trotzdem köstlich. Noch heute habe ich den Geschmack auf der Zunge! Spätestens beim Zerreißen der Galette war mir klargeworden, daß das Rezept verwandt war mit dem kulinarischen Meisterstück meiner Schwiegermutter: der Schuchschucha von Constantine. Hier werden kleinere Galetten aus Blätterteig zerrissen und mit einer Zwiebel-Tomatensoße übergossen, die freilich auch Hammelfleisch enthält.

Nach dem Essen wurde Tee gekocht. Immer wieder setzte Ali eine neue Kanne auf, und während wir schon eine Weile ablehnen wollten, zwang er uns regelrecht noch einige Gläser auf. Später habe ich erfahren, daß bei den Tuareg das Teetrinken mit der magischen Zahl 3 verbunden ist. Man muß deshalb eine durch 3 teilbare Anzahl von Gläsern leeren.

In der sandgepolsterten Höhle, über deren Decke die galoppierende Tierherde mit unglaublicher Leichtigkeit hinwegschwebte, hatte ich wieder die verrücktesten Träume. Zum Schlafen war diese Nacht zu schade. Im letzten Traum sah ich Ali den Frühstückstee zubereiten. Oder hatte ich ihn aus der Höhle heraus dabei beobachtet?

So stolz die Tuareg auf die Felszeichnungen des Tassili sind – sie behaupten nicht, daß sie von ihren Ahnen stammen, was doch zumindest ab der mittleren Periode, die schlanke, hochgewachsene Jäger zeigt, nicht ganz auszuschließen ist. Sie erzählen eine Legende, nach der ihre adlige Oberschicht von einer Königstochter namens Tin Hinan abstammt, die einst auf einem weißen Kamel aus Südmarokko gezogen kam. Die übrigen Tuareg führen ihre Herkunft auf Tin Hinans treue Dienerin Takama zurück, die ihre Herrin auf dem langen Weg vorm Hungertod gerettet hat, weil sie auf die Idee gekommen war, ihr die von Ameisen gesammelte Nahrung vorzusetzen! Die Tuareg haben einen Grabhügel bei Abalessa im Westhoggar immer als letzte Ruhestätte der Tin Hinan verehrt.

Wunderbarerweise hat die Archäologie die Legende bestätigt. Als das auf das vierte Jahrhundert unserer Zeitrechnung datierbare Grab um 1930 geöffnet wurde, entdeckte man das gut erhaltenes Skelett einer großen, schlanken Frau berberischen Typs, die ein Gewand aus roten Lederresten und Perlenschmuck aus Steinen und Edelmetallen trug. Neben Proviantkörben mit Datteln und Hirse fand man auch römische Münzen und Lampenscherben. Im Umfeld befinden sich noch weitere Grabstätten, darunter auch eine, die der Takama zugeschrieben wird.

Der reale Kern dieser Legende besteht wohl darin, daß im vierten Jahrhundert ein – bereits in byzantinischen Techniken geübter – Berberstamm aus dem Norden die tierzüchtenden Berber des Hoggar unterwarf. Die waffentechnisch überlegene

Gruppe aus dem Norden wurde die Adelsschicht. Sie organisierte dann auch Raubzüge in die Gebiete der weiter südlich lebenden Schwarzafrikaner, denen sie die Ernten raubte und die sie versklavte. So entstand das vielfältig geschichtete Sozialsystem der Tuareg, das heute keinesfalls verschwunden ist. Saddek hat auf einem Lagerplatz neben der Messe von Tamanrasset beobachtet, wie sich ein schwarzer Targi vor einem weißen Kamelreiter auf den Boden warf.

Die Legende vom Sammeln der Ameisennahrung weist auf die Findigkeit der Wüstenmenschen, sich auch die letzten Möglichkeiten des Überlebens zu erschließen. Dazu gehört bei den Tuareg traditionell übrigens auch Geburtenkontrolle: Eine Familie hat nie mehr als vier Kinder. Es ist bezeichnend für die Unfähigkeit des heutigen Algerien, die Vielfalt seiner Kulturen als Reichtum zu nutzen, daß noch niemand in Erfahrung brachte, mit welchen Mitteln die Tuareg ihre Geburten begrenzen. Auch blieb unerforscht, welche Ernährung sie bis vor wenigen Jahrzehnten vor Karies schützte. Erst die Kontakte mit der Moderne hat ihnen diese Zivilisationskrankheit gebracht.

Die durch zu stark angewachsene Viehherden verursachte Dürre im Sahel hat auch den Hoggar und den Tassili trockener denn je gemacht. Der Anbau von Getreide war im Gebiet der Tuareg – das von der Westsahara bis in den Sudan reicht – nie möglich. Tin Hinans Kinder sind heute vom Hungertod bedroht, aber auch von einer regelrechten Ausrottungskampagne, die die Regierungen von Mali und Niger zur Zeit gegen sie führen. Es scheint, daß hier ein historischer Rachefeldzug stattfindet. Wenn der Präsident des »Nationalen Verbands der Kooperativen« von Niger auf einem Schülerflugblatt anläßlich eines Meetings 1990 gefordert hat, »alle Tuareg zu zählen und zu vernichten«, muß von einem planmäßigen Genozid gesprochen werden.

In den sechziger und siebziger Jahren hatten die Herren der Wüste noch abgelehnt, Ausweispapiere eines Staates anzunehmen. Sie verlangten offene Grenzen für ihre Karawanen und Viehherden – womit sie natürlich in Konflikt mit den Zollinteressen der Staaten gerieten. Als mit der Dürre ein Großteil der

Herden aufgegeben werden mußte, richtete nur Algerien für »seine« Tuareg Notlager ein, die allmählich in feste Wohnsiedlungen verwandelt wurden. Die Lager füllten sich aber immer mehr auch mit Tuareg aus Mali und Niger. Plötzlich waren die algerischen Identitätskarten heißbegehrt! Bislang unübliche Eheschließungen zwischen den verschiedensten Stämmen und Klassen sowie mit Nichttuareg kamen in den Lagern zustande und zerrütteten die traditionellen Strukturen. Heute soll Tam ein Eldorado der Prostitution sein.

Die Tuareg aus Mali und Niger, denen Algerien eigentlich nicht gestattete, sich über die Grenzpunkte Ain Guezzam, Timiaouine, Tin Zaoutine und Badji Mokhtar nach Norden zu bewegen, kamen in großer Zahl bis Adrar und sogar bis Ghardaia. Als Mitte der achtziger Jahre die Erdölpreise dramatisch fielen und die algerische Regierung eine Epoche finanzieller Engpässe vorhersehen konnte, versuchte sie mittels brutaler Abschiebungen, sich der Tuareg aus Mali und Niger zu entledigen. Auf die neu gewachsenen Familienbande zu den algerischen Tuareg wurde keine Rücksicht genommen. Mir liegt die Fotokopie eines handgeschriebenen SOS-Briefes an die Weltpresse vom April 1986 vor, in dem ein Targi aus Tamanrasset in französischer Sprache berichtet, daß allein zwischen dem 9. und 26. April über siebentausend Personen auf Lastwagen verladen und über die Grenzen deportiert wurden – und zwar ohne ihre Habe und ohne Proviant. Im Verlaufe der Abschiebungen sei es zu zahlreichen Vergewaltigungen gekommen. Eine Frau ist mit einem Neugeborenen, das in einem Polizeikommissariat zur Welt kam, auf einem Lastwagen über die Grenze verbracht worden. Fielen die Deportierten in die Hände der Grenzer aus Mali und Niger, so akzeptierten diese nur schwarzhäutige Menschen. Die weißen Tuareg erhielten keine Hilfe beim Weiterkommen.

Obwohl der algerische Grenzschutz verstärkt wurde, ist ein Teil der Abgeschobenen zurückgekommen. Und immer neue Menschen aus dem Süden strömten nach Algerien. Sie verdingten sich als illegale Arbeitskräfte bei privaten Bauunternehmen in Tamanrasset für eine Büchse Milch und ein Brot pro Tag.

Internationale Hilfslieferungen – Zelte und Getreide –, die ausdrücklich für die Bevölkerung im Norden Malis und Nigers bestimmt waren, fanden sich auf den Märkten der Schwarzafrikaner wieder. Die Proteste der Tuareg wurden immer wieder blutig erstickt. In die Weltpresse gelangte das in der Nacht vom 7. zum 8. Mai stattfindende Massaker an mindestens 63 Tuareg, die ihre Verwandten im Gefängnis von Tchin-Tabaran in Niger besuchen wollten. Dies war nur der Auftakt zu weit schlimmeren Auseinandersetzungen, die im Frühjahr 1990 in Niger bis zu 1700 Menschenleben gekostet haben sollen. Zu ähnlichen Konflikten kam es gleichzeitig in Mali.

Während Algerien versuchte, über diplomatische Kanäle die Krise zwischen Tuareg und Schwarzafrikanern zu mildern, unterstützte Libyens Staatschef Ghaddafi die Tuareg mit Waffen und militärischen Ausbildungslagern. Er jagte sie auch in den Tschadkonflikt, in dem sie so gut wie keine eigenen Interessen vertraten. Ghaddafi fördert die Idee eines Sahelstaates mit der Hauptstadt Ghadames, der Teile von Libyen, vom Tschad, von Niger, Mali – und von Algerien umfassen soll.

Mittlerweile haben sich – teilweise mit libyscher Unterstützung – mehrere militärische Befreiungsorganisationen der Tuareg gebildet, die in Mali und Niger operieren. Als Rache für ein Massaker, das die malinesische Armee im Frühjahr 1990 an über hundert Tuareg verübt hat, gelang es im Gegenzug bewaffneten Gruppen blau verschleierter Krieger, für einige Stunden Timbuktu zu besetzen und die Goldläden der Stadt zu plündern. Selbst die 1991 eingeleitete Demokratisierung von Mali hat bisher keine Verbesserung für die Tuareg gebracht. Der gesamte Norden des Landes steht im Ausnahmezustand.

Es scheint mir angebracht, in diesem Zusammenhang auch auf die brutale Ablehnung des Unabhängigkeitsstrebens der Sahraouis, der Bewohner der Westsahara, durch Marokko hinzuweisen. Die zahlenmäßig kleinen Völker der Sahara bekommen in diesem unermeßlich großen Raum keine Chancen zur Selbstbestimmung. Statt dessen wird die Hungerkatastrophe für ihre Ausrottung instrumentalisiert.

Im Gegensatz zur heutigen Armut der Saharavölker wäre ihr fiktiver Staat – bei geringer Bevölkerungsdichte – außerordentlich reich. Im Hoggar lagern immense Bodenschätze, wahrscheinlich auch im Tassili- und im Tibestigebirge.

Erst nach der Demokratisierung war es möglich, daß der französische Ethnologe André Bourgeot in einer algerischen Zeitschrift, »Le Nouvel Afrique Asie« (No. 19/November 1990), darauf hinwies, daß die von Frankreich bis 1961 betriebene Abtrennung der Sahara vom neuen algerischen Staat und die Errichtung eines französisch-saharischen Territoriums, das bis weit nach Mali und Niger reichen sollte, nicht nur den Rohstoffinteressen der alten Kolonialmacht gedient hätte, sondern auch für die Tuareg attraktiv war. Mittelfristig wären sie dann wohl auch zu ihrem unabhängigen Staat gekommen. Vieles spricht dafür, daß das zumindest der algerischen Regierung halbwegs klar ist. Da man den Tassili, den Hoggar und das Öl von Ain Amenass gern behalten will, ist ihre Haltung zumindest gegenüber den »eigenen« Tuareg von Konzilianz geprägt. Diese haben es der FLN gedankt, indem sie ihr bei den ersten freien Parlamentswahlen im Dezember 1991 die meisten Stimmen gaben.

Die Presse behauptet heute, daß alle Tuareg, die darum nachsuchten, algerische Papiere bekommen haben. Man brauchte dafür keine Geburtsurkunde vorzuweisen, sondern nur drei Zeugen. Heute beklagen sich algerische Tuareg, daß zu viele ihrer südlichen Verwandten dieses Privileg in Anspruch genommen haben. In Adrar und Tamanrassat sei es zu eng geworden.

Eng geworden ist es dort aber auch durch eine stetig wachsende Zahl illegaler Einwanderer aus Togo, Benin, der Elfenbeinküste, Senegal, Ghana und Burkina Faso, die gegenwärtig ein Viertel des Bevölkerungsanteils von Tam ausmachen sollen. Angeblich hoffen sie auf ihre Weiterreise nach Europa. Zwischenstation ist Algier, wo sie sich zunehmend als Schwarzarbeiter verdingen.

Im Niemandsland zwischen Algerien, Mali und Niger – Herz des fiktiven Sahelstaates – stehen heute große Lager, in denen der Rote Halbmond Vertriebene und Hungernde empfängt, falls sie diese Lager überhaupt erreichen, die noch nicht einmal das Überleben sichern können: Milch für Kinder ist eine Rarität, nicht jede Familie hat ein Zelt, nicht jeder Mensch eine eigene Decke. Krankheiten breiten sich aus.

In den letzten Jahren sind wir nicht mehr in den extremen Süden gefahren. Eine Touristenreise in dieses Gebiet empfand ich als obszön.

Als wir Ende 1978 vom Tassili heruntersteigen, wartete auf uns an einem verabredeten Punkt ein Landrover, der uns direkt zum Flugplatz bringen sollte. Während wir Djanet durchquerten, hielt der Fahrer einen Moment vor einem Greis an, der mit einem Kofferradio am Straßenrand stand. »Ist das Flugzeug pünktlich?« fragte er den Mann, und der antwortete: »Ja, nur fünf Minuten Verspätung.« Es war Philippon, ein Franzose, der sich vor fünfzig Jahren in Djanet angesiedelt und den Ort seitdem nicht mehr verlassen hatte. Er war zum Islam konvertiert, hatte vier Frauen und fünfundzwanzig Kinder. An den zwei Tagen in der Woche, an denen das Flugzeug damals nur nach Djanet kam, fing er mit einem Transistorgerät den Funkverkehr auf und unterrichtete jeden, der es wissen wollte, über die genaue Ankunfts- und Abfahrtszeit.

Wir erreichten das Flugzeug mit knapper Not. Glücklicherweise war die Besatzung daran gewöhnt, aus dieser Gegend auch mal verdreckte und nicht gut riechende Fluggäste aufzunehmen.

Zwischenlandung in Ain Amenass. Erst als das Flugzeug sich wieder hob, sah ich, daß die algerische Fahne auf Halbmast hing. Mir wurde blitzartig klar, daß Boumediene gestorben war! Eine Epoche war zu Ende.

Der daraufhin befragte Steward wunderte sich über unsere Ignoranz, denn der Staatschef war bereits am Vortage verschieden. In Djanet hatte es gar keine Fahne auf dem Flugplatz gegeben. Erst recht kein Bild mit Trauerflor. Weder der Fahrer noch Philippon mit seinem Radio hatten es für nötig erachtet, uns das Ereignis mitzuteilen. Für Djanet hatte es offenbar kaum Bedeutung.

Dafür herrschte zur selben Zeit im Norden Weltuntergangsstimmung. Die sich beim Begräbnis zu hysterischen Massenszenen auswachsende Volkstrauer führte bis zu Selbstmorden: Männer und Frauen stürzten sich in ihrer Verzweiflung aus dem Fenster. Obwohl Boumediene wegen seines Lavierens zwischen rechts und links von vielen gehaßt wurde, war er für große Teile der Bevölkerung doch die Symbolfigur eines in den siebziger Jahren aufgekommenen Fortschrittsglaubens. Wenn die großen Industriekomplexe auch noch nicht funktionierten – daß sie überhaupt gebaut wurden, erfüllte die meisten Algerier mit Stolz und Hoffnung. Er war der Mann der Agrarrevolution, bei deren Bewertung damals noch die befreienden Aspekte überwogen. Er führte die allgemeine Schulbildung und die kostenlose Medizin ein.

Das Ausmaß der Volkstrauer ließ sich nur damit erklären, daß zugleich ein Bewußtsein der Fragilität dieser Errungenschaften vorhanden war. Würde die neue Regierung den Kurs halten?

Daß es mit der sozialistischen Orientierung nicht unbedingt weitergehen würde, deutete sich rasch dadurch an, daß der diesen Weg garantierende Parteiführer Yahiaoui als Nachfolger bald schon nicht mehr im Gespräch war. Vielmehr wurde der ehemalige Außenminister, Abdelaziz Bouteflika, favorisiert. Er galt als Rechter, als Reprivatisierer. Aber er war kein Islamist, sondern eher ein Modernist. Unter seiner Herrschaft wäre wahrscheinlich das in vielen Regionen verhängte Alkoholverbot aufgehoben worden. Die Jugend hätte Tanzdiskotheken bekommen. Aber Bouteflika war damals nicht verheiratet – was in muslimischen Augen bedenklicher ist als das Leben in der Polygamie. Die Islamisten hatten verbreitet, daß er die Hostessen von Air Algérie verführe.

Aus heutiger Sicht ist klar, daß die baathistisch-islamistische Gruppierung innerhalb der FLN schon viel zu stark war, um einen Mann wie Bouteflika als neue Führerfigur zu wählen. Man entschied sich für einen Unbekannten, der nach außen hin zunächst für nichts stand, der sich im Kräftespiel der Führungsriege erst aufbauen mußte: Es war der aus Annaba stammende Colonel Chadli Benjedid, der damals die Armee des Oranais leitete. Als Besitzer des größten privaten Hotels von Oran konnte er von vornherein nicht als Garant des Sozialismus gelten. Boumediene hatte die Zukunftsvision einer Verbindung von Islam und Sozialismus pathetisch beschworen. Chadli sprach zwar auch noch von Sozialismus, stellte aber schon in einer der ersten seiner hölzernen Reden – zur allgemeinen Erbauung – klar, daß Algerien für den sogenannten »wissenschaftlichen Sozialismus« noch lange nicht reif sei. In Wirklichkeit hatte weder er noch Boumediene je eine Zeile von Marx gelesen. Das totalitäre Regierungssystem des Ostblocks hatten sie als praktische Herrschaftsform aber gern übernommen.

Privatim war Chadli sicher nicht weniger Modernist als Bouteflika. Bei seinen ersten Auslandsreisen ließ er sich zum Staunen der Nation von seiner europäisch gekleideten Ehefrau begleiten. Das Wagnis endete mit einem ähnlichen Desaster wie bei Boumediene, der seine junge Frau – eine Halbjüdin – auf einen UNO-Gipfel nach New York mitgeführt hatte. Die Islamisten verbreiteten sofort das Gerücht, daß die Gattin des Präsidenten Verhältnisse mit mehreren Ministern unterhalte. Anissa Boumediene zog sich daraufhin ganz aus der Öffentlichkeit zurück. Madame Benjedid erschien Anfang der achtziger Jahre noch einige Male im Hidjab. Ihrem völligen Verschwinden ging das ebenfalls von den Islamisten ausgestreute Gerücht voraus, sie hätte in Frankreich ein Schlößchen gekauft, das vordem Charles Aznavour gehörte.

Chadli zeigte von Anfang an kein Stehvermögen im Kulturkampf mit den auch innerhalb der FLN immer virulenter werdenden islamistischen Kräften. Denen hatte Boumediene in seinem letzten Regierungsjahr – womöglich schon im Bewußtsein des nahenden Todes – eine empfindliche Abfuhr erteilt. 1977 hatte er dem Religionsministerium seinen Status entzogen und Mostefa Lacheraf zum Minister für Schulbildung berufen. Lacheraf – ein hochgebildeter Ethnologe – war öffentlich als Befürworter der Zweisprachigkeit hervorgetreten: Er wollte in der Schule ein Arabisch fördern, das sich mehr als bisher an den algerischen Dialekten orientierte. Darüber hinaus sollten die Schulen den Kindern genügend Französisch bieten, um die für die Berufsausbildung notwendigen Kenntnisse zu vermitteln. Für die kurze Zeit, in der Lacheraf die Sprachenpolitik bestimmte, wurden die Straßen- und Ortsschilder zweisprachig.

Sah Boumediene die islamistische Gefahr schließlich doch konkret werden? Wollte er auch mit der Übergabe des Kulturministeriums an Redha Melek Gegengewichte schaffen? Oder hatte die Krankheit ihn bereits so geschwächt, daß die Realisten in der FLN deshalb eine kurze Zeit lang ihre Konzeptionen der Modernisierung durchsetzen konnten?

Chadli hat schon in den ersten Wochen seiner Regierung dem Religionsministerium seinen alten Status zurückgegeben und Lacheraf gegen Mohamed Kharroubi ausgetauscht, der bis zu den Unruhen im Herbst 1988 das Volksbildungsministerium behalten sollte. Der auf die Exklusivität des Hocharabischen orientierende Kharroubi zeichnet verantwortlich für die Ausbildungskatastrophe, die in den algerischen Schulen und Universitäten massenweise »Analphabeten in zwei Sprachen« hervorbrachte.

Auch in dem dann Anfang der achtziger Jahre ausbrechenden offenen Kampf um das Familienrecht hat Chadli – möglicherweise gegen eigene Überzeugungen – den Islamisten nachgegeben.

Die von ihm eingeleiteten Wirtschaftsreformen waren aber – insbesondere aus heutiger Sicht – eigentlich vernünftig. Schon kurz nach seinem Amtsantritt erklärt er, daß Algerien von nun an keine neuen Großbetriebe im Ausland ankaufen würde. Man müßte die bereits vorhandenen Betriebe erst einmal zu einem befriedigenden Produktionsausstoß führen. 1982 und 1983 wollte Chadli die Großbetriebe »restrukturieren«, d. h. in kleinere Einheiten zerlegen, um sie endlich übersichtlicher, für die Algerier beherrschbarer zu machen. Und er wollte allmählich die Entwicklungsmöglichkeiten für kleine Privatbetriebe verbessern. Vor allem aber gestand er Fehler der Agrarreform ein und machte damit eine Neuorientierung der Landwirtschaft möglich. Um die Bauern überhaupt wieder zur Produktion anzuregen, wurde das Staatshandelsmonopol aufgehoben. Die ehemaligen Grundbesitzer konnten unter bestimmten Bedingungen ihr Land wiederbekommen. Bezeichnenderweise war das Interesse dafür nicht sehr groß. Insbesondere die ehemaligen Eigentümer der Obstplantagen und der Palmenhaine verlangten diese in demselben guten Zustand zurück, in dem sie sie abgeben mußten. Denn jahrelang unbeschnittene Bäume oder auch unbestäubt bleibende Dattelpalmen können oft niemals mehr Früchte tragen.

Trotzdem zeitigte die Umorientierung der Landwirtschaft relativ schnell Erfolge. Das Angebot an Gemüse und Obst wuchs, wenn auch zu langsam. Daß davon schließlich nur die schmale Oberschicht und ein Teil der Mittelschicht profitierten, lag daran, daß längst ein anderes Problem das Ziel durchkreuzte, eine vernünftige Ernährung aller Algerier zu erreichen: die Bevölkerungsexplosion. Mit ihr konnte auch die reformierte Landwirtschaft nicht Schritt halten.

Chadli versuchte nach seinem Amtsantritt, bei den verschiedenen Interessengruppen des Landes durch kleine Geschenke Vertrauen zu erwerben. Abdelghani – der ehemalige Colonel des Constantinois, der dort den Islamisten beim Bau illegaler Moscheen geholfen hatte, wurde Innen- und schließlich sogar Premierminister. Er schaffte 1981 das europäische Wochenende ab und führte das – im Maghreb einmalige – islamische Wochenende ein: Donnerstag und Freitag wurden arbeitsfrei.

Die dadurch erschreckten liberalen Schichten sollten mit dem gleichzeitig erfolgenden Erlaß eines neuen Paßgesetzes besänftigt werden, das die unter Boumediene übliche Praxis beendete, politisch mißliebigen Bürgern den Paß oder die Ausreiseerlaubnis zu verweigern. Jeder Algerier hatte fortan ein garantiertes Recht auf einen Paß. Außerdem wurden jedem Bürger einmal im Jahr gegen Vorlage eines Flugbilletts oder einer anderen Fahrkarte ins Ausland algerisches Geld im Wert von etwa 500 DM in Devisen eingetauscht. Auch ich als Ausländerin profitierte von dieser Maßnahme.

Anfang der achtziger Jahre reisten nicht nur die Ober- und Mittelklassen ins Ausland. Das Anrecht auf eine bescheidene Summe in Devisen wurde jedes Jahr von mehreren Millionen Menschen genutzt. Manche Familien bugsierten ihre Kinder – nur wegen des Devisentauschs – für ein paar Stunden nach Tunesien, damit der Vater dann mit dem Geld nach Frankreich fahren und dort einkaufen konnte.

Der Petrodollarrausch dauerte noch.

Ein Gott, ein Volk, eine Sprache
Hochtechnologie und Hocharabisch

»Die Unternehmungen des Staatschefs blieben verwundbar und ließen kein alternatives Projekt deutlich werden. Weder er noch seine Umgebung haben verstanden, daß die ›sozialistische‹ Ideologie – wenn sie auch nur ein Cocktail von Abstraktionen war, die nichts mit der Wirklichkeit zu tun hatten – sowohl einem Bedürfnis der Legitimität, als auch der kollektiven Identifikation entsprochen hatte. Indem es sich auf die Religion berief, um seine Gegner zu besiegen, hat das Regime alle Hoffnungen auf ebendiese Gegner transferiert.«
Mohamed Harbi, »Algérie Actualité«, 13.–19. 1. 1993

Meine in der DDR erworbene Spezialisierung für den Philosophen und Politiker Antonio Gramsci stellte sich in Algerien als glückliche Berufsgrundlage heraus: 1978 wurde ich am Institut für Politische Wissenschaften der Universität Algier eingestellt. Cheikh Slimane, der Sohn des Mufdi Zakeria aus Ghardaia, hatte noch vor Ende des Sommersemesters 1978 meinen Vertrag unterschrieben. Als ich mich im September meldete, war Cheikh Slimane inzwischen zum Rektor ernannt worden, und das Institut hatte einen neuen Direktor: Monsieur Derradji. Er tat zunächst so, als wüßte er von meiner Einstellung nichts. Als ich zurück ins Vorzimmer stolperte, hielt mich seltsamerweise die Sekretärin, Frau Belhadj, am Ärmel fest. Sie hatte gelauscht und sagte empört: »Ich weiß aber, daß Sie eingestellt worden sind!« Sie gab mir den von Cheikh Slimane unterschriebenen Vertrag und meinte, er sei bei mir jetzt am besten aufgehoben. Wenn

Derradji es sich nicht noch überlegen würde, sollte ich zum Rektor gehen.

Zum Glück überlegte es sich Derradji. Ich wurde wiederbestellt und für ein Seminar zu Gramsci und ein anderes über Revolutionstheorien der letzten vierhundert Jahre verpflichtet.

Das Sprachenproblem Algeriens hatte am Institut für Fremdsprachen in Oran keine Rolle gespielt. Jetzt war ich direkt damit konfrontiert. Gesellschaftswissenschaften konnte man damals auf Französisch oder auf Arabisch studieren, d. h. auf Hocharabisch. Die Institute boten zwei personell und im Lehrinhalt völlig verschiedene Ausbildungsgänge an, deren Studenten sich nach wie vor feindlich gegenüberstanden. Bereits zu Semesterbeginn streikten die Frankophonen – weil angeblich die Arabophonen viel zu gute Noten bekommen hatten, damit ihre Chancen auf dem Arbeitsmarkt wüchsen. Dieser und die vielen Streiks der folgenden Jahre – die meistens von den Arabophonen ausgelöst wurden, um das Tempo der allgemeinen Arabisierung zu beschleunigen – endeten stets mit Zugeständnissen. Diesmal änderte man nicht etwa die zu gut geratenen Noten der Arabophonen, sondern die der Frankophonen wurden hinaufgesetzt. Womit das Semester dann endlich eröffnet werden konnte.

Für mich begann eine schöne Zeit. Meine Lehrinhalte konnte ich selbst bestimmen, auch was die Revolutionstheorien betraf. Algerien verdunkelte und verfälschte nur seine eigene Revolution, über andere Revolutionen konnte man lehren, was man für richtig hielt. Ich hatte die Möglichkeit, politologische Literatur zu nutzen, von der ich in der DDR nur träumen konnte. Ich bezog sofort alles in meinen Unterricht mit ein, was zu Hause verboten gewesen war: Trotzki, Bucharin, Mao Tse-tung, den Eurokommunismus und die Black Panthers.

Die chinesische Revolution, die der algerischen von der Problematik her verwandter war als die Oktoberrevolution, erregte stets am meisten Interesse – vor allem wohl, weil sie noch nicht abgeschlossen zu sein schien. Gerade war die Kulturrevolution beendet, und wir konnten sie sowohl anhand von euphorischen als auch von kritischen Materialien aus Frankreich analysieren.

Allein durch die Vielfalt der Quellen war ein methodisches Raster von Fragen entstanden, die an die algerische Revolution gestellt werden konnten – ein Vorgehen, das in der DDR undenkbar war. So kam es meinen algerischen Studenten bekannt vor, daß die Kulturrevolution – für die sich auch viele Linke des Westens begeistert hatten – keinesfalls eine wirkliche »Revolution von unten«, sondern eine kühle Manipulation Maos war. Wir studierten einen 1972 in »Le Monde« abgedruckten Brief Maos, den er 1966 an seine Ehefrau Chiang Ching gerichtet hatte. Er beschrieb darin die angebliche Notwendigkeit, sogenannte Linke und sogenannte Rechte gegeneinander auszuspielen: »Unsere gegenwärtige Aufgabe besteht darin, die Rechte in der ganzen Partei und im ganzen Land teilweise auszuschalten (ganz nicht, weil das unmöglich ist). In sieben oder acht Jahren werden wir eine andere Bewegung lancieren, um die bösen Geister zu bannen. Und dieses Pendeln muß sich noch vielfach wiederholen. Wir wissen noch nicht, wann man preisgeben kann, was ich hier sage, weil es der Linken und den breiten Massen nicht gefällt. Vielleicht wird die Rechte, wenn sie an der Macht ist, es nach meinem Tode offenlegen.«

Das alles hätte auch aus Boumedienes Mund kommen können.

Aus dem komparativen Studium der Revolutionen läßt sich also lernen, vorausgesetzt, man reduziert es nicht auf den technischen Verlauf des Umbruchs und die Maximalprogramme der Akteure. Mir wurde rasch klar, daß es bislang nie eine Revolution ohne Konterrevolution und Restauration gegeben hatte und daß man diese in die Analyse mit einbeziehen muß. Insofern störte es mich auch nicht sehr, als mir Monsieur Derradji 1982 mitteilte, daß eine Kommission aus dem Hochschulministerium die Umbenennung meiner Lehrveranstaltung in »Theorien der sozialen Evolution« verlangte. Da mir Derradji versicherte, daß ich den Inhalt meiner Veranstaltung nach wie vor nach eigenem Ermessen gestalten könne, versuchte ich die Ursachen für diesen seltsamen Namenswechsel nicht zu ergründen. Es muß sich um eine sehr »rechte« Kommission gehandelt haben, denn offiziell bekannte sich Algerien ja weiterhin als revolutionäres Land.

Dies war übrigens der einzige, mir bekannt gewordene Versuch der Reglementierung von Lehrveranstaltungen vom Hochschulministerium her. In Wirklichkeit besaß Algerien nicht die Mittel, um die zahlreichen politischen Strömungen an der Universität vollständig zu kontrollieren. Es war die Taktik der Macht, die vielfältigen Konflikte auf das Feld der Sprache zu lenken – in der Hoffnung, sie damit einzugrenzen.

Politologische Lehrveranstaltungen zu Gramsci waren an den Universitäten der DDR undenkbar. Da die algerische Hochschulpolitik nicht denselben Prämissen folgte, konnte ich mit den algerischen Studenten Jahr für Jahr klarer Gramscis Begriff der »Zivilgesellschaft« herausarbeiten, mit dem er die vom Staat unabhängigen politischen und kulturellen Organisationen der Bürger, aber auch die Medien zusammenfaßte. Weder die DDR noch Algerien besaßen eine Zivilgesellschaft: Der Wettbewerb der verschiedenen zivilgesellschaftlichen Kräfte braucht Demokratie und Legalität. Hier wie dort gab es nur staatlich gegängelte Organisationen und Medien. In beiden Ländern konnte man nur von zivilgesellschaftlichen Potentialen sprechen, d. h. von den noch politisch geknebelten Kräften der Demokratie. Bislang war auch in Algerien nur eine einzige Partei zugelassen, die FLN. Die Presse bekam allerdings nicht ihre Formulierungen, sondern nur die große Linie aus dem Politbüro vorgegeben. Der Opportunismus herrschte vor allem die in den Chefredaktionen, die aber offensichtlich nicht alles kontrollieren konnten. Viele Redakteure und Journalisten machten es sich zum Prinzip, die Freiräume auszuschreiten. Wurde zum Beispiel ein Minister entlassen – was recht häufig vorkam –, konnte seine Politik kritisiert werden. Damit war natürlich noch nicht viel gewonnen, aber das Bild gesellschaftlicher Harmonie wurde doch ab und zu aufgebrochen. Selbst im »Moudjahid« – dem offiziösen Organ der FLN – gab es oft kritischere Artikel als im »Neuen Deutschland«. Das gilt in noch weitaus höherem Maße für »Algérie Actualité«, eine Wochenzeitschrift, die trotz der obligaten Kniefälle vor der Landesführung schon in den achtziger Jahren ein seriöses Informationsblatt war.

So besitzt die nach der Demokratisierung von 1988 möglich gewordene große Bewegung der Journalisten für die Verteidigung der Assoziations- und Medienfreiheit weitaus mehr Glaubwürdigkeit als in jedem Ostblockland.

Wahrscheinlich um den gebildeten Schichten ein gewisses Ventil zu bieten, fiel die Rigidität der Zensur des geschriebenen Wortes milder aus als die des Radios und vor allem des Fernsehens. Diese aber waren in einem Land mit einer großen Analphabetenrate die weitaus wichtigsten Medien.

Während das Radio je einen Sender in Hocharabisch, in Französisch und sogar in Kabylisch unterhielt, wirkte das Fernsehen auf erhebliche Teile der algerischen Bevölkerung vor allem durch seine Bildersprache. Hinsichtlich des Wortes setzte es koloniale Traditionen fort: Die von den Algeriern mehrheitlich gesprochene Sprache, das Maghrebarabische, aber auch das Kabylische und die anderen Berberdialekte waren für die Redakteure verbotene Sprachen. Das Fernsehen sendete teilweise in Französisch, teilweise im sogenannten klassischen Arabisch. Es handelt sich hier um die Intellektuellensprache des Orients, die man freilich besser als Hocharabisch bezeichnen sollte, da sie durchaus um eine mit der Zeit gehende Sprache ist. In Hocharabisch war die arabophone Presse abgefaßt, in Hocharabisch sollten Schule und Universität unterrichten, in Hocharabisch äußerte sich der Präsident, in Hocharabisch mußte der Bürger seine Papierkriege mit den für ihn zuständigen unteren Ebenen der Bürokratie führen.

Dem Fernsehen standen Menschen aus dem Volk als Gesprächspartner schon aus sprachlichen Gründen kaum zur Verfügung. Wenn trotzdem einmal Befragungen oder auch Rundtischgespräche stattfanden, litten sie stets darunter, daß die Menschen krampfhaft – und oft vergeblich – nach den hocharabischen Wörtern und Wendungen suchten und kaum mehr darauf achten konnten, was sie sagten. Die Äußerung »äh, jani ...« (»äh, das heißt...«) kehrte immer wieder, wenn arabophone Menschen von der Straße in die Kamera sprachen. Bis 1988 war das Kabylische und die anderen Berbersprachen im Fernsehen auch bei Straßeninterviews nicht zugelassen.

Ein Großteil der Algerier verstand die 20-Uhr-Nachrichten oder auch die Reden des Präsidenten im Fernsehen nur bruchstückhaft. Boumediene war ein begabter Demagoge gewesen, der es verstand, das Hocharabische mit algerischen Brocken zu würzen. Der unvorbereitet ins Amt gerufene Chadli hatte in seiner Armeekarriere das Hocharabische offensichtlich nicht gebraucht. Er klebte hoffnungslos an seinen Manuskripten. Seine Reden wirkten so stümperhaft, daß sie bald nur noch der Volksbelustigung dienten. Wären sie nicht am nächsten Tag auch in der französischsprachigen Presse erschienen, hätte nur jener Teil der Funktionäre die »Linie« des Präsidenten begriffen, der einigermaßen Hocharabisch beherrschte. Das wiederum war nicht der effiziente Teil der politischen Klasse: Nicht nur die Organisation der High-Tech-Wirtschaft und die Armee, auch die höheren Ebenen der Verwaltung funktionierten nach wie vor auf Französisch. Lediglich das Justizwesen wurde in den achtziger Jahren weitgehend auf das Hocharabische umgestellt. Alle anderen Ministerien arbeiteten weiter in Französisch und beschäftigten gleichzeitig einen aufwendigen Übersetzerdienst damit, die Dokumente in die »Nationalsprache« zu übertragen – als die allein das Hocharabische galt. Das Französische blieb aber die Sprache der raschen Information und Kommunikation. Deshalb sah sich Salah, der Bruder meines Schwagers Zakeria, der als Arabisant einen Posten in der Präsidialverwaltung erobert hatte, schließlich gezwungen, im französischen Kulturzentrum Sprachunterricht zu nehmen.

Auch in der Bevölkerung gewann das Französische eher an Terrain, als daß es verlor. Mir liegen Vergleichszahlen vor über die Auflagen von »El Moudjahid« – der in Französisch erschien – und von »El Schab« – der wichtigsten Tageszeitschrift in Arabisch. 1969 lag die Auflage von »El Schab« bei 17 300 Exemplaren, sie war 1982 auf 82 200 gestiegen. Der »Moudjahid« erschien 1969 täglich mit 100 000 Exemplaren, 1982 mit 350 000. Hinzu kommt, daß der »Moudjahid« stets Mangelware blieb, d. h. die Nachfrage konnte nicht befriedigt werden. Vom »Schab« aber blieben 1982 etwa 20 Prozent der gedruckten Exemplare unverkauft.

Die Zahlen geben natürlich keine Auskunft über den wirklichen Anteil der Arabophonen und Frankophonen in der Bevölkerung. Sie vermitteln eher einen Eindruck, wie wenig interessiert der arabophone Teil der Bevölkerung an geschriebenen Informationen ist bzw. überhaupt liest.

Die maghrebarabischen Sprachen Algeriens werden ungenau als »Dialekte« des Hocharabischen bezeichnet. Sie sind aber Dialekte eines durchaus eigentümlichen Sprachgebildes, das mit vielen Variablen zwischen der marokkanischen Atlantikküste und etwas jenseits der tunesisch-libyschen Grenze anzutreffen ist. In diesem Gebiet ist eine sprachliche Kommunikation zwischen den Menschen möglich – freilich in unterschiedlichem Ausmaß. Das Maghrebarabische, die reale Alltagssprache der Mehrheit, war durch die offizielle Arabisierungspolitik dem Untergang geweiht – wie auch die noch von einem Viertel der Algerier benutzten Berbersprachen. (In Tunesien werden von etwa 5 Prozent, in Marokko etwa von der Hälfte der Bevölkerung Berberdialekte gesprochen.) Der Charakter des Maghrebarabischen wird vor allem von seinem berberischen Substrat her bestimmt. Es kann – je nach Region – bis zu 25 Prozent berberische Worte umfassen. Der marokkanische Sprachwissenschaftler Mohammed Chafik schreibt, daß die »Diktion, die Intonation, die phonetischen Aspekte der Sprache im allgemeinen noch mehr Aufschluß als das Vokabular« über das berberische Substrat des Maghrebarabischen geben. Und auch »in der Syntax verstecken sich die berberischen Formen überall unter dem arabischen Mantel; sie sind der Grund für die Mehrzahl der Fehler, die die Lehrer des klassischen Arabisch in den Aufsätzen ihrer Schüler korrigieren müssen. Im Maghreb sind die Barbarismen letztlich Berberismen.« Chafik legt dar, daß sich einzelne Berberismen bis ins Ägyptische nachweisen lassen – denn auch die Altägypter sprachen berberisch. Heute hat sich in Ägypten nur noch in der Oase Siwa ein Berberdialekt erhalten. Untersucht man die Ortsnamen des nördlichen Afrika, wird deutlich, daß sich das Berberische in der Antike über die ganze Sahara bis in den Norden von Kamerun ausbreitete.

Für die Libanesen, Palästinenser, Syrer, Iraker und Saudis sind

Berberismen unverständlich. Auch die Sprachen der Libyer und der Ägypter sind schon mehr dem arabischen Orient zugewandt als die des westlichen Nordafrika. Sie unterscheiden sich auch durch den technischen Wortschatz, der jeweils aus den Sprachen der ehemaligen Kolonialmächte – in Libyen aus dem Italienischen – entlehnt wurde. Im westlichen Maghreb kommt das technische Vokabular aus dem Französischen (»mutur« für »moteur« – »Motor«). Sein Anteil erweist sich aber als regional sehr unterschiedlich: weil die Kolonisierung gegen Süden abnahm, ist dort auch der kolonialsprachliche Anteil im Arabischen geringer. Die arabophonen Stämme der Berge und der Sahara kommunizieren mit den Orientalen viel problemloser als die Leute des Nordens.

Der aus Rabat stammende Mohammed Chafik beschreibt, wie er die »drei kulturellen Schichten« des Maghreb entdeckte, als sein französischer Lehrer einmal erzählte, daß er bei der »Source d'Ain Aghbal« picknicken wolle. Der Schüler erlebte blitzartig ein typisches Identitätstrauma eines Kolonisierten. Er begriff, daß alle drei Bestandteile des Ortsnamens – source-ain-aghbal – dasselbe bedeuteten, nämlich »Quelle« auf französisch, arabisch und berberisch, und zwar – von hinten gerechnet – in der Reihenfolge der Eroberungen. (Mir drängt sich die Frage auf, ob das berberische »aghbal« nicht etwas mit dem lateinischen »aqua« zu tun haben könnte – womit eine weitere kulturelle Schicht hinzukäme.)

Um die Eigenheiten des Maghrebarabischen anzudeuten, mußte ich einen Marokkaner zitieren, weil algerische Sprachwissenschaftler sich mit der realen Sprache ihres Volkes nicht beschäftigen dürfen. Die einzige im Lande verbliebene Spezialistin für arabophone »Dialekte«, Dalila Morcly, konnte ihre Forschungen nur im Departement für Französisch an der Universität von Algier betreiben. Das zeigt den Status, den der FLN-Staat der Sprache der Mehrheit gewährte: Sie wurde als Produkt der Kolonisation ausgegeben. So lernte es Noara in der Schule, und so haben es mir oft auch relativ gebildete Algerier dargestellt: Bis 1830 hätten sie klassisches Arabisch gesprochen und geschrieben. Jeder sei schließlich zur Koranschule gegangen.

In der Tat haben die Algerier in den 130 Jahren der Kolonialzeit in einem Gefühl der erzwungenen Unterwerfung unter die französische Kultur gelebt, die sie faktisch zur Kulturlosigkeit verdammte. Die Kolonialmacht zerstörte das System der Koranschulen weitgehend, verwehrten den Algeriern aber den Zugang zu französischen Schulen. Nur die algerischen Juden durften sie ab 1871 besuchen – Hauptgrund dafür, daß sie in wenigen Jahrzehnten verwestlichten und sozial mit den pied noirs verschmolzen.

Muslime wurden erst in den fünfziger Jahren in größerer Zahl in den Schulen zugelassen. Das war einer der letzten Befriedungsversuche der Kolonialmacht. Damals tobte bereits der Unabhängigkeitskampf. Weil es 130 Jahre nicht mehr für alle gelehrt wurde – so meinen die meisten Algerier –, sei ihr klassisches Arabisch verfallen und habe sich der Sprache des Kolonisators angenähert – was als unehrenhafter Makel gilt. Der weitaus bedeutsamere berberische Anteil in der Lexik, Grammatik und Phonetik ihrer Sprache wird von den meisten arabophonen Algeriern ignoriert. Zu wenige schlagen in der »Enzyklopädie des Islam« nach, die bezeugt, daß die ländlichen Regionen ganz Algeriens im 16. Jahrhundert noch berberisch sprachen. Arabisch war die Sprache der Städte, von denen es sich allmählich ausbreitete.

Das Berberische hielt sich bis heute in vielen Bergregionen und in abgelegenen Gebieten als Alltagssprache der Familien. Die Männer sprechen zumeist auch etwas Maghrebarabisch, was mit ihrer größeren sozialen Mobilität zusammenhängt. Dieser allmählich fortschreitende Prozeß der »realen« Arabisierung auf der Basis des Maghrebarabischen ist bis heute im Gange. Er hat durch den Unabhängigkeitskrieg und auch durch die großen Migrationen, die danach einsetzten, enormen Aufschwung bekommen. Auch lernen viele junge Berber während des Armeedienstes Maghrebarabisch.

Wenngleich der Widerstand gegen die Arabisierungspolitik der Regierung so gut wie ausschließlich von den Berbern ausgeht – obwohl sie auch den Arabophonen sehr schadet –, fechten die Berber nur die Privilegierung des Hocharabischen als Nationalsprache an. Sie akzeptieren das Maghrebarabische als Verkehrssprache, und viele sind heute auch bereit, es im Alltag zu benutzen. Meine Schwiegermutter La Chamsa, die zum Berberstamm der Chawia aus dem Aurès gehört, ist nicht zu bewegen, auch nur einen Satz in der Sprache ihrer Region zu formulieren. Damit möchte sie sich wohl von ihrer bäuerlichen Herkunft abgrenzen. Und unser aus der Kabylei stammende Nachbar Mokhrane in Sidi Bel-Abbes hielt es nicht für nötig, daß seine Tochter Poussi kabylisch spräche. Es genügte ihm, ihr kabylisches Singen beizubringen – eine Leidenschaft, die er selbst von seiner Mutter geerbt hatte und bei jeder Gelegenheit dionysisch auslebte.

In der das Hocharabische privilegierenden Arabisierungspolitik stecken natürlich auch panarabische Illusionen, die mit der schwindenden politischen Perspektive des Panarabismus aber immer fragwürdiger werden. Innerhalb der arabischen Welt existiert noch nicht einmal eine begrenzte Konvertibilität der Währungen für touristische Zwecke, wie sie im Ostblock üblich war. Ohne Devisen kann kein Araber in ein anderes arabisches Land fahren, von Behinderungen bei der Vergabe von Visa – die bis hin zur Aus- und Einreiseverweigerung gehen – ganz zu schweigen. Diese starke Abschottung der arabischen Länder untereinander – es reisen praktisch nur Staatsfunktionäre – bewirkt gegenwärtig eher die Verstärkung der nationalen Charaktere als ihre Annäherung.

Nach der Unabhängigkeit war ein Teil der algerischen Lehrerschaft davon ausgegangen, daß die Schule die koloniale Sitte beenden müsse, in einer Sprache zu unterrichten, die die Kinder weder zu Hause hören noch in der Pause sprechen. Eine Delegation von Pädagogen verlangte von Ben Bella, daß die Regierung Mittel für die Erarbeitung eines Wörterbuchs und einer Grammatik des Maghrebarabischen bereitstelle – der natürlichen Basis des künftigen Bildungswesens. Das bislang einzige Wörterbuch des Maghrebarabischen war 1887 vom Chefübersetzer der französischen Armee in Nordafrika, Marcellin Beaussier, zusammengestellt worden. Ein Honorarprofessor aus Constantine, Albert Lentin, hat 1937 einen kleinen Ergänzungsband zum »Beaussier« veröffentlicht.

Ben Bella kommentierte das Ansinnen der Lehrer mit den Worten: »Es kommt nicht in Frage, daß wir unseren Dialekt unterrichten. Sollen denn unsere orientalischen Brüder ewig über uns lachen? Unsere zukünftige Sprache kann nur klassisches Arabisch sein.« Diese Episode ist um so skandalöser, wenn man sich vergegenwärtigt, daß Ben Bella privat stets französisch sprach und heute wohl auch noch spricht. Saddek hat im Gästebuch des im Vergnügungspark von Algier gelegenen Hotels Moncada eine Eintragung Ben Bellas von 1991 – in französischer Sprache – entdeckt.

Es war nicht nur die in den sechziger Jahren für realisierbar gehaltene panarabische Perspektive, die Ben Bella von vornherein für das Hocharabische optieren ließ, sondern auch jener eigenartige Vorbehalt, den Algerier oft ihrer eigenen Sprache und Kultur gegenüber haben, ein »Minderwertigkeitskomplex«, den Frantz Fanon als die Schizophrenie der kolonialen Situation bezeichnete: Die systematische Unterdrückung der Algerier basiere auf der »Zerstörung der kulturellen Werte, der Modalitäten der Existenz. Die Sprache, die Kleidungen, die Techniken werden herabgewürdigt ...« Schließlich bleibe »dem Einheimischen nur, nachdem er die Liquidierung seines Referenzsystems durch den Zusammenbruch seiner kulturellen Formen erlebt hat, gemeinsam mit dem Okkupanten anzuerkennen, daß ›Gott nicht auf seiner Seite ist‹. Der Unterdrücker bringt es durch den umfassenden und schrecklichen Charakter seiner Autorität so weit, dem Einheimischen neue Betrachtungsweisen aufzuzwingen, besonders eine geringschätzige Beurteilung seiner eigenen ursprünglichen Existenzformen ... Die zu Untermenschen degradierte Gruppe mußte eingestehen, ... daß ihr Unglück eine direkte Folge ihrer rassischen und kulturellen Charakteristika war. Schuld- und Minderwertigkeitsgefühle sind die normalen Konsequenzen dieser Dialektik. Um dem zu entgehen, neigt der Unterdrückte dazu, einerseits seine totale und bedingungslose Zugehörigkeit zu dem neuen kulturellen Modell zu proklamieren, andererseits ein unwiderrufliches Urteil über seine eigene Kultur zu sprechen.«

Diese Verachtung gegenüber der eigenen Kultur beschränkt sich keinesfalls auf die frankophonen Algerier. Aufgrund ihres höheren

Bildungsgrades schlägt sie bei diesen durchaus schon einmal wieder in Interesse um. Die Opfer dieser Selbstverachtung finden sich vor allem unter den Arabisanten, d. h. jener großen und immer größer werdenden Anzahl junger Menschen, die in Schule und Universität hauptsächlich eine einzige Qualifikation erworben hat: die mehr oder weniger ausgeprägte Kenntnis des Hocharabischen. Von Perfektion kann bei den allerwenigsten die Rede sein, denn die »Berberismen« sind offensichtlich nur schwer auszumerzen. Diese Jugendlichen suchen ihre Identität nicht in der Realgeschichte ihrer eigenen Kultur, sondern in einer fiktiven panislamischen Kultur, deren Zentrum im Nahen Osten vermutet wird.

Die von Fanon beschriebene kulturelle Entfremdung setzt sich also noch immer fort. Aber selbst wenn man das Französische im Maghrebarabischen als das Erbe einer bösen Vergangenheit definiert, ist es nach aller sprachsoziologischen Menschheitserfahrung nicht möglich, dieses Erbe gewaltsam auszuschalten, zumal es auch heute immer wieder aktiviert wird – im Hochtechnologietransfer, aber auch in der allen Volksschichten zugänglichen Technik des Autos. Dessen Zubehör wird so gut wie ganz mit verballhorntem Französisch benannt.

Das Prestige des Hocharabischen rührt vor allem daher, daß seine Entwicklung in enger Verbindung zur Sprache des Koran stand, die dem Muslim heilig ist. Während weder die Sprache noch der Wortlaut des Neuen Testaments je als direkte Emanation Gottes angesehen wurden, gilt der Koran als wörtliche Offenbarung Allahs an Mohammed. Koranübersetzungen und Gebete in anderen Sprachen besitzen keine religiöse Legitimität: Der Kontakt zu Gott kann nur auf arabisch hergestellt werden.

Das moderne Hocharabisch hat ein eigenes Vokabular auch für neue technische Begriffe entwickelt – was vielen Arabisanten als Vorzug gilt. Sie sind sich nicht darüber im klaren, daß auch das Hocharabische immer von anderen Sprachen beeinflußt wurde und wird. Schon in der Anfangszeit des Islam assimilierte es persische Elemente der Grammatik, die sich bereits im Koran finden. Eine große Anzahl griechischer Wurzeln kam seit der Antike ins Arabische. Auf ihnen basiert häufig das technische

Vokabular. Auch heute steht das im Orient von den Intellektuellen genutzte Hocharabisch natürlich in Austausch mit den anderen großen Weltsprachen.

Obwohl die Schulausbildung in Hocharabisch die Anfälligkeit für den Islamismus fördert, ist es dennoch falsch, den Panarabismus oder auch das Bekenntnis zum Hocharabischen immer mit Islamismus gleichzusetzen. Viele verbinden mit der Forderung nach der Arabisierung auf der Basis des Hocharabischen nicht nur das Argument seiner heiligen Wurzeln, sondern heben gerade auch seine Modernität, seine Anpassungsfähigkeit an unsere Zeit hervor.

Das tut z. B. Rachid Boudjedra, der fanatischer Modernist und erbitterter Gegner des Islamismus ist. Er setzt alles daran, den Erfolg, den er in der französischen Literatur hatte, im Hocharabischen zu wiederholen. Damit versperrt er sich aber weitgehend den Weg zum eigenen Publikum. Die Entscheidung für das Hocharabische brachte ihn – trotz der zweifellos oppositionellen Inhalte seiner Romane – auch immer wieder in Verdacht, mit der FLN-Macht zu kokettieren.

Diese fühlte sich in der Tat durch die in Maghrebarabisch verfaßten politisch brisanten Theaterstücke des Mozabiten Slimane Ben Aissa weitaus mehr provoziert. Die Tourneen Ben Aissas trugen den Aufruhr bis in die Erdölbasen des Südens und wurden immer wieder verboten.

Als unkorrumpierbar von den Versuchungen der Macht, des Hocharabischen und nicht zuletzt auch des Französischen, erwies sich vor allem Kateb Yacine – der Dante der algerischen Literatur. Seit Mitte der siebziger Jahre schrieb er seine Stücke in Maghrebarabisch und begann damals auch, sein früheres, noch in französisch verfaßtes Werk zu übersetzen. Er und Mouloud Mammeri – der berberisch schrieb – hatten als erste erkannt, daß die wichtigste Aufgabe der Kunst des unabhängigen Algerien darin bestand, der Volkssprache ihre Würde zurückzugeben. Tahar Ouettar, Abdelhamid Benhadouga, Merzak Baghtache und Djillali Khalas – sind respektable Schriftsteller der jüngeren Generation, die in populärem Maghrebarabisch schreiben.

Andere Autoren – wie Rachid Mimmouni und Tahar Djaoud –, deren Romane nicht weniger »algerisch« sind als die der Arabophonen, schreiben weiter in Französisch.

Die Tatsache, daß der Staat – nach dem kurzen Intermezzo der Zweisprachigkeit unter Mostafa Lacheraf – das Hocharabische als zukünftige »lughua watania«, als Nationalsprache, absolut favorisierte, war die Basis für die große Selbstsicherheit, mit der unsere arabophonen Studenten unablässig die Auflösung der frankophonen Studiengänge forderten. Da das Studium kostenlos war und jedem Abiturienten ein Stipendium zustand, kam die Mehrheit aus den unterprivilegierten Schichten des Landesinneren, die mit dem Diplom ihre soziale Lage zu verändern hoffte. Und gerade diese Jugendlichen aus den ärmsten Gegenden hatten in ihren Herkunftsgebieten weder naturwissenschaftliche Gymnasien noch Ausbildungsplätze in der modernen Wirtschaft in Aussicht: Wenn es überhaupt Industrie gab, war sie hypermodern und brauchte nur wenige Arbeitskräfte – die französisch sprachen.

Die einzige Berufschance der in hocharabisch ausgebildeten Jugend war eine Anstellung in der Verwaltung oder in den Schulen – als Arabischlehrer. So wurde die Arabisierung der Grund- und Mittelschulen, aber auch der unteren Ebenen der Verwaltung durch den sozialen Druck dieser Jugendlichen immer mehr beschleunigt. Natürlich war ihnen schon die blanke Existenz der effizienteren und gebildeteren Frankophonen ein Dorn im Auge, weil sie ihnen auf dem Arbeitsmarkt die mittleren und höheren Positionen versperrten und scheinbar die Ursache waren, daß sich die völlige Arabisierung des Landes immer wieder verzögerte.

Weder die Funktionäre des Staates, noch die arabophonen Mehrheiten nahmen den Widerspruch wahr zwischen dem nur über das Französische oder Englische möglichen Zugang zur Hochtechnologie und der immer strikteren Ausrichtung des Bildungswesens auf das Hocharabische. Der populären Forderung, den Französischunterricht auf allen Ebenen des Bildungswesens radikal abzubauen, wurde nachgegeben: In den achtziger Jahren vermittelte die Schule das Französische nicht mehr in dem Ausmaß, das Durchschnittsschüler zur Weiterbildung in dieser Sprache befähigt hätte. Und das, obwohl so gut wie alle der ingesamt viel zu geringen Möglichkeiten zur Berufsausbildung die Kenntnis des Französischen voraussetzen!

Die Arabisierung der algerischen Schule setzte die traditionelle Dominanz literarischer und religiöser Unterrichtsinhalte fort. Die nur schwach vertretenen Naturwissenschaften (Noara kannte Biologie und Chemie als Schulfächer nicht) verloren weiter an Niveau. Hinzu kam eine fatale Wechselwirkung zwischen der überkommenen autoritären Pädagogik und den objektiven Schwierigkeiten der Schüler, sich im Hocharabischen auszudrücken: Sie lernten nicht, ihre eigenen Gedanken und Meinungen zu formulieren, sondern sollten möglichst wortgetreu nachsprechen, was der Lehrer vorgetragen hatte. So blockierte das Hocharabische genau jene kreativen Potenzen der Kinder, die sie für den Eintritt in die Moderne so dringend gebraucht hätten.

Unsere Freundin Rabia hatte als Frau eines Presseattachés einige Jahre in Frankreich gelebt und die Zeit dort genutzt, um an einer renommierten Schule Hocharabisch zu lernen. Nach Algerien zurückgekehrt, engagierte sie sich für die Arabisierung. Sie erarbeitete für die SNS – den staatlichen Konzern für Stahlproduktion – ein Ausbildungsprogramm auf hocharabisch für Elektriker. Diese Initiative war keineswegs landesweit üblich. Sechzehn junge Männer wurden mit diesem Programm tatsächlich zum Diplom geführt. Zwei Jahre später recherchierte Rabia, was aus ihren Schülern geworden war. Vierzehn von ihnen hatten keine Anstellung gefunden, weil sie »nur« arabische Diplome vorweisen konnten! Zwei arbeiteten als Elektriker – aber allein deshalb, weil sie auch des Französischen mächtig waren!

Der Personalchef des Lastkraftwagenwerkes von Rouiba äußerte in »Algérie Acutalité« (3. bis 9. Januar 1985), daß der Betrieb nur Anfang der siebziger Jahre einmal ein paar Arabisanten eingestellt habe, die man aber lediglich in den mechanischen Werkstätten und an den Fließbändern einsetzen konnte. Dort handele es sich »um Arbeitsplätze, bei denen nichts Geschriebenes, keine Dokumentationen gebraucht werden ... Sie haben Probleme, wenn ein Arbeitsplatz die Nutzung von Tabellen notwendig macht, die den Fabrikationsprozeß genau beschreiben ... Alle technischen Sektoren arbeiten in Französisch. Wenn wir morgen zum Beispiel einen Elektroniker nehmen müßten, der in der Nationalsprache ausgebildet ist, hätte er große Anpassungsschwierigkeiten.«

Allein die Tatsache, daß das Hocharabische über das notwendige technische Vokabular verfügt, bringt noch nicht die unermeßliche Anzahl von notwendigen Übersetzungen hervor, um einer breiten Schicht arabisierter Algerier die Beherrschung ihrer Hochtechnologie möglich zu machen. Wie in anderen arabischen Ländern entwickelte sich eine abgehobene Technokratie, die durch die Kenntnis des Französischen über das Wissen und die Entscheidungsgewalt verfügte und den Produktions- und Verwaltungsapparat beherrscht. Diese Gesellschaftsschicht erzieht ihre Kinder in Französisch, obwohl es in den Schulen abgebaut wurde. Sie weiß, daß das »billet d'entrée«, die Eintrittskarte in die Zukunft, auch für ihre Kinder das Französische sein wird.

Die politisch Weitsichtigeren aus der Schicht der Kader und der Technokraten sprachen mit ihren Kindern französisch und hielten sie zugleich an, das Hocharabische in der Schule ernstzunehmen. Die wirkliche Zukunftsformel lautete »Zweisprachigkeit« – wenn es auch schien, daß das Hocharabische nur aus ideologischen Gründen gelernt werden mußte und daß das Französische die eigentlich funktionale Sprache der lohnenden Berufe blieb.

Eine technologisch bescheidenere Variante der Industrialisierung hätte eine andere Arabisierungspolitik möglich gemacht, die den Algeriern mittelfristig auch zur Rückeroberung ihrer wirklichen Identität verholfen hätte: die allseitige Promotion des Maghrebarabischen. So hat jedoch die das Hocharabische fördernde populistische Regierungspolitik zu nichts anderem als zur Stabilisierung des Französischen geführt. Ein Circulus vitiosus.

Die gefährlichste Auswirkung dieser Politik besteht darin, daß sie mit der Gewalt einer Zentrifuge verschiedene selbstbewußte Eliten schafft, die sich mittlerweile ebenso feindlich gegenüberstehen, wie einst die Masse der Algerier und die Kolonialmacht.

Salah, ein Freund aus der Kabylei, der an der Universität ihrer Hauptstadt Tizi Ouzou lehrte, kam einmal in der Woche nach Algier und nahm an meinem Kurs zu den Revolutionstheorien teil. Im Frühjahr 1980 besuchte er uns eines Abends und bat schließlich darum, bei uns auch schlafen zu dürfen. Wir verstanden das nicht gleich, denn wie immer, wenn es irgendwo im Land Unruhen gab, schwiegen die algerischen Medien noch.

Salah erzählte, daß am 10. März der offiziell durchaus anerkannte Schriftsteller Mouloud Mammeri auf dem Weg nach Tizi Ouzou festgenommen worden war. Man wollte verhindern, daß er einen Vortrag über berberische Poesie an der Universität hielt.

Daraufhin traten Studenten und Lehrkräfte in Streik und besetzten die Universität. Tag für Tag wurden mächtigere Demonstrationen organisiert. Es brodelte bereits in der ganzen Kabylei.

Salah befürchtete, nachts in eine der Sperren zu geraten, die die Gendarmerie auf den Straßen zwischen Algier und der Kabylei errichtet hatte. Man wollte Aktivisten festnehmen und Verbindungen des Aufstands mit der Hauptstadt blockieren.

Nadjiba und Rebiha hatten Bedenken. Trotz der berberischen Herkunft der Eltern brachten sie wie die meisten arabophonen Algerier für den angeblich vom französischen Imperialismus gelenkten Kulturkampf der Kabylen kein Verständnis auf. Rebiha hatte eine Fernsehreportage gesehen: Eine Gruppe von Kabylen verbrannte öffentlich eine algerische Fahne – angeblich ein Beweis dafür, daß die alten Träume der Autonomie weiterbestehen. Salah meinte, daß es sich hier zweifellos um »von oben« bestellte Bilder gehandelt habe, die die Kabylen in ein negatives Licht stellen sollten. Er erzählte, daß sie diesmal nicht allein für die kulturellen Rechte der Kabylen kämpften – für die Einführung des Kabylischen in Schule und Universität –, sondern für die soziale Promotion aller Volkssprachen in Algerien. »Ob ihr es glaubt oder nicht«, sagte er, »wir singen bei unseren Demonstrationen ganz bewußt die Nationalhymne und auch ›Min djibalina‹« – ein populäres arabisches Lied aus dem Unabhängigkeitskampf.

Da Saddek und ich keinen Augenblick zögerten, Salah bei uns schlafen zu lassen – mir kam das sogar ausgesprochen ehrenhaft vor –, verbrachte er die Nacht bei uns. In der Frühe – als die Sperren der Gendarmen erfahrungsgemäß durch den zunehmenden Verkehr durchlässiger wurden – fuhr er mit ein paar Freunden im Auto nach Tizi Ouzou.

Wie konnte Salah an so einer Erhebung nicht teilnehmen – da er doch eine weit über hundertjährige Urgroßmutter hatte, die behauptete, sich noch an den Aufstand des Mokhrani gegen die Kolonialmacht im Jahre 1871 zu erinnern! Das frische, mangels Industrialisierung auch saubere Klima der kabylischen Berge – auf deren Kämmen die roten Dächer der Dörfer den wunderschönen Korallenketten der Region gleichen –, läßt einige Menschen steinalt werden. Da die Kabylei östlich von Algier beginnt, haben wir manches Wochenende dort verbracht und sind in den kühleren Jahreszeiten auch viel gewandert. Im Winter konnte man auf den höchsten Bergen mit Schnee rechnen.

Der Widerstand, den die Kabylen dem von der Regierung eingeschlagenen Weg der Arabisierung entgegensetzten, war uns bei diesen Besuchen verständlich geworden. Der in Algier nur selten erhältliche, ausgezeichnete kabylische Camembert »Le Tassili« wurde uns in der Kabylei mehrmals in bunt bedrucktem, mit großen arabischen Buchstaben geschmücktem Papier verkauft: herausgerissene Seiten von nagelneuen Schulbüchern!

Womit und was mögen die Lehrer in der Kabylei unterrichtet haben? Es war ihnen streng verboten, selbst kleine Kinder in Kabylisch singen zu lassen. Von der ersten Unterrichtsstunde an sollte hocharabisch gesprochen werden, was für die Kinder der Region – im Gegensatz zu den arabophonen Kindern – eine wirkliche Fremdsprache war. Erst nach 1988 schrieb die Presse offen darüber, daß viele kabylische Kinder wegen des Sprachproblems noch nicht einmal die Grundrechenarten erlernt hatten!

Der Aufstand von 1980 war bedeutsamer, als wir damals ahnen konnten. Er bekam den legendär gewordenen Namen »Tafsut Imazighen« – »Frühling der freien Menschen« bzw. »Berberfrühling« – und markierte eine bedeutsame Zäsur in der jüngeren algerischen Geschichte, weil er tatsächlich nicht nur die Legitimität der kabylischen Kultur, sondern aller Volkskulturen des Landes einforderte. Das war neu – denn der von Ben Bella 1963 blutig niedergeschlagene Aufstand in der Kabylei hatte noch sezessionistische Ziele vertreten. Waren sich die Kabylen mittlerweile bewußt geworden, daß sie nur im Verband der Nation ein Anrecht auf Petrodollars hatten? Der Bezug auf die ganze Nation kam in Losungen zum Ausdruck wie: »Ist das Berberische nicht auch eine algerische Sprache?« oder »Berberisch und Volksarabisch müssen zu Nationalsprachen erklärt werden.« Der »Berberfrühling« von 1980 hat die in den kommenden Jahren von den politischen Führern der Kabylen – Ait Ahmet und Said Saadi – eingenommene Haltung geprägt: Sie präsentierten sich bewußt nicht mehr nur als Vertreter der Kabylen, sondern als Verfechter des Berbertums aller Algerier.

Die Wahrhaftigkeit dieser Feststellung trägt indes bis heute kaum zu ihrer Verbreitung bei: Das Prestige des Arabischen hat bei den arabophonen Algeriern die Überzeugung hervorgebracht, daß sie auch ethnisch von den Arabern abstammen. Der Kabyle, der scheinbar trotzig an seiner Bauernsprache festhält, anstatt sich der Sprache des Propheten anzunähern, wird von vielen als fremd, wenn nicht als Feind empfunden. Darüber hinaus wird den Kabylen ihre relativ gute Beherrschung des Französischen übelgenommen: Die Region war seit den letzten Jahrzehnten des 19. Jahrhunderts vom Orden der »Weißen Väter« missioniert worden. Zwar traten nur sehr wenige Kabylen zum Christentum über, manche gingen aber in die von den »Weißen Vätern« unterhaltenen Schulen. Außerdem war die Kabylei die erste Region, aus der schon um die Jahrhundertwende Arbeitskräfte nach Frankreich emigrierten. Bis heute ist der Anteil der Kabylen unter der algerischen Emigration besonders hoch. Natürlich wird gerade aus diesen Gründen hinter den kabylischen Aufständen stets noch die Hand Frankreichs vermutet.

Algier war 1980 von dem Aufstand mitbetroffen. Und das nicht nur, weil hier viele Kabylen leben. Der Aufstand hatte den Kulturkampf um soziale Forderungen erweitert, wodurch er Unterstützung bei der Arbeiterschaft in der Hauptstadt bekam. An der Universität und in einigen Betrieben brachen das ganze Frühjahr durch immer wieder Solidarstreiks aus, an denen eine Zeitlang sogar das Personal des Krankenhauses Mustapha teilnahm.

Und immer wieder wurde auch in Algier demonstriert. Der Altmeister der algerischen Schriftsteller, Kateb Yacine, wurde an der Spitze eines Demonstrationszuges festgenommen, der die Anerkennung des Berbertums aller Algerier als ihre ursprüngliche Identität einforderte.

Der Staat reagierte mit Peitsche und Zuckerbrot. Unter dem Vorwand, daß der Aufstand von außen, von Frankreich her, angezettelt sei, prügelten die Ordnungskräfte die Demonstranten nieder. Schließlich wurden die besetzten Betriebe, Krankenhäuser und am Ende auch die Universität von Tizi Ouzou gestürmt und unter Polizeibefehl wieder zum Funktionieren gebracht. Unter den Verhafteten – die zum Teil gefoltert wurden – befanden sich auch zwei kabylische Sänger: Ferhat und Ait Mengelet. Letzterer hat bis 1986 im Gefängnis von Blida gesessen. Ferhat konnte nach Frankreich entkommen. Es sei daran erinnert, daß der aufrührerische maghrebarabische Rai des Oranais damals ebenfalls verboten war.

Während das Regime den »Berberfrühling« zu ersticken suchte, wurden die Kaufhäuser der Kabylei mit raren Waren überschwemmt. Der Hochschulminister Abdelhak Brerhi reiste mehrmals nach Tizi Ouzou und versprach den Studenten ein Nationales Institut für die Erforschung der Volkskulturen einschließlich der Wiedereinrichtung des Lehrstuhls für Berberisch – den man Mouloud Mammeri 1971 entzogen hatte.

Das Dekret über die Schaffung dieses Instituts sowie eines Staatssekretariats für Kultur und Volkskunst wurde zwar im »Moudjahid« seinerzeit veröffentlicht, aber bis heute nicht realisiert. Nur die kabylische Musik war seit 1980 im Rundfunk und im Fernsehen stärker vertreten als vordem – freilich nur in unpolitischen Varianten. Mir gelang es in den achtziger Jahren mehrmals, Artikel über die alten Numider – die Vorfahren der Berber – in »Algérie Actualité« und im »Moudjahid« unterzubringen.

Nach der Niederschlagung des kabylischen Aufstandes hielt es die FLN-Regierung nicht mehr für notwendig, die versprochenen

Reformen zu realisieren. Sie glaubte, über genug Reserven zu verfügen, um die alte Politik der Arabisierung nicht nur fortzusetzen, sondern sogar zu forcieren. Sie erschien weiterhin als probates Mittel, die aufmüpfige Linke zu drosseln.

Eine dieser Reserven bestand in der relativ großen Anzahl von Kabylen, die zum Machtapparat gehörten und ihre Region insofern verrieten, als sie sich in die Arabisierungspolitik des Staates einbinden ließen. Denn unglücklicherweise war das Erlernen des Hocharabischen auch in der noch weitgehend agrarischen Kabylei die praktisch einzige, auch den ärmeren Schichten zugängliche Form sozialer Promotion. Nicht nur ein Teil unserer aus arabophonen Gebieten stammenden Studenten waren gegen die »Frankophonen« und die »Berberisten«. Es gab auch Studenten aus der Kabylei, die für das Hocharabische kämpften. Chadlis Bildungsminister Kharroubi – der nun die Arabisierungspolitik an Schulen und Gymnasien durchpeitschte – war Kabyle. Der Aufstand verwüstete seine Villa in Tizi Ouzou, er blieb aber bis 1988 im Amt. Auch der unter Boumediene zeitweise als Religionsminister fungierende Mouloud Kassim – jetzt Chadlis unerbittlicher Staatssekretär für die Arabisierung – stammte aus der Kabylei.

Die FLN arbeitete jedoch nicht nur mit Dekreten, die autoritär nach unten weitergegeben wurden. Nach dem Muster von Constantine, wo sie zehn Jahre zuvor die Befürworter und die Gegner der Agrarrevolution unter dem äußeren Vorwand des Sprachenstreits aufeinandergehetzt hatte, mobilisierte sie nun auch jetzt wieder verschiedene Gruppen von Studenten gegeneinander. Das gelang vor allem in Algier. Tizi Ouzou, die nun stetig selbstbewußter werdende Hauptstadt der Kabylei, ließ sich immer weniger an der Nase herumführen.

Um das Gegengewicht zu den »frankophonen Linken« an der Universität von Algier zu stärken, ließ der Staat den immer mehr zur Frömmigkeit neigenden Arabisanten größte Freiheiten. Im Juni 1980 – kurz nachdem der »Berberfrühling« niedergeschlagen war – gründeten sie unbehelligt ihre berüchtigten »Geheimen Gerichte«.

Im frankophonen Departement der »Sciences Po« – wie das

Institut für politische Wissenschaften gemeinhin hieß, war ich in die hilflosen Diskussionen und Rettungsversuche frankophoner Kollegen verwickelt, die von Jahr zu Jahr deutlicher spürten, daß ihr Stündchen geschlagen hatte. Zwar wollten sie es nicht für möglich halten, daß die ägyptischen und syrischen »Duktur« – die sich stets mit Titel anreden ließen, was in der französischen Universitätskultur als lächerlich gilt – wirklich ihre Plätze einnehmen sollten. Aber es gab nun auch prätenziöse junge Arabisanten mit Universitätsdiplomen, die die Stellen der Frankophonen besetzen wollten. Weil kaum etwas gegen die Behauptung gesagt werden konnte, daß das Französische ein koloniales Überbleibsel war, schlugen einige frankophone Kollegen als Alternative zum Hocharabischen die Einführung des Englischen vor – weil es besser als das Französische den Zugang der Jugend zur modernen Technik ermögliche. Manche träumten auch von der Einführung des Spanischen – obwohl wir täglich vor Augen hatten, daß unsere Studenten große Schwierigkeiten hatten, auch nur eine der beiden Sprachen einigermaßen zu erlernen, die sie eigentlich beide hätten beherrschen müssen: Arabisch und Französisch.

Die Zauberformel wäre in der Tat die Zweisprachigkeit gewesen. Seit der Antike waren die Herrschenden und die Händler Nordafrikas mehrsprachig gewesen. Jetzt kam es darauf an, die Mehrsprachigkeit zu demokratisieren. In demokratischer Perspektive hätte der notwendige Anteil des »neokolonialen« Französisch von nichts anderem als von der konkreten Form der Industrialisierung abgehangen. Ein Entwicklungsmodell, das weniger auf Hochtechnologie basiert, könnte das Französische tatsächlich zurückdrängen und das Maghrebarabische als wirkliche Nationalsprache fördern.

Die realistisch denkenden Hochschullehrer wollten Institute mit einem einzigen Studiengang schaffen, der die Studenten gezwungen hätte, Unterricht in beiden Sprachen zu akzeptieren. Bei den mittlerweile herangewachsenen Abiturienten konnte man – im Gegensatz zu den Älteren – ja tatsächlich ein Minimum an Zweisprachigkeit voraussetzen. So wäre der ewige Streit zwischen beiden Studienrichtungen geschlichtet, kein Hochschullehrer entlassen und die Qualität der Ausbildung angehoben worden. Der kulturelle Horizont aller Studenten hätte sich geweitet.

Direktor Derradji und sein Nachfolger Abassa waren selbst Zweisprachler. Derradji hatte ein französisch-arabisches Wörterbuch des politischen Vokabulars publiziert, das direkt auf den universitären Bedarf zielte. Abassa – einst Chefredakteur des für seinen politischen Mut legendären, mittlerweile verbotenen Oraner Blatts »La République« – wollte die Legalisierung der damals nicht zugelassenen Regionalpresse erreichen. Das hätte nicht nur den Regionen gutgetan, sondern auch unseren von Jahr zu Jahr zahlreicheren Studenten Arbeit und Brot gegeben. Aber nur eine kleine Fraktion des totalitär ausgerichteten Informationsministeriums unterstützte diese Idee. Das Kräfteverhältnis im Land – und der kulturelle Defätismus der Regierung Chadli – verstellte die Perspektive der Zweisprachigkeit immer deutlicher.

Wie die meisten frankophonen Kollegen hatte ich mir angewöhnt, die periodisch verkündeten Dekrete zur Arabisierung nicht wirklich ernst zu nehmen. Als mich Derradji bat, für das Herbstsemester 1980 und das Frühjahrssemester 1981 eine außerordentlich anspruchsvolle Lehrveranstaltung auszuarbeiten: »Philosophie und politisches Denken von der Antike bis heute«, gab er gleichzeitig zu, daß ich sie nur einmal abhalten könnte, weil sie ab Herbst 1981 endgültig arabisiert werde. Obwohl das eine Zumutung war, sagte ich zu. Denn es war ein ehrenvoller Auftrag.

Mir war klar, daß ich nicht nur europäische Philosophie anbieten konnte, sondern mir auch einige Grundlagen arabischer und jüdischer Philosophie und Religion aneignen mußte. Als ich mit den Studenten die Paradiesvorstellungen verschiedener Religionen untersuchte, provozierte ich die Frage, wieso der Koran über die Perspektiven der Frauen nach dem Tode nichts Genaues sagt, die Freuden für Männer aber präzise beschreibt. Wir hatten immer einen hohen Anteil von Studentinnen, der oft fünfzig Prozent überschritt. Damals trugen die meisten noch keinen Hidjab und waren auch keineswegs eingeschüchtert. Sie begnügten sich nicht damit, das Paradox zu beklagen, sondern forderten Gleichstellung: keine Jungfrauen für Männer im Paradies oder ein Äquivalent auch für Frauen! Keine Polygamie für Männer auf Erden oder das Recht für Frauen, ebenfalls vier Männer zu ehelichen!

Nachdem wir eine Weile diskutiert hatten, meldete sich ein ansonsten schweigsamer Student und erklärte, daß jene Koranstellen, die das Leben der Männer im Paradies als ein ewiges Schwelgen mit immer wieder neuen Huris beschreiben, allein für die Kämpfer des Djihad, des heiligen Krieges, bestimmt sind, die ihr Leben für den Islam aufs Spiel setzen müssen. Das Paradies sei in Wirklichkeit ein Ort rein geistiger Harmonie, wo die Seelen keinerlei irdischen Gelüsten mehr frönen. Und selbstverständlich herrsche hier Gleichheit zwischen Männern und Frauen.

Ich war perplex. Von einem platonischen Paradies des Islam hatte ich noch nie etwas gehört. Es blieb mir nichts anderes übrig, als meine Zufriedenheit auszudrücken, daß sich wenigstens in der Paradiesvorstellung eine gewisse Annäherung zwischen Christentum und Islam anbahne.

Auch heute weiß ich nicht, ob dieses platonische Paradies zu den offiziösen Vorstellungen des Islamismus gehört oder ob es sich der Student allein zusammengebastelt hatte. Damals begriff ich aber zum ersten Mal, daß sich der Islamismus die Frage der Gleichstellung der Geschlechter in der Religion durchaus stellte. Mit dieser Fähigkeit, unumgänglichste Reformen durchzuführen, enthüllte er sich als echte Restaurationsbewegung, die wußte, daß sie nur »zurückgehen« konnte, wenn sie hier und da auch einen Schritt »vorwärts« riskierte.

Kollegen warnten mich nun öfter, daß wir mittlerweile viele Islamisten in unseren Studiengängen hätten. War mir noch nicht aufgefallen, daß viele junge Männer merkwürdig oft darum baten, auf die Toilette gehen zu dürfen? In Wirklichkeit zog es sie in die universitäre Moschee, zum Gebet.

Kaum hatte man mich darauf aufmerksam gemacht, konstatierte ich in der Tat eine große und stets wachsende Anzahl angeblich schwacher männlicher Blasen. Die Mädchen baten so gut wie nie, austreten zu dürfen.

In unserer Fakultätsmoschee wurde nicht nur gebetet. Sie war auch ein konspirativer Ort, in der die Muslimbrüder unter anderem auch berieten, welche Liebespaare sie in den Parkanlagen der Universität aufscheuchen und welchen zu leicht bekleideten Studentinnen sie demnächst Zigaretten ins Dekolleté drücken würden.

Eine Zeit unglaublicher Terrorakte begann, deren Höhepunkt im November 1982 die Hinrichtung des als links geltenden Kabylen Kamal Amzal war. Ein illegales islamisches Gericht hatte ihn zum Tod durch das Schwert verurteilt, und das Urteil war vor aller Augen in der Mensa von Ben Aknoun vollzogen worden. Die darauffolgende Schlacht zwischen Arabisanten und Frankophonen forderte weitere neun Schwerverletzte. Ein mir heute noch vorliegendes Flugblatt zeugt von den Protestmeetings. Dort wurden »alle Instanzen der Politik, der Gewerkschaften und der Religion« beschworen, »die Aktivitäten derer zu verurteilen, die den Islam zu kriminellen Zwecken mißbrauchen und damit im Gegensatz zu den religiösen und politischen Orientierungen unseres Landes handeln«.

Die »religiösen und politischen Orientierungen«, die hier angesprochen wurden, sind die in allen bisherigen algerischen Verfassungen stehenden Grundsätze, wonach die Religion Staatsreligion ist und deshalb in der politischen Auseinandersetzung von niemandem monopolisiert werden darf. Hier drückte sich ein in der Tradition der Sunna möglicher embryonaler Laizismus aus, der die Existenz verschiedener Interpretationen zwar nicht ausdrücklich legitimiert, aber doch toleriert. Der Kampf um dieses Prinzip bestimmte den Kampf mit den Islamisten auch später, die sich – nach dem Vorbild der iranischen Ayatollas – ein totalitäres Interpretationsmonopol schaffen wollen. (Ali Belhadj – der junge charismatische Führer der Islamisten – hat in der Zeitschrift »El Bayane« vom Dezember 1989 eingeräumt, daß nicht nur viele junge Leute, sondern sogar eine gewisse Anzahl von Imamen aus Faszination für die iranische Revolution dem Schiismus anhängen und daß es deshalb zu ernsthaften inneren Auseinandersetzungen in der islamistischen Bewegung gekommen ist.)

Bei der sich in den kommenden Jahren herauskristallisierenden politischen Konkurrenz zwischen FLN und Islamismus versuchte die Regierung ihrerseits, sowohl in der Gesetzgebung, aber auch in der Exekutive, eine Art staatliches Interpretationsmonopol der Religion durchzusetzen. Man kann sagen, daß Staat und Islamisten in einen religiösen Wettbewerb traten, bei dem der Staat die ungünstige Position des Diktators einnahm, während die Islamisten die Rolle der befreienden Opposition spielten.

Der Mord an Kamal Amzal führte dazu, daß die Polizei das Waffenlager in der Universitätsmoschee ausräumte. Es kam auch zu einigen Verhaftungen. Aber die Reaktion des Staates war dennoch so moderat, daß sie nicht etwa den Rückzug der Islamisten einleitete, sondern sie eher zu verschärften Provokationen ermunterte. Am 12. November veranstalteten sie in der Zentralfakultät ein großes Protestmeeting gegen die »Repression des Staates«, bei dem etwa fünftausend Studenten anwesend waren. Es sprachen die populären, islamistisch argumentierenden Imame Cheikh Soltani und Cheikh Sahnoun, die zusammen mit dem Hochschullehrer Abassi Madani – dem späteren FIS-Führer – ein Kommuniqué an die Regierung unterzeichneten, das in den folgenden Tagen ebenfalls als Flugblatt kursierte. Ohne auf den Mord an Kamal Amzal einzugehen, wird hier behauptet, die Ereignisse von Ben Aknoun seien durch Provokateure ausgelöst worden, hinter denen »ein Kartell« stünde, »das vom internationalen Kommunismus, von den Freimaurern, dem Judentum und dem amerikanischen Imperialismus sowie deren hiesigen Agenten, den Propagandisten des Kommunismus, des Rassismus und des Baathismus gebildet wird«.

Das Kommuniqué ist das erste politische Programm des algerischen Islamismus: Es brandmarkt zunächst die herrschende Korruption und Mißwirtschaft sowie die uneffiziente Universitätsausbildung, um dann die Einführung islamischer Prinzipien in der Wirtschaft zu verlangen, die allerdings nicht präzise definiert sind. Genauer sind die Forderungen in politischer und kultureller Hinsicht: Alle Kulturveranstaltungen, die nicht eine explizit islamistische Ausrichtung haben, werden als »Quatsch« und »anstößig« bezeichnet. Die »mixité«, die Koedukation von Jungen und Mädchen, wird scharf kritisiert: »Die unseren Erziehungsinstitutionen, der Verwaltung und der Wirtschaft aufgezwungene Zweigeschlechtlichkeit hat äußerst nachteilhafte Folgen für die Leistungsfähigkeit in erzieherischer, kultureller, ökonomischer und sozialer Hinsicht. Sie ist ein alarmierendes Zeichen für den Niedergang von Moral und Zivilisation.«

Die Frauen als Sündenböcke der Krise! Ich erinnere mich, wie empört zahlreiche Studentinnen darüber waren, daß ihrem Rückzug aus der Öffentlichkeit dieselbe Bedeutung für die Genesung der muslimischen Zivilisation beigemessen wurde wie dem Kampf gegen Imperialismus, Kommunismus und Judentum. Da der Sieg über diese Mächte nicht absehbar schien, wurde die Gefahr deutlich, daß sich die Islamisten bei der Realisierung ihres Gesellschaftsprojekts zunächst einmal an die Frauen halten würden – zumal sie die Emanzipation der Frauen als Einfallstor für kulturellen Fremdeinfluß betrachteten.

Das islamistische Meeting endete mit der Verhaftung der zwei Cheikhs und Abassi Madanis. Die damals weitaus bekannteren Imame Soltani und Sahnoun wurden bald freigelassen und unter Hausarrest gestellt. Abassi Madani – dem aus der Sicht des Staates gefährlichen Hochschullehrer – wurde ein Prozeß gemacht, der ihn wegen »Bildung subversiver Organisationen« sowie »Verteilung von subversiven Flugblättern« bis 1984 ins Gefängnis brachte. Ansonsten blieb an der Universität alles beim alten. Die Islamisten schüchterten den Campus dermaßen ein, daß sich Liebespaare kaum noch offen zeigten. Und immer mehr Studentinnen gaben die bislang herrschende Koketterie »à la Parisienne« auf und legten den Hidjab an.

Die politischen Instanzen des Landes trieben die Arabisierung weiter voran. Mein Seminar »Philosophie und politisches Denken von der Antike bis zur Gegenwart« habe ich tatsächlich nur ein einziges Jahr abhalten können.

Ohne sich genauer mit den Ereignissen an der Universität oder gar mit den Forderungen der Islamisten auseinanderzusetzen, veröffentlichte der »Moudjahid« vom 10./11. Dezember 1982 in denunziatorischer Absicht die Schulzeugnisse zweier Kinder

Abassi Madanis. Abassi muß der Meinung gewesen sein, daß die Arabisierung nur gut für die Volksmassen, nicht aber für seine eigenen Söhne sei. Ikbal Abassi besuchte das »Lycee Descartes«, Oussema Abassi die »Ecole mixte du Parc« von Hydra – zwei Schulen, in denen alle Fächer nach französischem Programm in französischer Sprache unterrichtet wurden! Vom Hocharabischen konnte man hier nur die Anfangsgründe lernen. Und Maghrebarabisch sprachen die Kinder noch nicht einmal in der Pause. In solche Schulen gingen vor allem Sprößlinge von Europäern oder von Algeriern, die lange im Ausland gelebt hatten. Letzteres traf zwar für die Familie Abassi zu – aber diese Scheu vor der arabisierten Schule stand dem Verfechter des islamischen Staates nicht gerade gut zu Gesicht. Micheline, die Frau Rachid Boudjedras, die damals im »Lycee Descartes« Lehrerin war, konnte die Stichhaltigkeit der Denunziation bestätigen.

Wir hatten Noara nicht in das »Lycee Descartes«, sondern in die algerische Gesamtschule gegeben und angehalten, das Hocharabische nicht zu verachten. Uns schwebte als Zukunftssprache des Landes eine Verschmelzung von Maghreb- und Hocharabisch vor. Da Noara nur kurz in den Kindergarten gegangen war, sprach sie beim Eintritt in die Schule kaum arabisch, sondern nur deutsch und französisch. Im ersten Schuljahr redete sie – zur Freude ihres Großvaters – besser hocharabisch als algerisch. Dann begann das Kommunikationsinteresse mit ihren Schulkameraden zu überwiegen. Algerisch wurde die Sprache, in der sie mit anderen Kindern lebte und fühlte.

Die wirkliche Arabisierung vollzieht sich trotz aller Anstrengung der Regierung und trotz der verzweifelten Existenzkämpfe der Arabisanten – in Algerisch. Und Algerisch sprachen unsere Studenten in den Pausen. Das Französische ging an der Universität von Algier als Verkehrssprache tatsächlich zurück. Aber es wurde nicht durch Hoch-, sondern durch Maghrebarabisch ersetzt. Nur die Lehre selbst fand in Hocharabisch statt.

Und ich wollte Maghrebarabisch, nicht Hocharabisch – obwohl immer deutlicher wurde, daß das im Hinblick auf meine Universitätskarriere unumgänglich war. Ich wollte aber vor allem die vielen Menschen, die nur wenig französisch sprachen, besser verstehen. Dazu bot sich aber im Alltag kaum Gelegenheit. Sowohl in Bel Abbes, in Oran als auch in Algier wurden meine Versuche, auf arabisch einzukaufen, stets mit französischen Antworten der Händler beendet. Oft taten sie sogar so, als wenn sie mich nicht verstünden. Oder es kam zu einem Volksauflauf, weil man es für ein halbes Wunder hielt, daß eine Ausländerin arabisch zu sprechen versuchte.

In Algier gab es einen einzigen Ort, an dem Maghrebarabisch unterrichtet wurde: die Diözese der katholischen Kirche. Der algerische Staat bot auch den ständig zur Rückkehr eingeladenen Kindern der Emigranten keine Gelegenheit, die reale Sprache ihres Landes zu lernen. Den heimkehrenden Algeriern aus Frankreich – oder auch ihren Kindern – war die Teilnahme an den Kursen der Diözese verboten. Sie sollten sich gleich die Sprache der Zukunft aneignen: das Hocharabische.

Als Ausländerin hatte ich Zugang zu den maghrebarabischen Kursen in der Diözese. Neben anderen Ehefrauen oder Freundinnen von Algeriern nahmen vor allem Mönche und Nonnen am Unterricht teil. Sie bereiteten sich auf ihre stets volksnah konzipierte Tätigkeit im Lande vor. Wir hatten allerdings nur vier Wochenstunden Unterricht, die sich über drei Jahre hinzogen – das reichte für die wirkliche Beherrschung des Maghrebarabischen nicht aus. Immerhin konnten wir nach drei Jahren an einer Prüfung teilnehmen, die wir – gemäß dem gestrengen französischen System, zur selben Stunde und mit denselben Aufgaben wie eine Gruppe unbekannter Mitstudenten auf der anderen Seite des Mittelmeeres – zu den Bedingungen der Sorbonne ablegten. Ob die französischen Kollegen auch nur das hundert Jahre alte Wörterbuch von Beaussier zur Verfügung hatten? Der aus Frankreich gefaxte Text, den wir aus dem Französischen ins Algerische bringen sollten, trug den absurden Titel: »Eine Leihbibliothek für den Kindergarten«. Wie realitätsnah! Weder im Algerien von Beaussier noch heute gab es eine nennenswerte Zahl von Kindergärten, und in keinem war eine Leihbibliothek vorstellbar! Ich schwitzte Blut und Tränen beim Übersetzen. Insbesondere die vergebliche Suche nach einem Wort für »Zettelkasten« kostete mich unsäglich viel Zeit. Schließlich nahm ich einen Ausdruck aus dem hocharabischen Wörterbuch – was wir eigentlich nicht durften. Ich bestand die Prüfung nicht. Meine österreichische Freundin Konstanze setzte mit praktischem Sinn für »Zettelkasten« einfach das Wort »chosana« – »Schrank« und bekam das Diplom in Maghrebarabisch von der Sorbonne. Ich hätte es, ehrlich gesagt, auch sehr gerne gehabt.

Einen Grund für diesen Mißerfolg sah ich darin, daß ich mich seit 1983 gezwungen sah, zusammen mit einer beträchtlichen Anzahl frankophoner Hochschullehrer – die außer französisch »nur« Maghrebarabisch sprachen – auch die Hocharabischkurse an der Universität zu besuchen. Nach einem einzigen Jahr der Zweisprachigkeit – in dem man die arabophonen und die frankophonen Studiengänge zusammengelegt und alle Studenten in beiden Sprachen unterrichtet hatte – sollten die Gesellschaftswissenschaften ab 1984 vollständig arabisiert werden. Seit ich 1981 zum »maitre de conférence« befördert worden war, bestand meine Hauptaufgabe darin, Seminare von Magistern zu betreuen, die ihre Abschlußarbeiten noch in französisch schreiben durften.

Neben den vier Wochenstunden Maghrebarabisch hatte ich nun auch noch 12 Wochenstunden Hocharabisch zu bewältigen. Dieser Unterricht setzte bereits ein gewisses Niveau voraus, wir lasen von der ersten Lektion an nicht etwa einzelne Buchstaben und Wörter, sondern gleich kleine Sätze. In den ersten Monaten ließ ich mir von Noara den Lautklang der Wörter vorsagen und schrieb ihn in lateinischen Buchstaben unter den Text. Ich lernte jetzt eine Sprache, die sich vom Maghrebarabischen nicht nur durch den Wortschatz, sondern vor allem auch durch eine andere grammatische Struktur unterschied. Deshalb war das parallele Lernen beider Sprachen eher nachteilhaft.

Obwohl es dem Staat angeblich mit der Arabisierung ernst war, wurde der Unterricht von schlecht bezahlten, pädagogisch unerfahrenen Lehrern erteilt. Die drei Bücher, die uns befähigen sollten, später selbst in arabisch zu lehren, boten nur das dünne Vokabular der »Sprache des Holzes«: die berühmten 2500 hocharabischen Wörter, aus denen angeblich die Reden Chadlis gezimmert waren. Der Präsident war denn auch der erste, dessen Hocharabisch ich zu verstehen begann.

Es war sinnlos, ohne Vorbereitung am Unterricht teilzunehmen. So wanderte ich tagtäglich laut lesend durch die Wohnung. Nachmittags las oft auch Rebiha, die nicht die einzige Analphabetin der Familie bleiben wollte. Seit fünfzehn Jahren nahm sie an Alphabetisierungskursen in ihrer Fabrik teil – natürlich in Hocharabisch. Sie las nicht weniger stockend als ich, denn ein Großteil der Wörter waren ihr ebenso unbekannt wie mir. Aber daß man sie mit dieser Art der Alphabetisierung betrog, begriff sie nie. Da es sich um die heilige Sprache handelte, schrieb sie sich – wie viele Algerier – die Schuld für den Mißerfolg selber zu.

Auch meine algerischen Kollegen hatten große Schwierigkeiten, das Hocharabische zu erlernen. Die Methode ging von der Prämisse aus, das jeder Muslim die heilige Sprache im Unbewußten schon in sich trage und der Lehrer sie nur mit einem Zauberstab hervorzulocken habe. Sie empfanden diese zugleich primitiven und zu schwierigen Kurse als entwürdigend und viele gaben schnell auf. Da der Staat noch zögerte, frankophone Algerier zu entlassen, war das für sie unproblematisch. Die Kollegen wurden weiterbezahlt, obwohl sie nicht mehr unterrichteten. Und niemand kontrollierte, ob sie am Hocharabischunterricht teilnahmen oder nicht. Der Petrodollarsegen dämmte so manchen Konflikt noch ein.

Schlimmer sah es bei mir aus. 1983 war an unserem Institut ein Staatsstreich der Arabophonen gelungen. Wir hatten nun einen sehr jugendlichen Direktor, der nur noch ein schwerfälliges Französisch sprach. Seinen Namen habe ich wahrscheinlich deshalb vergessen, weil er es ablehnte, mit mir zu reden – und meinen Vertrag zu verlängern. Ob ich den im Vorjahr unterschriebenen Vertrag jetzt erfüllte und meinen Unterricht bei den Magistern durchführte oder nicht, war ihm egal. Die im Hidjab herumlaufenden Sekretärinnen taten ebenfalls so, als kannten sie mich nicht. Eines Tages fand ich an meinem Briefkasten im Institut einen anderen Namen. Als ich protestierte, bekam ich meinen Briefkasten zwar zurück, aber es bestand kein Zweifel mehr, daß ich in »Sciences Po« nun unerwünscht war.

Unsere freundliche Madame Belhadj war Monsieur Abassa gefolgt, dem es gelungen war, ein »Institut für Journalismus« von den »Sciences Po« abzuspalten, in dem vorerst das Französische noch nicht ganz ad acta gelegt wurde. Er fragte mich, ob ich nicht an dieses Institut überwechseln wolle. Meine Lehraufgaben wären dieselben wie früher, und ich sollte mich – wie meine algerischen Kollegen – in aller Ruhe »arabisieren«. Natürlich war ich einverstanden. Monsieur Abassa wollte sich auch um die Verlängerung meines Vertrages kümmern. Es ist ihm nicht gelungen. Statt dessen wurde er selbst bald als Direktor des Instituts abgesetzt.

Der Hochschulminister Brerhi hatte per Dekret bestimmt, daß die Verträge der Ausländer nicht mehr erneuert werden sollten. Dies galt auch für Ehepartner von Algeriern. Die meisten Leidtragenden waren europäische Frauen, aber es traf u. a. auch einen Tunesier, der mit einer Algerierin verheiratet war. Allerdings waren »maitres de conférence« – an denen die Universität noch großen Mangel litt – von dieser Maßnahme ausdrücklich ausgenommen. Ich war »maitre de conférence« und das Institut für Journalismus versicherte schriftlich, daß ich gebraucht würde. Trotzdem gelang es nicht, meinen Vertrag zu verlängern. Auch mein Vorsprechen bei Rektor Cheikh Slimane, der mich vor einigen Jahren eingestellt hatte, war erfolglos.

Da ich mir als DDR-Frau nicht vorstellen konnte, meine Arbeit definitiv zu verlieren, beschloß ich zu kämpfen. Ich stellte einen Antrag auf den Erwerb der algerischen Staatsbürgerschaft, der erfahrungsgemäß viele Jahre brauchte, um eventuell genehmigt zu werden. Es gab noch immer Algerienfranzosen, denen man seit der Unabhängigkeit die algerische Nationalität verweigerte.

Für mich begannen Jahre des Antichambrierens in verschiedenen Ministerien und Universitätsverwaltungen, die ich teilweise aus der Zeit kannte, als ich mich noch um eine eigene Wohnung für uns bemühte. Ich wußte inzwischen, daß maghrebinische

Beamte einer Frau niemals »nein« sagen können, sondern immer versuchen werden, ein Problem, das sie nicht lösen können oder wollen, irgendwie zu vertagen. So gelang es mir, die Leute wenigstens an mein Problem zu binden. Sie vergaßen mich nicht. Aber meine Wiedereinstellung erreichte ich einstweilen nicht.

Den Arabischunterricht setzte ich fort, zumal ich die Beamten mit meinen nach und nach errungenen Diplomen der Stufe 1 und 2 irgendwie beeindruckte. Die dritte und letzte Stufe schaffte ich noch nicht. Und von einer wirklichen Beherrschung des Hocharabischen war ich weit entfernt.

Im dritten Jahr hatte ich jedoch einen exzellenten Arabischlehrer: Père Antoine Moussali, ein Lazarenerpriester aus dem Libanon. Seine Hocharabischkurse in der Diözese waren berühmt und im Gegensatz zu den Algerischkursen auch für Algerier erlaubt. Unter den Schülern Moussalis war so mancher Staatssekretär und Fernsehansager. Rachid Boudjedra beriet er in literarischen Fragen. In ganz Algerien gab es keinen Arabischlehrer, der Père Antoine das Wasser reichen konnte! Er war gelehrt und – was vielleicht noch wichtiger war – sprudelte über vor Temperament. Das Hocharabische war seine natürliche, seine Muttersprache. Er machte darin Witze. Die künstlich wirkenden, ausgeklügelten Wendungen der Grammatiken – die den algerischen Arabischlehrern oder auch den Ägyptern so teuer waren – erklärte er, ohne sie allzuviel zu benutzen. Aber vor allem klebte er nicht an den hölzernen Lehrbüchern des Staates, sondern bearbeitete selbst Texte für den Unterricht.

Vielen Algeriern war es unverständlich, wieso ein Christ die heilige Sprache besser als sie selbst sprachen. Sie waren höchst erstaunt zu hören, daß es seine Muttersprache war. Die meisten wissen nicht, daß es unter Palästinensern, Libanesen, Irakern und Syrern Christen gibt, die ebenso Araber sind wie die Muslime. Und sie können kaum glauben, daß sie Gott schon Jahrhunderte vor Mohammed »Allah« genannt haben.

Rachid Boudjedra gelang es Mitte der achtziger Jahre, Père Antoine für einige Zeit als Hocharabischlehrer an die Universität zu vermitteln. Aber Père Antoine war ein Ärgernis für viele, denn er paßte in das herrschende Weltbild nicht hinein. Durch seine prominenten Schüler – die ihn ja dringend brauchten – wurde er aber vor allerhand Anfeindungen gerettet. Diese gingen bis zu einem Ausweisungsversuch wegen angeblicher Missionstätigkeit. Die Ausweisung konnte im Zuge der Demokratisierung von 1988 verhindert werden und endete mit einer Entschuldigung der »Sicherheitsorgane«.

Moussalis Kurse an der Universität hatten enormen Zulauf und zwar nicht nur von den arabisierungswilligen Hochschullehrern. Wieder kamen hohe Beamte – darunter auch die Richterin Leila Aslaoui, die unter Ahmed Ghozali Ministerin für Jugend und Sport werden sollte. Obwohl sie zu den wenigen gehörte, die sich bereits souverän im Hocharabischen bewegten, meinte sie, ihre Sprachkenntnisse bei Moussali noch vervollkommnen zu können.

In diesen illustren Kreisen hätte ich Schwierigkeiten gehabt mitzukommen, wenn Père Antoine nicht seit mehreren Jahren schon unser Freund gewesen wäre. Donnerstags – am Beginn des muslimischen Wochenendes – pflegte er bei uns Mittag zu essen. Da es ihm als Mönch unglaubliche Freude machte, sich ab und zu in einer richtigen Küche aufzuhalten, kam er manchmal schon am späten Vormittag, um mir beim Kuchenbacken zuzusehen. Und zwischen dem Fisch und dem Nachmittagskaffee gab er mir eine kleine Privatstunde – freilich nicht immer in hocharabisch. Antoine war auch mein unersetzbarer Korrektor bei den französischen Artikeln, die ich manchmal für algerische Zeitungen schrieb, und bei den Briefen, die ich in meinem Kampf mit der Universitätsverwaltung entwarf. Mit Antoines Hilfe konnte ich sie in Französisch oder in exzellentem Hocharabisch abfassen.

Über seine linguistischen Qualitäten hinaus war er Spezialist für islamische Theologie. Jeden Sommer leitete er in Europa, manchmal sogar im Vatikan, katholische Seminare zu Fragen des Islam. Er hatte für einen algerischen Verlag die Neuübersetzung der Hauptwerke von El Ghozali (1058–1111) angefertigt – einem der wichtigsten philosophischen Gewährsmänner der Islamisten.

So war er auch unser Berater in islamisch-theologischen Fragen, die immer wichtiger für das Verständnis dessen wurden, was in Algerien vor sich ging. Nach einer langen Diskussion mit ihm um die Deutung des Abrahamopfers in der jüdischen, christlichen und islamischen Religion haben wir beschlossen, unsere zweite Tochter Sarra zu nennen – die arabische Form von Sarah.

1986 wurde Père Antoines Vertrag an der Universität nicht mehr verlängert. Obwohl er die Mitte des sechsten Lebensjahrzehnts schon überschritten hatte, war er ein leidenschaftlicher Lehrer und von dem Affront schwer getroffen. Aber keiner seiner prominenten Schüler konnte ihm jetzt helfen, obwohl auch er einen Antrag auf den Erwerb der algerischen Staatsbürgerschaft gestellt hatte. Sein Unterricht war nun wieder auf die Diözese beschränkt.

Auch Saddek hatte dort und an der Universität an Moussalis Unterricht teilgenommen, jedoch mit mäßigem Erfolg. Zwar erweiterte sich sein arabisches Vokabular beträchtlich, und er war auch immer besser in der Lage, arabische Literatur zu lesen. Aber seine eigene Rede wollte und wollte nicht hocharabisch werden. Antoine gab auf und lachte: Saddeks Satz kam immer in der maghrebarabischen Grammatik heraus. Ich denke, daß sich hier intellektuelle Aufrichtigkeit Bahn brach: eine Unfähigkeit zur kapriziösen grammatischen Verrenkung.

Aus keinem anderen Grunde war Saddek Mitte der achtziger Jahre der beim Fernsehpublikum beliebteste Moderator. Nie hatten die Leute jemanden besser verstanden. Er war in der Lage, Witz und Ironie auf den Bildschirm zu bringen – in gepflegtem Maghrebarabisch.

Im Fernsehen selbst hatte er freilich viele Gegner und Neider. Dort hatte seit vielen Jahren eine Selektion von Kollegen stattgefunden, deren wichtigste Qualifikation die Beherrschung des Hocharabischen war. Deren Sendungen waren nicht nur schwer verständlich, sie waren auch bierernst, selbst die Kindersendungen. Wenn nicht gerade ein hocharabisch synchronisierter japanischer Zeichentrickfilm angeboten wurde, organisierte man Kinderspiele, bei denen die lieben Kleinen steifer als Junge Pioniere in die Kamera starrten und nur mühsam ihre hocharabischen Sätze dahersagten.

Saddek erzählte im Kinderprogramm Märchen, die sowohl bei Kindern als auch bei alten Leuten außerordentlich beliebt waren. Auf unseren Reisen durch Algerien hielten wir in keinem Dorf, ohne daß uns nicht bald eine Kinderschar umgab.

Ein Teil der Eltern war aber auch strikt gegen diese Märchensendungen. Ihnen schien, daß sie die ordnungsgemäße Arabisierung der Kinder gefährde. Ein kleines dialektales Unglück sorgte für besondere Aufregung: Einmal verwendete Saddek für »Mutterbrust« den in Constantine üblichen Ausdruck »besula«, der aber in Algier nur für »Ziegenzitze« gebraucht wird. Da nützte es nichts, daß »besula« auch im Hocharabischen für »Mutterbrust« nachweisbar ist – das halbe Algérois war empört. Auch Rebiha gestand einmal, daß sie sich für die »vulgäre Sprache« ihres Bruders im Fernsehen schäme – und das, obwohl auch sie niemanden auf dem Bildschirm besser verstand als ihn.

Der eigentliche Skandal dieser Märchenserien bestand darin, daß in ihnen auch von Liebe gesprochen wurde. Das schien vielen in einer Kindersendung zu weit zu gehen. Selbst Lehrer schrieben empörte Protestbriefe. Andere wiederum sahen ein neues Zeitalter der Öffnung anbrechen. Besonders beliebt war das Märchen »Khonfussa«. Es erzählt von einer Mistkäferin, die sich heiratslustig auf den Markt setzt und dort die Anträge vom Pferd, vom Esel und vom Hund prüft, sich am Ende aber in ihresgleichen verliebt: in einen Mistkäfer. Die hier vorausgesetzte weibliche Entscheidungsgewalt über die Sexualität weist deutlich auf die berberischen Wurzeln dieses Bauernmärchens. Die Abweichung von der heutigen Norm und das gleichzeitige Bewußtsein, daß es sich um ein ureigenes, aber fast vergessenes Märchen handelte, erzeugte den Erfolg: Die Ahnung, daß auch andere Lebensformen möglich sind, kam einem Hauch von Freiheit gleich. »Khonfus und Khonfussa« war eine Zeitlang der Spitzname von Saddek und mir als Ehepaar.

Die Gegner dieser Sendungen schafften es jedoch immer wieder, daß die Produktion der Märchensendungen unterbrochen und schließlich eingestellt wurde. Von der letzten Märchenserie waren plötzlich etwa dreißig noch nicht gesendete Filme spurlos verschwunden.

Obwohl ich ohne Vertrag war, unterstützten einige Kollegen meine Wiedereingliederung in die Universität. Sie erlaubten mir, in ihren – mittlerweile in hocharabisch gehaltenen – Kursen zu hospitieren und hier und da auch einmal einen kleinen Beitrag auszuarbeiten. So brachte ich mit Antoines Hilfe die ersten Ansätze von Gramscis Zivilgesellschaftstheorie ins Hocharabische (»muschtema madania«) wie auch zwei historische Abrisse über die Geschichte Israels, einmal aus der Perspektive der Palästinenser, einmal aus der Sicht der Juden. Sie hatten ziemlichen Erfolg – und das, obwohl sich das Bild, das die Studentenschaft am Institut für Journalismus bot, sehr verändert hatte. Die meisten Mädchen trugen nun den Hidjab. Das Anwachsen des Islamismus war nicht mehr zu übersehen. Dennoch bekam ich nie das Gefühl, daß die große Mehrheit unserer Studenten die Gewalt der Diskussion vorgezogen hätte.

Unsere Immatrikulationen hatten sich vervielfacht, manche Jahrgänge umfaßten über hundert Journalistikstudenten. Wo sollten die alle Arbeit finden? Etwa die Häfte waren nach wie vor Mädchen.

Während es den Frankophonen keine Schwierigkeiten bereitet hatte, sich in der Vorlesung Notizen zu machen, erwiesen sich die Hocharabischkenntnisse unserer jetzigen Studenten als so mager, daß die Kollegen diktieren und oft unterbrechen mußten. Immer wieder reckten sich viele Hände in die Luft, und in reinem Maghrebarabisch erschallte der bittende Ruf:

»Aud, ja ustäd, aud!«

– »Wiederhole, Lehrer, wiederhole!«

Das sollten Journalisten werden, die einmal in Pressekonferenzen rasch mitschreiben müßten? Heute sage ich mir, daß wir wahrscheinlich viele junge Imame für die illegalen Moscheen herangebildet haben.

1985 traf ich einmal meinen alten Direktor Derradji, der mittlerweile nur noch ein einfacher Professor in »Sciences Po« war. Er wußte, daß ich mich im dritten Jahr der Arabisierung befand und einen Antrag auf algerische Staatsbürgerschaft gestellt hatte. Wie es mit meiner Wiederaufnahme in die Universität stünde, fragte er mich. Als ich ihm sagte, daß ich sie trotz ständigen Antichambrierens nicht erreicht hätte, meinte er: »Ich hasse nichts so sehr wie Ungerechtigkeit!« Er schlug vor, das Problem auf der Stelle zu lösen, und forderte mich auf, mit ihm in die Zentralverwaltung der Universität zu kommen. Obwohl ich mir kaum Erfolg ausrechnete, ging ich natürlich mit.

So nahm er mich quasi an die Hand und ließ mich wie ein Kind vor drei Räumen warten. Mit wem mag Derradji verhandelt haben? Auf keinen Fall war es einer der Rektoren, bei denen ich drei Jahre lang ein- und ausgegangen war. Am Ende teilte er mir mit, daß ich ab sofort wieder unter Vertrag stünde. Administrativ war ich dem Institut für Journalismus zugeordnet. Wenn ich es wünschte, könne ich auch zu »Sciences Po« zurückkehren. Bis ich ganz arabisiert sei, sollte ich meine Unterrichtsstunden am Institut für Fremdsprachen, in der deutschen Abteilung, ableisten.

Wie dieses Wunder zustande gekommen ist, bleibt ein Rätsel. Aber es gab eben viele verschiedene Kanäle der Macht im Algerien der achtziger Jahre.

Kurz zuvor – während meines Antichambrierens – war ich in der Zentralfakultät Zeugin eines denkwürdigen Ereignisses geworden. Für ganz Algier hatten die Mittelschüler einen Streik angesagt, um gegen die übliche Praxis des frühzeitigen Ausschlusses vieler, angeblich schwacher Schüler zu protestieren, die dann keinerlei berufliche Chancen mehr hatten. Die Schüler meinten, daß nicht sie, sondern das System die Schuld am häufigen Schulversagen trüge. Da es kaum Plätze für Facharbeiterausbildung gab, besetzten die Neun- bis Dreizehnjährigen nun einfach die Universität, das einzige Nadelöhr, durch das sie – wie sie noch glaubten – in eine berufliche Zukunft gelangen konnten.

Der bunte Haufen der in Schulschürzen gekleideten Kinder, der plötzlich in die Zentralfakultät stürmte, wirkte zwar entschlossen, aber eigenartig friedlich und diszipliniert – zweifellos, weil nicht nur die Jungen, sondern auch die Mädchen an der Aktion teilnahmen. Die Sekretärinnen des Vorzimmers, in dem ich mich gerade befand, schlossen rasch die Türen und sogar die Schränke ab. Dann stellten sie sich ans Fenster und winkten den Schülern begeistert zu: Das Problem der Berufszukunft von Jugendlichen existierte in allen Familien.

Der Kinderstreik dauerte mehrere Tage, endete aber noch einmal mit irgendwelchen Kompromissen. Drei Jahre später, im Oktober 1988, verwüsteten dieselben Jugendlichen – diesmal freilich vor allem Jungen – das Hochschulministerium und schließlich das ganze Stadtzentrum. An die fünfhundert verloren in den Auseinandersetzungen mit der Armee das Leben.

Frauen als Hebammen der Demokratie
Familiengesetz kontra Verfassung

»Ich will keine in Scheibchen geschnittene Frau sein: die gleichberechtigte Frau der Verfassung, die in der Arbeit gleichberechtigte Frau und die nicht gleichberechtigte Frau des Familiengesetzes. Ich will eine ganze Frau sein.«
Leila Aslaoui, »Revolution Africaine«,
Nr. 1351, 26. 1. 1990

Immer wieder hat man mir erzählt, daß am Tage der Unabhängigkeit – am 5. Juli 1962 – in Stadt und Land auch die besonders streng eingeschlossenen Frauen und Mädchen aus den Häusern kamen und fröhlich spazierengingen. Viele entschleierten sich. Khelida Messaoudi – heute die bekannteste Feministin Algeriens – erinnert sich, daß man in ihrem Dorf ein kleines Mädchen, eine Kriegswaise, ausgesucht hatte, um die französische Fahne, die auf dem Rathaus wehte, durch die algerische zu ersetzen. Die damals gerade vier Jahre alte Khelida sah darin ein zukunftsweisendes Symbol, zumal die Eltern erklärten, daß sie – wie ihre Brüder – in Freiheit aufwachsen und ein Recht auf Schule, Universität, Wohnung und Arbeit haben würde.

Die schwere Situation der Frau wurde damals weniger mit dem – für die Algerier auch unter Frankreich gültigen – islamischen Recht in Verbindung gebracht, als vielmehr mit dem durch die Kolonialmacht aufgezwungenen kulturellen Stillstand. Es herrschte die Auffassung, daß das Ende der Kolonisation auch das Ende dieses Stillstands bedeute. Für viele Algerier und Algerierinnen gab es damals keine Zweifel, daß die wichtigste Voraussetzung für die Befreiung der Frauen ihre Bildung und ihr Eintritt ins Berufsleben sei.

Der Islamismus behauptet heute, die Frauenarbeit nicht zu verbieten, aber ihre Bedingungen den Erfordernissen der muslimischen Würde anpassen zu wollen. Dieser Würde steht freilich schon das Gedränge in den öffentlichen Verkehrsmitteln entgegen, in dem auch eine verschleierte Frau vor masturbierenden Männern nicht sicher ist. Wird aber die FIS nach ihrer Machtergreifung – wie sie heute verspricht – separate Buslinien für Frauen einrichten?

Während man die Frage, ob die Frau arbeiten darf oder nicht, der Entscheidung der Ehemänner überläßt, wird immer wieder deutlich gemacht, daß das legitime Feld weiblicher Aktivität Haus und Familie sei. Und das, obwohl der Prophet selbst mit einer emanzipierten Kauffrau verheiratet war, in deren Diensten er als Karawanenführer stand, bevor sie ihm die Ehe vorschlug! Es ist kein Zufall, daß die Wahhabiten – die Vorfahren des heutigen Herrscherhauses von Saudi-Arabien – bei ihrer Eroberung von Mekka das Mausoleum Chadidschas zerstörten. An ihre ökonomische Unabhängigkeit und die daraus resultierende Souveränität, jenen begabten jungen Mann zu fördern, der eine Weltreligion begründen sollte, erinnert sich die heutige muslimische Welt nicht gern.

Direkte und indirekte Ablehnung der Frauenerwerbsarbeit ist keineswegs eine Eigenart des modernen Islamismus. Weltweit werden die hinter der demographischen Entwicklung zurückbleibenden Kapazitäten des Arbeitsmarkts heute eher auf Männer- als auf Frauenarbeit hin orientiert – wahrscheinlich weil Männer sozial aufmüpfiger scheinen. Die ideologischen Muster, mit denen die verschiedenen Gesellschaften auf diese Situation eingestellt werden, sind jeweils von Geschichte und Tradition her bestimmt. Schließlich weist nicht nur der Koran, sondern jede patriarchal strukturierte Gesellschaft dem Mann die Aufgabe zu, für die wesentlichen materiellen Bedürfnisse von Frau und Kindern aufzukommen. Die Frau wiederum hat der Familie Dienstleistungen gratis zu erbringen.

Eine im Koran ausdrücklich festgelegte Besonderheit betrifft den Fall, daß die Frau ein eigenes Einkommen erzielt – etwa durch den Verkauf von Eiern. Den Erlös braucht sie nicht in das Haushaltsbudget der Familie einfließen zu lassen. Diese Festlegung des Korans wird außerordentlich ernst genommen: Für den Mann ist es eine Frage der Ehre, seine Familie allein ernähren zu können. Deshalb betrachten es noch heute viele »emanzipierte«, d. h. in die Arbeitswelt eingetretene Frauen als ihr Recht, den Lohn für sich zu behalten. Sie sehen nicht, daß sie damit ihrem Wunsch, Gleichberechtigung in der Partnerschaft und Mitspracherecht in der Familie zu erlangen, kaum näherkommen.

Ich habe erst nach Jahren begriffen, wieso es in unserer Familie – wo doch die meisten Frauen arbeiteten oder ein Stipendium bekamen – nicht selbstverständlich war, daß sie ihren Anteil am Familienbudget entrichteten. Auf diesem Gebiet herrschten koranische Vorstellungen, was freilich Unfrieden in den Ehen stiftete.

In der Frage der Berufstätigkeit der Frauen hat sich in der muslimischen Welt eine eigenartige Schichtenspezifik entwickelt, die im Gegensatz zur Entwicklung der Frauenemanzipation in Europa steht. Hier hatte sie sich »von unten« vollzogen, über die Frauenarbeit in den Fabriken des 19. Jahrhunderts. Die Frauen der Bourgeoisie mußten jahrzehntelang kämpfen, bis sie an Universitäten und in gutbürgerlichen Berufen zugelassen waren.

In der muslimischen Welt steht dagegen eher die Bourgeoisie der Frauenarbeit positiv gegenüber. Schon in der Endphase des Kolonialismus gab es in diesem Milieu aufgeklärte Familien, die ihren Töchtern ein Universitätsstudium und anschließend Berufe wie Ärztin, Apothekerin oder Lehrerin ermöglichten. Die Zulassung von Frauen im Richteramt ist eine spezifische Errungenschaft Algeriens, die nach der Unabhängigkeit zustande kam und die man in anderen islamischen Ländern vergebens sucht. Die Präsenz von Frauen in höheren Lehrämtern liegt in den muslimischen Ländern bereits leicht über der in der westlichen Welt: Mit einem Anteil von 24 Prozent gibt es in Algerien etwas mehr lehrende Frauen an den Universitäten als in Frankreich (23 Prozent). Der

Anteil der Studentinnen liegt oft über 50 Prozent – auch im Bereich der Naturwissenschaften.

Freilich bedeutet das nicht, daß alle diese Frauen nach dem Examen einen Arbeitsplatz besetzen. Dem steht nicht nur die kompliziert gebliebene Vereinbarkeit von Arbeit, Ehe und Kinderbetreuung im Wege, sondern auch die generell katastrophale Arbeitsmarktsituation für Hochschulabgänger. Die jungen Mädchen wissen aber, daß sie sich durch ein gutes Abitur und ein Studium ein paar Jahre Zugang zu einem Teil des öffentlichen Lebens erobern können.

Die zunehmend islamistische Ausrichtung des FLN-Staates hat schon Mitte der achtziger Jahre verhindert, daß die von den medizinischen Fakultäten diplomierten Ärztinnen im Gesundheitsdienst der Sahara eingesetzt wurden: Man hielt es für moralisch nicht vertretbar, unverheirateten Frauen Wohnungen zuzuweisen. Die Absolventinnen blieben arbeitslos in den Großstädten des Nordens, während der Süden weiter mit Ärztemangel leben mußte.

An der Bereitschaft junger Frauen, auch in entlegensten Gebieten und in härtesten Berufen zu arbeiten, mangelt es aber nicht. Ende der siebziger Jahre vertrat ich einer Studentinnengruppe in Constantine gegenüber die Meinung, daß vielleicht doch nicht alle Männerberufe für Frauen geeignet seien. Die Mädchen konterten zu meiner Überraschung, daß ihnen das sowjetische Modell der Emanzipation imponiere. Die Männerherrschaft könne gar nicht anders beseitigt werden, als daß sich Frauen – wie dort – auch in schwersten Berufen wie beim Straßenbau oder gar im Kohleschacht bewährten. Sie forderten sogar den Militärdienst für Frauen, der auch in Teilen der FLN zeitweise diskutiert wurde. Er hätte die Mädchen in einem wichtigen Lebensabschnitt von der Vormundschaft der Familie befreit und ihnen eine Berufsausbildung bieten können. Es ist bezeichnend, daß Algerien vor den Konsequenzen einer solchen Entscheidung zurückwich.

In den Schichten unterhalb der Mittelklasse gewann die Schulausbildung der Mädchen zwar auch an Terrain, aber wenn sie in keine gehobene Berufspraxis führte, stand man der Arbeit der Frau außer Haus mit erheblicher Skepsis gegenüber. Daß Männerstolz die Frauenarbeit sofort beendet, wenn den Familien Mindestlöhne garantiert werden, hatte paradoxerweise die sozialistische Agrarrevolution gezeigt. Die Entscheidung für die Industrialisierung auf der Basis von Hochindustrie, die nur wenig Arbeitskräfte band – bei gleichzeitiger demographischer Explosion – programmierte die Arbeitslosigkeit der Frauen, aber auch eines wachsenden Anteils der Männer voraus. Schon in den siebziger Jahren kam es zu Männerprotesten, wenn irgendwo ein Produktionsstandort mit weiblichen Arbeitsplätzen geschaffen wurde – so 1977 bei der Eröffnung einer kleinen Waffelfabrik in Constantine. Viele zunächst mit Frauen besetzte Arbeitsplätze – wie die Kassen in den Großmärkten – sind nach und nach wieder Arbeitsplätze für Männer geworden. Während in Marokko 19 Prozent der Erwerbstätigen Frauen sind und in Tunesien sogar 23 Prozent, sind es in Algerien nur knappe 9 Prozent. Diese Zahlen erklären sich leicht mit den unterschiedlichen Strategien der Industrialisierung.

Die Kolonialmacht hielt für Muslime ein separates, teilweise noch nach Regionen spezifiziertes Familiengesetz aufrecht. Es stand zwar in der muslimischen Tradition, enthielt aber auch soziale Regelungen, die der Koran nicht vorsieht – wie z. B. eine ständige Versorgungspflicht des Ehemannes für die geschiedene Frau. 1959 war sogar die Verstoßung und die Polygamie verboten worden. Das denunzierte der im tunesischen Exil erscheinenden »Moudjahid« – Vorgänger des heutigen offiziösen Tageblatts – als Einmischung in die kulturelle Autonomie der Algerier: »Die Franzosen, zumeist Christen oder israelitischer Konfession – wie es bei Monsieur Michel Debré der Fall zu sein scheint –, haben gewagt, dem Ewigen Koran Gewalt anzutun und den muslimischen Algeriern die laizistischen Gesetze Frankreichs mit dem Messer aufzuzwingen. Das ... erregt die Empörung nicht nur der muslimischen Welt, sondern aller Völker und aller freiheitsliebenden Menschen ...« Dieses – auch durch seinen antisemitischen Ton frappierende – Zitat zeigt, daß die Spaltung in »Modernisten« und »Traditionalisten« in der FLN schon lange vor der Unabhängigkeit existierte. Deren Uneinigkeit war verantwortlich dafür, daß mehrere Anläufe zu einem neuen Familienrecht unter Ben Bella und Boumediene scheiterten. Das »muslimische« Recht der Kolonialzeit blieb zunächst bis auf wenige Änderungen bestehen – deren einschneidendste sicher die erneute Zulassung der Polygamie war. Die Traditionalisten hatten der Nationalversammlung kurz nach der Unabhängigkeit sogar einen Gesetzesentwurf vorgelegt, wonach in Algerien die Polygamie von vier auf sechs Frauen erweitert werden sollte – angeblich, um die Versorgung der vielen Kriegswitwen und Halbwaisen sicherzustellen. Der Vorschlag wurde abgelehnt.

Nach Boumedienes Tod, Ende 1978, wurde der Kulturkampf von den Traditionalisten der FLN nicht nur in der Sprachenfrage, sondern auch hinsichtlich des Familienrechts intensiviert. Im Sommer und Herbst 1979 kam es im Rahmen einer Kampagne für »Ordnung, Sicherheit und Sauberkeit« nicht nur zu neuen Maßnahmen hinsichtlich der Straßenreinigung, sondern auch zu massiven Disziplinierungsversuchen der Frauen seitens der Staatsmacht. Den bislang auch von Frauen besuchten Cafés im Zentrum von Algier muß nahegelegt worden sein, weibliche Gäste nicht mehr zu bedienen – was die Cafébesitzer jedoch nur wenige Tage lang durchhielten. Gravierender waren Razzien in den Kinos, bei denen überprüft wurde, ob Pärchen verheiratet waren. Ähnliche Kontrollen fanden am hellichten Tage auf der Straße statt. Lag keine Identität der Familiennamen vor, wurde die Frau von der Polizei abtransportiert und mußte nachweisen, daß sie keine Prostituierte war. Einigen Kolleginnen von der Universität – aber auch mir selbst – passierte es, daß unsere Wagen von der Polizei angehalten wurden, ohne daß wir ein Verkehrsdelikt begangen hatten. Als Frau allein im Auto war man der Prostitution verdächtig. Zum Glück hatte ich meinen Berufsausweis bei mir – was mir eine höfliche Salutation des Polizisten einbrachte.

Einmal sah ich, wie ein Polizist einer alten, schon gebückt laufenden Frau mitten auf der Straße mit dem Knüppel über den Rücken schlug, weil sie außerhalb des Fußgängerübergangs humpelte. Warum schlug er nicht auf die jungen Männer ein, die sich ebenfalls nicht auf dem Zebrastreifen bewegten? Dieser Zebrastreifen war ein lächerliches Symbol der Kampagne für »Ordnung, Sicherheit und Sauberkeit«. Es gelang nicht einmal, die Bevölkerung der Hauptstadt auf die Zebrastreifen zu zwingen, geschweige denn die Leute von Tamanrasset oder Tizi Ouzou: Auf den Hauptstraßen dieser Provinzmetropolen gab es nämlich jeweils nur einen mit weißen Streifen gekennzeichneten Übergang für Fußgänger.

Schon bald nach Beginn meiner Tätigkeit an der Universität von Algier kam ich in Kontakt mit Frauengruppen. Sie hatten sich zusammengetan, weil die universitätseigenen Wohnungen bisher nur an männliche Kollegen verteilt wurden – eine Erfahrung, die ich selbst auch gemacht hatte. Man spürte, daß sich mit der Kampagne für »Ordnung, Sicherheit und Sauberkeit« möglicherweise Schlimmeres für die Frauen ankündigte. Wir wollten uns austauschen und über Gegenaktionen nachdenken.

Im Dezember 1979 fand ein zweitägiges offizielles Seminar zur Frauenfrage an der Universität statt, auf dem die konträrsten Positionen vertreten wurden: Eine alte Partisanin erinnerte an die bedeutende Rolle der Frauen im Unabhängigkeitskrieg und an die Achtung vor der Frau, die der Koran fordere. Daraufhin stand eine winzige Studentin auf – die äußerlich keineswegs wie eine Draufgängerin wirkte – und schrie: »Ich habe es satt, daß man mir immer wieder einen über tausend Jahre alten Text um die Ohren schlägt! Ich will die sexuelle Freiheit! Alle anderen Diskussionen lehne ich ab!«

Die Frauenbewegung der Universität wollte unabhängig von der offiziellen Frauenorganisation bleiben, der UNFA, aber auch von der Gewerkschaft. Die von der FLN dirigierte UNFA hatte außer Kaffeekränzchen zum Internationalen Frauentag mit Vertreterinnen der staatlich gelenkten Frauenverbände anderer Länder noch nichts zustande gebracht. Aber auch den Männergewerkschaften trauten die Professorinnen nicht mehr. Ich erinnere mich, wie ein Gewerkschafter sich vor uns in Schweiß redete und sogar mit der Einrichtung eines Universitätskindergartens lockte – wenn die Frauen innerhalb der Gewerkschaft kämpfen würden. Wir konnten aber nicht glauben, daß eine mehrheitlich von Männern gebildete Organisation die Frauenrechte mit der Dringlichkeit vertreten würde, die ihnen gebührte. Fortan hielten wir unsere

Versammlungen separat ab – notfalls auch illegal, denn der Rektor wollte uns keinen Raum zur Verfügung stellen.

Ganz allein aber waren wir wohl nie. Einmal identifizierte eine Frau eine Polizistin – eine Spionin also! Nachdem ein paar Frauen sich wie Tigerinnen auf sie stürzen wollten, setzten sich Vernünftigere durch und meinten, daß wir die Polizistin einladen sollten, als Frau an unseren Gesprächen teilzunehmen. So könnten wir eine Brücke zu den Frauen außerhalb der Universität schlagen, die zu erreichen in der Tat unser Hauptproblem war. Solche Großmut war aber zuviel für die Polizistin. Sie fing an zu weinen, packte ihre Sachen zusammen und verschwand.

Anfang 1980 zeigten sich meine Freundinnen alarmiert. Das von immer wieder neuen Kommissionen überarbeitete Familiengesetz sollte demnächst der Nationalversammlung vorgelegt werden. Es hieß, daß es strikt nach der Scharia ausgerichtet war, dem in der Tradition des Koran stehenden Recht!

Das erste skandalöse Detail, das über das neue Gesetz bekannt wurde, war die Aufrechterhaltung des Verbots für muslimische Frauen, einen Nichtmuslim zu heiraten – obwohl die Ehe mit Frauen aus anderen Religionsgemeinschaften für Männer erlaubt ist. Dies zeigte bereits, daß das geplante Gesetz die Verfassung und die Nationalcharta brechen würde, in denen eindeutig gleiche Rechte und Pflichten für beide Geschlechter festgelegt waren. Sowohl bei den Lehrkräften als auch bei den Studentinnen gab es einige Frauen, die mit Ausländern lebten und gehofft hatten, ihre Beziehung durch das neue Familienrecht legalisieren zu können. Sie waren in großer Erregung. Einige weinten.

Seltsam war die Geheimhaltung des Projekts, die in deutlichem Gegensatz zu der großen öffentlichen Diskussion stand, die Mitte der siebziger Jahre noch um die Nationalcharta stattfand. Das Familiengesetz wurde hinter verschlossenen Türen ausgeheckt! Mittlerweile waren aber auch einige Abgeordnete alarmiert, was dazu führte, daß im »Moudjahid« eine Polemik über die Zentimeterlänge des Stocks ausgetragen wurde, mit der der Mann in Zukunft seine Frau schlagen dürfe!

Zum Internationalen Frauentag am 8. März 1980 hatte die Gewerkschaft in einen Saal der Rue Hassiba Ben Bouali eingeladen. In der Hoffnung, daß das Familiengesetz zur Sprache kommen würde, nahmen wir an dieser Veranstaltung teil.

Der Saal reichte für etwa 250 Personen, wir waren aber mindestens 500 Frauen, teilweise auch verschleierte Arbeiterinnen. Zunächst wurde versucht, die Überzähligen auszusperren. Ein Handgemenge entstand und endete mit der Eroberung des Saales durch das Publikum.

Eine junge Frau von der UNFA hielt eine Rede über die angeblich weltweit gestiegene Präsenz der Frauen in der Öffentlichkeit. Trotz mehrmaliger Aufforderung wollte sie aber nicht auf das Familiengesetz zu sprechen kommen. Schließlich hatte eine Frau aus dem Publikum auf dem Podium einen Mann aus dem Politbüro erkannt. Sie verlangte, daß er uns Auskunft geben solle. Der Mann erhob sich und sagte, daß er eigentlich nur gekommen sei, um den Frauen zu ihrem Ehrentage zu gratulieren! Genauso war der Frauentag in der DDR immer abgelaufen – artige Männer, die ganz bescheiden den Frauen gratulieren wollten! Dieses Politbüromitglied besaß allerdings noch die Stirn zu sagen, er sei persönlich nicht gegen eine Diskussion um das neue Familienrecht – aber heute eben nicht ermächtigt, sie zu führen!

Die Wut im Saal steigerte sich, als erneut eine Frau begann, wieder einen Vortrag über die ehrenhafte Rolle der Frauen im Unabhängigkeitskrieg zu halten. Nur weil im Saal immer wieder die »Demokratie« beschworen wurde, in der Frauen nicht gegen Frauen vorgehen dürften, konnte sie zu Ende reden. Als dann nochmals die Diskussion um das Familiengesetz verlangt wurde, schrien die Vertreterinnen der UNFA und der Gewerkschaft mit gellenden Stimmen in den Saal: »Was wollt ihr denn – ihr intellektuellen Weiber! Ihr arbeitet doch, ihr habt doch all die Rechte, die ihr fordert! Denkt doch mal an die armen Hausfrauen, die eingeschlossen sind und ohne Bildung, ohne Zukunftsaussichten! Soll für die etwa ein futuristisches Familiengesetz geschneidert werden?« Das wahre Problem sei nicht das Familiengesetz, sondern ein moralisches. Wir müßten dafür kämpfen, daß sich der allgemeine Respekt vor der Frau wieder etabliere.

Genauso sollten bald die Islamisten argumentieren. Mit dem Hinweis auf die moralische Autorität des Korans lehnen sie die Institutionalisierung von Rechten weitgehend ab.

Nach der Versammlung tauschten die Teilnehmerinnen die vagen Informationen aus, die die eine oder andere über das geplante Familiengesetz in Erfahrung gebracht hatte. Es wolle die Polygamie erhalten und den Mann zum Hauptverantwortlichen innerhalb der Familie machen! Er könne in Zukunft seiner Frau regelrecht verbieten, außer Haus zu arbeiten! Zwar sollten Frauen weiterhin wählen und auch selbst in Ämter gewählt werden können, aber doch nie im Leben dieselbe Mündigkeit wie Männer erreichen: Bis zu ihrer Verheiratung sollte der Vater Vormund sein und später der Ehemann. Und das, obwohl die Verfassung beiden Geschlechtern gleiche Rechte und Pflichten zuschrieb!

Viele Frauen weinten auf dem Heimweg.

Bei einer unserer nächsten Versammlungen beschlossen wir, den Sitz der UNFA zu besetzen und Aufklärung darüber zu verlangen, was in dem Gesetzesprojekt wirklich stand und welche Haltung die UNFA einzunehmen gedachte.

Der Mangel an Frauenbewegung in der DDR hatte mich frustriert, ich zögerte nicht, an der Besetzung teilzunehmen. Am 27. März 1980 trafen sich etwa dreißig Frauen in Hosen und Turnschuhen vor der Universität. Der Sitz der UNFA war ein kleines Palais, das sich in einem höher gelegenen Teil des Télémly befand. Auf dem Weg erzählte mir eine Studentin weinend über ihre Beziehung zu einem Italiener. Ihre Familie hatte sie verstoßen, eine Heirat erlaubte der Staat nicht.

Die Nichtanerkennung ehelicher Verbindungen von Musliminnen mit Nichtmuslimen ermöglicht absurderweise auch den Frauen die Polygamie, wenn es ihnen gelingt, eine Heirat im Ausland zustande zu bringen. Meine Freundin Dalila Zeghar befand sich in dieser Situation. Sie war die jüngste Schwester eines ehemaligen Waffenhändlers der FLN, der gleichzeitig Boumedienes engster Freund und Besitzer eines Wirtschaftsimperiums in

Westeuropa und Nordamerika war. Gegen seinen Willen hatte Dalila einen Europäer geheiratet und war mit ihm nach Kanada durchgebrannt. Messaoud Zeghar ließ sie aufspüren, entführen, mit Drogen willenlos machen und in einem Charterflugzeug – in dem nur Mitglieder des Zeghar-Clans saßen – nach Algerien zurückbringen (siehe: »Der Spiegel«, 3. Juli 1978). Nach einer Zeit der Gefangenschaft im Zeghar-Palais von El Eulma durfte Dalila ihr Studium fortsetzen, verliebte sich in unseren Freund Alaoua und konnte ihn in Algier heiraten, ohne geschieden zu sein. 1981 wollte sie aber zu ihrem ersten Ehemann zurückkehren und nutzte eine Parisreise aus, um sich einen kanadischen Paß zu besorgen. Aus der Sicht der Kanadier war wiederum ihre zweite Ehe ungültig: Sie bekam den Paß. Daß das abenteuerliche Leben von Dalila Zeghar nicht in einer Tragödie endete, lag nicht nur an ihrem starken Willen, sondern auch daran, daß sie ein Konto im Westen besaß. Die Frauen, mit denen ich im Frühjahr 1980 den Sitz der UNFA besetzen wollte, konnten nicht so einfach in einen anderen Kontinent fliehen.

Kurz vor dem Palais begannen wir zu rennen und stürmten in den Park. Ohne jede Schwierigkeit gelangten wir in die Villa und erklärten den überraschten Insassinnen: »Wir weichen nicht, ehe ihr uns nicht genau über das geplante Familiengesetz und die Haltung der UNFA dazu informiert!«

Etwa eine Dreiviertelstunde saßen wir herum, bis schließlich eine der Damen eintrat und sich bereit erklärte, mit uns zu sprechen. Sie stellte sich als Beauftragte für die algerischen Frauen in der Emigration vor. Wir murrten, weil sie uns nicht gerade als geeignete Gesprächspartnerin erschien. In der Tat hatte sie keine Informationen über das Familiengesetz zu bieten, sondern erzählte etwas über die Nöte der algerischen Frauen in der französischen Emigration, die es viel schwerer hätten als wir glücklichen Frauen von der Universität.

Wir pfiffen sie bald aus, aber erreichten nicht, daß eine kompetentere Frau kam. Nach einigen Stunden des Wartens verließen wir unverrichteter Dinge den Sitz der UNFA.

Bei einer gemeinsamen Bekannten traf ich dieselbe Person im

Herbst 1984 wieder, kurz nachdem das Familiengesetz verabschiedet war. Nun wetterte sie dagegen, meinte aber zugleich – und das war typisch für die FLN-Frauen –, daß es staatsrechtlich möglich sei, die Nationalversammlung zur Änderung des Gesetzes aufzufordern – wenn nur genügend Bürger und Abgeordnete das verlangten.

Ich sprach sie auf unsere damalige Besetzung hin an, und sie sagte mir, es sei auch für sie eine äußerst unangenehme Situation gewesen. Es war – nach ihrer Rückkehr aus dem Exil in Frankreich – ihr erster Tag im Dienst! Die anderen Damen der UNFA waren durch die Besetzung erschreckt und überlegten, ob sie die Polizei rufen sollten. Schließlich schickten sie die Neue in die Kampfarena, die könne ja mal ein paar Erfahrungen sammeln. In der Tat hatte sie weniger über das geplante Familienrecht gewußt als wir.

Seit der ergebnislosen UNFA-Besetzung war unsere Frauenbewegung ein für allemal autonom. Mit dem Weinen war es vorbei. Anstelle der Tränen trat Kampfbereitschaft.

Während zur gleichen Zeit die Islamisten ungehindert in der Universität ein- und ausgingen – die Waffenlager in den Fakultätsmoscheen zeugten von allerhand außerwissenschaftlichen Kontakten – verlangten die Pförtner der Zentralfakultät im Stadtzentrum nur einmal im Jahr die Berufs- und Studentenausweise: am 8. März, dem Internationalen Frauentag!

Wir beriefen nun immer eine eigene Versammlung ein, zu der wir Frauen aus den Betrieben und Hausfrauen einluden. Ihre Zahl blieb auch deshalb beschränkt, weil sie nur mit unseren hinausgeschmuggelten Ausweisen auf das Universitätsgelände kommen konnten.

Im Februar 1981 kam es zu einer Frauenversammlung im Auditorium Maximum, das bis zum letzten Platz gefüllt war. Unter den Anwesenden waren auch etwa hundert solidarische Männer. Die Semesterferien hatten begonnen, und am Flugplatz war einigen Frauen die Ausreise verweigert worden, weil sie keine schriftliche Erlaubnis vom Vater beziehungsweise vom Ehemann vorweisen konnten! So etwas war noch nie vorgekommen. Hier sollte offensichtlich das in Ausarbeitung befindliche Familiengesetz geprobt werden, wonach Frauen nur noch mit schriftlicher Zustimmung des männlichen Vormundes ins Ausland fahren durften. Die Begleitung eines männlichen Kindes ab vier Jahren sollte jedoch zum Reiseantritt auch ohne schriftliche Erlaubnis berechtigen! Opfer der Maßnahme waren nicht nur einige Studentinnen geworden, sondern auch ehrwürdige Professorinnen, die sich bereits in gesetztem Alter befanden.

Eine Gruppe von Studentinnen und Lehrerinnen hatte eine Eingabe an den Innenminister vorbereitet, die die Verfassungswidrigkeit der Maßnahme anprangerte und ihre sofortige Aufhebung verlangte. Schließlich hatte Chadli bei seinem Machtantritt die freie Zirkulation aller Bürger und Bürgerinnen als Grundrecht anerkannt!

Die Versammlung erzielte lange keine Einigkeit, ob eine Gruppe die Petition zum Innenministerium bringen oder ob wir alle dort hinmarschieren sollten. In dem endlosen Streit (den man »demokratisches Spiel« nannte) blieb unbemerkt, daß sich die Gruppe ohne demokratische Absegnung auf den Weg zum Innenminister gemacht hatte. Unterdessen wurde das »demokratische Spiel« von Saboteurinnen genutzt, die immer wieder behaupteten, daß man sich hier über Rechte von Privilegierten errege, die keine Bedeutung für das Volk hätten und insofern als Kampfziele für die Frauenbewegung nicht geeignet seien. Die Erwiderung lautete, daß es sich um ein prinzipielles Problem der individuellen Rechte handele, unabhängig davon, ob man sie nützen könne oder nicht. Schließlich kam zur Verblüffung des Saals die selbsternannte Delegation zurück und teilte triumphierend mit, sie sei vom Innenminister freundlich empfangen worden. Er gab vor, keine Kenntnis von den Vorgängen am Flugplatz zu haben, bestätigte aber ihre Verfassungswidrigkeit und versicherte, dafür zu sorgen, daß die Reisebehinderungen der Frauen sofort eingestellt würden. Das war in der Tat der Fall.

Am 28. September 1981 wurde das neue Familienrecht zum ersten Mal der Nationalversammlung vorgelegt, die jedoch noch nicht darüber abstimmte. Jeweils im Oktober und im November übergaben Gruppen von Partisaninnen der Nationalversammlung eine Petition gegen das Gesetz. Durch sein Präsidentenveto verhinderte Chadli Anfang 1982 die Verabschiedung. Endlich rief er nun zur öffentlichen Diskussion auf.

War das eine Wende? Bekamen im Dschungel der Macht nun wieder progressivere Kräfte die Oberhand? Da die Sprachenkämpfe zur gleichen Zeit keine ähnliche Entwicklung nahmen, ist eher anzunehmen, daß Chadli jetzt wie sein Vorgänger versuchte, geschickt zwischen »Rechten« und »Linken«, d. h. zwischen Traditionalisten und Modernisten, zu lavieren. Denn Widerstand gegen das Familiengesetz kam auch von den radikalen Islamisten. In dem von Sahnoun, Soltani und Abassi 1982 in der Zentralfakultät unterschriebenen Kommuniqué an den Staat hatte auch gestanden, daß die Diskussion um ein Familiengesetz prinzipiell unangebracht sei, weil es unzweideutig im Koran bereits festgeschrieben sei.

Im Sommer 1982 tauchten an den wichtigsten Verkehrsknotenpunkten plötzlich bildhübsche junge Verkehrspolizistinnen auf, zu deren Dienstkleidung nicht nur ein maßgeschneidertes blaues Kostüm und weiße Handschuhe gehörten, sondern auch ein perfektes Make-up samt moderner Frisur. Polizeipräsident El Hadi Khediri war die Idee gekommen, ausgerechnet jungen Damen die delikate Aufgabe zuzuweisen, den infernalischen Autoverkehr der Hauptstadt – größtenteils eine Männerdomäne – zu dirigieren und gegebenenfalls auch Strafmandate auszuteilen.

Die Presse durfte nun das geplante Gesetzeswerk diskutieren und auch die gravierende Frage nach seiner Konformität mit der Verfassung stellen. Man war sich durchaus bewußt, daß die Gesellschaft an einem Scheideweg stand: Würde das Familienrecht der Verfassung oder der Scharia, also der islamischen Tradition, entsprechen? War es noch möglich, den immer wieder beschworenen goldenen Mittelweg zu finden?

Insbesondere die Frage der Frauenarbeit, die nach dem Gesetzesprojekt in die Entscheidungsgewalt der Männer gelegt werden sollte, erregte die Gemüter. Der »Moudjahid« berichtete am 17. Februar 1983 von einer Frauenversammlung, zu der die UNFA und die FLN eingeladen hatten, und auf der plötzlich die »Emanzipation der Frau und ihr unveräußerbares Recht auf Arbeit« gefordert wurde.

Da das Gesetz nicht nur die Polygamie für Männer erhalten wollte, sondern auch ein skandalös ungleiches Scheidungsrecht plante, war ein Großteil der Diskussionen auch diesen Themen gewidmet. Der Mann sollte seine Ehe – wie früher – ohne triftigen Grund auflösen können. Die Journalistin Fatiha Akeb kolportierte den Fall, daß sich ein Mann von seiner Frau scheiden ließ, »weil sie morgens nicht aufsteht, um mir den Kaffee zu kochen«. Wenn eine Frau die Scheidung erlangen wollte, mußte sie nachweisen, daß sie schwerstens mißhandelt wurde, mehrere Monate keine sexuellen Beziehungen bestanden, daß der Mann die Familie materiell grob vernachlässigte oder ein Jahr lang nicht nach Hause zurückgekehrt war. Antipathie als Scheidungsgrund sollte auch in Zukunft für Frauen nicht gelten, selbst wenn der Mann auf die Idee kam, eine zweite Ehefrau zu nehmen.

Die wirkliche Polygamie war zwar selten geworden, weil sich nur wenige Männer mehrere Frauen und den entsprechend großen Kindersegen finanziell noch leisten konnten. Aber ihre juristische Aufrechterhaltung führte zu einer unwürdigen Scheidungspraxis, derer sich Männer aus allen Gesellschaftsschichten laufend bedienten: ». . . der Ehemann beauftragt einen Anwalt mit der Angelegenheit und sucht inzwischen sein Glück anderswo, wenn er es nicht bereits gefunden hat. Unterdessen bleibt die Ehefrau im ungewissen, und zwar bis zur letzten Minute vor der richterlichen Entscheidung, die unter Umständen erst Jahre später erfolgen kann.« (»Algérie Actualité«, 21.–27. April 1983)

Über die Morgengabe hinaus ist aus dem islamischen Recht kein Versorgungsanspruch der Frau ableitbar. Sie muß zu ihrer Familie zurückkehren – wenn diese sie aufnimmt, was bei der heutigen Wohnungsmisere oft unzumutbar ist. Viele Frauen landen nach der Scheidung auf der Straße. Dasselbe Schicksal droht den Kindern, wenn der Vater an ihnen nicht interessiert ist.

Angesichts dieser unwürdigen Gesetzesperspektive griff »Algérie Actualité« (3.–9. März 1983) sogar die Frage eines Bürgers auf, inwieweit das neue Familiengesetz nicht doch Teile der 1887 von der Kolonialmacht für die Kabylei erlassenen Gesetzgebung berücksichtigen sollte, wonach die Frauen dort ein eigenständiges Recht auf Scheidung hatten: »Diese Gesetze, die mit gewissen (berberischen – S. K.) Gewohnheitsrechten im Einklang standen und die die algerische Gesetzgebung mit mehr oder weniger glücklicher Hand zerschlagen hat – werden sie in Betracht gezogen oder einfach unter den Tisch gekehrt?«

Trotz der Prüderie, die Algerier von ihren Nachbarvölkern etwas unterscheidet, gibt es hier natürlich wie in aller Welt die »verbotene« Liebe unter jungen Leuten. Da Aufklärung kaum stattfindet, die meisten Ärzte und Apotheker es ablehnen, jungen Frauen ohne Heiratsurkunde die Pille zu verkaufen und Abtreibung streng geahndet wird, können sich gerade junge Liebespaare am wenigsten vor den Folgen ihrer Beziehung schützen. Ein Kollege aus Luxemburg, der deutsche Literatur in Oran unterrichtete, erzählte mir, daß seine Studentinnen bei der Gretchengeschichte im »Faust« oft weinten. Die Tragödie wurde ganz als Stoff der Gegenwart erlebt.

1980 konnte Saddek für das Fernsehen einen Dokumentarfilm über das Schicksal unehelicher Mütter und ihrer Kinder drehen. Was wir im Zusammenhang mit den Recherchen und Interviews hörten und erlebten, war unglaublich. Während die außereheliche Vaterschaft juristisch nicht definierbar war, geschweige denn zu irgendwelchen Verantwortlichkeiten zwang, traf die jungen Frauen nicht nur die gesamte Gewalt der traditionellen Mentalität, sondern auch die des modernen Staates. Ein Mädchen hatte nach geheimgehaltener Schwangerschaft nachts auf dem Balkon ein Kind entbunden, es getötet, zerstückelt und in die Toilette geworfen. Bei der Reparatur der verstopften Abflußleitungen des Stadtteils fand man die Leichenteile. Die Polizei ordnete eine gynäkologische Untersuchung aller Frauen des Stadtteils an und ermittelte so die Täterin. Sie bekam eine hohe Gefängnisstrafe, während niemand nach dem Vater des Kindes fragte. Aus diesem Teufelskreis sexueller und staatlich-patriarchaler Gewalt gibt es zumeist kein Entrinnen. Dies gilt auch dann, wenn das uneheliche Kind durch Inzest in der Familie gezeugt wurde durch eine erwiesene Vergewaltigung. Das entehrte Mädchen stellt eine solche moralische Belastung für die Familie dar, daß sie sich fast immer seiner entledigt: sei es durch Tötung oder Verstoßung.

Weil die Jungfräulichkeit die wichtigste Mitgift eines Mädchens für die Ehe ist, praktizieren viele Liebespaare keine Penetration. Sie glauben, daß damit auch keine Schwangerschaft eintreten könne. Das nehmen wir in Europa auch an, und ich habe mich erst von der ehemaligen Partisanin Aischa vom Gegenteil überzeugen lassen, deren Spezialgebiet als Sozialarbeiterin uneheliche Schwangerschaften waren: Immer wieder stellen auch junge Frauen, die nur Petting betrieben haben, fest, daß sie schwanger sind. Um die Eltern beim Geständnis des Sachverhalts milder zu stimmen, lassen sie sich dann einen Jungfernschaftsnachweis vom Arzt ausstellen – der für einen Aufpreis freilich auch zu haben ist, wenn man penetriert ist.

Saddeks Film zeigte eine ganze Gruppe teilweise verschleierter junger Mütter, die immer noch froh waren, wenigstens einen Jungfernschaftsnachweis zu besitzen. Ein Teil hatte auf eigenen Wunsch mit Kaiserschnitt entbunden. Genaugenommen nützte ihnen all das nichts; denn sie standen auf der Straße, waren Prostituierte oder Bettlerinnen. Nur eine Frau aus Oran hatte ihre sechzehnjährige Tochter nicht verstoßen, die von einem Familienmitglied vergewaltigt worden war. Sie ließ sich neben der noch ganz kindlich wirkenden weißverschleierten Tochter filmen, die ihr Baby wie eine Holzpuppe im Arm hielt. Die Frau sagte selbstbewußt, daß die hämischen Nachbarinnen auch allerhand zu verstecken hätten.

In den meisten anderen Fällen reagierten die Eltern mit Grausamkeit oder unvorstellbarem Zynismus. Ein breits verlobtes Mädchen aus besseren Kreisen in Oran wurde gezwungen, ihr Kind in Algier zur Welt zu bringen und sich dort auch die Jungfernschaft operativ »wiederherstellen« zu lassen. Das Kind ließ man irgendwie verschwinden, dann fand die Hochzeit mit dem Verlobten statt – womit der Weg für eine »legale« Nachkommenschaft offen war. Wie kann ein solches Paar noch glücklich werden?

Trotz der allgemeinen Prüderie zählten allein die Krankenhäuser von Algier zu Beginn der achtziger Jahre jeden Monat durchschnittlich fünfzig uneheliche Geburten. Die Dunkelziffer der heimlichen Geburten und Kindstötungen muß ein mehrfaches betragen.

Nicht besser als ihren Müttern geht es den meisten unehelichen Kindern. Sie können im Krankenhaus zurückgelassen, aber – nach islamischem Recht – nicht legal adoptiert werden. Kinderlose Paare entschließen sich zuweilen, ein solches Kind der unehelichen Mutter noch im Krankenhaus abzukaufen. Aber sie dürfen dem Kind nicht ihren Namen geben, ihm nichts vererben. Eine Adoptivmutter, die sich in den Monaten vor dem Kindeskauf den Leib künstlich ausgestopft hat, kann freilich eine Hausgeburt vortäuschen und das Neugeborene aus der Klinik als ihr eigenes im Rathaus registrieren lassen. Die Kinder, denen ein solches Glück nicht zuteil wird, haben kein Recht auf einen Familiennamen, sondern gelten als Mündel des Staates. Noch in der Klinik erhalten sie zwei Vornamen (die Mutter darf dem Kind ihren Familiennamen nicht geben), dahinter wird »X-musulman« geschrieben – was eine lebenslange Stigmatisierung bedeutet und die spätere Aufnahme in eine Familie fast unmöglich macht. Nach der Zeit im Krankenhaus wird die Mutter auf die Straße entlassen, das Kind in ein Waisenhaus.

Saddek hat in einigen Säuglingsstationen und Waisenhäusern erschütternde Bilder gefilmt. Es fehlte den Kindern nicht etwa an materieller Ausstattung – wie man es erst kürzlich in den rumänischen Waisenhäusern zu sehen bekam –, sondern vor allem an Zuwendung. Sie galten offenbar immer noch als Kinder der Sünde oder gar des Teufels. Im Krankenhaus schon mußten die Neugeborenen ihre Milch aus einer Flasche saugen, die auf einem Kissen neben dem Mund lag: Lerne selbst zu trinken oder stirb! Kein Wunder, daß schon die unehelichen Babys wie Greise wirkten und fünfzig Prozent keine drei Monate überlebten! Ebenso lieblos ging es in den Waisenhäusern zu. Sie waren zwar oft in wunderschönen Villen mit großen Parks untergebracht. Von den Petrodollars bekamen sogar die »X«-Kinder etwas ab, sie schienen besser ernährt und gekleidet zu sein als so manches in normalen Eheverhältnissen geborene Kind. Aber es mangelte an qualifiziertem Personal und an Zuwendung. Die meisten Heimkinder wiesen autistische Symptome auf, keines war seinem Alter gemäß entwickelt.

Weder für das Problem der außerehelichen Sexualität und ihrer Folgen noch für das der Adoption hatte das geplante Familiengesetz irgendeine neue Regelung vorgesehen. Letzteres war besonders erstaunlich, weil gerade für eine legale Möglichkeit der Adoption großes gesellschaftliches Interesse bestand. Nicht nur der Unabhängigkeitskrieg hatte viele Waisen hinterlassen, auch die häufigen Erdbeben töten stets mehr Eltern als Kinder, die oft dem Schlimmsten entgehen, weil sie zumeist auf der Straße spielen. Viele Kinderlose wollen gerne solche Kinder aufnehmen, schrecken aber davor zurück, weil sie ihnen nicht ihren Namen geben und ihnen nichts vererben dürfen. Dem Islam ist die Blutsabstammung heilig. Und doch gab es bei keinem der vom Familiengesetz aufgeworfenen Probleme so viel allgemeine Bereitschaft, vom traditionellen Recht abzugehen, wie in der Frage der Adoption.

Das Fernsehen hatte 1980 zwar die Mittel für Saddeks Film bereitgestellt, war aber nach seiner Fertigstellung nicht mehr bereit, ihn auszustrahlen. Die Härte der Problematik überraschte die Verantwortlichen. Rückblickend gesehen wäre es auch einem Wunder gleichgekommen, wenn man den Film gezeigt hätte. Denn dermaßen heikle Probleme wurden eben auch in der Ära Chadli nicht öffentlich angesprochen. Der Film hätte natürlich für die Aufklärungsarbeit an Schulen oder zumindest an den Universitäten eingesetzt werden können. Meine Studenten spitzten stets die Ohren wie Mittelschüler, wenn ich ein paar Worte über Sexualität fallenließ, und überredeten mich dann oft, sie bis zum Ende der Unterrichtszeit »aufzuklären«. Aber der Weg in Schulen und Universitäten blieb dem Film versperrt: Die Diskussion um außereheliche Sexualität sollte nicht stattfinden, da auch das Familiengesetz das Problem nicht angehen wollte. Der Film »Mtaischin« – »Die Verlassenen« –, in dem ausschließlich algerisch gesprochen wurde, blieb in den Schubladen des Fernsehens liegen. Erst ab

1985 – fünf Jahre nach seiner Entstehung und ein Jahr nach der Verabschiedung des Familiengesetzes – durfte er hin und wieder in den Kinematheken von Algier und Constantine sowie auf Frauenversammlungen gezeigt werden. Einmal lief er auch in der Universität von Oran, wo er Studentendiskussionen auslöste, die die ganze Nacht dauerten. Als einer der Vorboten der Demokratisierung »von oben« wurde 1987 die Gründung einer privaten »Assoziation zum Schutz der unehelichen Mütter und Kinder« zugelassen, die den Film auf ihren Veranstaltungen vorführte. Mittlerweile war auch die Rai-Musik erlaubt, und ihr »König«, Cheb Khaled, war das populärste Mitglied dieser Assoziation. Durch den Fernsehboykott ist der Film aber nie dem großen Publikum zugänglich gemacht worden, für das er eigentlich bestimmt war.

Am Tag nach einem Couscous-Essen, zu dem ich eine größere Gesellschaft geladen hatte, rief unser Freund Hamid an: Er hatte an jenem Abend einen uns unbekannten Mann mitgebracht, dem – ausgerechnet während dieses Essens – zu Hause ein Kind gestorben war. Man hatte das vierjährige Mädchen am Vormittag bereits begraben. Hamid fragte, ob wir nicht zusammen mit ihm und seiner Frau bei der Familie kondolieren wollten.

Es handelte sich um einen relativ hochkarätigen Bankangestellten aus Ghardaia, der schon etliche Jahre mit Frau und Kindern in Algier lebte. Mir war vollkommen unverständlich, wieso der Mann bei Fremden an einem Essen teilnahm, während sein Kind starb.

Als wir in die Wohnung traten, wurden wir nach Geschlechtern getrennt. Die weibliche Trauergemeinde, die aus der Mutter, der Großmutter, einer Nachbarin, meiner Freundin Fadela und mir bestand, nahm auf dem Balkon Platz. Tee und Kekse wurden angeboten.

Die Mutter des toten Kindes – eine schmächtige, blasse Mzabia – schien emotionell kaum berührt. Nur der etwa fünfjährige Sohn neben ihr wirkte etwas verstört. Gefaßt erzählte sie, es sei ihr schon seit mehreren Tagen klargewesen, daß das an Durchfall leidende Mädchen sterben würde. Es hatte zunächst blaue, dann schwarze Lippen.

Mir graute. Wieso hatten sie das Kind nicht ins Krankenhaus gebracht, wo es problemlos hätte gerettet werden können? Und was – verdammt – hatte sich der Vater dabei gedacht, gestern abend zu fremden Leuten essen zu gehen? Er trank sogar Wein! Sie müsse mal zum Arzt, schloß die Frau ihren Bericht. Sie habe ihre Regel nicht bekommen. Vielleicht sei sie schwanger.

Dieser Kondolenzbesuch gehört zu meinen unangenehmsten Erlebnissen in Algerien. Er konfrontierte mich mit der zwar im Abnehmen befindlichen, aber doch noch anzutreffenden archaischen Mentalität, die das Erscheinen wie das Verschwinden eines Menschen allein dem Willen Gottes zuschreibt. Diese Eltern fühlten sich für den Tod ihres Kindes in keiner Weise verantwortlich! Wäre das Söhnchen erkrankt, hätten sie aber wahrscheinlich doch den Weg in eine Klinik gefunden. Bis heute ist die Kindersterblichkeit in Algerien bei Mädchen weitaus höher als bei Jungen.

Die Entwertung des geborenen Lebens entspringt der – angeblich ebenfalls gottesfürchtigen – Mentalität, mit der viele Eltern noch immer ein Kind nach dem anderen in die Welt setzen. Nichts spricht dringlicher für die Laisierung der islamischen Welt als die aus religiös bedingter Verantwortungslosigkeit der Eltern entspringenden Qualen von Kindern.

Ein wichtiger Aspekt der ab 1982 – bezeichnenderweise – vor allem in der Presse stattfindenden Debatten um das Familiengesetz, war die Erkenntnis eines Zusammenhangs zwischen der »Organisation der Familie« und der ökonomischen Zukunft des Landes. Boumediene sprach noch davon, daß genug Erdöl vorhanden sei, um jedwedem Bevölkerungswachstum mit Gelassenheit entgegenzusehen. Die Sahara sollte bewässert und für Millionen Menschen bewohnbar gemacht werden. Hier traf sich die überkommene Mentalität und die offizielle »natalistische« Politik, die sich in demographischen Fragen ausgerechnet Rumänien zum Vorbild gemacht hatte. Die Volkszählung von 1977 ergab mit 18 Millionen Menschen bereits eine Verdoppelung der Bevölkerungszahl seit 1962. Erst gegen Ende seiner Regierung änderte

Boumediene seine Haltung: Er begann in seinen Reden die Leute zu beschimpfen, die viele Kinder in die Welt setzten und dann den Staat für ihr Heranwachsen verantwortlich machten.

Noch Anfang der achtziger Jahre brachten die algerischen Frauen durchschnittlich 7,2 überlebende Kinder zur Welt. Die Zahl der nicht ausgetragenen Schwangerschaften liegt noch erheblich darüber. Auch sind in dieser Berechnung die Kinder nicht mitgezählt, die vor dem fünften Lebensjahr sterben. Der Wunsch, mindestens einen oder mehrere Söhne zu haben, bringt viele Paare nach einer Mädchengeburt dazu, das Schicksal gleich noch einmal mit einer Schwangerschaft herauszufordern.

Unter Chadli war zum ersten Mal auch gesellschaftliche Kritik an der natalistischen Doktrin zugelassen, deren Irrationalität immer offensichtlicher erschien: Die knappen Wohnungen wurden bislang den Familien zugewiesen, die viele Kinder hatten. Wer seine Kinderzahl beschränkte, ging in diesem System leer aus.

Die demographische Explosion machte sich vor allem in den Schulen bemerkbar. In manchen Gebieten waren sie so überfüllt, daß die Einschulungsquoten wieder rückläufig waren. Da die Klassenstärke leicht 40 Kinder überstieg, begannen manche Schulen Einschreibungen abzulehnen, wenn die Eltern sie nicht schon ein halbes Jahr vor der Einschulung vornehmen ließen. Nadia Bouzegrane publizierte im »Moudjahid« vom 24. April 1983 einen großen Artikel über »Geburtenkontrolle – Garantie des Wohlstands«. Sie belegte, daß bei gleichbleibendem Bevölkerungszuwachs »jeden Tag eine Grundschule und jede Woche eine Mittelschule« gebaut werden müßten. Auch eine normale Ernährung könne das Land in Zukunft kaum noch garantieren. Das Erdöl – schrieb Bouzegrane – sei keine so sichere Devisenquelle, wie man angenommen habe. Was, wenn die Weltmarktpreise sinken sollten? Algerien deckte mittlerweile zwei Drittel seines Weizenbedarfs auf dem Weltmarkt und bezog von dorther auch den größten Teil primärer Milchprodukte.

Mit diesem Bevölkerungswachstum würde – so dokumentierten einige Zeitungen – auch eine effektivere Volkswirtschaft als die algerische nicht zurechtkommen. Aber könnte sich diese Perspektive ändern – so fragten besonders Journalistinnen –, wenn man den Frauen keine neuen Aufgaben erschloß? Waren bislang nicht das Haus und die Kinder die einzige Erfüllung ihres Lebens, die nicht einfach durch Leere ersetzt werden konnte? Was anderes als Ausbildung und Arbeit würde den Frauen einen neuen Lebenssinn erschließen und sie zur Geburtenkontrolle bringen? Wenn den Ehemännern die Entscheidung über ihre Arbeit außer Haus überlassen bliebe, war absehbar, daß die Frauen aus dem Erwerbsleben eher herausgedrängt würden.

Obwohl die Erdölpreise noch hoch lagen, kam ein Teil der Mächtigen offensichtlich zu der Erkenntnis, daß dem Tempo der wirtschaftlichen Entwicklung des Landes Grenzen gesetzt waren: offensichtlich hielt es mit dem Bevölkerungswachstum nicht Schritt. Das ließ insbesondere die Lage in der Landwirtschaft erkennen, die zwar zügig reprivatisiert wurde, aber keinesfalls einen spektakulären Produktionszuwachs aufwies. Die vom Staatshandelsmonopol befreiten Landwirte verlegten sich vielmehr darauf, mit relativ wenig Mühe und Investitionen möglichst hohe Gewinne zu erzielen. So stieg die Produktion von Gemüse und Obst an, entsprach jedoch lange nicht den Bedürfnissen der Bevölkerung. Eine fatale Rolle als Preistreiber spielte auch der private Zwischenhandel, der in der Ära Chadli die Nachfolge des Staatshandelsmonopols antrat. Er gilt als Hauptverursacher der Preissteigerungen.

Die Normalfamilie profitierte nicht von der Reprivatisierung der Landwirtschaft. Sie war allein mit den negativen Folgen der weitgehenden Freigabe der Preise konfrontiert und konnte sich algerische Nahrungsmittel – Gemüse, Obst und Fleisch – immer weniger erlauben. Erschwinglich für die großen Mehrheiten waren nur noch für Petrodollars importiertes und subventioniertes Mehl: amerikanischer Weizen für Brot und italienischer Hartweizen für Couscous und Nudeln. Heimisches Olivenöl war dreimal so teuer wie das aus der Sowjetunion kommende Sonnenblumenöl.

1983, mitten in den Diskussionen um das Familiengesetz, überraschte die Regierung Chadli mit einem Programm zur Geburtenkontrolle. Es verpflichtete jedes Ministerium – auch das Religionsministerium –, auf seinem Gebiet dafür aktiv zu werden. In deutlicher Abgrenzung von dem weltweit bekanntgewordenen Zwangsprogramm zur Geburtenkontrolle in China, betonte das algerische Projekt ausdrücklich das Prinzip der Freiwilligkeit. Neu war auch die Gründung eines Staatssekretariats für Soziales, das bald in ein Ministerium umgewandelt wurde. Ihm stand eine Frau vor: Zhor Ounissi, Koordinatorin für das Programm zur Geburtenregelung. Sie sprach sehr diplomatisch nicht von »Kontrolle« oder »Begrenzung« der Geburten, sondern schlug statt dessen einen größeren zeitlichen Abstand zwischen den Niederkünften vor – mindestens drei Jahre (»espacement des naissances«). Fernsehspots in Hocharabisch wiesen auf die besseren Chancen für die Gesundheit von Frau und Kindern hin. Über diese Sensibilisierung hoffte man wohl, daß sich junge Paare allmählich an die Verhütung gewöhnen.

Nachdem sich Madame Ounissi Saddeks Film über die unehelichen Mütter und Kinder hatte vorführen lassen, erklärte sie sich bereit, über ihr Staatssekretariat einen Film zum Problemkomplex der Geburtenkontrolle zu finanzieren. Schon im Sommer 1983 konnte Saddek mit den Dreharbeiten zu dem Dokumentarfilm »24 Stunden demographische Explosion« beginnen. Er zeigte, wie die Straßen, Märkte, aber auch die Wohnungen, Schulen und Krankenhäuser durch Überfüllung zu ersticken drohten. Statt zu den Bildern einen gelehrten Kommentar in hocharabisch zu sprechen, ließ er die betroffenen Menschen in ihrer Alltagssprache zu Worte kommen. Lehrer beschrieben die Unmöglichkeit, in den überfüllten Schulklassen einen vernünftigen Unterricht durchzuführen. Eltern und Nachbarn beklagten die wegen der vielen Kinder unablässig zunehmende Verwahrlosung der Häuser, den nie abbrechenden Lärm. Beengt lebende Familien demonstrierten, wie sie nachts schlafen mußten. Junge Männer berichteten über ihre vergeblichen Versuche, Ausbildung und Arbeit zu finden. Und schließlich wurde der Schwarzmarkt gezeigt: die aus der ökonomischen Marginalisierung vieler Familien heraus geborene parallele Ökonomie. Entgegen dem – auch in Europa verbreiteten – Mythos, Nordafrikaner seien so kinderlieb, daß ihnen jeder Zuwachs willkommen ist, erklärten viele Menschen offen, daß ihnen der überreichliche Kindersegen eher Sorge als Freude bereite. Niemand glaubte zudem mehr, daß viele Kinder eine gute Basis für die Altersversorgung darstellen. Die Arbeitslosigkeit der Jugend sprach einer solchen Vorstellung hohn. Immer wieder wurde gesagt, daß man gern besser über Verhütungsmittel Bescheid wüßte. Es herrschte Unklarheit, ob der Islam sie überhaupt erlaube.

Aber warum wußte man so wenig über Kontrazeptiva in Algerien, die – zumindest für Verheiratete – doch erhältlich waren? Saddek hatte einen noch relativ jungen Imam aus Khroub dazu bewegt, vor der Kamera den Standpunkt des Islam darzulegen. Er erklärte, daß die Religion den Embryo nicht vom Zeitpunkt der Zeugung, sondern von der Einnistung des Eies in der Gebärmutter als beseelt ansähe. Alle Kontrazeptiva, die die Einnistung verhindern – Pille, Spirale, Kondom –, seien also erlaubt. Der Imam erinnerte an des Propheten weises Wort, daß man sich nur so viele Kinder anschaffen solle, wie man ernähren könne.

Obwohl genau das auch die hin und wieder verlautbarte Position des Islamischen Rates war – einer Institution des Religionsministeriums –, bekam dieser Imam nach seinem Interview nicht nur Schwierigkeiten mit den Islamisten von Khroub, er wurde auch zwangsversetzt. Er hatte das Dogma des Islamischen Rats verletzt, das Empfängnisverhütung nur dann erlaubt, wenn sie auf einer vollkommen individuellen Entscheidung beruht. Keiner ist ermächtigt, andere zur Empfängnisverhütung zu animieren. Mit diesem Sophismus hatte der Islamische Rat bislang verhindert, daß eine wirkliche gesellschaftliche Kommunikation über Sinn und Methoden der Empfängnisverhütung zustande kam.

Während sich das Religionsministerium die Hände in Unschuld wusch – und zuweilen sogar darauf verwies, eine fortschrittlichere Position als der Papst zu vertreten –, wurde in den meisten Moscheen beim Freitagsgebet ausdrücklich gesagt, daß der Islam Verhütung generell nicht toleriere. Den Beginn des Lebens legten die meisten Imame schon ins Sperma, dessen Verschwendung sie – wie im Alten Testament – als Sünde darstellten. Die Marokkanerin Fatna Ait Sabbah schreibt, daß die Frau im orthodoxen Islam von ihrer Qualität als Lebensspenderin enteignet wird: Als eigentliche Lebensspender gelten hier der männliche Gott und der männliche Samen.

Die Ambivalenz zwischen halbwegs wissenschaftlichen, für die Weltöffentlichkeit und die eigenen aufgeklärten Eliten bestimmten Positionen und orthodoxen Richtlinien »für das Volk« ist in der islamischen Welt von heute verbreitet und geradezu typisch für das Algerien der FLN.

Bei diesem Stand der Dinge haben die meisten Männer die archaische Vorstellung der Verknüpfung von Sexualität und Fortpflanzung bewahrt. Viele glauben, daß eine Maßnahme zur Geburtenregelung – auch wenn sie von der Frau vorgenommen wird – die Potenz und damit das sexuelle Vergnügen beeinträchtige. Der Aufruf zur Beschränkung der Geburten wird als unverschämte Beschränkung des für jeden Muslim selbstverständlichen Rechts auf Sexualität mißverstanden.

Junge Frauen werden oft vom Ehemann oder von den Schwiegereltern zum Gynäkologen begleitet. Damit soll sichergestellt werden, daß sie sich keine Verhütungsmittel verschreiben lassen. Meine Schwägerin Sophia, die in einem Zentrum für Geburtenregelung arbeitet, erzählt immer wieder über dramatische Versuche von Frauen, heimlich die Pille einzunehmen. Sie verstecken sie an den verrücktesten Orten, wie z. B. am Grunde des Couscous-Sacks.

So ehrlich ein Teil der FLN das Programm zur freiwilligen Geburtenregelung gemeint haben mag, war sich doch auch diese Fraktion keineswegs darüber im klaren, daß ein permanenter Kulturkampf notwendig gewesen wäre, um auf diesem Gebiet auch nur bescheidene Erfolge zu erreichen. Man hätte offener und gezielter auf die Frauen zugehen müssen, die aufgrund des engen Wohnraums, der schwindenden Kaufkraft der Löhne und auch der gesundheitlichen Folgen der vielen Geburten für das Programm aufgeschlossener waren als die Männer. Auch wäre es erforderlich gewesen, eine neue Konzeption der Geschlechterrollen im Leben, aber auch in der Sexualität, offensiv zu diskutieren. Das Land verfügte über genügend Soziologen und Künstler, die nur darauf warteten, an dieser Diskussion beteiligt zu werden.

Aber vor diesem Kulturkampf fürchtete sich selbst die »modernistische« Fraktion der FLN.

Auch Madame Ounissi stand – als Saddeks Film fertig war – nicht mehr zu ihm. Konservative Kräfte in ihrem eigenen Ministerium, deren Anführer ein ehemaliger Student von mir war, ein gewisser Babès, überzeugten sie, den Film nicht für die breit angelegte Kampagne einzusetzen, für die er ursprünglich gedacht war. Das reiche Material war zunächst in drei Filmen zu je 75 Minuten zusammengestellt worden, die an drei Abenden im Fernsehen laufen und von Rundtischgesprächen begleitet sein sollten. Babès setzte durch, daß der Film insgesamt auf eine Stunde zurechtgeschnitten wurde. An dem Rundtischgespräch danach nahmen nur männliche Regierungsbeamte teil. Auch der Autor des Films war nicht zugegen. Madame Ounissi ließ Saddek außerdem mitteilen, daß es ihm verboten sei, Interviews mit den Medien über den Film zu vereinbaren.

Ärzte im ganzen Land haben uns immer wieder bestätigt, daß in den Tagen nach der Ausstrahlung des amputierten Films mehr Frauen als gewöhnlich die Pille verlangten. Ein kontinuierlicher Kulturkampf in diese Richtung hätte also wahrscheinlich Früchte getragen. Da es jedoch bei diesem einen Film geblieben ist, ebbte die Wirkung schnell ab. Ein Jahr später wurde ohne Saddeks Wissen allerdings eine zwanzigminütige Kurzfassung ins Fernsehen gebracht, in der der Originalton gelöscht und durch einen Kommentar in hocharabisch ersetzt war. Damit wurden gerade die Schichten, die die meisten Kinder haben, nicht angesprochen.

Wie die FLN einst die Industrialisierung als rein technokratisches Problem behandelt hatte – das keinerlei Veränderung der Mentalitäten voraussetzte –, konzipierte sie auch die »freiwillige Geburtenregelung« technokratisch. Sie wollte nur die technischen Mittel zur Verfügung stellen – und das bald auch nicht mehr konsequent. Schon 1985 hörte man immer häufiger Klagen von Ehefrauen, daß ihre Pille in der Apotheke nicht verfügbar sei.

Das Programm zur freiwilligen Geburtenregelung – die bedeutendste kulturpolitische Anstrengung der Regierung Chadli –

blieb kurzatmig und verebbte im Sande. Es hatte den Realisten noch einmal für kurze Zeit erlaubt, in die Arena des Kulturkampfes einzutreten, der hinter den Kulissen aber wohl schon entschieden war.

Am 9. Juli 1984 – während die Universitäten geschlossen waren und damit der einzige Faktor des Widerstands ausgeschaltet war – votierte die Nationalversammlung – die »Crème der FLN« – das neue Familiengesetz. Neben Madame Ounissi lobte es auch Madame Djaghroud, die Vorsitzende der UNFA, im Fernsehen.

Das nun verabschiedete Gesetzeswerk unterschied sich nur wenig von dem Projekt, das Chadli ein Jahr zuvor noch zu Fall gebracht hatte. Die – in den Augen der restlichen Welt – skandalträchtigsten Paragraphen waren gestrichen, so die Notwendigkeit einer schriftlichen Erlaubnis von Vater oder Ehemann für die Auslandsreise von Frauen. Vom Schlagstock war keine Rede mehr, und schließlich fehlte auch das männliche Verbotsrecht gegenüber weiblicher Erwerbsarbeit außer Haus. Allerdings waren alle diese Formen patriarchaler Vormundschaft dennoch nicht wirklich beseitigt – sie wurden im Artikel 39 durch die schlichte Formulierung ersetzt, daß »die Ehefrau ihrem Mann gehorchen und ihm jene Ehrerbietung erweisen muß, die ihm in seiner Qualität als Haupt der Familie zukommt«. Nach wie vor durften Frauen keine Nichtmuslime heiraten, nach wie vor gab es keine gesetzlichen Regelungen für die Folgen außerehelicher Sexualität. Die Polygamie blieb erhalten, wenn sie auch mit drakonischen Auflagen hinsichtlich der materiellen Leistungspflicht des Mannes gegenüber seinen Gattinnen versehen und damit sehr erschwert war. An diesem Punkt kristallisiert sich übrigens der Widerstand der Islamisten gegen das Familiengesetz, die die Polygamie nach wie vor nicht nur als gottgewollte, sondern auch als für beide Geschlechter vorteilhafte Lebensform darstellen. Sie kritisieren auch das Scheidungsrecht, das gegenüber der Scharia geringfügige Verbesserungen aufweist, wenn es auch weiterhin gravierende Nachteile für die Frauen hat. Da ist insbesondere das Recht des Ehemannes zu nennen, auch dann die Wohnung zu behalten, wenn die Frau am Zerwürfnis unschuldig ist. Nur wenn der Ehemann eine Zweitwohnung besitzt, muß er sie nach der Trennung seiner Frau und ihren Kindern zur Verfügung stellen, und das auch nur so lange, wie sie »seine Ehre nicht beschmutzt«, d. h. solange sie ihm, der vielleicht schon wieder verheiratet ist, die Treue hält. Angesichts der katastrophalen Wohnungssituation nahm dieser Teil des Familienrechts die Obdachlosigkeit einer Vielzahl von Frauen und Kindern von vornherein in Kauf.

Das Erbrecht, das die alten Benachteiligungen für Frauen reproduziert und eine weitverzweigte Sippschaft mit Pflichtanteilen versorgt, zeigt deutlich, daß das Familiengesetz die Zukunft der Algerier nicht auf ihre Souveränität als Individuen stellen wollte, sondern auf die Festigung hierarchischer Strukturen von Clans zielte. Diese werden in Wirklichkeit von niemandem mehr als ideal empfunden. Selbst die Islamisten fordern Wohnstrukturen für jeweils einzelne Ehepaare mit Kindern!

Hatte sich die FLN mit ihrem Familiengesetz damals schon selbst eingestanden, daß sie unfähig war, jene gesellschaftlichen Solidarsysteme zu konstruieren, die die eher schlecht denn recht funktionierende Großfamilie ablösen konnten? Wenn die Arbeitslosigkeit offiziell auch noch totgeschwiegen wurde, mußte sie das Regime bereits als Zeitbombe erkannt haben und sich bewußt sein, ihre Folgen bald nicht mehr kontrollieren zu können.

Zweifellos war mit dem Familiengesetz eine psychosoziale Aufwertung der Männer beabsichtigt. Sie sollten ihre Frustrationen möglichst nicht gegen die Politik des Staates richten, sondern in der Herrscherpose vor Frauen und Kindern ausleben.

Das Familiengesetz bedeutete einen geradezu ungeheuerlichen Verfassungsbruch. Daß er von den Mehrheiten hingenommen wurde, erklärt sich nur daraus, daß für viele das Familienrecht göttlichen Ursprung hat, während die Verfassung als eine von Menschen gemachte Satzung gilt. Es gab nicht wenige Juristen, die auf die Gefährlichkeit des Vorgangs hinwiesen und die Gefahr erkannten, daß Algerien den ersten Schritt zum islamischen Staat getan hatte.

Daß dieses Familiengesetz keinesfalls muslimischer Selbstverständlichkeit entspricht, zeigt ein Blick auf das Nachbarland Tunesien. Hier war nach der Unabhängigkeit ein »Personalstatut« durchgesetzt worden, das ausdrücklich von der Gleichberechtigung der Geschlechter ausgeht und die Polygamie verbietet. Darüber hinaus haben tunesische Frauen ein offizielles Recht auf Abtreibung. Die durchschnittliche Geburtenrate liegt hier bei etwa fünf Kindern. Seit November 1992 ist es tunesischen Frauen, die mit Ausländern verheiratet sind, möglich, den Kindern ihre Staatsbürgerschaft zu übertragen – ein Recht, das in Westdeutschland erst seit 1975 gilt.

Marokko hat ein ähnliches Familienrecht und eine ähnliche Geburtenrate (etwa sieben Kinder) wie Algerien. Das Land scheint aber vor einer durchgreifenden Reform zu stehen. Seit 1991 ist es den dortigen Frauenbewegungen gelungen, eine Million Unterschriften gegen das bestehende Familienrecht zu sammeln. Selbst der marokkanische Unternehmerverband hat unterschrieben – offenbar, weil die unmenschlichen Folgen des Scheidungsrechts die Produktionsabläufe gefährden. Immerhin sind fast 20 Prozent der marokkanischen Erwerbstätigen Frauen – gegen knapp 9 Prozent in Algerien. Der König, der heute die vom Islamismus ausgehende Gefahr mehr fürchtet als die Linke, hat ebenfalls sein Einverständnis für eine Reform gegeben. Aber die scheinbar in offener Fehde mit dem Islamismus liegenden Regierungen Algeriens behaupten auch nach der sogenannten Demokratisierung von 1988, daß das Familienrecht ihre gegenwärtige Sorge nicht sei: Babès ist derzeit Minister für Soziales.

Seit der Demokratisierung haben sich im ganzen Land Frauenassoziationen gebildet, die gegen das Familiengesetz von 1984 kämpfen. Die Richterin Leila Aslaoui, die Anfang der achtziger Jahre eine eher moderate Position, eine »moderne Auslegung der Scharia« vertreten hatte, richtete 1989 (»Algérie Actualité«, 18. bis 24. Mai) einen offenen Brief an den – noch von der FLN eingesetzten – Religionsminister, der im Fernsehen wieder einmal die positive Rolle der Scharia für die Würde der Frau hervorgehoben hatte. Leila Aslaoui entgegnete, daß das nach der Scharia ausgerichtete Familiengesetz der Frau nur ein provisorisches Recht auf die eheliche Wohnung zugestehe, denn der Gatte könne sie ja jederzeit wieder hinauswerfen. Die Richter befänden sich in der schwierigen Situation, schreiendes Unrecht sanktionieren zu müssen: »Der Mann kann sich wiederverheiraten und die eheliche Wohnung behalten, in der eine Frau zwanzig, fünfundzwanzig oder sogar dreißig Jahre verbracht hat ... Wenn Sie es wünschen, Herr Minister, kann ich Ihnen Frauen vorstellen, die mit ihren Kindern manu militaris aus der ehelichen Wohnung gejagt worden sind – dem Ort, in den sie Gesundheit, Jugend und Entbehrungen investiert haben. Den Artikel 52 hat der Gesetzgeber in völligem Wahnsinn konzipiert. Er hat dabei gar nicht an die Kinder gedacht und vergessen, daß Großeltern aus der Mode gekommen sind, die nach einer Scheidung glücklich sind, ihre Tochter und ihre Enkel wieder aufnehmen zu dürfen. Und er hat vergessen, daß die meisten Ehemänner keineswegs über mehrere Wohnungen verfügen.«

Mit der Durchsetzung des bereits islamistischen Familienrechts schien die Frauenbewegung 1984 besiegt zu sein. Oder verlor ich den Kontakt zu ihr, weil ich aus dem normalen Universitätsbetrieb herausgeworfen worden war und meine Zeit mit Hocharabischkursen und Antichambrieren verbrachte?
In Wirklichkeit war die Frauenbewegung nicht tot. Sie war nur noch tiefer in den Untergrund gegangen und hatte wohl deshalb für eine Ausländerin keinen Platz mehr.
Als Saddek die Filme über die Probleme der Unehelichen und die demographische Explosion drehte, empfingen wir oft Vertreterinnen der Frauenbewegung bei uns am Télémly. Darunter war auch Khelida Messaoudi – damals wohl noch Studentin, später Mathematiklehrerin an einem Gymnasium in Algier. 1985 wurde sie Präsidentin der illegal gegründeten »Assoziation für die Gleichheit von Frauen und Männern vor dem Gesetz«, die sich nach ihrer Legalisierung 1988 »Unabhängige Assoziation für den Triumph der Rechte der Frau« nennt. Zinab Guerroudj, eine Architektin, hat

für den von den Frauenbewegungen unermüdlich betonten Zusammenhang zwischen Demokratie und Gleichberechtigung das schöne Wort von den »kämpfenden Frauen als Hebammen der Zivilgesellschaft« geprägt

Als Khelida Messaoudi im März 1992 zur 3. Berliner Orienttagung eingeladen war, führte ich mit ihr ein Gespräch über die besonders aus der Sicht der Frauen unvollkommene Demokratisierung.

KHELIDA:

»Wir haben dreißig Jahre unter einem Einparteienregime gelebt. Es konnte nur im Kampf für die Demokratie beseitigt werden. Aber Demokratie heißt für mich als Frau konkret, daß meine Rechte erst einmal anerkannt werden müssen. Mein Land ist kein islamischer Staat. Es hat sich während der Einparteienherrschaft eine Verfassung gegeben, die Männern und Frauen dieselben Rechte garantiert, 1984 aber ein Familiengesetz erlassen, in dem die Ungleichheit, d. h. ein niedrigerer Status der Frau gegenüber dem Mann, legalisiert und institutionalisiert wird. In Artikel 39 steht, daß die Frau den Mann als Familienoberhaupt anerkennen muß; er ist es also, der wichtige Entscheidungen trifft. Skandalös ungleich ist das Gesetz auch hinsichtlich des Scheidungs- und des Erbrechts. Ich engagiere mich also für die Anerkennung der vollen Bürgerrechte für die Frau, was sich meiner Meinung nach nur in einem demokratischen Staat realisieren läßt, der ausdrücklich die Rechte der Individuen schützt.«

Zeigt der Widerspruch zwischen Verfassung und Familienrecht nicht, daß die Islamisierung schon im Schoße der FLN-Regierung heranreifen konnte?

KHELIDA:

»Genau. Dazu muß freilich gesagt sein, daß die FLN keine Partei im herkömmlichen Sinne ist. Sie hat sich 1954 als Front, d. h. auf der Basis eines Minimalkonsenses mehrerer Tendenzen für den Unabhängigkeitskampf gebildet. Im Prinzip hätte sie 1962, als sie ihr Ziel erreicht hatte, aufgelöst werden müssen. Man darf sie nicht ganz schwarz oder ganz weiß sehen, es hat in ihr immer mehrere Richtungen gegeben. Die zwei einflußreichsten Tendenzen waren einmal die modernistisch-sozialistische und zum anderen die baathistisch-islamistische. Während der Periode Boumedienes herrschte die erste, unter Benjedid kam die zweite hoch. Sie hat das Familienrecht durchgesetzt. Diese reaktionäre Tendenz hat auf ökonomischem Gebiet die Öffnung zum Westen veranlaßt – ähnlich wie das Saddat in Ägypten tat. Es kam aber zu keinen Investitionen. Diese Politik bezahlen wir heute mit einer Arbeitslosigkeit, wie wir sie nie gekannt haben. Und als verantwortlich für die Arbeitslosigkeit gelten die Frauen – obwohl in Algerien nach offiziellen Angaben noch nicht einmal ein Zehntel der Erwerbsarbeitsplätze von Frauen besetzt sind.

Wichtig ist auch zu sehen, daß einige – nicht alle – Führer der FIS, z. B. Abassi Madani, früher Kader der FLN waren. Sie hatte und hat immer eine obskurantistische, rechte Gruppierung in ihren Reihen, die den Islam zur politischen Unterdrückung nutzte. Abassi hat von allen Vorteilen profitiert, die eine politische Bürokratie zu bieten hat. So ist er – wie auch andere FLN-Mitglieder – ohne Abitur an der Universität zugelassen worden. Später wurde er mit einem staatlichen Stipendium nach England geschickt. Die Verbindung zwischen FLN und Obskurantisten ist also nicht von gestern. Wir Frauen haben uns immer an die andere, die modernistisch-sozialistische Tendenz der FLN gewandt und gesagt: Paßt auf, wenn ihr uns nicht unterstützt und die anderen hochkommen, werden nicht nur die Frauen bezahlen, sondern auch ihr. Sie haben geantwortet: Die Frauenfrage ist sekundär, sie wird im Zuge des Sozialismus gelöst.

Wir hatten recht: Nun haben wir weder Sozialismus noch Modernität. Im Gegenteil, uns bedroht die schlimmste aller Diktaturen. Ich nenne sie nicht islamisch, sondern militärtheokratisch. Wenn der Islam nicht wäre, hätten diese Leute etwas anderes erfunden.«

Ist denn in einem islamischen Land überhaupt eine radikale Trennung von Religion und Politik möglich?

KHELIDA:

»Unsere Frauenbewegung lehnt es ab, in bezug auf die Scharia definiert zu werden. Wir glauben auch nicht, daß all unsere Probleme mit dem Islam zusammenhängen. Gerade deshalb muß unsere Religion wie alle anderen Religionen zur privaten Angelegenheit werden. Politik und Religion müssen getrennt werden. In der Tat ist unser Familienrecht kein Werk der FIS. Die FLN hat es geschaffen, dieselbe Partei, die eine Agrarreform gemacht, die ›Sozialistische Leitung der Betriebe‹ eingeführt hat und die Schulen für alle kostenlos öffnete. Aber bis sie das Familienrecht 1984 in seiner heutigen Form durchsetzen konnte, sind über zwanzig Jahre vergangen – weil die Frauenbewegungen sich dagegengestemmt hatten.

Dieses Familiengesetz stellt eine besonders reaktionäre Lesart der Scharia dar. Die Lesart der FLN war schlimmer als die vieler Imame. Mein Großvater zum Beispiel, der ein Kadi war – ein Richter –, hat mir gesagt, daß die Frau bei der Eheschließung eine monogame Ehe fordern kann. Das sichert ihr die von Fatima, der Tochter des Propheten, begründete Tradition zu: Sie hatte es abgelehnt, daß ihr Ehemann eine weitere Frau heiratet. Nach der Lesart der FLN hat eine Frau in Algerien bei der Eheschließung dieses Recht nicht. Sie darf übrigens die Ehe auch gar nicht selbständig schließen, sie braucht einen männlichen Vormund. Wenn sie keinen hat, wird ein Richter ihr Vormund.

Wir wollen die Trennung von Politik und Religion auch deshalb, weil es immer die Männer waren, die die Religion in ihrem Sinne politisch gedeutet haben. Insofern muß man sagen, daß wir schon vor der FIS den staatlichen Islamismus hatten.

Was wir brauchen, ist ein Rechtsstaat, der gleiche Rechte für die Individuen garantiert, unabhängig vom Geschlecht. Und ich sehe nicht ein, wieso wir in diesem Rechtsstaat dann keine Muslime mehr sein sollen.

Auch in unseren Traditionen konnte Weltliches und Religiöses sehr wohl getrennt sein. Wir brauchen da gar nicht den Westen zu kopieren. Mein Großvater war eine religiöse Autorität einer Zaouia in der Kabylei, einem religiösen Zentrum, in dem auch gelehrt wurde. Aber in unserem Dorf war sie nur für religiöse Dinge zuständig. Die praktischen politischen Fragen wurden in der Djemaa entschieden, der Vollversammlung der Männer.«

Wie kommt es, daß gerade die Islamisten in ihrem Kampf um die Herstellung einer vom Westen möglichst unabhängigen islamischen Identität die Tradition und die Geschichte auf ihrer Seite wähnen?

KHELIDA:

»Das geht zumeist mit Fälschung zu. Für uns ist es zum Beispiel wichtig zu betonen, daß die Forderung nach staatlicher Unabhängigkeit nicht von unseren religiösen Gelehrten, den Ulemas ausging, sondern von einer weltlichen Bewegung, der Partei Messali Hadjs, der PPA, der ›Partei des algerischen Volkes‹. Die Ulemas haben immer nur für die freie Ausübung unserer religiösen Rechte gekämpft – im Rahmen des französischen Staates. In unseren Ausweisen stand damals ›musulman français‹ – die Franzosen sprachen uns keinesfalls das Recht ab, Muslime zu sein.

Den Unabhängigkeitskampf haben andere Kräfte 1954 in Gang gebracht. Die Ulemas haben zwei Jahre – bis 1956 – gebraucht, um sich anzuschließen. Das sind wichtige Fakten, was die historische Legitimation anbelangt, denn bis heute muß sich jede politische Bewegung in Algerien in Bezug zum Unabhängigkeitskampf definieren. Und wir Frauen können sagen, daß wir gerade hier auch unseren Beitrag geleistet haben. Als es hieß, daß Hassiba Ben Bouali neben Ali la Pointe den Tod wagen sollte, war es unwichtig, daß sie eine Frau war. Gerade aus dem Unabhängigkeitskampf beziehen die Frauenbewegungen ihre Legitimation für den Kampf um Gleichberechtigung. Ein großer Teil der Partisaninnen lebt noch und unterstützt uns.«

Kannst du erklären, wieso so viele Frauen die Islamisten gewählt haben und sogar als Aktivistinnen unterstützen?

KHELIDA:

»Zunächst muß gesagt sein, daß sich nicht hinter jedem Hidjab ein politisches Bekenntnis zu den Islamisten versteckt. Auch in unserer Bewegung tragen manche Frauen einen Schleier. Die Frauen leben in einer Gesellschaft, die ihr nur einen Wert zuschreibt – den der Gebärerin. Sie hat kein Recht auf das politische Wort, auf eine politische Meinung. Da ist nun aber eine Bewegung, die ihr eine bestimmte Kleidung gibt und endlich einen Ort, an dem sie scheinbar an der politischen Meinungsbildung teilnehmen kann – die Moschee. Es ist ein für alle Beteiligten recht bequemer Ort, denn er stellt die Übermacht der männlichen Meinungsbildung keineswegs in Frage.«

Wie beurteilen die Frauenrechtsbewegungen die seit 1988 durchgesetzte Demokratisierung?

KHELIDA:

»Wie schlimm unsere Lage ist, kam darin zum Ausdruck, daß Präsident Chadli die Frauen, die 1988 die sogenannte Demokratisierung nutzen wollten und gegen das Familiengesetz demonstrierten, im Fernsehen als Frauen beschimpfte, die ›Couscous mit Schinken‹ essen möchten.«

Das überrascht mich etwas. Früher spielte er sich doch immer als Verfechter der Frauenrechte auf?

KHELIDA:

»Nun hat er die Maske fallen lassen. Er hat uns als ›verwestlicht‹ denunziert. Und von einem ›Schutz‹ kann keine Rede mehr sein. Seit den Ereignissen von 1988 haben die Frauen nicht nur weiterhin die vom Familienrecht juristisch sanktionierte Gewalt ertragen, die ganz klar als vom Staat ausgehend gekennzeichnet werden muß, und jene alltägliche Gewalt, die im patriarchalen

Charakter nicht nur unserer Gesellschaft begründet liegt. Neu hinzu kam seit 1989 ein Typ von Gewalt, die von einem religiösen Diskurs her legitimiert wird, der – und das ist wichtig – von einer politischen Bewegung ausgeht: der Islamischen Heilsfront.

Im Grunde hat es seit dem Oktoberaufstand 1988 nur den Beginn eines politischen Pluralismus gegeben, den man kurzerhand ›demokratischen Prozeß‹ genannt hat. Die kämpfende Frauenbewegung in Algerien hat ihn niemals als solchen anerkannt. Wir haben immer gesagt, daß es mit dem bestehenden Familienrecht keine Demokratie geben kann. Es war unserer Meinung nach auch keineswegs demokratisch, eine Partei zu legalisieren, die die offene Ausschaltung der Differenz, der ›anderen‹, in ihr Programm geschrieben hat. Wir, die Frauen, haben gesagt: Achtung! Es ist keine Demokratie, solange wir täglich unterdrückt sind und das auch noch juristisch legalisiert ist.

Ohne den verschiedenen gesellschaftlichen Kräften die Möglichkeit zu geben, sich vorzubereiten, ohne daß die Institutionen reformiert wurden, hat man Wahlen organisiert. Die Bedingungen dieser Wahlen sind von unserem Standpunkt aus äußerst kritikwürdig, sie garantieren weder ihre Korrektheit noch ihre Würde. Entsprechend abwegig war das Resultat: Von 13 Millionen Wahlberechtigten hat fast die Hälfte nicht gewählt. Drei Millionen schließlich haben ihre Stimme jener Partei gegeben, die ihre Politik mit der Religion legitimiert. In dieser Situation hat die Frauenbewegung offen zur Regierung gesagt: Ihr habt nur vorgegaukelt, daß es hier einen demokratischen Prozeß gibt. Die Situation der Frauen war nie schlimmer als in den drei Jahren des sogenannten ›demokratischen Prozesses‹. Unserer Auffassung nach habt ihr einfach nur eine Machtübergabe zwischen der alten Einheitspartei und den Islamisten vorgehabt! Die Nomenklatura wollte das Rennpferd wechseln! Bei dieser Machtübergabe sind die Frauen außen vor gelassen worden, und das nennt ihr dann auch noch einen demokratischen Prozeß! Für uns ist das nur eine Fassade. Wir haben immer gesagt, daß die Demokratisierung mit der Reform der Institutionen beginnen muß, um den Leuten überhaupt erst die Mittel in die Hand zu geben, sich demokratisch zu organisieren. Insofern gehörten wir zu den Kräften, die die Unterbrechung des sogenannten Wahlprozesses gefordert haben. In Wirklichkeit ist ein mörderischer Vorgang unterbrochen worden. Zu unserer Überraschung haben sich alle möglichen Kräfte in Frankreich, im Westen darüber aufgeregt. Auch der Iran, der sich nicht schämt, die elementarsten Menschenrechte von Frauen und Männern tagtäglich mit Füßen zu treten, und der Sudan, wo eine vom Militär abgesicherte Theokratie herrscht, haben dagegen protestiert, daß die Wahlen in Algerien ausgesetzt worden sind. Wir Frauen haben gesagt: Weint allein über den Zusammenbruch dessen, was hier als Demokratie bezeichnet worden ist!«

Du würdest also sagen, daß die Frauenbewegungen die Installierung des Militärregimes mit Erleichterung sehen?

KHELIDA:

»Natürlich gefällt uns diese Art der Lösung nicht. Hier muß aber all denen, die sich als ehrliche Freunde Algeriens betrachten, die uns bei der Demokratisierung unterstützen wollen, klar gesagt werden, daß das Jammern über das Militärregime nichts bringt. Sie sollten uns vielmehr helfen, ihre Regierungen zur finanziellen Unterstützung der Dritten Welt zu bewegen. Wie man es auch an eurer Geschichte sehen kann, braucht die Demokratisierung ein Minimum ökonomischer Voraussetzungen. Nur im Zuge wirtschaftlicher Erholung wird es uns gelingen, solide demokratische Institutionen zu errichten.«

Rückkehr des Schleiers
Die sexuelle Krise

». . . entsprechend seinen Mitteln hat jeder mehrere Frauen: Die einen haben zehn, andere mehr und die Könige noch mehr. So verliert sich in der Vielfalt die Zuneigung. Keine der Frauen hat den Rang einer wirklichen Gefährtin; alle werden auf ähnliche Weise mißachtet.« Ich staune nicht schlecht, als ich diese – scheinbar ganz im Stil heutiger europäischer Empörung verfaßten – Zeilen im Sallust fand! Und hier war nicht etwa von den Verhältnissen zwischen Männern und Frauen seit der arabischen Invasion die Rede, sondern von den »Numidern und Mauren« zur römischen Zeit! Das widersprach allem, was ich von den teilweise heute noch sichtbaren Resten sexueller Selbstbestimmung bei den Berberinnen wußte. War dem Sallust zu trauen? Und aus welcher Religion hatte er seine Informationen bezogen?

Die einzige Erklärung scheint, daß das Berbertum offenbar schon zu den Zeiten der Römer nicht einheitlich definiert werden konnte, daß es schon damals krasse Unterschiede in der Ausprägung matriarchaler und patriarchaler Strukturen zwischen verschiedenen Regionen, vielleicht auch zwischen gesellschaftlichen Schichten gab.

Ein unleugbares Verdienst der Reste matriarchalen Sexualrechts bei den Berben ist der Widerstand, den der Maghreb über alle Zeiten hinweg der Klitorisbeschneidung entgegengesetzt hat. Schließlich ist die Region im Süden und im Osten von Kulturen umgeben, die diesen vorislamischen Brauch bis heute als notwendig erachten. In allen anderen Fragen des Geschlechtslebens herrscht große kulturelle Vielfalt, ja Gegensätzlichkeit. Die Wirren der algerischen Geschichte seit 1830 haben aber die Vereinheitlichung der lokalen Kulturen – zum Nachteil der Frauen – beschleunigt. Bei den Chaouias im Aurès war bis 1830 Scheidung – wie bei den Tuareg – nur auf Initiative der Frau hin möglich. Erst die Franzosen haben den dortigen Männern das Recht auf Scheidung gegeben! Der bis heute selten gegen ihren Willen geschiedenen Frau steht eine Zeit zu, in der sie selbständig nach einem neuen Ehemann suchen darf. Diese Zeit wird keineswegs als belastend empfunden, sie kann sogar einen festlichen Charakter haben. Solche Gebräuche existieren auch bei einem Teil der Stämme der Westsahara. Erstaunlicherweise zeigte das algerische Fernsehen einmal ein Frauenfest, das dort anläßlich einer Scheidung stattfand. In Marokko sind die Belege für berberisches Sexualrecht – wie Heiratsmärkte und Probeehen – besonders beeindruckend und zahlreich.

Im Aurèsgebirge war die Polygamie unüblich und bis heute ist sie selten. Weil hinter diesen Sitten Überzeugungen stehen, konnte es meiner aus dem Aurès stammenden Schwiegermutter La Chamsa im Bunde mit ihrer Mutter Sinab gelingen, ein Polygamievorhaben ihres Ehemannes zu Fall zu bringen. Si Ali hatte von einer seiner Geschäftsreisen eine Frau mitgebracht, die er zunächst als Gast, als »entfernte Cousine« zu Hause einführte. Wahrscheinlich wollte er testen, ob sich die Frauen gut verstünden, ehe er seine zweite Hochzeit feierte. La Chamsa und Sinab erkannten aber nach einigen Tagen, worum es ging, und machten Si Ali dermaßen die Hölle heiß, daß er die noch unberührte neue Frau schleunigst anderweitig verheiratete. Sowohl die dezente Form, mit der Si Ali versuchte, eine zweite Gattin zu nehmen, als auch der selbstbewußte Widerstand der beiden Frauen deuten auf ein tief verankertes Gefühl von Partnerschaft zwischen Frau und Mann hin, die mit der weitverbreiteten Rücksichtslosigkeit in den arabophonen Gebieten nicht vergleichbar ist. Si Ali wuchs als Waise in der Umgebung von Msila bei einer Schwester auf. Über seine Eltern ist nichts bekannt. Aber neben dem Arabischen beherrschte er das Kabylische, und auch seine blauen Augen ließen eine berberische Herkunft vermuten.

Die Kolonialgeschichte und die Vereinheitlichungstendenz des antikolonialen Widerstands haben mit den Lebensgewohnheiten des auf den Hochplateaus siedelnden Stammes der Ouled Nail gründlicher aufgeräumt, als es in dem stets etwas isoliert gebliebenen Aurèsgebirge geschehen ist. Der mit außerordentlicher Armut geschlagene Stamm der Ouled Nail lebte von den im Männerbesitz befindlichen Herden, verfügte aber über keine nennenswerten Handelsprodukte. Die Frauen verdienten sich ihre Aussteuer seit Menschengedenken durch einige Jahre Prostitution in den Städten. Wenn sie auf diese Weise die Mittel für ihren Hausrat zusammengespart hatten, kehrten sie zurück, errichteten nach alter afrikanischer Sitte eine Hütte und suchten sich einen Ehemann. Keine Frage, daß sie dann auch im Haus und im Bett einiges zu sagen hatten.

Der Kolonialismus hat die Tänzerinnenkultur der Ouled Nail legendär gemacht und zugleich mißbraucht – die Mädchen dieses Stammes wurden die Huren der Kolonialarmee. Und so führte nicht nur die puristische Gesinnung der algerischen Mehrheiten, sondern auch der antikoloniale Stolz dazu, daß die Kultur der Ouled Nail nach der Unabhängigkeit als zerstört gelten muß. Die tunesische Tänzerin Leila Haddad – die sich auch wissenschaftlich mit der berberischen Tanzkultur beschäftigt – hat mir bestätigt, daß diese Kultur nicht von selbst untergegangen ist. Der moderne, auf Vereinheitlichung von Gesetz und Sitte drängende FLN-Staat hat dabei eine Rolle gespielt.

Was mag im Alltag der Ouled Nail vom alten Prestige der Frauen übriggeblieben sein, seit sie die Basis ihrer ökonomischen Macht verloren haben?

Die Aufrechterhaltung von Berberdialekten geht nicht automatisch mit Geschlechterverhältnissen einher, die für Frauen günstiger als in den arabophonen Gebieten sind. Am deutlichsten wird das bei den Mozabiten, deren Berbertum außer in Sprache und Kunsthandwerk nirgends mehr präsent ist. Bei ihnen herrscht sogar die rigideste Frauenunterdrückung im ganzen Land.

Ein widersprüchliches Bild bietet die Kabylei. Während sie den Sprachenkampf bewußter führt als die anderen, allerdings auch wesentlich kleineren Berbergruppen, hat sie dem Vordringen arabisch-patriarchaler Sitten nach der Unabhängigkeit kaum Widerstand entgegengesetzt. Das zeigt vor allem die rasche Ausbreitung des schwarzen Schleiers Ostalgeriens in der vor dreißig Jahren noch völlig unverschleierten Region.

Bedeutende französische Forschungen – wie die von Pierre Bourdieu und Camille Lacoste-Dujardin haben die kabylischen Familienverhältnisse sogar zur Grundlage einheitlicher strukturalistischer Modelle des islamischen Patriarchats gemacht. In der Tat werden sich unzählige Belege für eine besonders stark ausgeprägte Frauenverachtung in der Kabylei finden lassen – wie der kürzlich auch in Deutschland bekannt gewordene Lebensbericht der Sängerin Djura. Im Kampf um das Familiengesetz und im heutigen Kampf der Frauen um Gleichberechtigung ist aber bereits deutlich geworden, daß kollektive Erinnerungen an ein weniger repressives Gewohnheitsrecht – zumindest in einzelnen Regionen – eine wichtige Rolle spielen. Großflächige Untersuchungen würden kein einheitliches Bild der Kabylei ergeben. Daß diese Region bis in die jüngste Geschichte noch matriarchale Residuen erhalten hatte, beweist das von der Kolonialmacht hier gewährte Sonderrecht: die auch auf Initiative der Frau hin mögliche Scheidung.

Auf einen deutlichen Überrest matriarchalen Sexualrechts hat mich auch die als Sozialarbeiterin tätige ehemalige Partisanin Aischa hingewiesen, die aus der Gegend um Tikjda stammt. Dort gibt es bis heute an den Donnerstagen, dem Heiratstag der Algerier, keine massenhafte Einlieferung vaginal verletzter Bräute in die Krankenhäuser – die in den meisten anderen Landesteilen darauf vorbereitet sein müssen. Aischa meint, daß die harmonischeren Hochzeitsnächte in ihrer Heimat allein deshalb zustandekommen, weil man die jungen Leute nach wie vor nicht ohne ihr Einverständnis verheiratet. Darin setze sich der alte Brauch fort, die Liebeleien der Jugendlichen beim Brunnengang zu beobachten und für die Heiratsstrategien in Betracht zu ziehen.

Aber immer wieder wird man in der Kabylei auch auf haarsträubende Belege für ein ausgeprägtes Patriarchat stoßen, bis hin zum Ödipuskomplex, dem die in ganz Nordafrika anzutreffende spannungsreiche Beziehung zwischen Schwiegermüttern und Schwiegertöchtern entspringt. Zudem existiert hier auch die in den arabophonen Gebieten übliche abergläubische Verteufelung sexuell starker Frauen. Beide Syndrome sind in der erschütternden Geschichte der Schwester unserer Freundin Rachida miteinander verknüpft: Die in Akbou lebende Subida hatte den schon zweimal geschiedenen Erdölarbeiter Mulud geheiratet, mit dem sie recht glücklich war. Aber die Schwiegermutter und Muluds Schwestern machten ihr das Leben schwer, wenn er in Hassi Messaoud war. Und sie konnten ihre Eifersucht nicht verbergen, wenn er sich im Urlaub mit Subida im Schlafzimmer einschloß oder gar mit ihr ausging. Schließlich kamen die Furien auf die Idee, Subida als Hexe zu denunzieren, die ihren Mann verzaubert und »seiner Familie« entfremdet habe! Sie erreichten ihr Ziel, Mulud ließ sich auch von Subida scheiden.

Der »nordafrikanische« Ödipuskomplex kann sich deshalb zumeist nicht lösen, weil die Söhne mit ihren Ehefrauen im elterlichen Haus wohnen müssen. Es ist nicht nur der Herrschaftsbereich des Vaters, sondern – insbesondere auf dem Gebiet des Gefühlslebens – auch der Mutter. Nur in der Liebe zu ihren Kindern kann die Frau ihre eigene Unterdrückung kompensieren. Diese Situation bringt es mit sich, daß die Mutter den Sohn nie wirklich »freigibt«. Aus Rücksichtnahme ihr gegenüber muß sich der junge Ehemann mit offenen Liebesbezeugungen zu seiner Frau außerordentlich zurückhalten. Mulud hatte gleich mehrmals dagegen verstoßen. Auch das »öffentliche« Ausführen einer Ehefrau in ein Restaurant kann heute noch als anstößig gelten und erregt zugleich Eifersucht bei den Zurückbleibenden. So vergiftet der Druck der patriarchalen Tradition nicht nur das Leben der Frauen, sondern in vielen Punkten auch das der Männer. Es ist denkbar, daß Muluds vorherige Scheidungen ebenfalls auf Betreiben von Mutter und Schwestern zustande gekommen sind.

Trotz der Belege für die Kraft des Patriarchats in der Kabylei fehlen hier doch auch bestimmte hysterische Exzesse der Geschlechtertrennung: So hat man bei den ersten freien Parlamentswahlen Ende 1991 zumeist keine verschiedenen Wahlurnen für Männer und Frauen aufgestellt. Und immerhin haben die meisten Kabylen ihre Stimme einer Partei gegeben, die das Familiengesetz von 1984 ausdrücklich ablehnt: die FFS, die »Front der Sozialistischen Kräfte«. In ihrem Programm vom März 1991 heißt es: »Die Partei ist für die Annahme der UNO-Konvention über die Aufhebung der Frauendiskriminierung. Dieses fundamentale Prinzip der Gleichheit zwischen Männern und Frauen muß sich – wie die Meinungsfreiheit – im Staat, in den Institutionen, in der Familie und in der Arbeit konfirmieren und konkretisieren.«

Die Zukunft der Demokratie liegt nicht in der Einheit um jeden Preis. Der alte Einheitswahn der Linken ist strukturell mit dem Diskurs der Islamisten verwandt, der sich allein auf den Koran bezieht. Die Kräfte der Demokratie und auch die Frauenbewegungen im Maghreb fordern gleiche juristische Rechte und ökonomische Chancen für die Individuen, zugleich aber auch das Recht auf »Differenz«. Dieser Kampf kann durch die Kenntnis und die Verteidigung der eigenen Realgeschichte besser untermauert werden als mit sophistischen Deutungen ambivalenter Koranverse – wie es die Art des modernistischen Flügels der FLN war.

Die wirkliche Geschichte der Regionen hat überall im Bewußtsein und im Unterbewußtsein Spuren hinterlassen. Von hier aus läßt sich Widerstand organisieren, der um so erfolgreicher sein kann, wenn nicht wie bisher nur die Männer, sondern auch die Frauen angesprochen werden.

Als Kind schon ist meine Schwägerin Rebiha ihrem Cousin verlobt worden, und diese Entscheidung des Vaters und des Onkels hat sie niemals in Frage gestellt. Der Brand im Geschäft des Vaters machte sie über Nacht zu einer mittellosen Braut, die der Cousin nicht mehr heiraten wollte. Sie drängte die Eltern nicht, ihr einen neuen Mann zu suchen. Statt dessen zog sie von Khroub zu ihren Brüdern nach Algier. Um die verarmten Eltern zu entlasten, nahm sie zwei Schwestern mit sich: die fünfjährige Nadjiba und die zwölfjährige Habiba. Im Alter von etwa dreiundzwanzig Jahren traf sie verschleiert in der Hauptstadt ein.

Ihre um einige Jahre jüngeren Brüder sagten ihr, daß sie sich frei fühlen solle. Sie würden ihr keinen Ehemann aufzwingen. Aber wenn sie sich selber einen suchen wolle, hätten sie nichts dagegen. Auch ein Freund sei ihnen recht.

Es war das Jahr 1962, das Jahr der Unabhängigkeit, der guten Vorsätze, der neuen Zeit. Alles sollte anders werden als früher. Rebiha fand Arbeit als Näherin in einer Lederwarenfabrik. Weil viele Frauen den Schleier ablegten – damals fanden in Algier sogar öffentliche Schleierverbrennungen statt –, entschleierte auch sie sich schließlich. Aber einen Mann suchte sie nicht. Viele Frauen können das nicht, wenn sie sich nicht von kleinauf darauf vorbereitet, sondern auf Vater oder Brüder verlassen haben.

Weil ihre Brüder eigene Wege gingen, sorgte Rebiha jahrelang allein für ihre beiden Schwestern. Wenn sie sie mit Jungen auf der Straße erwischte, teilte sie Ohrfeigen aus. Die jungen Mädchen unterschieden sich trotz der strengen Erziehung in vielem von ihrer älteren Schwester – insbesondere dadurch, daß sie ein erotisches Leben hatten. Und das schon vor der Ehe. Sie ähnelten Rebiha nur in der eisernen Arbeitsmoral. Sie wußten, daß ihr Wohl und Wehe als Frauen in der Öffentlichkeit davon abhing, sich auf ihren Arbeitsplätzen unentbehrlich zu machen.

Rebihas alter Schleier, genaugenommen nur noch ein Stück jenes Schleiers aus weißer Atlasseide, lag zu meiner Zeit jahrelang unberührt am Grunde einer Basttasche in demselben Abstellraum, in dem ich auch die Eierhandgranate gefunden hatte. Ehe er seiner endgültigen Bestimmung dienen sollte, habe ich ihn – so unglaublich mir das heute vorkommt – einmal zum Verstecken meiner Weineinkäufe benutzt. Der Ramadan stand bevor, und die Weingeschäfte würden schließen. Doch schon wenige Tage vor dem Ramadan war es nicht ganz ungefährlich, mit mehreren Weinflaschen durch die Straßen zu laufen. Nicht etwa weil sie den Weinkauf billigte – ganz im Gegenteil –, sondern weil sie wußte, daß sie mich davon nicht abhalten konnte, drängte mir Rebiha das Schleierstück auf, um damit die Flaschen in der Basttasche zu bedecken.

Eines Tages beschloß sie – wie viele Frauen, die die Mitte des

Lebens erreicht haben – mit dem Beten anzufangen. Etwa zwei Stunden, nachdem sie von der Arbeit nach Hause gekommen war, begannen ihre Vorbereitungen für das Gebet. Das wichtigste war zunächst die Tasse Kaffee, denn sie kam stets sehr müde nach Hause. Dann zog sie ihre nicht unelegante Straßenkleidung aus, wusch sich und schlüpfte in die häusliche Gandura. Sie holte das elende Schleierfragment hervor, sowie einige andere bunte Fetzen. Zu unser aller Ärger hatte sie niemals ein ausgedientes Kleidungsstück weggeworfen. Mit all den Lumpen umhängte sie sich und sah plötzlich unglaublich exotisch aus. Obwohl sie mittlerweile einen Lohn für sich allein hatte, mit dem andere eine ganze Familie ernähren müssen, verwandelte sie sich beim Beten in eine ärmliche Frau vom Lande.

Mit ihrer seltsamen Vermummung folgte Rebiha der Aufforderung des Propheten, dem Gott offenbart hat: »Und sprich zu den gläubigen Frauen, daß sie ihre Blicke niederschlagen und ihre Scham hüten und daß sie nicht ihre Reize zur Schau tragen ... und daß sie ihren Schleier über ihren Busen schlagen und ihre Reize nur ihren Ehegatten zeigen oder ihren Vätern oder den Vätern ihrer Ehegatten oder ihren Brüdern oder den Söhnen ihrer Brüder oder den Söhnen ihrer Schwestern oder ihrer Frauen ... oder ihren Dienern, die keinen Trieb haben, oder Kindern, welche die Blöße der Frauen nicht beachten.« Eine ähnliche Aufforderung geht übrigens an die Männer: »Sprich zu den Gläubigen, daß sie ihre Blicke zu Boden schlagen und ihre Scham hüten. Das ist reiner für sie.« (Koran, 14. Sure)

Fatna Ait Sabbah hat darauf hingewiesen, daß dies eine der wenigen Stellen im Koran ist, in denen Männer und Frauen in gleicher Weise direkt angeredet werden. Zumeist ist die Frau im Koran nur ein Objekt des Rechts oder der Moral, über dessen Stellung die Männer aufgeklärt werden. Von ihr ist zumeist nur in der dritten Person die Rede. Über diesen Mißstand soll sich die fünfte Frau des Propheten, Oum Salameh, beklagt haben, weshalb in den späteren Suren tatsächlich die Frauen öfter in die Anrede mit einbezogen sind.[*]

Das Verhüllungsgebot gilt während des Gebets für beide Geschlechter, ansonsten allein für die Frau. Aber selbst in Mohammeds direkter Anhängerschaft gab es darüber keine Einigkeit. Aischa, die Tochter seines Mitstreiters Talha – der 656 in der Schlacht des Kamels von Ali getötet wurde –, lehnte den Schleier mit kühnen Argumenten ab: »Gott, der Allmächtige, hat mir mehr Schönheit gegeben als den anderen. Ich möchte, daß die Leute sie sehen und meine Überlegenheit anerkennen. Niemals werde ich mich verschleiern.« (Motto des Programms der Frauengruppe »Aischa« in Algier.)

Warum dieses Verhüllungsgebot? Die marokkanische Soziologin Fatema Mernissi meint, daß es in den muslimischen Gesellschaften, die der Sexualität grundsätzlich positiv gegenüberstehen, die für die Gruppe notwendige Ordnung, d. h. die Organisation des sexuellen Lebens regelt, und zwar bereits in ihrem Vorfeld: Das Wirken des sinnlichen Reizes wird als universell empfunden, er kann in jedem Moment zuschlagen. Vom Propheten wird erzählt, daß er auf der Straße einmal von einer Frau erregt worden sei und beschloß, sofort nach Hause zurückzukehren, um mit einer seiner Ehefrauen zu schlafen – ein Verhalten, das den Gläubigen in ähnlichen Fällen empfohlen wird.

Daß die teilweise noch matriarchal geprägten muslimischen Gesellschaften wie die Tuareg das Verhüllungsgebot im Alltag für die Männer und nicht für die Frauen durchgesetzt haben, weist ebenfalls auf seine zumindest teilweise sexuelle Bedeutung. Der Männerschleier ist jedoch auch in den schon lange patriarchalen Regionen des Islam nicht ganz unbekannt: als »hidjab al-chalifa«, Schleier des Kalifen. Er wurde schon wenige Jahre nach dem Tode des Propheten in der Moschee zwischen das Volk und seinen Herrscher gehängt, um die Attentatsgefahr zu verringern. Die Bezeichnung für die Leibwache, die den Kalifen außerdem noch schützte, leitet sich von derselben Wurzel ab: Hadjib. Hidjab und Hadjib der Kalifen stehen für die zunehmende Entfremdung zwischen Herrschaft und Volk: Zu Mohammeds Zeiten war die Moschee noch ein Ort der Versammlung aller Gläubigen – auch der Frauen –, die hier die Angelegenheiten der Gemeinde besprachen.

Hidjab steht linguistisch für etwas Trennendes, auch für »Vorhang«. »Wenn ein Kind im Spaß ›Eiserner Vorhang‹ ins Arabische übersetzt, verfällt es auf das Wort Hidjab und wählt spontan ›al hidjab al hadidi‹. Und es hat recht, denn die Übersetzung von jedwedem Vorhang, der den Raum trennt, um den ungehinderten Verkehr zu unterbinden, ist durchaus ›Hidjab‹.« Fatema Mernissi – der ich diese Ausführungen zum Wortsinn danke – fügt hinzu, daß aus arabischer Sicht auch die Berliner Mauer ein »Hidjab« gewesen sei.

Auch in vergangenen Epochen konnte das Verhüllungsgebot – obwohl es die allgemein geltende Norm war – von Frauen als Belastung empfunden werden. Dies zeigt die als historisch geltende, von Assja Djebar in ihrem Roman »Fantasia« wiedergegebene Geschichte der »Nackten Braut von Mazouna«, die sich um 1860 zugetragen haben soll. Badra, die schöne Tochter des zwischen Frankreich und aufständischen Stämmen neutral gebliebenen Agha von Mazouna, hofft heimlich, daß der legendenumwobene Rebell Bou Maza die Stadt einnimmt und daß sie seine Braut wird. Der Vater verfügt indes, daß sie einen Kollaborateur heiratet. Auf dem Wege zum Bräutigam wird der Hochzeitszug von Bou Maza überfallen. Die Braut wird – zu ihrer eigenen heimlichen Zufriedenheit – für die Nacht in sein Zelt geführt. Aber das Mädchen bleibt unberührt. Die Tochter des Verräters, Braut eines anderen Verräters, muß in vollem Hochzeitsornat und tiefverschleiert in einer Zeltecke sitzen. Am nächsten Morgen werden sie und ihre Begleiterinnen gezwungen, ihren Schmuck abzugeben. Der islamische Respekt will, daß sie sich dabei nicht entschleiern müssen, sondern freiwillig ihre Kleinodien unter ihren Gewändern hervorziehen. Die vor frustrierter Liebe und vor frustriertem Patriotismus wahnsinnig gewordene Badra legt nicht nur ihren Schmuck, sondern auch ihren Schleier ab: »Ich bin nackt! Gott sei gelobt, ich bin nackt! . . .« Der Held, den sie zwingen wollte, sie anzusehen, wendet indes vornehm sein Pferd ab.

Die exhibitionistische Tragik dieser Geschichte wirft ein eigenartig realistisches Licht auf die doppelte Unterdrückungsfunktion des Frauenschleiers: Er bannte nicht nur die sexuelle, sondern auch die politische Energie der Frau, schirmte sie viele Jahrhunderte lang vom Engagement in der Gesellschaft ab. Der Schleier verwies auf ihren Status als patriarchal verfügbare Handelsware, auf die Negierung ihrer Individualität – die bis heute in den meisten muslimischen Gesellschaften auch die Negierung eines individuellen Rechtsstatus bedeutet: Alle Rechte, die man ihr zugesteht, sind den Rechten des Mannes und des Clans untergeordnet.

Weil die Frau rigoros aus der Öffentlichkeit verbannt war, konnte sie während der Kolonialzeit die Rolle der Bewahrerin der Tradition, der Identität spielen – ein Argument, das die heutigen Islamisten immer wieder für die Aufrechterhaltung oder Wiedereinführung der Verschleierung ins Feld führen. Dabei wird nicht in Betracht gezogen, daß gerade in der entscheidenden Phase des Unabhängigkeitskampfes, als auch die Frauen einbezogen wurden, der Schleier fiel. Die Epoche der Unabhängigkeit, der Modernisierungshoffnungen ist in den meisten arabischen Ländern eine Zeit der Entschleierung gewesen.

Frantz Fanon hat in seinem Essay »Algerien legt den Schleier ab« dargelegt, daß der Schleier bis in die fünfziger Jahre ein wirkliches Symbol des Widerstands der Algerier blieb. Als der Unabhängigkeitskrieg bereits ausgebrochen war, wollte die Kolonialmacht mit einem Emanzipationsprojekt einen Keil zwischen den männlichen und den weiblichen Teil der Nation treiben. Aber nicht etwa mit weiblichen Arbeitsplätzen, sondern mit ein paar Kilo Hartweizen versuchten die Wohlfahrtsvereine der Französinnen, die muslimischen Frauen zur Rebellion gegen die männliche Unterdrückung und die Aufgabe des Schleiers zu bewegen. Entschleierte Prostituierte und Haushaltshilfen wurden an Feiertagen für ein paar Sous auf die Straße geschickt, um als »moderne arabische Frauen« lautstark ein »Algérie française« zu fordern.

Im Bewußtsein des durch den Befreiungskrieg immer mehr bedrängten algerischen Europäers wurde das Ziel der Entschleierung zur Obsession: Die Rettung seiner Besitzrechte schien nur durch gewaltsame Europäisierung des Landes noch möglich. Der Psychologe Fanon beobachtete, daß die Vergewaltigungsphantasien der algerischen Europäer gegenüber arabischen Frauen stets mit dem Zerreißen des Schleiers begannen.

Die Entschleierungsobsession der Europäer bewirkte für die muslimischen Frauen die Notwendigkeit, ihre Verschleierung aufrechtzuerhalten. Das änderte sich erst 1955, als die FLN sie im geheimen dazu aufrief, den Schleier abzulegen. Da es unmöglich schien, die französische Armee militärisch zu besiegen, hatte sie sich zu Terroraktionen entschlossen. Der Einsatz von Frauen schien besonders effizient. Die entschleierten jungen Mädchen, die Bomben in Basttaschen transportierten, waren aber nur getarnt, wenn sich eine größere Anzahl von muslimischen Frauen zur Entschleierung entschloß.

Mit dem Schleier fiel für die Frauen auch das vorherige Gebot, die europäischen Teile der Städte nicht unbegleitet zu betreten. Fanon beschreibt, wie groß die psychologische Umstellung für die an den Schleier gewöhnten Frauen war: »Der Schleier schützt, beruhigt, sondert ab. Man muß die Geständnisse von Algerierinnen gehört haben oder das Traummaterial von Entschleierten kennen, um sich von der Bedeutung des Schleiers für das körperliche Erleben der Frau einen Begriff zu machen. Mit dem Ablegen des Schleiers verändert sich die Selbsterfahrung der Algerierin. Sie muß neue Mittel der Körperbeherrschung, einen neuen Gang erfinden. Sie muß ihre Schüchternheit, ihre Unbeholfenheit durchbrechen, zugleich aber jede Übertreibung, alles, was die Aufmerksamkeit auf sich lenken könnte, vermeiden. Die Algerierin, die ›nackt‹ in die Europäerstadt hineingeht, richtet ihre Erfahrung neu ein.«

Der Kampf konnte freilich auch für eine jahrelang europäisch gekleidete Frau bedeuten, den Schleier wieder anzulegen. Unter seinem Schutz ließen sich Waffen und Flugblätter auch dann noch transportieren, als jedes größere Gepäckstück von den Sicherheitskräften durchsucht wurde. Als Frauen verschleiert hat sogar einmal eine Männergruppe eine terroristische Aktion versucht. Sie flog aber unverrichteter Dinge auf – wegen der zu großen Schuhe und des unweiblichen Ganges. Dagegen ist es Ben Bella einmal gelungen, unterm Schleier aus dem Gefängnis zu entwischen.

Im Unabhängigkeitskampf wurde jedenfalls der Grundstein für

die heutige Multifunktionalität des Schleiers gelegt. Vom selbstverständlichen weiblichen Attribut wurde er zu einer Bekleidung, deren Tragen heute einen Willensakt voraussetzt. Dieser Willensakt geht freilich nicht immer von einem selbstbestimmten weiblichen Individuum aus, sondern oft von der Familie.

Daß der Frauenschleier – nachdem er definitiv zu verschwinden schien – jetzt mit Macht wiederkehrt, ist ein deutliches Indiz dafür, daß die muslimischen Gesellschaften heute nicht nur eine ökonomische und soziale Krise erleben, sondern auch eine sexuelle. Weil sich Algerien mit einer Technologie industrialisierte, die ungeeignet war, die enorme Zahl heranwachsender Arbeitskräfte zu binden, blieb nicht nur die Vollbeschäftigung der Frauen aus, sondern auch die der Männer. 1977 – im Zenit des Industrialisierungsprogramms von Boumediene – waren nicht mehr als knapp 19 Prozent der Bevölkerung erwerbstätig. Die Art der Industrialisierung einerseits und die demographische Explosion andererseits führten zur wachsenden Disproportion zwischen Erwerbstätigen und Nichterwerbstätigen. Mit der zunehmenden Aussichtslosigkeit für die Jugend, über eigenes Einkommen und eine Wohnung zu verfügen, entstand jene sexuelle Krise, die der muslimischen Welt in der Geschichte unbekannt war. Das früher in der Pubertät liegende Heiratsalter stieg bei beiden Geschlechtern extrem an: Es liegt bei den Männern schon durchschnittlich zwischen fünfundzwanzig und dreißig Jahren – was bedeutet, daß viele überhaupt nicht mehr heiraten. Längst ist nicht mehr nur das Brautgeld ein Problem, sondern der mangelnde Wohnraum, das fehlende eigene Einkommen.

Auch viele Frauen heiraten erst weit nach dem zwanzigsten, oft nach dem fünfundzwanzigsten Lebensjahr – oder gar nicht. Mir war stets traurig zumute, wenn ich nachts von unserem Balkon aus beobachtete, wie sich eine Gruppe von etwa zehn jungen Frauen zwei Etagen unter uns in einem einzigen Raum zum Schlafen vorbereitete. Eine Matratze wurde neben die andere gelegt, die Schönen banden sich Kopftücher um und schlüpften unter ihre Decken. Die Familie war nicht arm, die jungen

Frauen trugen sehr hübsche Nachthemden und Morgenröcke. Man brauchte keine Phantasie, um sich vorzustellen, wovon sie – fast aussichtslos – träumten. In dieser Wohnung muß auch ein ähnliches Männergemach gewesen sein, das ich mir freilich weniger märchenhaft vorstellte.

Da die übergroße Mehrheit der Frauen in absoluter materieller Abhängigkeit von der Familie steht, bleibt Sexualität für die unverheirateten Frauen normalerweise ein Tabu. Die Jungfräulichkeit ist nach wie vor die als unabdingbar geltende Voraussetzung der Ehe. Für die jungen Männer – denen in Algerien keine billige Prostitution zur Verfügung steht – sind Frauen also Unbekannte, um die nur erotische Phantasien kreisen. Die Frustration verwandelt sich in Frauenhaß. Und die in den achtziger Jahren auch Algerien erreichende Pornokultur per Videokassette hat die Situation noch verschärft. Der junge Mann, der auf der Straße von einer Frau erregt wird, kann zumeist nicht – wie der Prophet es empfahl – nach Hause gehen und mit seiner eigenen Frau schlafen.

Die immer lauter werdende Forderung nach dem Frauenschleier beruht nicht nur auf vordergründiger patriarchaler Befehlsherrlichkeit, man hört auch einen Hilferuf heraus: Es muß in der Tat für die Männer unerträglich sein, zu sehen, was sie nicht berühren dürfen. Ihre sexuelle Frustration mündet oft in blinde Gewalt, die der Frauen in depressive Resignation.

So ist die neokoloniale Weltwirtschaftsordnung mitschuldig an der zivilisatorischen Tragödie ganzer Völkerschaften.

Weil die Unsicherheit für Frauen auf Straßen und in Verkehrsmitteln auch in den Zeiten relativer Prosperität beträchtlich blieb, ist der Schleier nie ganz verschwunden. Er war auch immer ein Mittel, Armut zu verbergen oder eine nicht ganz perfekte Garderobe: Viele Frauen können sich einen europäisch geschnittenen Mantel nicht leisten. Auch arbeitende Frauen – insbesondere aus den unteren Klassen – konnten ihre Berufstätigkeit nur dann der Familie gegenüber durchsetzen, wenn sie den Schleier trugen und damit anzeigten, keine sexuelle Begegnung zu wünschen. In der

Tat wird eine verschleierte Frau in der Öffentlichkeit zumeist respektvoll behandelt. Vulgäre »Anmache« trifft vor allem die Unverschleierten. Sie gelten für viele als Freiwild, als Frauen, hinter denen offensichtlich keine Mannesehre steht.

In den siebziger Jahren erreichte Algerien eine neuartige Verhüllungsmode aus dem Orient: ein langärmeliges, mantelähnliches schmales Gewand aus festem Stoff, zu dem stets ein Kopftuch getragen wird, das alle Haare bedeckt. Manche Frauen legen sogar noch ein über die Nase gebundenes Gesichtstüchlein an. Der neue Hidjab trat – besonders bei der Jugend – in erfolgreiche Konkurrenz mit den lokal gebräuchlichen schwarzen, weißen oder auch farbigen Schleiern. Daß das hocharabische Wort »Hidjab« auch das algerische »Haïk« ersetzte, zeigt, daß es sich hier um kulturelle Internationalisierungsprozesse handelt. Freilich gewann der Hidjab auch deshalb schnell an Terrain, weil er praktischer als der Haïk ist. Eine Frau braucht nun weder ihre Hände noch ihre Zähne, um den Schleier festzuhalten: Sie hat beide Arme frei. Darin drückt sich auch ein Fortschritt aus. Während der Eintritt der Frauen ins Arbeitsleben zumeist nicht glückte, haben sie doch fast überall die alte Männerdomäne des Einkaufens erobert. Der Hidjab macht es möglich, sich mit einem Kind an der einen und der Tasche in der anderen Hand auf der Straße zu bewegen. Genau in diesem Punkt – in der nachdrücklichen Verteidigung eines winzigen Platzes in der Öffentlichkeit – liegt das Geheimnis der Attraktivität des neuen Hidjab.

Die islamistischen Führer behaupten in ihren Reden nur selten, daß sie die Frauen wieder ganz ins Haus einschließen wollen. Hier ist der Islamismus ganz offensichtlich an eine Toleranzschwelle der Gesellschaft gestoßen; gegenwärtig kann er weder das Einkaufen noch Ausbildung und Arbeit völlig aus der weiblichen Perspektive streichen. Er beharrt aber auf der Bedeutung der verschiedenen biologischen Dispositionen von Mann und Frau, die auch verschiedene Rollen in der Gesellschaft nach sich zögen. Die unverschleierte, angeblich »verwestlichte« und »vermännlichte« Frau wird als große Gefahr für die traditionelle Geschlechterordnung bezeichnet. Als grundlegende Bedingung für deren

Wiederherstellung gilt der Hidjab, den die Frau in der Öffentlichkeit tragen muß.

Daß die Männer durch ihre Mobilität – hier ist an den Kontakt zur modernen Arbeitswelt zu denken, an den Besitz eines Autos, an die zumeist ohne Familie angetretene Europareise – faktisch viel verwestlicher sind als die Frauen, interessiert nicht.

In dieser Konzeption gilt die unverschleierte Frau als Störenfried, nicht der sie anmachende jugendliche Rowdy. Das empfinden zwar viele Frauen als Unverschämtheit. Trotzdem resignieren sie, weil sie sich individuell gegen die steigende Unsicherheit nicht anders als mit dem Hidjab schützen können. Das war besonders naheliegend für Studentinnen, seit sie, wenn sie Sommerkleider trugen, am hellichten Tage auf dem Campus mit brennenden Zigaretten angegriffen wurden. Schon 1979 – ein Jahr nachdem ich aus Oran weggegangen war – wurden hier Studentinnen auch einmal mit Salzsäure besprüht. In Algier verübten Islamisten 1981 ein Attentat mit Schwefelsäure auf zwei an der Bushaltestelle wartende unverschleierte Mädchen.

Nicht immer ist es offene Gewalt, die das Tragen des Hidjab erzwingt. Der Gewalt vorgelagert ist eine Fülle von Argumenten: vor allem die Wiedergewinnung der eigenen Identität, die der Westen gefährde. Abassi Madani tut öffentlich seinen Abscheu kund über Werbefotos halbnackter Frauen, die er in der Pariser Metro gesehen hat. Sie beweisen seiner Auffassung nach, daß die westliche Kultur die Frauen zu »Sexualobjekten« mache. In diesem Punkt könnte man mit Abassi einverstanden sein – wenn der Islamismus die Frauen auf seine Weise nicht ebenso sexistisch definieren würde: als ständig für den Ehemann verfügbare Lust- und Gebärmaschinen. Die Denunziation des Westens hinsichtlich der Frauenfragen nimmt oft völlig irrationale Formen an. Aus einer Moschee der Constantiner Neubausiedlung Filali wurde 1986 per Lautsprecher verkündet, daß Frauen, die Marilyn Monroe oder Brigitte Bardot imitieren, Mißgeburten oder homosexuelle Jungen hervorbringen. Nur ein bis zum Boden reichender Hidjab könne sie vor diesem Schicksal bewahren (Pierre Branche in »Algérie Actualité«, vom 31. Oktober bis 6. November 1986).

Seinen Eroberungszug begann der Hidjab von den Universitäten aus. Zu Beginn war er in den seltensten Fällen ein Hidjab der Überzeugung, sondern ein Hidjab des Terrors. Es wurde mehr und mehr zur Bedingung, daß junge Frauen einigermaßen ungescholten studieren konnten. Heute kommt es fast schon weiblichem Heldentum gleich, sich ohne Hidjab in die Universität zu wagen. Insofern hat er aber auch weniger Aussagekraft als früher über die Haltungen und die Persönlichkeit der hinter ihm verborgenen Frau. Einmal zog eine verschleierte Studentin, die ich im Auto von der Fakultät in Ben Aknoun in die Stadt mitnahm, sofort ein Päckchen Zigaretten aus der Handtasche!

Sogar unsere Nachbarin Fatima überraschte schließlich mit einem Hidjab. Ihr mir verborgen gebliebener – inzwischen verstorbener – Ehemann hatte ihr Geschäfte vererbt, in denen nicht nur Geld aus Japan, sondern auch aus den Golfstaaten steckte. Um den von dort stammenden Partnern würdig entgegentreten zu können, hatte sie die Umra, die kleine Pilgerfahrt, unternommen und den Hidjab angelegt. Weil sie uns gegenüber aber klarstellen wollte, daß es kein Hidjab der Überzeugung sei, beging sie den – fast unglaublichen – fauxpas, Saddek zu sagen, daß sie im Sommer unter dem ja relativ starken Stoff des Hidjabs »gar nichts« trüge.

Da der Hidjab heutzutage aus allen möglichen Gründen angelegt wird, nimmt seine Schutzfunktion bereits wieder ab: 1990 wurden Studentinnen der Universität Blida im Hidjab auf offener Straße von Islamisten mit Gürteln blutig geschlagen, weil sie das überall im Land geltende Recht der Frauen wahrnehmen wollten, an den Abenden des Ramadan spazierenzugehen oder ein Konzert zu besuchen.

Hinter dem Hidjab kann sich heute jedwede weibliche Lebensform verstecken: von der Prostitution bis zum aktiven Feminismus. Wie ich hörte, tragen jetzt auch die meisten jungen Mädchen einen Hidjab, die die kleine Toleranz der staatlichen Krankenhäuser nutzen, um dort ihre unehelichen Kinder zur Welt zu bringen.

Meistens ist er nur eine Tarnung: Man beruhigt die Eltern

damit, ist sicherer auf der Straße – und behauptet den so wichtigen Platz in der Öffentlichkeit.

Und doch sollte die Rückkehr des Schleiers nicht verharmlost werden: Sie drückt den imperativen Willen eines mächtigen Teils der Gesellschaft aus, die Individualität und die Freiheit der Frauen rigoros einzuschränken.

Etwa 1984 empfingen wir in Algier einmal ein völlig mittelloses junges Mädchen aus der entfernten Verwandtschaft, das operiert werden mußte. Munira stammte aus Ostalgerien. Sie war bereits bei Slimane in Ouargla gewesen, wo man sie aber nicht behandeln konnte. Die Krankheit hatte ihr die erste Reise ihres Lebens ermöglicht.

Da sich die Siebzehnjährige als Poetin zu erkennen gab – sie hatte in einer arabischen Zeitschrift ein Gedicht veröffentlicht –, schlug ich vor, mit ihr in die Stadt zu gehen, um für den Krankenhausaufenthalt ein paar Bücher zu kaufen. Sie bat mich recht eindringlich um einen »langen Rock« und wollte – weil ich keinen hatte – schließlich sogar lieber in der mir als Nachthemd dienenden langen Gandura in die Stadt gehen als in dem kurzen Röckchen, in dem sie angereist war. Ich vermutete, sie hoffte, auch Kleidung zu bekommen. Das versprach ich ihr. Draußen wies sie jedoch auf die Frauen, die im Hidjab an uns vorbeikamen, und drückte mir ihre Bewunderung für dieses Gewand aus. Zu meiner großen Überraschung behauptete sie, in ein paar Tagen selbst so einen Hidjab zu tragen. Da ich wußte, daß sie die Mittel dafür nicht hatte, hielt ich sie für völlig verdreht.

Tatsächlich ist Munira dann aber würdevoll mit Hidjab ins Krankenhaus gegangen. Und sie war dort keineswegs allein auf unsere Fürsorge angewiesen. Fremde Frauen im Hidjab kümmerten sich in rührender Weise um sie, brachten ihr Geschenke und saßen stundenlang an ihrem Bett.

Erst jetzt begriff ich, daß Slimane Munira ihren Hidjab weggenommen und ihr europäische Kleidung aufgezwungen hatte – in unserer Familie galt der Hidjab als gefährliches politisches Instrument der Islamisten. Auch Saddek ließ damals keinen Hidjab in seinen Fernsehsendungen zu. Muniras Betreuung im Krankenhaus machte aber deutlich, daß die Islamisten nicht nur politisch wirkten, sondern bereits ein soziales Netz über das ganze Land gespannt hatten. Die Moscheen waren zum Zufluchtsort für die Armen geworden, zu Zentren der Solidarität. Und hier hatte Munira auch den Hidjab erhalten, den wir ihr verweigerten!

Wenig später heiratete sie einen Islamisten und bekam bald ein Baby. Der Mann hat sie nach einem Jahr mit dem Kind im Arm auf die Straße geworfen. Was aus der Poetin Munira geworden ist, weiß ich nicht.

Ein wesentlicher Grund für den politischen Erfolg der Islamisten bei der Jugend liegt darin, daß er im Gegensatz zur prüden FLN die sexuelle Krise thematisiert und Lösungsvorschläge macht. Immer wieder betonen die Imame in den Moscheen, daß die Heirat – die gewissermaßen mit Sexualität identisch ist – für den Muslim eine heilige Pflicht darstellt, an deren Realisierung ihn das Regime hindere. Immer wieder wird aus Armenvierteln bekannt, daß Imame junge Menschen ermutigen, auch ohne Wohnung, Beruf und Mitgift auf der Basis der »Fatiha« zu heiraten, d. h. allein mit dem religiösen Segen. Da diese Ehen nicht standesamtlich registriert sind, können sie noch problemloser gelöst werden, als es das ohnehin männerfreundliche Familiengesetz von 1984 zuläßt. Unter den heutigen sozialen Bedingungen stellen sie nichts anderes dar als ein die Frauen absolut unterwerfendes Konkubinat.

Die Islamische Heilsfront spielt ihre auf den ersten Blick ganzheitlich wirkende Konzeption des Menschen geschickt gegen die ausweglose Situation aus, die unter dem FLN-Regime für die Jugend entstand. Cheikh Hachemi Sahnouni, Ratsmitglied der Partei, analysiert nicht zu Unrecht, daß die schlechte Arbeitsmoral der Algerier mit den Problemen des Wohnens, der Ehelosigkeit und des Transports zu tun hat. Er verpflichtet die islamischen Gewerkschaften, diese Grundbedürfnisse des Menschen, die schon der Prophet hervorgehoben hat, zur unabdingbaren Forderung ihres Kampfes zu machen: »Der Arbeiter muß eine Wohnung, eine Frau und ein Transportmittel haben, damit er Erholung und moralische Ruhe genießt. Erst dann können wir von ihm verlangen, daß er etwas produziert. Ein Arbeiter, der in einer Moschee schläft, auf der Straße oder in einem maurischen Bad, kann nicht produzieren; er kommt krank und erschöpft zur Arbeit ... Die Wohnung stabilisiert ihn so, daß er kein Kino mehr braucht oder andere Zerstreuungen wie Tanz und Spiel. Die Ehefrau bringt ihm Ruhe. Wie kann ein Mann produzieren, der sich solcher Ruhe nicht erfreut? ... Der Arbeiter braucht ein Transportmittel, ein Auto oder ähnliches.« (Tonkassette, die der Informationsservice der FIS anläßlich der Gründung einer Islamischen Gewerkschaft 1989 auf den Markt brachte.)

Für die Wirtschaftsprogramme der Islamisten ist eine enge Verwandtschaft mit den früheren Wirtschaftsprogrammen der FLN charakteristisch: Mal wird von der Jugend verlangt, in freiwilligen Arbeitsbrigaden die Sahara zu begrünen, mal wird vorgegaukelt, daß der Staat – sei er nur von den richtigen Männern geleitet – den Bürgern einen gewissen Grundkomfort bieten kann, ehe sie selbst etwas produziert haben. Während die FLN »Wohnung« und »Frau« nur schamhaft identifizierte, besteht die Anziehungskraft der islamistischen Sprache darin, das Recht des Arbeiters auf sexuelle Entspannung direkt anzusprechen. Daß daran zunächst auch unerfahrene junge Mädchen interessiert sind und sich auf eine Fatiha-Ehe einlassen, darf nicht verwundern.

In diesem islamistischen Gewerkschaftsprogramm wird der Wert der sexuellen Entspannung so hoch angesetzt, daß kulturelle Interessen dadurch angeblich ausgelöscht werden. Diese gelten dem Islamismus als gefährlich – was immer wieder in gewaltsame Auseinandersetzungen bei Konzerten und sogar Kinovorführungen mündet.

Freilich verfügen nicht allein die Islamisten über Vorschläge zur Lösung der sexuellen Krise. Mit der Demokratisierung von 1988 konnte sich – zumindest auf dem Gebiet der Partnersuche – endlich auch die Kraft der Gesellschaft zur Selbsthilfe entfalten. Seit der Einführung der Pressefreiheit erreichen die Zeitungen besonders hohe Auflagen, die – was bislang in Algerien unbekannt war – Heiratsanzeigen drucken und Ratschläge in Liebesangelegenheiten geben. Nicht nur die ganz jungen Leute, auch diejenigen, deren erste Jugend im stummen Zölibat vergangen ist, weil die Familie keine Heiratsvermittlung zustandegebracht hat, versuchen heute mit einer Anzeige ihr Glück. Man findet oft Annoncen wie: »Junges Mädchen von 35 Jahren sucht verläßlichen Ehemann«. Die Formulierung »junges Mädchen« deutet an, daß die Jungfernschaft intakt ist. Andere Annoncen: »Demokrat, Laizist, dynamisch und tolerant, sucht gleichgesinnte Partnerin.« »Kabyle sucht Kabylin.« Selbst diejenigen, die ganz nach den islamischen Geboten leben wollen, verlassen sich nicht immer auf die Heiratsvermittlung der Bruderschaften: »Religiöser Mann, Nichtraucher und Nichttrinker, sucht gleichgesinnte Frau mit Hidjab.«

Mit einiger Rührung las ich folgende Anzeige, aus der das ganze Drama der heutigen algerischen Jugend spricht: »Wir sind uns gestern gegen halb sechs auf dem Bahnhof von El Harrach begegnet. Du trugst einen schwarzen Rock und einen roten Pullover mit grünen Streifen. Unsere Blicke haben sich gekreuzt, aber ich habe nicht gewagt, dich anzusprechen. Ich bin der junge Mann, der ›Le Matin‹ las. Wenn du fühlst wie ich, nimm über diese Zeitschrift Kontakt zu mir auf!«

Im modernen Algerien existiert auch bereits die im Westen wohlbekannte Situation intellektueller Frauen mit Beruf und Wohnung, die Schwierigkeiten haben, einen Partner zu finden. Nach Auskunft der Zeitungen haben Annoncen wie: »Toleranter Mann ohne Arbeit und Wohnung sucht Frau mit Haus und Auto« durchaus Aussicht auf zahlreiche Antworten (aus verschiedenen Zeitungen zusammengestellt von Fadéla Chaib in »Algérie Actualité«, 27. Januar bis 2. Februar 1993).

All die, die sich nie eine Zeitung kaufen und nicht im Traum daran denken können, einer Redaktion zu schreiben, sind von dieser Art der Selbsthilfe freilich ausgeschlossen.

Es zeugt von einem Gespür für politische Notwendigkeiten, daß der Islamismus die Leere erkannt hat, in die die Moderne viele

Frauen geworfen hat und daß er die Herausforderung einer neuen Sinngebung auch des weiblichen Lebens angenommen hat.

Eine innere Leere spüren nicht nur die Landfrauen, die in ihre Häuser verbannt sind. Kaum besser ist die Lage der meisten ihrer Geschlechtsgenossinnen in den Städten und Vorstädten. Das individuelle Wohnen – wenn es auch nur in einer Wellblechhütte möglich ist – hat die in allen muslimischen Gesellschaften traditionell übliche Frauengruppe – den Harem – weitgehend vernichtet. Er war früher nicht nur Ausdruck sexueller Ausbeutung durch die Männer, sondern auch ein Ort des kulturellen und sozialen Zusammenhangs der Frauen – und der gegenseitigen Unterstützung.

Wie die Frauen auf dem Land den Brunnen als Treffpunkt verloren haben, so haben die in Stadtwohnungen mit Badezimmern lebenden Frauen das Hamam, das maurische Bad, als Ort der regelmäßigen Kommunikation verloren. Früher wurden im Hamam Bräute gesichtet und Ehen vermittelt. Der Rückgang der in Nordafrika auf die Römer zurückgehenden kollektiven Badekultur bedeutet die Zerstörung einer gesellschaftlich wichtigen traditionellen Funktion der Frauen, die sie mit Leidenschaft wahrgenommen haben.

Nicht zu vergessen ist auch die Wunde im Unterbewußten, die den Frauen mit der Privilegierung des Hocharabischen zugefügt wird: Die algerische Jugend wird zur Verachtung ihrer Muttersprache erzogen. Eine Vatersprache soll sie lernen: die Sprache Gottes und der weltlich männlichen Herrschaft.

Die Hausfrau in den Städten und Vorstädten muß – obwohl sie zumeist von einer großen Kinderschar umgeben ist – als vereinsamt gelten. Sie hat durch die weitgehende Auflösung der traditionellen Frauengruppen mehr verloren als gewonnen. Das trifft auch für einen beträchtlichen Teil der scheinbar glücklicheren »arbeitenden«, »modernen« Algerierinnen zu. Eine Frau, die sich in einem schicken Pariser Kostüm in der Öffentlichkeit bewegt, kann von ihrem männlichen Vormund ebenso hart wie eine Verschleierte bestraft werden, wenn sie eine halbe Stunde zu spät nach Hause kommt. Gerade die Grauzone zwischen Moderne und

Tradition – die Zone der »Auflehnung« oder einer nach außen
demonstrierten »Freiheit« – ist der Ort, wo die meisten weiblichen
Tragödien stattfinden. Fatiha Hakiki Talahite aus Oran schreibt:
»Der Rache und der Gewalt der patriarchalen Gesellschaft gegenüber sind diese Frauen vollkommen wehrlos und verwundbarer
denn je, denn sie haben die Reflexe und Traditionen des Widerstands, die ihre Mütter beherrschten, verloren . . .«

Algerische Ärzte könnten Bände über die psychosomatischen
Leiden ihrer Patientinnen schreiben.

Daß es aber auch für emanzipationswillige Männer nicht einfach ist, ihren weiblichen Mündeln »Freiheit« zu gewähren, zeigt
die stichelnde Bemerkung eines mit einer Russin verheirateten
Regisseurkollegen von Saddek, der unsere Nadjiba mit einem
Freund im Restaurant gesehen hatte. Er wollte damit hämisch zum
Ausdruck bringen, daß Saddek seinen Harem nicht genug über-
wache. Als er uns davon erzählte, zitterte er vor Erregung. Er
konnte mit diesem Affront nicht gleichmütig umgehen.

Im Kampf zwischen Modernisten und Traditionalisten in der
Frauenfrage geht es um nichts anderes als um die offensichtliche
Notwendigkeit, dem weiblichen Dasein neue Sinngebung zu er-
möglichen. Ein ausgefülltes Berufsleben scheint für die meisten
Frauen unerreichbar. Aber erstmalig seit der Epoche des Propheten werben die Moscheen wieder um die Präsenz der Frauen. Sie
bekamen von den Islamisten nicht nur einen eigenen, abgeschirmten Gebetsort in der Moschee zugewiesen, sondern man bietet
ihnen hier auch geselliges weibliches Leben an, etwa Koch- und
Nähkurse. Die »Leere« darf mit religiösem Eifer gefüllt werden
sowie mit Tätigkeiten in traditionellen weiblichen Schaffensdo-
mänen wie Handarbeit, Fürsorge, Mildtätigkeit. Neu am Angebot
der Islamisten ist, daß die Frauen diesen traditionellen weiblichen
Tätigkeiten nun auch außerhalb der Familie nachgehen dürfen –
wie Muniras Versorgung im Krankenhaus deutlich machte.

Neu vor allem aber ist, daß die Frauen endlich in den die
geistige Einheit aller Gläubigen beschwörenden religiösen Diskurs einbezogen werden. In vergangenen Epochen störte es kaum,
wenn sie einem Marabukult, Geisterbeschwörungen oder irgend-

welchen Zaubereien anhingen. Fatiha Hakiki-Talahite erklärt, daß man früher von den Frauen erst nach der Menopause erwartete, die fünf Gebete des Tages zu absolvieren und sich – wenn sie die Mittel dafür aufbringen konnten – auf die Pilgerfahrt nach Mekka zu begeben. Vor der religiösen Pflicht standen die Haushalts- und Mutterpflichten. Schwangere waren auch vom Fasten während des Ramadan befreit.

Daß Frauen erst in einem bestimmten Alter allen religiösen Riten nachzukommen hatten, war in Algerien eine so ausgeprägte Gewohnheit, daß sich selbst unsere Rebiha daran hielt. Dabei ist sie als Unverheiratete niemals eine wirklich überlastete Hausfrau, aber immer tieffromm gewesen. Vor der Menopause hat sie lediglich am Ramadanfasten teilgenommen.

Heute verlangen die Islamistinnen, daß ihre Teilnahme an allen religiösen Riten von Jugend auf respektiert wird. Obwohl der offiziöse Islamismus ihnen gerade dieses Recht ausdrücklich zubilligt, ist es zweifellos richtig, wenn Fatiha Hakiki-Talahite meint, daß hier feministische Energien gegen die Alltagswiderstände der Männerwelt aktiviert werden: In Umkehrung der früheren Verhältnisse setzt die moderne Islamistin heute ihr Verhältnis zu Gott *vor* das Verhältnis zum Mann. Ähnlich interpretiert Fatima Mernissi die islamistischen Frauenbewegungen: »Die verschleierte Frau, die hier kämpft, ist weiter als die Frau, die zu Hause sitzt. Sie kämpft nicht mit dem Kochtopf, sondern mit einem Buch in der Hand: dem Koran. Auch die Frauen in den islamischen Bewegungen tragen heute zur Dynamisierung unserer Gesellschaften bei.«

Zwar ist das nun endlich errungene Recht der Teilnahme der Frauen am religiösen Leben noch immer vom Prinzip der Unterordnung beherrscht – der Diskurs der Moschee bleibt männlich beherrscht –, aber der Islamismus hat doch ein recht wirkungsvolles Mittel, um der zunächst gescheiterten Emanzipation nach europäischem Vorbild Konkurrenz zu machen. Nirgends erweist er sich deutlicher als geschickte Restaurationsbewegung als in der Instrumentalisierung jener feministischer Impulse, die auch die islamischen Gesellschaften heutzutage hervorbringen. Wie andere politische Bewegungen des 20. Jahrhunderts verzichtet der Islamismus nicht auf die Hingabe- und Opferbereitschaft der Frauen. Auch er hat seine »Frauenbewegungen«, seine Aktivistinnen. Sie nennen sich »dayat« – Predigerinnen – und machen es sich zur Aufgabe, den religiös bislang wenig gebildeten Frauen den Islam zu erklären.

Die Gleichberechtigung der Frauen hat für den Islamismus freilich äußerst eng gezogene Grenzen. Der junge charismatische FIS-Führer Ali Belhadj hat sich vehement dagegen gewandt, daß diese Aktivistinnen auf den großen öffentlichen Meetings zu Worte kommen. Das will aber nicht heißen, daß es ihnen hier und da nicht doch einmal gelingt.

Seit die FIS Anfang 1992 verboten wurde und den bewaffneten Kampf aus dem Maquis heraus begann, ist auch die Teilnahme von Frauen bekannt geworden. Frauen befinden sich selbst unter den »Afghanen«, der härtesten Guerrillaeinheit des algerischen Islamismus. Die seit 1989 erscheinende demokratische Zeitung »L'Observateur« bekam im Dezember 1992 Schwierigkeiten mit der Zensur des Militärregimes, weil sie ein Interview mit Kämpferinnen gedruckt hatte, die darauf bestanden, nicht als »Terroristinnen«, sondern als »Moudjahidat« – als »Freiheitskämpferinnen« bezeichnet zu werden.

Daß die biologistische Sicht der Islamisten über die von Gott gewollte unterschiedliche Natur der Geschlechter und die daraus resultierenden unterschiedlichen Rechte und Pflichten in der Gesellschaft von nicht wenigen Frauen mitgetragen wird, beweisen die großen FIS-Demonstrationen, an denen auch Zehntausende Frauen teilnahmen. So riefen im Dezember 1989 mächtige weibliche Sprechchöre vor der Nationalversammlung: »Ja zu dem von der Scharia inspirierten Familiengesetz!« und: »Der Hidjab ist eine Errungenschaft und eine Ehre!« Eine Frauendelegation übergab den Delegierten ein Memorandum, das u. a. die Anerkennung von Paßfotos mit Kopftuch forderte und die Aufgabe der zweigeschlechtlichen Erziehung – die insbesondere beim Sportunterricht ein Skandal sei. Mit den beklagten Zuständen verletze Algerien – auch nach Meinung dieser Islamistinnen – seine Verfassung, die den Islam immerhin zur Staatsreligion erklärt. Meryem Djamila, eine Doktorin der Philosophie, schrieb 1989 im »Mounquid« (Nr. 12) – der vierzehntägig erscheinenden Zeitung der FIS –, daß die Institution der Polygamie für die Gesellschaft gesünder sei als der permissive Modernismus im Westen, der Sexualverbrechen oft als »private Angelegenheit« betrachte und ungesühnt lasse. Bemerkenswert an dieser Position ist, daß Meryem Djamila den Sexualhunger der Männer als grundsätzlich größer einschätzt als den der Frauen.

Der »Hidjab der Überzeugung«, der von den Islamistinnen getragen wird, enthält ein weiteres rebellisches Element, das sich gegen einen internationalen Machismus wendet: Bei politisch bewußten Frauen stellt der Hidjab oft einen Bruch mit dem westlichen Modediktat dar, das in der Tat den Portemonnaies der Dritte-Welt-Frauen oft unüberwindbare Probleme stellt. Für die meisten Frauen ist es wichtig, daß der Hidjab ganz oder zum Teil zu Hause hergestellt werden kann. Dadurch wurde ein äußeres Merkmal von Identität möglich, das die Verelendung der unteren sozialen Gruppen buchstäblich »verschleiert«. Selbst unter ärmlichsten materiellen Bedingungen bewirkt der Hidjab bei den Frauen innere Disziplin – deren positive Seite der vom Islam geforderte Kampf um Sauberkeit ist. Niemals – auch nicht in den Vorstädten, die manchmal wochenlang ohne Wasser überleben müssen, habe ich einen ungepflegten Hidjab gesehen.

Wenn der Hidjab heute nicht unbedingt auf die islamistischen Überzeugungen seiner Trägerin hinweist, so darf doch die Beunruhigung nicht übersehen werden, die die zunehmende Verschleierung in die Gesellschaft getragen hat. Unverschleierte Frauen aus Algier berichten, daß Taxifahrer immer öfter ablehnen, sie zu transportieren. Noch ist die Kommunikation zwischen verschleierten und unverschleierten Frauen im Alltag grundsätzlich nicht gestört. Aber der neue Hidjab hat doch zum ersten Mal eine Spaltung in die Frauengesellschaft des Maghreb getragen, die sich bis in die jüngste Geschichte hinein über die Klassengrenzen hinweg als recht homogene Schwesternschaft empfand. So ist es für alle Teilnehmerinnen eines Festes heute unangenehm, daß Frauen, die im Hidjab kommen, oft am traditionellen Frauentanz nicht teilnehmen. Daß sie selbst bei diesen, vor Männeraugen abgeschirmten Gelegenheiten ihren Körper nicht mehr sprechen lassen dürfen, beschwört für die anderen Frauen ein Klima der Angst herauf.

Eine Verschärfung der Situation ist durch den »Nikab« entstanden, eine weitere Schleiermode aus dem Orient, die Algerien erst kürzlich erreichte. Als ich Ende 1991 zu den Wahlen nach Algier fuhr, begegnete ich mitten im Stadtzentrum einer Frau, die ein bodenlanges schwarzes Tuch über den Kopf geworfen hatte. Sie wirkte ungewöhnlich elegant und schrecklich zugleich: eine wirkliche Dame der Finsternis. Ihre Hände – an der einen führte sie ein Kind – waren mit langen schwarzen Handschuhen bedeckt. Eine solche Frau läßt buchstäblich kein Stück Haut mehr sehen, kommuniziert mit anderen Frauen noch nicht einmal mehr mit den Augen oder wenigstens mit einem Auge – wie die Frauen des Mzab. Sie selbst sieht durch das fensterlose schwarze Tuch hindurch. Im Gegensatz zum »Hidjab« hat der »Nikab« keine andere Wortbedeutung als »Frauenschleier« und zeichnet sich auch nicht durch dessen relativ praktische Trageeigenschaften aus.

Soumya Ammar-Khodja von der Universität Algier erzählte mir von ihrer panischen Angst, als eine Frau mit Nikab zu ihr in ein Sammeltaxi stieg. Der Ehemann der Frau nahm neben dem Fahrer Platz. Für Soumya war befremdend, daß die Frau mit ihr keinen Gruß austauschte und auch während der ganzen Fahrt stumm blieb. Ihre behandschuhten Hände pflanzte sie aber mit hochmütiger Gebärde neben den Körper, so daß sich Soumaya ungerecht eingeengt fühlte. »Ich dachte plötzlich an den Henker im Mittelalter! Oder an den Ku-Klux-Klan! Ich fragte mich, ob diese Frau in der Lage wäre, andere Frauen zu töten. Ob sie mich töten könnte? Was kann ich gegen diese Angst tun? Hat diese Frau etwa auch Angst vor mir?«

In der Tat, das Land stand am Rande des Bürgerkrieges. Sein Gespenst hatte sich bereits auch zwischen die Frauen geschoben.

Die größten Schwierigkeiten mit dem Schleier haben heute weniger die ganz jungen Frauen, die gezwungenermaßen darüber nachdenken müssen, ob er angesichts der großen Unsicherheit auf den Straßen nicht doch das richtige Bekleidungsstück für sie ist. Pubertierende Mädchen, die ja nicht nur in der islamischen Welt Schwierigkeiten haben, sich mit ihrem veränderten Körper anzufreunden, gewinnen mit dem Hidjab oft an Selbstbewußtsein. Muß das scheinbar freiwillige Tragen des Hidjab nicht auch als Angstschrei verstanden werden? Ist es nicht dieselbe Angst, die Frauen in unseren Breiten in die Abhängigkeit von Tabletten, Alkohol oder Drogen treibt? Aus welchem Grund auch immer ein Schleier getragen wird, die westliche Welt hat allen Grund, ihm dieselbe Toleranz entgegenzubringen wie dem Minirock.

Es sind vor allem die Frauen, die zum Zeitpunkt der Unabhängigkeit jung waren und bewußt gegen den Schleier optierten, die sich heute nicht vorstellen können, ihn jemals wieder tragen zu müssen. Als nach dem ersten von den Islamisten gewonnenen Wahlgang bei den Parlamentswahlen 1991 Cheikh Mohamed Said im Fernsehen ankündigte, daß die algerischen Männer und Frauen ihre Ernährungs- und Bekleidungssitten ändern müßten, jammerte meine Freundin Rabia – die sich einst für die Arabisierung starkgemacht hatte: »Von mir aus sollen sie den Alkohol verbieten, das stehe ich notfalls durch. Aber wenn ich gezwungen werde, so ein Ding zu tragen, das überlebe ich nicht! Lieber bringe ich mich um!«

Als verwestlichte Frauen – als die die Islamisten sie verunglimpfen – fühlen sich weder Rabia noch Rebiha. Als wir noch zusammen am Télémly lebten, litt sie unsäglich, wenn wir im Ramadan nicht gemeinsam mit ihr fasteten. Nie lud sie eine oder mehrere Freundinnen aus ihrer Fabrik ein. Eine solche Verquickung von »draußen und drinnen«, d. h. von Arbeits- und Familiensphäre, entsprach nicht Rebihas sehr traditionellem Gefühl von Anstand. Ich hielt sie damals für eine Islamistin.

Nun muß ich zugeben, daß ich mich getäuscht hatte. Erst kürzlich ist herausgekommen, daß sie schon jahrelang Mitglied oder zumindest Sympathisantin einer seit 1965 verbotenen laizistischen Partei war, nämlich der kommunistischen. Sie hatte es vor uns geheimgehalten, weil ihr natürlich nicht entgangen war, daß die Kritik am Kommunismus bei den anderen Familienmitgliedern stetig zunahm.

Ich erinnere mich, daß Rebiha immer Viertel vor sieben aus dem Haus ging, um rechtzeitig am Arbeitsplatz in der Lederwarenfabrik zu sein. Sie stand mindestens schon eine Stunde vorher auf. Da alle anderen noch schlafen konnten, blieb es jahrelang ein Rätsel, was sie – außer ihren Morgenkaffee zu trinken – die ganze Zeit so trieb. Betete sie? Die wenigen Male, die ich ebenso früh aufstand, sah ich mit Verblüffung, daß sie viel Zeit dafür verwandte, sich vor einer Frisiertoilette geschmackvoll zu kleiden, kunstvoll zu kämmen und sorgfältig zu schminken. Nie ging sie in ihre Fabrik, ohne einen Tropfen Parfüm aufgelegt zu haben. Weil sie zierlich war und einen leichten Gang hatte, konnte sie sich stets jugendliche Mode erlauben. Was man ihrer Müdigkeit am Abend nicht ansah, merkte man am Morgen: Sie war kokett und genoß es offensichtlich, in den noch kühlen Morgen hinauszugehen und die Stadt zu betreten: jenes Terrain, das früher den Fremden gehörte und jetzt von den Männern beherrscht wird.

Heimlich hat sich schon manches Familienmitglied gewünscht, ihr Zimmer in der Hauptstadt in Besitz zu nehmen und sie wieder nach Khroub zu schicken. Auszusprechen wagte das niemand. Jeder weiß, daß Rebiha nur zwei Dinge im Leben hat, die ihr Würde verleihen: die Arbeit und der Weg zur Arbeit.

Sie steht nun kurz vor der Rente. Nach den Islamisten befragt, die den Frauen die Arbeit nehmen und den Schleier aufzwingen wollen, sagt sie: »Ich weiß gar nicht, was die eigentlich wollen. Meine Religion habe ich schon lange vor ihnen gehabt.«

So kommt der Widerstand gegen den totalitären Islamismus auch aus Ecken, wo man ihn nie vermutet hätte. Und es gibt natürlich nach wie vor viele Menschen, die regelrecht gegen den Strom, den Zeitgeist schwimmen. Wie ich höre, hat Mulud die Hexe Subida wieder geheiratet! Er beschloß, sich um das Gezeter von Mutter und Schwestern nicht mehr zu kümmern. Mit seiner schönen jungen Frau geht er viel aus. Die beiden reisen sogar zusammen. Das Paar zeigt sich so glücklich, daß es in vieler Augen eine Schande sein muß.

Demokratische Chancen
Algerien zwischen Militärregime und Kalifat

»Die Idee der Volkssouveränität steht in fundamentalem Widerspruch zu einer Anzahl von Koranversen über die Souveränität Gottes ... Aus diesen Korantexten geht hervor, daß das Volk nicht die Macht hat, Gesetze zu erlassen. Jede Regierung, die die Souveränität Gottes nicht respektiert, ist satanisch, und man darf ihr nicht gehorchen ...«
(*Ali Belhadj* in »EL Mounquid«, Nr. 23)

Die Magisterbewerber, deren Arbeiten ich Anfang der achtziger Jahre begleitete, waren oft Berufstätige, die sich mit dem erst jetzt in Algerien möglich gewordenen Magisterdiplom einen Karriereschub erhofften. Meist schrieben sie über ein Sujet, das mit ihrer Arbeitserfahrung zusammenhing. Sie waren völlig frei bei der Wahl der Themen, hatten aber Schwierigkeiten, Professoren zu finden, die ihre Arbeit betreuten. Meine Aufgabe bestand darin, die Zeit sinnvoll auszufüllen, bis der »Patron de thèse« gefunden war: Ich vermittelte die Grundlagen wissenschaftlichen Arbeitens, ließ die Studenten Konzeptionen erstellen und mit den anderen diskutieren. Manch einer konnte auch schon ein Kapitel vortragen.

Mir bot dieser Unterricht Einblicke in Realitäten, über die öffentlich nicht informiert wurde. Ein Abgeordneter der Nationalversammlung schrieb über die schwindende Bedeutung der »Organisation afrikanischer Staaten« und der »Liga der arabischen Staaten«, die ihm Sorgen bereitete. Ein Mann aus der Kabylei untersuchte die teilweise noch heute in den Dörfern des Maghreb übliche »Djemaa«, die traditionelle Männerversammlung, auf die Möglichkeit hin, ob sie die Keimzelle künftiger Dezentralisierung und Demokratisierung werden könne. Ein Offizier der Armee ergründete Sinn und Unsinn der mittlerweile aufgegebenen Praxis, Soldaten für ökonomische Großprojekte einzusetzen. Der »Grüne Gürtel« – eine gigantische Baumpflanzung, die die Ausbreitung der Sahara nach Norden stoppen sollte – scheiterte an der Sabotage der Wehrpflichtigen. Aus Protest gegen die schlechten Lebensbedingungen in der Steppe hatten viele junge Männer die Baumpflänzlinge geknickt, bevor sie sie in den Boden setzten. Auf ähnlich unsolide Weise wurde der letzte Abschnitt der Transsaharastraße gebaut, die bis zur Grenze nach Mali und Niger reichte. Der revolutionäre Elan der Jugend war vorbei. Daß die Armee kein Arbeitslager sein konnte, hatte das Regime schließlich verstanden und den Wehrdienst auf den normalen Drill beschränkt.

Eine Magisteranwärterin, die an der Universität von Boumerdès bereits Ökonomie unterrichtete, schrieb über die von Präsident Chadli eingeleitete Restrukturierung der Großbetriebe, ihre Zerlegung in kleinere Einheiten. Sie war dagegen, weil sie darin vor allem ein politisches Manöver der Spaltung und Zersplitterung großer Arbeiterkollektive sah. Vergeblich versuchte ich sie zu überzeugen, daß diese politische Beurteilung der Restrukturierung nicht der einzige Faktor ihrer Bewertung sein könne. Auch die großen Arbeiterkollektive hatten es bislang nicht vermocht, ihre Interessen wirksam durchzusetzen. Ich war der Meinung, daß überschaubarere Betriebe eine Chance sowohl für die Leitenden als auch für die Arbeiter darstellte, die Produktion besser zu beherrschen.

Ein Unterdirektor des Hafens von Algier hatte sich die Pläne zum Ausbau der Hafenanlagen als Thema gewählt. Er konfrontierte die verschiedenen Optionen mit den Kapazitätsbedürfnissen der kommenden Jahre und Jahrzehnte. Seine Schlußfolgerungen waren niederschmetternd: Selbst im Falle eines großzügigen Hafenausbaus würden die Docks nicht ausreichen, genügend Zement zu löschen, um die Wohnungskrise in absehbarer Zeit zu lösen. Diesen Mann quälten nachts Alpträume, weil das Land die

Verwendung eigener Baustoffe eingestellt und sich fast hundertprozentig von importiertem Zement abhängig gemacht hatte. Er wollte in seiner Arbeit nachweisen, daß Algerien wieder lernen müsse, auf seine eigenen Ressourcen zurückzugreifen.

1983 wurde mein Seminar in einer Lehrkörperversammlung von mehreren Kollegen scharf angegriffen. Sie meinten, daß es die Studenten in einen unerträglichen Zwiespalt zwischen den Auffassungen des – meist noch gar nicht vorhandenen – »Patron de thèse« und den meinen bringen könne. Bisher hatte ich in solchen Versammlungen kaum das Wort ergriffen. Diesmal aber antwortete ich in recht bestimmtem Ton, daß die Konfrontation mit zwei verschiedenen Lehrmeinungen nicht schade, weil Studenten ihre wissenschaftliche Kompetenz gerade dadurch erwerben, wenn sie zwischen verschiedenen Auffassungen zu wählen lernten. Der Direktor, Monsieur Abassa, stand mir bei und betonte, daß das Seminar sehr nützlich sei und in der jetzigen Form erhalten bleiben müsse. Trotzdem spürte ich, daß ich mir mit meinem forschen Auftreten mein eigenes Grab geschaufelt hatte. Für einen nicht geringen Teil meiner Kollegen war ich plötzlich zu einer gefährlichen Person geworden.

Auch Monsieur Abassa stand damals kurz vor seiner Ablösung als Direktor.

Weder die Spezialistin für die Restrukturierung, noch der Unterdirektor des Hafens ahnten, daß ihre pessimistischen Erwartungen bald in noch schwärzerem Licht erscheinen würden. Mit dem radikalen Absinken der Erdölpreise Mitte der achtziger Jahre auf weniger als die Hälfte ihres bisherigen Niveaus standen die Chancen für jegliche Restrukturierung gleich Null. Es fehlten schlagartig die Devisen für jene Ausrüstungen, die die verkleinerten und neu profilierten Betriebe gebrauchten. Und an den erforderlichen Ausbau des Hafens war ebensowenig zu denken wie an den Import der Mengen von Zement, die für den Wohnungsbau notwendig waren.

Was war geschehen? Als ich 1984 aus der Zeitung erfuhr, daß Nigeria das Preiskartell der OPEC verlassen hatte, weil es seine

Wirtschaftskrise nur noch durch Überschreitung seiner Förderquoten sowie durch Preisdumping meistern konnte, wurde mir klar, daß dies das Ende der OPEC als wirkungsvolles Preiskartell war, des einzigen Trumpfes, den ein paar Entwicklungsländer auf dem Weltmarkt ausspielen konnten. Wieso hatte die OPEC kein Mittel gefunden, Nigeria zu helfen? Hatten die Golfstaaten das verhindert, weil sie – im Bund mit dem Westen – schon lange das Preiskartell aufbrechen wollten?

Wenn eine solche Entsolidarisierung innerhalb der OPEC möglich war, dann könnte auch der Ostblock zusammenbrechen, ehe er sich – was ich noch hoffte – doch noch demokratisierte! Meiner Kenntnis nach war der RGW, der Rat für Gegenseitige Wirtschaftshilfe, seit seinem Bestehen von unzähligen Entsolidarisierungen besonders zwischen den kleineren Mitgliedern geprägt. Ungarn zahlte eben lieber Konventionalstrafen, als der DDR das vereinbarte Sommerobst zu liefern. Es konnte günstiger im Westen abgesetzt werden. Schließlich war allen RGW-Ländern zur Gewohnheit geworden, allein der Sowjetunion das zu liefern, was sie verlangte, ansonsten im RGW aber nur noch Waren anzubieten, die man im Westen nicht loswurde. Die Idee von einem »zweiten Weltmarkt« ist nie wirklich zum Tragen gekommen.

Im Vergleich zum RGW war die OPEC ein unprätentiöses Projekt – ein reines Preiskartell –, das keinen abgespaltenen Markt anstrebte, sondern nur eine starke Position der ölfördernden Entwicklungsländer auf dem Weltmarkt. Die Statuten der OPEC enthielten aber auch Klauseln, die solidarisches Verhalten untereinander und anderen Entwicklungsländern gegenüber festlegten – wie Sonderpreise für besonders arme Länder ohne Öl. Ob sie jemals angewandt wurden, ist mir nicht bekannt.

Mir war klar, daß Algerien mit den bereits damals so gut wie unlösbaren Problemen der Wohnungsnot und der Arbeitslosigkeit, die durch die demographische Explosion auf eine katastrophale Perspektive wiesen, einer schweren politischen Krise entgegensteuerte. Sie würde um so schneller eintreten, wenn denn die Erdölpreise wirklich fallen sollten.

Und sie fielen.

Abdesselam Belaid, als Industrie- und Energieminister unter Boumediene verantwortlich für die ersten großen internationalen Verträge Algeriens über Erdöl und Erdgas, behauptete in einem 1988 veröffentlichten Buch, daß die schwere Devisenkrise, in die das Land geriet, trotz Preisverfall des Erdöls hätte vermieden werden können. Sein Nachfolger Brahimi habe eine äußerst ungeschickte Vertragspolitik betrieben, deren Grundfehler die Aufgabe des Prinzips vieler Einzelverträge in aller Welt, das Vertrauen in die ewige Aufrechterhaltung der hohen Preise, und die Verknüpfung des in den siebziger Jahren sehr niedrigen Preises von Erdgas mit dem des Erdöls gewesen seien.

Die umfangreichen und qualitativ ausgezeichneten algerischen Erdgasvorkommen – die weitaus weniger umweltbelastend verarbeitet werden können als das Öl – mußten durch die von Brahimi gegenüber den Vertragspartnern durchgesetzte Verknüpfung von Erdgas- und Erdölpreis nun zu Spottpreisen verkauft werden. Während Abdesselam 1978, im Todesjahr Boumedienes, an 8 Partnerländer rund 60 Milliarden Kubikmeter Gas verkauft hatte, lieferte Brahimi 1988 nur noch 22 Milliarden Kubikmeter an 4 Partnerländer – und das zu wesentlich ungünstigeren Preisen. Zwar ist der internationale Erdgasmarkt – im Gegensatz zum Erdölmarkt – keinesfalls rückläufig, aber durch Brahimis ungeschickte Handelspolitik hat Algerien riesige Märkte verloren, die heute hauptsächlich von Mexiko und der Sowjetunion besetzt sind.

Ob Brahimi naiv war oder – wie Abdesselam nahelegt – auf Grund von Korruption dem Land geschadet hat, sei dahingestellt.

Abdessalam bereitete mit diesem Buch – das nur dank der 1988 zustandegekommenen Demokratisierung in Algerien überhaupt erscheinen konnte – offensichtlich seine eigene Rückkehr an die Macht vor. Sie ist ihm mit der Ernennung seines Zöglings Sid-Ahmed Ghozali zum Premierminister auch recht bald gelungen. Seit Herbst 1992 nimmt er selbst dieses Amt ein. Es hätte ihm freilich gut angestanden, bei seiner Aufarbeitung der Vergangenheit nicht nur seinen Nachfolger in der Energiepolitik, sondern auch seine eigene Politik der »Industrie industrialisante« kritisch zu betrachten. Sie trug nicht weniger zum wirtschaftlichen und sozialen Ruin Algeriens bei. Denn seit dem Beginn des Petrodollarrauschs hat das Land so gut wie keinen wirtschaftlichen Bereich mehr, der von teuren ausländischen Importen unabhängig ist.

Präsident Chadli gab im März 1985 in einer Rede zu, daß »wir in der Euphorie des Preisanstiegs von Rohöl und in der Annahme, zukünftig große Mengen von Erdgas verkaufen zu können ... auf dem Petrodollarmarkt große Kredite aufgenommen haben, um das Gas zu konditionieren ...« Dies ist eine Anspielung auf die große, mit diesen Krediten errichtete Erdgasverflüssigungsanlage in Arzew, die aufgrund der Annullierung der algerisch-amerikanischen Erdgasverträge nie in Betrieb genommen wurde und heute bereits eine Ruine ist. Wieder Chadli 1985: »Die Umkehrung der Situation auf dem Markt der Kohlenwasserstoffe und der Finanzen – das betrifft die Politik der teuren Kredite, der hohen Zinsen, der Aufwertung des Dollar – hat eine Verkleinerung unserer Ressourcen zur Folge ... Wir sind aber nicht bereit, in Zukunft eine Politik der Verschuldung zu betreiben.«

Dies war eine Lüge. Wie hoch die algerische Verschuldung schon damals war, kam erst vier Jahre später im Zuge der Demokratisierung heraus. 1985 begnügte sich Chadli damit, darauf hinzuweisen, daß 1984 die Kohlenwasserstoffe 55 Prozent des fiskalischen Staatshaushalts ausmachten und 98 Prozent der Deviseneinnahmen ermöglichten. Die gleiche Rede präzisierte, daß das Land zwei Drittel seines Weizenbedarfs über Devisen decken mußte (Zusammenfassung der Rede nach »Algérie Actualité« vom 21. bis 27. März 1985).

Es reicht nicht aus, die ökonomische Krise Algeriens – wie es die Islamisten tun – vor allem mit Korruption und Diebstahl der Herrschenden zu erklären. Zwar kann die Gefolgschaft Boumedienes und Chadlis weder von Korruption noch von ihrer Verantwortung für Fehler in der Wirtschaftspolitik freigesprochen werden. Deren Auswirkungen waren aber vor allem deshalb so groß, weil keinerlei demokratische Struktur zugelassen war, die sie hätte korrigieren können. Als Angehörige der reichen westlichen Welt steht es uns indes an, auch die trügerischen Versprechungen zu erkennen, die der von uns beherrschte Weltmarkt einem Erdölland wie Algerien einst gab. Natürlich fühlten sich die jungen Funktionäre des Landes dank der enormen Vorräte an Erdöl und Erdgas auf dem Parkett dieses Weltmarkts zunächst recht souverän. Niemand warnte Algerien vor dem wahnwitzigen Einkauf der Hochtechnologie. Der Westen hat daran verdient, für Algerien stellt ein Großteil der Anlagen heute nichts weiter als einen Trümmerhaufen dar. Das einzige, was vom Petrodollarrausch übrigblieb, sind Schulden und Zinszahlungen, die unter dem strengen Regime des IWF eingetrieben werden.

Eine direkte Folge der radikal gewandelten Finanzsituation Algeriens war wohl seine Wiederannäherung an Marokko, mit dem es seit 1963 wegen Gebietsstreitigkeiten, dann wegen der von Algier politisch und militärisch unterstützten Unabhängigkeit der Westsahara in heftigen ideologischen Auseinandersetzungen und mehrmals am Rande des Krieges stand. Das militärische Disengagement in der Westsaharafrage erschien nicht nur vielen algerischen Bürgern, sondern auch der Armee – die sich ernsthaft auf den Konflikt mit Marokko eingestellt hatte – als gravierender Solidaritätsbruch. Denn sowohl der Internationale Gerichtshof in Den Haag als auch die UNO hatten das Recht des Sahraouis auf Selbstbestimmung anerkannt, und seine Realisierung schien nur eine Frage des Durchhaltevermögens zu sein.

Marokko hatte seit 1981 eine neue militärische Situation geschaffen, indem es mitten durch die Westsahara eine Mauer errichtete. Sie wurde mit Hilfe der USA und Frankreich elektronisch so abgesichert, daß die zuvor militärisch recht erfolgreiche Befreiungsfront POLISARIO von den ökonomisch wichtigen Landesteilen, insbesondere von den Phosphatvorkommen, abgeschnitten wurde. Marokko begann seitdem eine gezielte Siedlungspolitik hinter der Mauer in der Westsahara. Das Schicksal der eigentlichen Sahraouis, die sich immer noch nicht unterwerfen wollen und seit Jahren unter marokkanischen Bombardements zu leiden haben, ist ungewiß. Bislang hat die UNO das von ihr selbst beschlossene Referendum nicht durchgesetzt.

Schon seit 1985 trafen sich Chadli und Hassan II. teils geheim, aber auch schon einmal halboffiziell, im algerischen Tlemcen, wo der marokkanische König Gräber seiner Vorfahren besuchte. Von der vorherigen Feindschaft ging man rasch über zu erstaunlicher Kooperation: Als Gegenstück zum europäischen Binnenmarkt wurde der Ausbau enger wirtschaftlicher Beziehungen innerhalb eines »Großen Maghreb« vereinbart, zu dem noch Tunesien, Mauretanien und Libyen stießen. Zwar ist man weit von einer Wirtschaftsunion entfernt – die Konvertibilität der Währungen kann nur ein Fernziel sein. Aber innerhalb des »Großen Maghreb« herrscht seitdem Visafreiheit. Zum historischen Handschlag der Landesführer kam es am 10. Juni 1988. Vier Tage zuvor ist die so lange verschlossene Grenze zwischen Algerien und Marokko für die Menschen wieder geöffnet worden. Es kam zu ähnlichen Freudenszenen wie beim Fall der Berliner Mauer: Auch hier waren Familien jahrzehntelang getrennt worden.

Abgesehen von der furchtbaren Lage der Sahraouis – die freilich die UNO, wenn sie nur wollte, rasch beenden könnte –, erscheint die Annäherung zwischen Algerien und Marokko ausgesprochen vernünftig. Und das nicht nur aus dem Blickwinkel des Regimes Chadli, das mit dem Ende des Petrodollarrauschs erhebliche innere Unruhen voraussehen konnte.

Auch in der Zeit des Erdölsegens gab es immer Mangel an bestimmten Produkten – jedenfalls seit ich Algerien kannte. So habe ich niemals – auch nicht in Sidi Bel-Abbes – legal Mehl kaufen können. Ich bekam es nur zu stark überhöhten Preisen bei meinem Bäcker.

Mit der Devisenkrise wurde schlagartig der zuvor großzügige Import von holländischem Goudakäse und französischem Emmentaler gestoppt – bislang eine wichtige Eiweißquelle für die meisten Familien. Um Butter zu bekommen, mußte man sich nun möglichst mit mehreren Lebensmittelhändlern gutstellen. Der Kauf von »Frischmilch« – größtenteils aus europäischem Milchpulver hergestellt – wurde zur Glückssache. Ebenso war es mit Brot, das die Bäcker zu einem staatlich festgesetzten Niedrigpreis verkaufen mußten. Sie zogen es vor, nur wenig Brot zu backen und das kostbare Mehl statt dessen in teure Kuchen zu verwandeln. Ein Teil unseres Tiefkühlschranks war deshalb für Brot reserviert. Notfalls buk uns Rebiha aus ihren Vorräten an italienischem Hartweizen eine traditionelle Galette.

Am dramatischsten wirkte sich die Devisenknappheit im Gesundheitssektor aus. Dieser war – insbesondere im präventiven Bereich – nur mäßig entwickelt worden, da bislang alle Bürger das Recht hatten, eine in Algerien nicht heilbare Krankheit auf Staatskosten in Frankreich behandeln zu lassen, wo es dafür sogar einige mit arabischsprechendem Personal ausgestattete Sonderkliniken gab. Vor allem die körperlich und geistig Behinderten – die die algerische Gesellschaft nicht gut integriert – wurden zur medizinischen Betreuung nach Frankreich überwiesen.

Als die Kostenübernahme in Devisen von einem Tag zum anderen aufgehoben wurde, war das staatliche Gesundheitswesen auf die massive neue Aufgabe nicht eingestellt und ein schneller Ausbau aufgrund des jetzigen Devisenmangels illusorisch. Da nach 1985 noch nicht einmal die einfache Instandhaltung der Apparaturen gesichert werden konnte, gingen manche Kliniken dazu über, Röntgengeräte an Privatärzte zu verkaufen. So ergab sich das Paradox, daß die Arbeitenden, die als einzige in die kollektive Krankenkasse einzahlten, im Krankheitsfall zu privaten Ärzten auswichen. Die große Masse der Nichtarbeitenden mußte eine radikale Verschlechterung der medizinischen Versorgung hinnehmen.

Auch in der Personalpolitik begann die Regierung Chadli einen Sparkurs. »Compression du personnel« – »Verkleinerung der Belegschaften« – hieß das Zauberwort für den letzten Versuch, die Rentabilität der Betriebe zu erhöhen. Erhöht wurde damit aber vor allem die Arbeitslosigkeit.

Daß die Jugend keine Zukunftschancen hatte, war nun ganz offensichtlich, vor allem für sie selbst. Die Inflation leerte die Restaurants und Bars: Bier wurde für viele unbezahlbar. Da islamistische Aktionsgruppen begonnen hatten, Weindepots und Weingeschäfte zu verwüsten, wurde in immer mehr Städten und Regionen ein prinzipielles Alkoholverbot ausgesprochen. Damit wurde der Verkauf aber nur auf den Schwarzmarkt umgelenkt. Wenn die

Jugendlichen die dort geforderten Preise nicht zahlen konnten, mischten sie sich ein »Sombreto« genanntes Teufelswasser aus Sprit, Parfüm und einer Art Klebstoff, der auch zum Schnüffeln Verwendung fand. »Sombreto« hat viele Todesopfer gefordert.

Unerreichbar blieben auch andere Segnungen der Moderne: vor allem eine eigene Wohnung. Innerhalb eines Jahrzehnts erhöhten sich die Preise für Flugbillette um tausend Prozent. Damit hatten die liberalen Reisebestimmungen Chadlis für die meisten Menschen keine Bedeutung mehr. Ich kenne niemanden, der nicht gerne einmal nach Frankreich gefahren wäre – aber statt in unrealisierbare Sehnsüchte zu verfallen, ist es für die stolze Maghrebjugend logischer zu hassen, wovon sie ausgeschlossen ist: die westlichen Lebensbedingungen.

Weil die Algerier im Petrodollarrausch der siebziger Jahre fest daran glaubten, kurz vor dem Durchbruch zum allgemeinen Wohlstand zu stehen, galt vielen nun die von Chadli eingeleitete »Restrukturierung« der Betriebe als mutwillige Zerstörung dessen, was unter Boumediene geschaffen wurde: als gewaltige Entindustrialisierung des Landes. Es herrscht heute eine außerordentliche Uneinigkeit über die Frage, ob Boumedienes »Sozialismus« oder Chadlis »Kapitalismus« an der gegenwärtigen Krise schuld seien.

Wer sich nicht mit »Sombreto« vergiften wollte, fand eine würdige Freizeitbeschäftigung fast nur in den Moscheen. Der Zement, der eigentlich so dringend für den Wohnungsbau gebraucht wurde, nahm nicht nur in Constantine oft einen anderen Weg. Er diente überall im Land dem Bau von Moscheen, die besonders während der achtziger Jahre auch in Algier in immer schnellerem Rhythmus – teilweise in fünfzig Meter Abstand – errichtet wurden. Der Gebetsruf der Muezzine war zu einem mächtigen Chorus angeschwollen. Die Nachmittagsgebete wurden häufig mit Reden der Imame eingeleitet, die über Lautsprecher auch in den Straßen zu hören waren.

Die Moscheen wurden nun immer mehr zu sozialen Zentren, in denen die Ärmsten materielle Unterstützung, aber auch medizinische Hilfe erhalten konnten. Das Geld dafür kam nicht nur von den »alten Familien« und den Neureichen, die über den Schwarzmarkt zu Geld gekommen waren, sondern auch den Golfstaaten – ausgerechnet von denen, die für das Versiegen des algerischen Petrodollarsegens und den Zusammenbruch der neuen gesellschaftlichen Solidarsysteme mitverantwortlich sind.

In der ganzen islamischen Welt ist ein Kampf um die Frage ausgebrochen, ob soziale Gerechtigkeit über den »Sakkat« – die von der Religion vorgeschriebene freiwillige Abgabe eines Teils vom Profit der Wohlhabenden – erreicht werden soll oder über gesellschaftliche Solidarsysteme, die freilich im Gegensatz zu früher auch gesellschaftlicher Kontrolle unterworfen werden müßten. Denn sie haben die erste Runde des Kampfes um die Säkularisierung vor allem deshalb verloren, weil ihnen demokratisch fundierte Transparenz und Glaubwürdigkeit fehlte.

Ende 1983 erhielten wir eine Wohnung in einer Satellitenstadt, die östlich von Algier, zwischen Bordj El Kiffan und Bordj El Bahri, lag. Sie war für das Personal der ausländischen Botschaften errichtet worden und trug daher den klangvollen Namen »Cité Diplomatique«. Im Sommer war sie ein Eldorado für Mücken aller Größe, da sie auf einem ehemaligen Sumpfgebiet stand. Es handelte sich um einen kanadischen Wohnungstyp – kleine Häuserblöcke mit jeweils sechzehn Wohnungen. Sie wurden in Kanada zweifellos nur provisorisch errichtet, um Arbeitern an Großprojekten in der Wildnis eine zeitweilige Bleibe zu geben. Die Außenwände bestanden aus dünner Preßplaste, die Innenwände aus Pappe – hier konnte man nirgends einen Nagel haltbar in die Wand schlagen. Weil es das diplomatische Corps abgelehnt hatte, diese Häuser zu beziehen, ließ man sich mit der Fertigstellung nun Zeit. Es fehlten Gas- und Telefonanschlüsse. Ein unzuverlässiger Busverkehr verband die Cité mit der Außenwelt. Sie wurde vor allem von Leuten aus der Kasbah bewohnt, deren Häuser eingestürzt oder einsturzgefährdet waren.

Obwohl der Wunsch nach einer Wohnung – neben dem Wunsch nach Wiederaufnahme meiner Arbeit – mein größter war, mochte ich nicht sofort in die »Cité Diplomatique« ziehen. Mich störte weniger ihre Primitivität, als daß Noara erst zehn

Jahre alt war und ich mir nicht vorstellen konnte, sie tagsüber dort allein zu lassen. Es war bekannt, daß in den Satellitenstädten ein sozial problematisches Klima der Gewalt herrscht. Aber die Interessen meines Kindes mußten gegen die Interessen einiger junger Mädchen aus unserer Familie abgewogen werden, die in Algier studieren wollten und nirgends anders als in der Wohnung am Télémly wohnen konnten. Außerdem stand Habibas Scheidung bevor. Da ihr Mann schon jahrelang vergeblich nach einer Wohnung für sie gesucht hatte, war abzusehen, daß ihr schließlich nichts anderes übrigblieb, als mit ihrer Tochter zum Télémly zurückzukehren. Es würde hier voll werden – wir mußten gehen.

Ich konnte den Umzug hinauszögern, weil er umfangreiche Vorbereitungen erforderte, die ihre Zeit brauchten. Damit ich von der Cité aus weiter die Arabischkurse besuchen und meiner Arbeit nachgehen konnte, brauchten wir ein zweites Auto, das man aber in Algerien nicht mehr kaufen konnte. Ich mußte zweieinhalb meiner früheren Jahreslöhne in Devisen tauschen, um einen Kleinwagen aus dem Ausland zu erwerben, der dann noch einmal hundertprozentig zu verzollen war. Außerdem brauchten wir eine Elektroheizung, einen Kühlschrank und einen Herd – alles Dinge, die man nirgends einfach kaufen konnte. So verzögerte sich unser Umzug bis Mitte 1986. Nun war Noara dreizehn Jahre alt.

Eigentlich erwogen wir zu diesem Zeitpunkt aber schon, das Land zu verlassen und nach Westberlin zu gehen. Während ich wegen meiner Wiederaufnahme in die Universität zunächst etwas Zukunftsoptimismus zurückgewonnen hatte, glaubte Saddek nicht mehr, daß seine Vorstellungen einer aufgeklärten Modernisierung Algeriens durchsetzbar seien. Die Kämpfe im Fernsehen nahmen immer absurdere Formen an und gefährdeten bereits seine Gesundheit. Einmal verbot der Direktor eine Talk- und Quizsendung, die im Restaurant des Flugplatzes stattfinden und live gesendet werden sollte, einen Tag vor der Ausstrahlung, obwohl die technischen Installationen teilweise schon aufgebaut waren. Solche Sendungen waren für Algerien neu, denn man konnte sie natürlich nur in Maghrebarabisch konzipieren. Einen Monat zuvor hatte bereits eine solche Sendung auf einem Schiff stattgefunden, die auch wegen der Verlosung von Schiffsbilletts ein großer Erfolg war. Die Preise wurden übrigens vor allem von Mädchen gewonnen, die oft in Kultur, Literatur und Geschichte besser Bescheid wissen als junge Männer.

Der Direktor von Air Algérie, der ein Benjedid, ein Cousin des Präsidenten war, verlangte aber, daß die angekündigte Sendung doch stattfinden solle, weil er um das Ansehen von Air Algérie fürchtete. So mußte der Fernsehdirektor seine Entscheidung zurücknehmen und mitten in der Nacht den Technikern per Boten mitteilen lassen, daß sie am nächsten Morgen weiter aufbauen sollten. Nach diesen Aufregungen kam Saddek gegen drei Uhr morgens mit einem akuten Ischiasanfall nach Hause und konnte am nächsten Tag seine Sendung nur sitzend moderieren. Danach lag er zwei Monate auf dem Teppich unseres Salons. Jeden Abend kam Doktor Flici, Armenarzt und Chronist der Kasbah, über den Saddek einmal ein Porträt für das Fernsehen gedreht hatte. Flici beschaffte privat die neuesten Injektionen aus Frankreich und versuchte, mit dem Kranken zu turnen. Obwohl er wesentlich kleiner war, zog er Saddeks Rücken über seinen eigenen Rücken, in der Absicht, ihn einen Moment lang zu dehnen. Aber weder das Turnen noch die moderne Medizin schlugen an. Rettung kam schließlich von einer Wunderheilerin, die durch das Auflegen ihrer Hände sofort Linderung schaffte und die prekären Stellen danach mit einem glühenden Feuerhaken betupfte. Aus ihrer Wohnung ist Saddek dann quasi gesund herausmarschiert. Die Frau hatte ihm allerdings noch einen recht langen knorrigen Stock mitgegeben, den er einige Wochen lang immer bei sich haben mußte: Auf diesen Stock wurde der Schmerz übertragen und wohl auch der unsägliche Ärger mit dem Fernsehen.

Saddeks Sendung war aber für immer gestorben. Die Billette der Schiffahrtsgesellschaft und von Air Algérie sind übrigens niemals den Gewinnern ausgehändigt worden. In Saddeks Abwesenheit übernahm niemand im Fernsehen die Auswertung des Quiz. Auch dies ist nur ein kleines Sinnbild dafür, daß der Jugend nichts, aber auch nichts gegönnt wurde, nicht mal ein Spaß im Fernsehen!

Ich versuchte, die guten Seiten des Umzugs zu genießen, um die fragwürdigen nicht so zu spüren. Endlich hatte ich ein eigenes Arbeitszimmer, in dem ich in ungewohnter Ruhe meine nun bereits in Frankfurt am Main angemeldete Habilitation über Antonio Gramscis Zivilgesellschaft schrieb. Eine »Zivilgesellschaft« mit Assoziations- und Pressefreiheit schien mir durch Gorbatschows Reformkurs in den Ostblockländern nun möglich zu werden, und für Algerien war sie ebenso wünschenswert. Damals, im Jahre 1987, ahnte noch niemand, daß der Zivilgesellschaftsbegriff schon ein Jahr später zum Fahnenwort der algerischen Demokraten und ihrer Presse werden würde.

Wir wohnten jetzt nah am Meer, konnten die frischesten Fische essen. Noara besuchte einen Surfclub. Außerdem hatten wir weitaus bessere Luft als in dem verpesteten Algier. Die schöne Aussicht war freilich verloren: Wir sahen nur auf andere Neubauten. Wir mußten sogar damit rechnen, daß die Moschee der Cité auf den leeren Platz vor unserem Haus gebaut und der Muezzin seinen Ruf zum Morgengebet direkt in unser Schlafzimmerfenster singen würde. Wie ich höre, ist inzwischen genau das eingetroffen.

Weil die Cité an der Wasserleitung lag, die von der Kabylei aus ganz Algier versorgte, hatten wir großartigerweise fast immer Wasser – für algerische Verhältnisse ein außerordentlicher Luxus. Der Wasserdruck war aber so groß, daß die Leitungen innerhalb der Cité öfter brachen. In diesem Falle wurde das Wasser abgestellt und lief oft erst zehn Tage später wieder. Man mußte mit Plastikkanistern ausgestattet sein, um im Notfall von weitab wohnenden Freunden Wasser holen zu können. Wie haben Leute ohne Auto und mit vielen Kindern solche Zeiten überlebt?

Ich hatte bessere Beziehungen zu meinen Nachbarinnen als am Télémly. Hier herrschte eher neugieriges Dorfklima als die vornehme Isolation der Möchtegern-Städterinnen. Man schickte sich gegenseitig Proben von Koch- und Backkünsten.

Sogar mit dem Ramadan konnte ich mich etwas anfreunden –

weil wir nun die fastende Rebiha nicht mehr unter uns hatten, die deutlich ihren Unwillen darüber kundtat, daß wir nicht mitfasteten. Wie die Partisanin Aischa mit Weihnachten, hielten wir es mit dem Ramadan – wir übernahmen seine angenehmen Seiten. Ich kochte jeden Tag meine Schorba und buk Mandelkuchen, wenn ich Mandeln hatte. Nach dem Ftor, dem Fastenbrechen, gingen die Männer und Kinder hinaus, während ich mit den Nachbarinnen einen Tee trank. Sie besaßen genug Toleranz, mich nicht zum Fasten zu überreden, freuten sich aber, daß wir auf anderen Gebieten einiges gemeinsam hatten.

So war ich in der Cité zufriedener, als ich im voraus gedacht hatte. Allerdings bekam ich vom wirklichen Leben hier kaum etwas mit. Oberflächlich gesehen war alles recht ruhig. Noara, die natürlich viel engeren Kontakt mit anderen Jugendlichen und Familien hatte, erzählte manchmal von unglaublichen Grausamkeiten, die sie mit ansehen mußte. Von der Entführung ihrer Freundin Linda in eine nahe gelegene Wellblechsiedlung, die durch eine wildwestartige Befreiungsaktion von Saddek und unserem Nachbarn Said beendet wurde, erfuhr ich zum Glück erst, als Linda wieder zu Hause war. Angeblich noch unberührt. Auch Noara hatte sich – ohne mein Wissen – ganz allein auf den Weg gemacht, ihre Freundin zu befreien. Die Polizei dagegen hielt sich heraus. Schon damals hatte sie Angst, in den Wellblechsiedlungen nach dem Rechten zu sehen.

In solchen Behelfswohnungen um uns herum lebten mehr Menschen als in der Cité. Noaras Schule stand mitten in so einem Gebiet. Wir waren die Privilegierten der Gegend. Doch selbst bei uns gab es Armut. Einmal beobachtete ich auf unserem kleinen Markt, wie eine Frau vom Kartoffelkauf Abstand nahm, weil sie die sechs Dinar nicht hatte, die der Händler verlangte.

Bordj El Kiffan und Bordj El Bahri – die Kommunen, zwischen denen unsere Cité lag – haben sich bei den ersten freien Kommunalwahlen 1990 als Hochburgen des Islamismus erwiesen.

Als wir Anfang 1988 nach Westberlin gingen, hatten wir noch ein Projekt vorbereitet, das uns vielleicht bald wieder nach Algerien zurückbringen würde. Ende 1987 fand in Algier ein internationaler Fanon-Kongreß statt, auf dem viele Algerier Fanons Werk – das bislang nur als Denkmal verehrt wurde – auf die heutige Lage hin interpretierten. Seine Forschungen zur Identität hatten nichts an Aktualität eingebüßt, seine Warnungen vor den Einparteiensystemen in der Dritten Welt und der Unfähigkeit der »nationalen Bourgeoisie« erschienen nun prophetisch. Rückblickend glaube ich, daß das Regime den Kongreß überhaupt nur zuließ, weil es in der Tat eine Art »demokratische Öffnung von oben« plante. Anzeichen dafür war die Zulassung von Assoziationsbewegungen im humanitären Bereich (z. B. die Assoziation zur Unterstützung der unehelichen Kinder, aber auch Menschenrechtsorganisationen) sowie die demonstrative Förderung des Rai.

Die Sensation des Kongresses war die Anwesenheit von Josie, Fanons Ehefrau, der er 1960 »Die Verdammten dieser Erde« diktiert hatte. Sie verkündete, daß sie ihren Wohnsitz von Frankreich wieder nach Algerien verlegen und ihre 1965 abgebrochene Arbeit als Journalistin bei »Révolution Africaine« wiederaufnehmen wolle. Heute sage ich mir, daß auch Josie Fanon Signale hinsichtlich der Demokratisierung bekommen haben muß, um sich zu diesem Schritt zu entschließen. Sie war eine dynamische, etwas hyperaktiv wirkende Sechzigerin, die zwanzig Jahre jünger aussah. Im Januar 1988 installierte sie sich in jener Wohnung, in der sie bis 1965 gelebt hatte. Hier trafen wir sie noch mehrmals, um einen Film über Fanon vorzubereiten. Diese Idee war nicht zum ersten Mal an sie herangetragen worden, aber jetzt war sie überzeugt davon, daß der richtige Zeitpunkt für ein solches Projekt gekommen war.

Das Klima der Gewalt, das Ende der achtziger Jahre überall sichtbar wurde, hatte sich zu Beginn des Jahrzehnts nicht nur an den Universitäten entwickelt. Damals formierte sich auch ein islamistischer Maquis. Die Gruppe »Widerstand gegen das [vom Koran – S. K.] Verbotene« von Mostapha Bouyali plante 1981 Attentate gegen den Sitz der UNFA, der offiziellen Frauenorganisation, gegen das Justizministerium und den Flughafen von Algier, die jedoch nicht ausgeführt wurden. Die Gruppe begann ab 1982 als »Bewaffnete islamische Bewegung Algeriens« Weindepots zu vernichten, aber auch Polizeistationen anzugreifen. Sie operierte vor allem südöstlich von Algier, in der Region um Larbaa, wo sie offensichtlich Unterstützung bei der Bevölkerung fand. Bouyali wurde hier der »Emir« genannt.

Während des Ramadan 1982 traf Bouyali mit Cheikh Mahfoudh Nahnah in dessen Wohnhaus in Blida zusammen. Nahnah gehörte damals zu den angesehensten islamistischen Opponenten der FLN – er hatte zu Boumedienes Zeiten Sabotageakte verübt und war dafür auch ins Gefängnis gekommen. Bouyali erhoffte sich von dem Treffen nicht nur Unterstützung für den bewaffneten Kampf, sondern auch ein Anwachsen seines Prestiges. Er wußte nicht, daß Nahnah und Präsident Chadli füreinander Hochachtung hegten und der erstere – wohl seit seinem Gefängnisaufenthalt – mit dem militärischen Sicherheitsdienst in Verbindung stand. Bouyalis Leutnant Ahmed Merah führt jedenfalls die Verhaftungen, die die Gruppe wenig später dezimierte, auf das Treffen der beiden Männer zurück (»Le Nouvel Hebdo«, Nr. 25, vom 12. bis 18. November 1990).

Bouyali selbst war knapp entkommen. Er kämpfte in der Region um Larbaa mit wechselndem Erfolg, bis er Anfang März 1987 von seinem Chauffeur verraten und bei einem Zusammenstoß mit der Gendarmerie getötet wurde. Die Prozesse der überlebenden Genossen Bouyalis – die mal als Terroristen, mal als politische Kämpfer galten – sind ein Lehrstück für das Schwanken zwischen Härte und Konzilianz, das der Staat in der Konfrontation mit den Islamisten bis heute zeigt.

Wenn Bouyali heute für die islamistische Jugend ein Märtyrer ist, so war er doch noch keine Integrationsfigur während der schweren Unruhen, die 1984 in Um el Bouaghi und 1986 in Constantine stattfanden. Zu diesen Revolten sind noch eine große Anzahl Streiks zu rechnen – die aufgrund des Informationsmonopols des Staates nicht bekannt wurden. Sie artikulierten sich noch nicht als islamistische, sondern als soziale Forderungen. Bei den Präsidentschaftswahlen 1987 machten viele Leute ihre Wahlzettel ungültig, indem sie statt den Namen des einzigen Kandidaten anzukreuzen, die Dinge auflisteten, die in den Geschäften fehlten oder nur zu überhöhten Preisen auf dem Schwarzmarkt zu haben waren: Butter, Kaffee und das für die algerische Küche unabdingbare Tomatenmark. Ein Großteil der Wähler hatte aus den Buchstaben für »Chadli« Begriffe gebildet, die ebenfalls Mangelwaren bezeichneten: C = café, h = huile (Öl), a = amandes (Mandeln), d = devises, l = logement (Wohnung) i = insuffisant (ungenügend). Hinter das »l« hatten manche auch »liberté« gesetzt.

Auch der große Aufstand der Jugend, der Anfang Oktober 1988 Algerien wieder in die Weltpresse brachte, war noch kein Schrei nach der Scharia, sondern nach besseren Lebensverhältnissen. Am 5. Oktober verwüsteten Zehn- bis Fünfundzwanzigjährige das Zentrum der Hauptstadt. Während Privatbesitz bezeichnenderweise verschont blieb, griffen die Jugendlichen Institutionen und Machtsymbole des Staates an: die seit Jahren schlecht belieferten »Bauernmärkte«, Parteibüros, Ministerien und die wenigen Vergnügungsstätten, die als Lasterhöhlen der Privilegierten erschienen.

Mit einiger Genugtuung sah ich im Fernsehen das zerstörte Ministerium für Jugend und Sport des früheren Hochschulministers Brerhi, in dessen Vorzimmern ich so lange um meine Wiedereinstellung gekämpft hatte.

Weil alle Appelle zur Ruhe nichts fruchteten, zog am nächsten Tag die Armee auf. Es kam zu ersten blutigen Zusammenstößen. Der Ausnahmezustand wurde verhängt, trotzdem begannen in einigen Betrieben schon Streiks. Rasch griffen die Unruhen über auf Oran, Annaba, Mostaganem und andere größere Städte. Erst am dritten Tag des Aufstands kam es zu islamistischen Kundgebungen.

Die Repressionen überstiegen alles, was das unabhängige Algerien je erlebt hatte. Armee und Polizei schossen in die Demonstrationen hinein. Es kam zu unzähligen Verhaftungen und systematischen Folterungen. Viele Verwundete starben auf den

Straßen, weil die Notdienste schlecht organisiert waren. Es soll insgesamt fünfhundert Tote gegeben haben.

Die zwischen den katastrophalen Folgen der eigenen Wirtschaftspolitik und den erbarmungslosen Gesetzen des Weltmarkts eingekeilte Regierung Chadli konnte zwar kurzfristig die Läden mit Waren aus den Armeedepots überschwemmen, war aber prinzipiell außerstande, die Forderung nach besseren Lebensverhältnissen zu erfüllen. Sie konzedierte das einzige, was sie noch konzedieren konnte: die Öffnung zur Demokratie. Innerhalb des folgenden Jahres – noch vor dem Zusammenbruch des Ostblocks – schuf Algerien bereits alle institutionellen Voraussetzungen für Medienfreiheit und ein Mehrparteiensystem. Die Polizei bekam Wasserwerfer, ein deutlicher Hinweis darauf, daß bei den künftigen Demonstrationen der Bürger nicht mehr sofort geschossen werden sollte.

In der Demokratisierung sahen zunächst vor allem die Schichten eine Chance, denen es am Allernotwendigsten noch nicht mangelte: Mittelständler und Intellektuelle. Das will nicht heißen, daß demokratische Überzeugungen nur auf die Mittelschichten beschränkt sind oder daß diese Gruppen mit der Demokratisierung vor allem egoistische Ziele verbinden – wie es im Westen manchmal dargestellt wird. Die Gefahren einer noch größeren sozialen Explosion, als sie 1988 stattgefunden hat, liegen dermaßen deutlich auf der Hand, daß sich die Demokraten einer gesamtgesellschaftlichen Verpflichtung weitaus bewußter sind, als es in den Demokratien des Westens und auch im ehemaligen Ostblock der Fall ist. Die Notwendigkeit kontrollierbarer und absetzbarer Institutionen erscheint als einziges Mittel, sowohl die Korruption als auch die gigantischen Fehlentwicklungen der Vergangenheit in Zukunft zu vermeiden oder zumindest in Grenzen zu halten. Freilich setzt diese Vorstellung auch die Erfahrung von Wissen und Aufklärung voraus – und genau diese Erfahrung hat der FLN-Staat den großen Mehrheiten verweigert. Insofern kann nicht verwundern, daß diese Mehrheiten noch glauben, Gerechtigkeit nicht über die eigene permanente Intervention, sondern über Menschen ihres Vertrauens erreichen zu können. Ländern wie Algerien wird der Übergang vom Totalitarismus des Einparteiensystems zum Totalitarismus der Religion möglicherweise nicht erspart bleiben. Die Abrechnung mit dem alten System läuft Gefahr, eine Abrechnung zwischen zwei Cliquen zu bleiben: zwischen denjenigen, die auf die Unfehlbarkeit der FLN gebaut hatten, und denjenigen, die heute vorgeben, die im Ewigen Koran festgelegten Botschaften Gottes in die Praxis umsetzen zu können. Der Mangel an Kontrollinstanzen ist das Verbindungsglied zwischen der Herrschaft der FLN und dem in Zukunft möglichen islamistischen Regime. Weil zudem viele Islamisten – allen voran Abassi Madani – aus dem islamistischen Flügel der FLN hervorgegangen sind, haben die Demokraten allen Grund, den »madjlis es schura« – den »Konsultationsrat«, den die Islamisten als Entscheidungsorgan planen – für genauso fehlbar zu halten wie ein Politbüro.

Nach dem Oktober 1988 entstanden in wenigen Monaten dreißig, später sogar knapp über fünfzig politische Parteien sowie eine unübersehbare Anzahl von Assoziationen. Viel Aufsehen erregte das »Rassemblement pour la Culture et pour la Démocratie« (RCD) – die »Vereinigung für Kultur und Demokratie«. Der Parteiführer, der Arzt Said Sadi, trat im Rahmen eines modernen Pluralismus für die Förderung der Volkskulturen ein, insbesondere der bislang am meisten unterdrückten Berberkulturen.

Auch alte, von der FLN-Regierung verbotene Parteien kehrten ins Licht der Öffentlichkeit zurück wie die FFS (»Front des Forces Socialistes«), die vor allem in der Kabylei verwurzelte »Front der Sozialistischen Kräfte«. Ihr Führer, Hocine Ait Ahmed, war 1956 zusammen mit Ben Bella bei der spektakulären Entführung des Flugzeugs der algerischen Exilregierung durch die Franzosen in Gefangenschaft geraten. Ben Bella wiederum hatte ihn zum Tode verurteilen lassen, weil der von Ait Ahmed geführte kabylische Aufstand von 1963 des Sezessionismus angeklagt war. Ait Ahmed konnte fliehen und gelangte nach Frankreich. Die FFS hat nie ihre Verwurzelung in der Kabylei verloren. Sie präsentierte nun ein pluralistisches sozialdemokratisches Programm auf der Basis einer gemischten Ökonomie. (1992 wurde die FFS in die Sozialistische Internationale aufgenommen.)

Die Programme von RCD und FFS sind fast identisch. Die RCD besaß zunächst mehr Sympathien unter den Intellektuellen, weil sie als neue Formation frei von der sezessionistischen Vergangenheit der FFS war. Da sich aber auch Ait Ahmed schon seit den siebziger Jahren und besonders seit dem Berberfrühling von 1980 um ein gesamtnationales Vertrauensmandat bemüht hatte, erschienen er und Said Sadi als persönliche Konkurrenten – was den demokratischen Aufbruch zweifellos schwächte.

Auch die Kommunisten tauchten aus dem Untergrund auf. Ebenso eine trotzkistische Partei, die vor allem deshalb viel von sich reden machte, weil sie von einer Frau geführt wurde: Louisa Hanoun. Während die Kommunisten die Verfassungs-Konformität der Islamischen Heilsfront von Anfang an in Frage stellten, wurde sie von Louisa Hanoun als authentischer Ausdruck des algerischen Volkes unterstützt.

Ahmed Ben Bella, der von Boumedienes Grenzarmee zunächst eingesetzte, 1965 aber gestürzte Staatschef, kehrte als Führer des MDA (»Mouvement pour la Démocratie en Algérie« – »Bewegung für die Demokratie in Algerien«) aus Frankreich zurück. Obwohl er viel von sich reden machte, konnte er bei den Parlamentswahlen nicht einmal in seinem Geburtsort Marnia ein Direktmandat erringen.

Das von Chadli Benjedid am 5. Juli 1989 unterzeichnete neue Gesetz über die politischen Assoziationen verpflichtete diese auf die »arabo-islamischen Werte« der Nation. Artikel 5 enthält aber die Bestimmung, daß politische Assoziationen nicht auf konfessionelle, linguistische, regionalistische, sexistische, rassistische oder professionelle Kriterien gegründet sein dürfen. Damit sollte der Islam zur wesentlichen Grundlage der Algerianität erklärt, seine Monopolisierung für politische Ziele aber ausgeschlossen werden – so verstanden es jedenfalls die Demokraten. Dennoch wurde am 6. September 1989 eine Partei zugelassen, die sich bei ihrer Gründung am 18. Februar in der Moschee Al Sunna in Bab El Qued als »globaler und allgemeiner Verweser für alle ideologischen, politischen, ökonomischen und sozialen Probleme im Rahmen des Islam nach den Vorgaben des Koran und der Sunna« bezeichnet hatte. An der Spitze der Islamischen Heilsfront standen zwei ehemalige Staatsfeinde: Abassi Madani und Ali Belhadj.

Das obige Zitat stammt aus dem im Frühjahr 1989 bekannt gemachten, relativ moderaten provisorischen Programm der FIS, das freilich niemals offiziell wurde. Die Partei wollte sich in den drei Jahren ihres legalen Bestehens keinen Parteitag leisten, auf dem sich ihre verschiedenen Flügel zeigen und auf ein Programm hätten einigen müssen. Die rasch wachsende Popularität der FIS beruhte auf der Vielzüngigkeit ihrer Verlautbarungen, die im Namen des »einmaligen« und »ewigen« Koran auch die größten Unvereinbarkeiten proklamierten. Der moderate Flügel, der das provisorische Programmprojekt verfaßt hatte, vertrat legalistische und demokratische Positionen: ». . . die Islamische Heilsfront wird mit den vorhandenen Assoziationen und Institutionen Beziehungen unterhalten und ihre ideologischen, politischen und kulturellen Optionen respektieren.« (Dieser Gedanke ist freilich reichlich verquer ausgedrückt. Wörtlich heißt es, daß die FIS ihre eigenen Positionen »vor« denen der anderen »anhält«.)

Der junge, in Bab El Qued predigende Imam Ali Belhadj – dessen Einfluß auf die Jugend enorm werden sollte – stellte in dem zweimal pro Monat erscheinenden Organ der FIS, »El Mounquid« Nr. 23 und Nr. 24, in jeweils umfangreichen Artikeln zur Demokratie klar, daß das Wort aus dem Griechischen stamme und »der Sprache des gesegneten Zeitalters« – d. h. der Sprache des Propheten und des Koran – fremd sei. Es handele sich um einen Begriff westlicher Kultur, der wie das Wort »Freiheit« nur zur Täuschung der Menschen verwendet würde: »Was [vom Koran – S. K.] verboten ist, ist verboten, auch wenn es alle Parlamente der Erde anordnen würden.« Den Laizismus wiederum hält Belhadj für eine »jüdisch-christliche Weltverschwörung«.

Den algerischen Demokraten jagten die stets publikumswirksam und lautstark vorgetragenen Ansichten Belhadjs Angst ein, zumal er zugleich die große Gewaltbereitschaft der Jugend für die FIS zu kanalisieren verstand. In »El Mounquid« Nr. 9 schrieb er unter dem Motto »Angriff ist die beste Verteidigung«: ».... manche sagen, daß ›der Islam eine Religion ist, die sich vor Gewalt und Fanatismus hütet, er sei die Religion der Großzügigkeit, der Toleranz und des Friedens‹. Ich unterschreibe diese Worte, aber dann muß noch gefragt werden – wem gegenüber?! Meine Haltung ist heute die eines Gotteskämpfers, der erkennt, daß der Islam zwar die Religion der Großzügigkeit, der Toleranz, aber zugleich auch die Religion der Stärke, des Heiligen Krieges und der Peitsche gegen die Hochmütigen ist ... Er ist eine Religion, die das Buch der Gerechtigkeit mit dem Schwert der Eroberung verbindet.«

Die Reden Belhadjs trugen dazu bei, daß ausgerechnet in der Phase der Demokratisierung die alltägliche Gewalt auf den Straßen zunahm. Da die jungen Männer den atheistischen Westen und das Judentum – insbesondere seit dem Golfkrieg wieder deutlich als Hauptfeinde stilisiert – nicht so ohne weiteres bekriegen konnten, bekämpften sie um so unbekümmerter das, was als westlicher Einfluß im eigenen Land hingestellt wurde: Frauen, die sich noch unverschleiert auf die Straße wagten und jene Kulturveranstaltungen, die den Algeriern die Nächte des Ramadan bislang angenehm gemacht hatten. Nicht nur den Auftritten von Künstlern aus dem Westen, auch denen von kabylischen Sängern oder den Rai-Konzerten gingen oft so scharfe Drohungen und Unruhen voraus, daß sie abgesagt werden mußten.

Den bereits in der Ideologie der FLN angelegten Widerspruch, die technischen Errungenschaften der Moderne nutzen zu wollen, damit verbundene kulturelle und politische Konsequenzen aber abzulehnen, verschärfte die FIS noch um wesentliche Akzente. Das sowohl in dem Programmentwurf als auch in den Artikeln des »Mounquid« ersichtliche Wirtschaftskonzept sah durchaus eine weitere technische Modernisierung bis hin zur Produktion von Waffen vor. Privateigentum und Privatinitiative sollten maximal gefördert werden, wenn dem Profit auch die vom Koran gesetzten Grenzen auferlegt wurden: »El Mounquid« Nr. 9 erinnerte daran, daß ein Dirham Zinsen in den Augen des Propheten gravierender gewesen seien als sechsunddreißig Ehebrüche (von denen jeder einzelne wiederum die Steinigung sowohl des Mannes als auch der Frau nach sich ziehen sollte – S. K.). Kein Wort fiel über die ausgesprochen entmutigenden Erfahrungen, die islamische Banken im Iran und in Pakistan machten, wenn sie ihren Kunden keine Zinsen gewährten.

Wichtiger als die Zinsfrage waren für die große Masse der Algerier die großzügigen ökonomischen Versprechungen der FIS. Ihre Redner taten so, als sei das Recht auf Wohnung, Kleidung, Ernährung und medizinische Versorgung nicht nur im Koran verankert, sondern nach ihrer Machtergreifung auch sofort allgemein durchsetzbar. Als Abassi Madani von Khelida Messaoudi im Fernsehen gefragt wurde, woher er die Mittel der versprochenen »Mütterhilfe« für Witwen nehmen wollte, die ihre Arbeitsplätze jungen Männern frei machen sollten, antwortete er schlagfertig: »Durch Abschaffung der Polizei.«

Weder die demographische Entwicklung noch die Verschuldung des Landes waren in den Augen der FIS Gründe, die baldige wirtschaftliche Prosperität für alle anzuzweifeln. Die ökonomische Sackgasse, in der sich Algerien befand, wurde einzig als Werk einer korrupten, selbstsüchtigen Schicht hingestellt, die die Religion verraten habe. Gerechtigkeit könne sofort wiedererstehen, wenn diese Schicht von der Macht verdrängt und ehrliche Vertreter des Islam die Regierung übernehmen würden. Einerseits proklamierte die FIS die Heiligkeit des Privateigentums, andererseits tat sie so, als verfüge sie demnächst über ein quasi unerschöpfliches Staatsbudget, aus dem sie jedem das Seine zukommen lassen würde.

Die ökonomischen Versprechungen der FIS wurden durch populistische Aktionen unterstützt. Nachdem die Partei im Juni 1990 bei den ersten freien Kommunalwahlen mehr als die Hälfte aller Gemeinden erobert hatte, errichtete sie im Ramadan »islamische Märkte«, wo Lebensmittel durch Ausschaltung der Zwischenhändler etwas billiger verkauft wurden. Da die FIS eines ihrer ökonomischen Standbeine aber beim Schwarzhandel hat, konnte sie eine so nützliche Aktion nicht auf das ganze Jahr ausdehnen. Weniger Skrupel hatte sie beim Umgang mit öffentlichem Eigentum: Nach der Übernahme der Kommunen ließ sie sofort die wenigen noch vorhandenen Sport- und Kulturstätten in Wohnraum verwandeln. Aus Oran und Algier wurde sogar bekannt, daß FIS-Bürgerkomitees den Wohnraum der Familien erfaßten, um für den Fall einer späteren Machtübernahme auch Wohnungsenteignungen und Zusammenlegungen von Familien vornehmen zu können. Das sollte zuerst Wohnraum betreffen, in dem nur Frauen wohnten – wie es bei unserer alten Wohnung am Télémly nun der Fall war. Die FIS wollte auch eine Million Arbeitsplätze schaffen, indem sie in die etwa eine Million Mietshäuser des Landes jeweils einen arbeitslosen jungen Mann als Conçierge setzte, der von den Mietern bezahlt werden und natürlich auch eine Überwachungsfunktion ausüben sollte.

Bei den populistisch wirkungsvollen ökonomischen Plänen der FIS handelte es sich nicht um Ideen zur Verbesserung der Wirtschaftskraft, sondern vor allem um Enteignungen und Umverteilungen, die keineswegs die schmalen, wirklich besitzenden Schichten anvisierten, sondern eher die kleinen Angestellten. Statt neue Informations- und Entscheidungsstrukturen zu entwerfen, wurde Neid und Haß zwischen denjenigen geschürt, die gar nichts und denen, die ein paar Brosamen hatten. So wuchsen unentwegt die Gewaltpotentiale.

Die noch regierende FLN spielte sich offiziell als eine modernisierte Partei auf, die sich selbst zu den Demokraten rechnete. Hinter den Kulissen bereitete man sich aber auf eine große Koalition mit der FIS nach den Parlamentswahlen vor. Darauf deutete vor allem die Entscheidung gegen das Verhältnis- und für das Mehrheitswahlrecht. Danach ist direkt gewählt, wer im ersten Wahlgang die absolute Mehrheit gewinnt. Kann kein Kandidat die absolute Mehrheit erringen, kommt es im zweiten Wahlgang zwischen den ersten beiden Kandidaten zur Stichwahl. Auf diese Weise gehen viele Stimmen, insbesondere der kleinen Parteien, verloren.

Die Entscheidung für das Mehrheitswahlrecht kam zustande, weil sich die FLN immer noch stark genug fühlte, den Wettbewerb mit der FIS um die Wählergunst einigermaßen glimpflich zu bestehen und mit ihr ein gemeinsames Kabinett zu bilden. Die Presse hat aufgedeckt, daß der Premier Hamrouche im Jahre 1990 mit der französischen Regierung in Geheimverhandlungen über die weitere Stundung von Krediten versicherte, daß auch FIS-Minister in Algier sowohl den Sparkurs als auch die weitere Privatisierung fortführen würden.

Hinsichtlich der Parlamentswahlen kam es zu langen Auseinandersetzungen zwischen allen politischen Gruppierungen. Die Demokraten meinten, daß der überwältigende Erfolg der FIS bei den Kommunalwahlen teilweise auf das System der Wahlvollmachten zurückzuführen sei, das es jedem Algerier ermöglichte, für einen anderen mitzuwählen, wenn er nur dessen Wahlbenachrichtigung vorweisen konnte. In der Tat wählten bislang viele Männer für ihre Frauen mit. In unserer Familie war es freilich umgekehrt. Saddek und Slimane waren der Wahl für die Einheitspartei stets ferngeblieben. Da die ängstliche Rebiha sich sorgte, daß unserer Familie daraus Nachteile entstehen könnten, hatte sie stets heimlich die Wahlbenachrichtigungen ihrer Brüder eingesteckt und für sie mitgewählt.

Die Demokraten erreichten tatsächlich die Neuregelung der Wahlvollmacht, die nun wie in anderen demokratischen Ländern an bestimmte Bedingungen und juristische Beglaubigungen geknüpft ist. Jedenfalls wurde damit erreicht, daß die Frauen von den politischen Parteien überhaupt als Wählerinnen angesprochen wurden. Zur allgemeinen Überraschung sollte sich aber auch auf diesem Terrain die FIS am besten auf die neue Situation einstellen.

Allerdings blieb lange zweifelhaft, ob sie sich überhaupt zu Wahlen bereitfinden würde. Sie kritisierte zu Recht, daß die FLN-Regierung eine sie selbst begünstigende Einteilung der Wahlbezirke vorgenommen habe. Zudem verkündete einer der Flügel der FIS immer wieder lautstark, daß der Islam weder Verfassung noch Charta des Landes anerkenne und den Wahlen keine legitimierende Rolle zuschriebe.

Im Sommer 1991 versuchte die FIS, über eine die Produktion und das öffentliche Leben wochenlang lähmenden Streikbewegung ohne Wahlen an die Macht zu kommen. Damals verhängte die Armee das erste Mal nach der Demokratisierung den Ausnahmezustand. Abassi Madani und Ali Belhadj wurden verhaftet, die Regierung Hamrouche abgesetzt und die Parlamentswahlen noch einmal verschoben.

Als sie Ende Dezember 1991 endlich stattfinden sollten, sind Saddek und ich als Berichterstatter deutscher Medien nach Algier gefahren. Wir quartierten uns im traditionsreichen Hotel »Safir« ein, das noch immer »Aletti« genannt wird. Längst ist es nicht mehr das vornehmste und teuerste Hotel Algiers. Aber es liegt günstig im Stadtzentrum und wird oft auch zu wichtigen Pressekonferenzen genutzt. Da im »Aletti« viele der aus allen Landesteilen stammenden Abgeordneten der Nationalversammlung untergebracht waren, konnte man hier auch die Haltung der verunsicherten alten FLN-Garde vor und nach den Wahlen beobachten.

Wir wollten Freunde und Diskussionspartner einladen und hatten deshalb eine der beiden legendären Hochzeitssuiten gemietet, in der früher die elegantesten Pieds Noirs und später auch reiche Algerier geheiratet hatten. Die Suite erwies sich als unglaublich verkommen. Die Möbel waren schmutzverklebt, und der Spannteppich wies zahlreiche große Flecken auf, die nicht mehr auf Hochzeiten, sondern auf Sauforgien hinwiesen. Um den dumpfen Geruch zu mildern, mußte man das Fenster offenhalten und den Lärm der Stadt ertragen. Zu meiner Beunruhigung funktionierte das Telefon nicht – seine Reparatur wurde uns aber versprochen.

Dafür gab es einen großen Fernseher, der recht ungewohnte Kost bot: Wahlspots mit den unterschiedlichsten politischen und religiösen Meinungen. Für die Islamische Heilsfront kam unser Namensvetter, Mohamed Rabah Kebir, zu Wort. Er entschuldigte sich im Namen der Partei, daß diesmal auch die Frauen zur Wahl aufgerufen werden müßten. Das sei zwar mit dem Islam nicht vereinbar. Da es aber um die endgültige Einführung der islamischen Ordnung ginge, die nur mit der Mehrheit der Stimmen der Algerier durchgesetzt werden könne, verkündete er eine Fetwa, die eine Ausnahme genehmigte. Kebir versprach, daß der zukünftige islamische Staat den Frauen keine solchen Ungehörigkeiten zumuten werde. So raffiniert warb keine andere Partei um die Stimmen der Frauen!

Chadli gab eine Pressekonferenz, in der er seinen Entschluß kundtat, das Präsidentenamt auch dann nicht aufzugeben, wenn die Islamische Heilsfront den Wahlsieg erringen sollte. Die FIS hatte ebenfalls ihre Bereitschaft zur Kohabitation signalisiert. Chadli wirkte entspannter als früher. Er sprach frei, in einem relativ unverkrampften Arabisch. Offenbar kam ihm der Gedanke nicht in den Sinn, daß er drei Wochen später schon nicht mehr im Amt sein könnte.

Von seiner Haltung stach deutlich die Unruhe der Journalisten ab. Vor allem die Angst in den Augen meines ehemaligen Studenten Abdelhamid Sebaa – zeitweise Chefredakteur von »Algérie Actualité« – beunruhigte mich zutiefst. Es war die Angst eines Menschen, der fürchtet, demnächst an der Laterne zu hängen. Aber daß so eine Pressekonferenz überhaupt stattfinden konnte, war unzweifelhaft eine Errungenschaft der Demokratisierung.

Diese kam auch darin zum Ausdruck, daß die Spätnachrichten nun in kabylischer Sprache gesendet wurden. »Ein Weihnachtsgeschenk für die Berber!« kommentierte »El Schab« – eine bissige Anspielung auf die angeblich christlichen Sympathien der Kabylen. Daß die Anerkennung ihrer Kultur endlich durchgesetzt war, konnte man auch in den Buchhandlungen feststellen. Neben vielen Sachbüchern über die Berber gab es nun gleich zwei berberische Grammatiken!

Wie lange wird es noch dauern, bis man auch eine Grammatik des Maghrebarabischen kaufen kann?

Die Freunde, die wir trafen, machten einen grauen und ausgesprochen ängstlichen Eindruck. Am Wahlsieg der FIS bestand kein Zweifel. Die Frage war nur, ob man ihr die absolute Mehrheit streitig machen konnte. So war denn nur noch Galgenhumor möglich und demonstratives Weintrinken in den wenigen Etablissements, die überhaupt noch Alkohol ausschenkten. Um ihren Klienten eine Freude zu machen, ließen die Besitzer in den letzten

Tagen vor der Wahl noch einmal ihre Keller auffüllen – denn es war mit einem sofortigen Verbot des offiziellen Weinvertriebs zu rechnen.

Würde die Armee eingreifen – wie sie es im vergangenen Sommer getan hatte? Oder würde sie sich letztlich auch mit einer FIS-Regierung arrangieren?

Die Spannung wuchs mit jedem Tag. Da sich das Telefon in der Hochzeitssuite als nicht reparabel erwies, zogen wir in ein Zimmer auf der Meerseite um, das zwar weniger geräumig, aber viel ordentlicher war. Als mich in der ersten Nacht ein dumpfer, gleichmäßiger Lärm von der »Moutonnière«, der strategischen Küstenstraße, her weckte, war ich sicher, daß es die Panzer waren. Lange blieb ich wie gelähmt liegen, es würde nun zu keinen Wahlen kommen. Ich wollte aber unbedingt, daß das Land diesen Moment der Wahrheit erlebt. Endlich entschloß ich mich, ans Fenster zu gehen und vorsichtig durch die Vorhänge zu schauen: Die Straße war leer, der Lärm kam von mehreren Zügen, die schnaufend im Hauptbahnhof standen!

Der Moment der Wahrheit würde wohl nicht sofort zu einer stabilen algerischen Zivilgesellschaft führen. Der jetzige Führer der FIS, der junge Informatiker Mohamed Hachani, versicherte den Medien zwar immer wieder, daß die Partei das demokratische Regime und die Rechte der Minderheiten respektieren wolle, sagte seinen Zuhörern beim Freitagsgebet aber, daß die Errichtung des islamischen Staates, oft auch »Kalifat« genannt, natürlich Endziel bliebe. Und es bestand kein Zweifel daran, daß der radikale Flügel der FIS die Einführung der Scharia bald durchsetzen würde. Wenn eine solche Etappe für die algerische Gesellschaft auch kaum noch vermeidbar erschien, hielt ich es doch für wichtig, daß die realen Kräfteverhältnisse im Lande einmal sichtbar wurden. Nur so konnten sich die Demokraten formieren und die epochalen Ausmaße der Aufgabe ermessen, die vor ihnen lag.

Letztlich war es von einem Entwicklungsland ohne demokratische Traditionen auch gar nicht zu erwarten, daß es in wenigen Monaten eine halbwegs funktionierende Demokratie zustande bringen würde. Dabei dachte ich an die deutsche Erfahrung: Der erste Demokratieversuch, die Weimarer Republik, war in den Faschismus gemündet. Hatten nicht selbst die Franzosen noch die Revolutionen von 1830, 1848 und 1871 gebraucht, um die Ziele von 1789 mehr schlecht als recht durchzusetzen? Und sind die heutigen »Demokratien« vor Regressionen wirklich sicher?

Daß der demokratische Gedanke einen gewissen Erfolg quer durch die algerische Gesellschaft bis in die FIS hinein gewonnen hatte, erlebten wir einen Tag vor den Wahlen in der Kasbah. Als wir von der Rue Ben M'Hidi in die Altstadt emporstiegen, kamen mir die Tränen. Obwohl ich schon in den achtziger Jahren ihren Verfall miterlebt hatte, erschütterte mich ihr jetziger Zustand. Fast alle Mauern mußten nun mit Holzplanken abgestützt werden, viele Häuser waren unbewohnt und bis unters Dach mit stinkendem Abfall gefüllt! Ein Händler, der traditionelle Kleidung für Touristen anbot, zog uns in seinen Laden. Um mit mir ins Gespräch zu kommen, zeigte er mir Fotos von Muscheln, Schmetterlingsflügeln und Baumrinden, in deren Maserungen mit etwas gutem Willen islamische Inschriften wie zum Beispiel »Allahu akbar« zu erkennen waren. Brächten solche Zeichen der Natur nicht auch eine Europäerin dem rechten Glauben näher?

Ich kaufte eine Gandura, damit wir unser Mikrophon herausholen und ihn um ein Interview bitten konnten. Er willigte ein, schloß aber die Ladentür und bat, daß wir seinen Namen nicht nennen. »Er hat Angst vor der FIS!« flüsterte Saddek mir zu.

Wir fragten, wieso die Kasbah, die im Unabhängigkeitskrieg Hochburg und Zuflucht der FLN gewesen war, nun der FIS gehört?

»Im Namen Allahs, des Gütigen und Barmherzigen – das ist die Folge einer Politik, die nicht mit dem Volk gegangen ist. Sie entsprach nicht dem Islam. Die FLN hat den ›Superbürger‹ hervorgebracht, der alle Vorteile hatte, während den anderen gar nichts blieb. Zu Boumedienes Zeiten ging es uns noch gut, aber das war nur eine kurze Epoche. Eigentlich hatten wir genug Finanzen, aber sie wurden nicht richtig angelegt. Für den Erhalt der Kasbah zum Beispiel hätten die Hausbesitzer Kredite gebraucht. Viele wollten bleiben. Meine Eltern haben mir drei Häuser vererbt – davon sind zwei zu Ruinen verfallen, nur eines ist noch halbwegs intakt.«

Und was verspricht die FIS?

»Die FIS hat eine fundierte Sozialpolitik. Das glauben wir zumindest jetzt. Sie muß es aber noch beweisen. Wir sind vor allem für den Islam. Dann erst für eine Partei.«

Was ist das Programm der FIS?

»Die Wirtschaft muß wieder hochkommen. Die Arbeitslosigkeit muß verschwinden. Wir brauchen eine klare und ehrliche Politik, und die hat zur Zeit die FIS. Wenn sie nicht hält, was sie verspricht, müssen wir weitersehen.«

Kann die FIS Ihr Vertrauen auch wieder verlieren?

»Wenn man die Dinge demokratisch sieht, ist das möglich. Ich bin mit Verstand und Herz zuerst für den Islam, aber ich bin auch Demokrat. Deshalb bin ich gar nicht dafür, daß die FIS eine übergroße Mehrheit gewinnt. Ich wünsche mir, daß auch die FLN noch ihren Platz behält. Es darf nicht wieder zum allgemeinen ewigen Jasagen kommen.«

Wird die FIS Parteien und Wahlen zulassen?

»Sicher. Das demokratische Spiel ist unabdingbar. Ich denke, daß selbst die FIS das begriffen hat. Unser Islam wird sich nicht der Macht bedienen wie in anderen Ländern. Man muß nur an unseren Propheten denken – er sei gegrüßt und gesegnet –, er hat die Armen und die Fremden auf islamischer Erde geschützt.«

Aber es gibt doch auch einen zur Gewalt neigenden Flügel in der FIS?

»Es stimmt, daß unsere Jugend übertreibt. Neulich habe ich gesehen, wie sie mit unseren Plakaten die Plakate der anderen ganz überkleben wollten. Ich habe ihnen erklärt, daß sie das nicht dürften. Aber unsere Mehrheit ist anders. Wir sind tolerant. Ich zum Beispiel habe Töchter, die den Hidjab nicht tragen. Das toleriere ich.« Er lacht. »Junge Leute haben manchmal Angst vor der FIS. Das liegt teilweise daran, weil die Presse schlecht über sie schreibt.«

Manche Frauen befürchten, daß sie unter einer FIS-Regierung ihre Arbeitsplätze verlieren?

»Ich hoffe, daß wir auch hier Toleranz bewahren. Wichtig ist, daß die Frauen beten. Aber wenn die Arbeitsplätze nur für die Männer reichen, können eben nur Männer arbeiten. In manchen Berufen – zum Beispiel in der Gynäkologie – haben Frauen ihr Daseinsrecht, auch im Bildungswesen. Ich denke aber, daß auch eine Frau am Herd Ehre verdient. Wenn so viele Familienväter ohne Arbeit sind, muß die Gesellschaft eine Wahl treffen.«

Wird Algerien kein neuer Iran?

»Ich denke nicht. Wir liegen am Mittelmeer und müssen gute Beziehungen zu unseren Nachbarn halten. Sehen Sie bitte im Islam nicht nur die fundamentalistische Seite. Der Islam war humanistisch und sozial lange vor Marx und Engels.«

Was erhoffen Sie von den Wahlen?

»Daß der Islam siegt und die Demokratie. Ich möchte nicht, daß es Sieger und Besiegte gibt.«

Am Wahlmorgen spazierten wir durch Bab El Oued, jenem traditionsreichen Viertel, das zur Kolonialzeit von armen Pied Noirs bewohnt und eine Hochburg der OAS war. Auch heute leben hier vorwiegend einfache, oft auch arme Leute. Unsere Freunde Boussad und Malika – die nicht zu den Armen zählen – haben nur nachts eineinhalb Stunden Wasser. In dieser Zeit müssen sie dann Geschirr spülen, Kinder, Wäsche und sich selbst waschen.

Wahlfieber beherrschte die Straßen, aber kaum Spannung. Jeder wußte den Sieg der FIS hier sicher. Wir traten in ein Wahlbüro. Rechts lag der Raum mit der Wahlurne der Männer, links der Raum für die Frauen. Die Männer durften nur bis zu einem bestimmten Punkt mitkommen, blieben dann stehen und riefen im Chor ihren Frauen hinterher: »FIS!« – als wenn sie nicht schon längst gewußt hätten, was sie wählen sollten. Manche Frauen hatten sich die Zahl in die Hand schreiben lassen, die man für die FIS auf dem Wahlzettel ankreuzen mußte. Analphabetinnen hatten Fäden bei sich, die vom oberen Rand des Stimmzettels bis zu der FIS-Zahl reichten.

Den Journalisten war mitgeteilt worden, daß etwa ab 19 Uhr in der »Salle Ibn Khaldoun« ein Computerzentrum bereitstünde, wo die Hochrechnungen früher als in den Medien bekanntgegeben werden sollten. Als wir uns dorthin begaben, herrschte größte Spannung. Saddek kam mit zwei Journalistikstudentinnen im Hidjab ins Gespräch. Sie arbeiteten für eine Zeitung von »HAMAS«, der islamistischen Partei des Cheikh Nahnah, die der FIS Konkurrenz machen wollte und im geheimen Einverständnis mit der FLN auch sollte – Nahnah war der Verräter Bouyalis. Befragt, wieso sie sich getrauten, vor aller Augen mit einem fremden Mann zu diskutieren, antworteten die Mädchen selbstbewußt, daß sie eben nicht in der FIS, sondern bei HAMAS wären. Da sei das ausdrücklich erlaubt, kicherten sie. Nach Cheikh Nahnah dürfe die Frau arbeiten, sich entwickeln, sich emanzipieren. In der Tat hatte Nahnah in der Zeitung »Tribune d'Octobre« vom 16. Januar 1990 dem algerischen Patriarchat einen herben Stoß versetzt, indem er behauptete, daß »der Prophet sich mit Hausarbeiten beschäftigt und mit seiner Frau zusammen gekocht« habe. Er sei auch nicht zu stolz gewesen, »mit seinen Frauen zu spielen«.

Die Hochrechnungen ließen auf sich warten. Die Computerbildschirme zeigten nur ein paar Daten über die relativ schwache Wahlbeteiligung. Das blieb so den ganzen Abend, obwohl immer wieder angekündigt wurde, daß bald, sehr bald Ergebnisse bekanntgegeben würden.

Kurz nach Mitternacht kam der Innenminister Larbi Belkheir zu den unruhig werdenden Vertretern der Weltpresse. Obwohl sein außerordentlich sauertöpfisches Gesicht die Wahlkatastrophe der FLN eigentlich verriet, weigerte er sich, sie bekanntzugeben. Statt dessen hielt er eine bürokratische Rede darüber, daß die Wahlen relativ friedlich und vorschriftsmäßig verlaufen seien, die Wahlbeteiligung aber einiges zu wünschen übrig ließ. Was die Ergebnisse anbelange, so sei sicher, daß es zwischen der FIS und der FLN zu einer spannenden Stichwahl kommen werde. Keine Andeutung über das Abschneiden der FFS und der anderen Demokraten. Offensichtlich hatte sich die herrschende Clique noch nicht über eine Stellungnahme zu ihrer eigenen – unter allen Erwartungen liegenden – Wahlniederlage geeinigt.

Die Journalisten packten enttäuscht ihre Gerätschaften zusammen. Im Gespräch auf dem Weg zum Hotel stellte sich heraus, daß es wieder einmal ein Fehler gewesen war, sich auf die offizielle Informationspolitik zu verlassen. Einige Radiosender hatten Beobachter zu den Stimmauszählungen in Wahllokale des ganzen Landes geschickt und seit Stunden schon eigene Hochrechnungen verbreitet. Obwohl sie vor allem sensationelle Erfolge der FIS meldeten, freute mich doch das Funktionieren der demokratisierten Medien. Erstaunlicherweise waren noch keine Freudenkundgebungen der FIS-Wähler zu hören. Auch sie erwarteten vielleicht doch offizielle Verlautbarungen.

In der Hoffnung, daß die ersten amtlichen Hochrechnungen eingetroffen waren, ging ich am nächsten Morgen gegen neun Uhr zur »Salle Ibn Khaldoun«. Für einen Freitagmorgen war die Rue Ben M'Hidi ungewöhnlich leer. Die Stadt verschnaufte wohl noch nach der übermächtigen Anstrengung der Wahl. Von weitem sah ich einen großen hageren Mann kommen, der mir irgendwie Angst einflößte. Ich spürte, daß er mich angreifen würde, und bereitete mich innerlich auf eine Anmache vor, die um so unangenehmer zu werden drohte, weil ich mit ihm allein auf der Straße war. Zu meiner Verblüffung zischte er mir beim Vorbeigehen ein scharfes »Vive le FIS!« entgegen! In diesem Moment packte auch mich die Angst, die ich in den Augen meines ehemaligen Studenten Sebaa gesehen hatte.

Die »Salle Ibn Khaldoun« war wieder voller Presseleute, bot aber immer noch keine Hochrechnungen. Unsere beiden Freundinnen von HAMAS saßen bedrückt in einer Ecke und kauten an ihren Bleistiften. Nach den Hochrechnungen der Radiosender hatte HAMAS kein einziges Direktmandat erobert und war nur an wenigen Orten in die Stichwahl gekommen.

Das Ergebnis dieses ersten Wahlgangs war ein überwältigender Sieg für die FIS. Sie hatte sich 44 Prozent der Parlamentssitze schon jetzt gesichert, während die FLN nur 3,7 Prozent Direktmandate gewann. Sie wurde sogar noch von der FFS – der Partei der Kabylen – überrundet, trotz der auch für diese Partei ungünstigen Aufteilung der Wahlbezirke. Die FFS hatte nahezu alle Sitze in der dicht besiedelten Kabylei gewonnen, was im Landesmaßstab 5,3 Prozent Direktmandate bedeutete! In Algier und anderen Orten hatte sie noch einige Chancen in der Stichwahl.

Um 46 Prozent der Mandate mußte im zweiten Wahlgang, der drei Wochen später stattfinden sollte, noch gekämpft werden. Die FIS stand kurz vor der absoluten Mehrheit.

Die Wahlergebnisse erschienen wegen des Mehrheitswahlrechts besonders kraß, für das sich die alte Regierung entschieden hatte, weil sie für die FLN mit einem annähernd ähnlichen Ergebnis wie für die FIS rechnete. Hätte man das von den Demokraten geforderte Verhältniswahlrecht angewandt, wären andere Proportionen zwischen Stimmabgabe und Parlamentssitzen zustande gekommen: Viele Stimmen der kleineren Parteien gingen aufgrund des Wahlrechts verloren. Fünf Millionen Wähler waren den Urnen ferngeblieben. Setzte man die drei Millionen FIS-Stimmen ins Verhältnis zu den dreizehn Millionen Wahlberechtigten, so stand es um die Legitimität eines Kalifats weniger gut, als das Wahlergebnis suggerierte.

In der Kabylei war kein einziger FIS-Kandidat durchgekommen, aber wider Erwarten hatte auch die Konkurrentin der FFS, die RCD, eine schwere Niederlage erlitten. Die größte Überraschung für mich war das Votum der Mozabiten: Sie hatten nicht FIS, sondern Indépendants – unabhängige Kandidaten – gewählt! Trotz der Wahlkatastrophe zeichnete sich also deutlich ab, daß zumindest die kulturell selbstbewußten Minderheiten die Chance der Demokratie wahrnahmen. Die Mozabiten ließen sich vom äußeren Schein der Ähnlichkeit ihrer Glaubensmaximen mit denen der Islamisten nicht täuschen. Sie wollten sich ihre Lebensregeln auf keinen Fall vom Staat diktieren lassen, auch wenn es fast die ihren waren! Der Imam Brahim Ghaffa aus Ghardaia erklärte wenig später: »Wir wollen weder ein schiitisches Imamat noch ein sunnitisches Kalifat. Der Ibadismus lehrt Gehorsam gegenüber der Staatsmacht, ohne sich mit ihren Zielen zu identifizieren!« (»Algérie Actualité« vom 30. Januar bis 5. Februar 1992.) Ein solcher Sophismus gibt die jahrhundertelange Lebenserfahrung dieser politisch schwachen Isolationisten wieder, die zum ersten Mal die historische Chance wittern, ihre Eigenheiten legitimieren zu können. So absurd es scheint – die Mozabiten haben erkannt, daß sie als religiöse Minderheit für den Laizismus des Staates eintreten müssen!

Das erfreuliche Wahlergebnis der Kabylei bot indes auch Anlaß zur Sorge. Hier würde es mit der neuen Zentralmacht der FIS zu Schwierigkeiten kommen. Wenn nicht schon der Bürgerkrieg vorprogrammiert war, den die Kabylen seit langem nicht mehr wollten! Wer würde ihnen helfen? Vor meinen Augen zog der Alptraum französischer Eingreiftruppen oder deutscher Blauhelme in den kabylischen Bergen auf. Daß beide nicht schnell zur Stelle sein würden, war damals noch nicht einschätzbar. Uns fehlten noch die jugoslawischen Erfahrungen.

Die ersten Tage nach der Wahl verliefen seltsam ruhig. Die Demokraten waren gelähmt. Es blieb ihnen nichts anderes übrig, als angstvoll abzuwarten, ob es nun zum Kalifat oder zum Militärregime kommen würde. Da letzteres für Algerien nichts Neues bedeutete, zogen sie es dem Kalifat vor. Aber selbst die Wahlsieger schienen an ihren Sieg nicht so recht glauben zu können, denn große Freudenkundgebungen blieben weiterhin aus. Wahrscheinlich hatte die FIS besonders ihrer jugendlichen Anhängerschaft Ruhe oktroyiert, um der Armee keinen Anlaß zum Eingreifen zu bieten. Auch die offiziellen Verlautbarungen der FIS waren moderat. Am meisten Schrecken unter den Demokraten verbreitete die durch alle Medien gehende Äußerung des Cheikh Mohamed Said: »Die Algerier werden ihre Bekleidungs- und Ernährungsgewohnheiten ändern müssen!« Das FIS-Blatt »L'éveil« hatte auf der Titelseite, die den Wahlsieg verkündete, das Foto eines niedlichen, etwa fünfjährigen Mädchens im Hidjab abgebildet, das den Koran küßt.

Es wurde also ernst mit Hidjab, Khemis und Alkoholabstinenz! Dies war aber nur der Anfang einer neuen Lebensweise, die vom neuen Regime geforderte Unterwerfungsgeste, die notfalls mit populistisch-faschistoiden Methoden durchgesetzt würde. Unser Freund Nouredine Saadi, ein Jurist der Universität, der feministische Rechtsforschung betreibt, sagte bekümmert: »Ich weiß schon, wie sie es in unserem Haus erreichen werden, daß meine Frau und meine Töchter den Hidjab anlegen. Sie werden ihren Kindern sagen, ihnen die Röcke hochzuheben!«

Einige Tage später lud die RCD, die sich in ihrer Wahlniederlage als eine auf die Intellektuellen beschränkte Partei erwiesen hatte, zu einer Pressekonferenz ihres Führers Said Sadi ins Hotel Aletti ein. Sadi hielt sich nicht lange bei der Analyse seiner Niederlage auf, sondern schloß aus den düsteren Aussichten für die Demokraten, daß es nur einen einzigen Weg noch gab: den illegalen Kampf gegen den Totalitarismus, wie auch immer er sich demnächst formieren werde! Ich war verblüfft, daß ausgerechnet ein Demokrat den ersten Stein des Bürgerkrieges werfen wollte! Noch befremdlicher war, daß sich Sadi weniger denn je zur Zusammenarbeit mit der FFS bereit zeigte. Ganz im Gegenteil – er forderte sogar den Boykott des »friedlichen Marsches«, zu dem Ait Ahmed alle Demokraten am 2. Januar aufgerufen hatte!

Selten hat mich ein Politiker mehr enttäuscht als Said Sadi.

Dagegen war die Idee einer Demonstration der Demokraten gegen einen islamistischen Totalitarismus und das ebenfalls drohende Militärregime zwischen den beiden Wahlgängen sehr gut. Kein Mensch wußte, wie lange die Versammlungsfreiheit noch dauern würde und ob die Demokraten überhaupt noch Gelegenheit hätten, sich in der Öffentlichkeit zu zeigen. Würden genügend Menschen kommen?

Als wir am 2. Januar kurz nach 13 Uhr auf den Boulevard Zighout Youcef hinausgingen, erwies sich diese Befürchtung als unnötig. Eine riesige Menschenmenge demonstrierte bereits. Wir wanderten an dem Zug vorbei, um an sein Ende zu gelangen – aber es war nicht auszumachen. In der Rue Hassiba Ben Bouali, vor dem Hauptkommissariat, kamen wir nicht mehr weiter. Man konnte weder gegen den Zug der Demonstranten laufen noch die Parallelstraßen überqueren, die dicht mit jugendlichen FIS-Anhängern gefüllt waren. Sie brachen periodisch in Pfeifkonzerte aus und beschimpften die Demokraten. Offensichtlich, weil sie es auf Gewalt abgesehen hatten, trugen diese jungen Männer kein Khemis – wie es sich für Islamisten gehört hätte –, sondern Sportanzüge und Turnschuhe. Dicht neben uns muß es zu irgendeinem Gewaltakt gekommen sein – jedenfalls marschierte plötzlich eine gespenstisch gepanzerte Polizeieinheit aus dem Hauptkommissariat heraus und nahm einige Verhaftungen vor.

Es war das arbeitende Algier und die arbeitende Kabylei, die hier »Für Demokratie, gegen Islamismus und Militärregime« demonstrierten: Arbeiter, Angestellte, Ärzte, Intellektuelle, Künstler – all diejenigen Männer und Frauen, die als glückliche Besitzer eines Arbeitsplatzes bescheidene Brosamen der Modernisierung abbekommen hatten. Der endlose Zug dieser »Privilegierten« zeigte indes nichts anderes, als daß die Gesellschaft vor allem in Arbeitende und Nichtarbeitende gespalten war. Würde auch bei uns im Norden die Zahl der Arbeitslosen einmal so anwachsen, daß eine ähnliche Konfrontation möglich wird? Sind unsere Skinheads nicht schon ähnlich motiviert wie die jungen Islamisten? Ist es ein wesentlicher Unterschied, ob sie Ausländer oder Frauen angreifen?

Langsam liefen wir nun mit dem Zug der Demokraten mit. Von

einem Balkon des »Aletti« winkte Ait Ahmed den Demonstranten zu. Als eine große Frauengruppe, teilweise in kabylischer Tracht, herankam, nahm er seinen roten Schal ab – den er als Sozialdemokrat vielleicht von Walter Momper abgekupfert hatte – und schwenkte ihn durch die Luft.

Wir stiegen hoch. Ich stellte mein Aufnahmegerät auf die Balkonbrüstung, um die Lärmwogen und Slogans der Demonstranten aufzunehmen: »Djeich, schab – demukrazia!« (»Armee, Volk – Demokratie!«). Über der Bai knatterte unaufhörlich ein Hubschrauber, der die Sicherheit des Küstenboulevards überwachte. Unten ging freilich nicht alles so großartig zu, wie es von oben aussah. Khelida Messaoudi erzählte, daß sie in eine Gruppe von Kabylen geraten war, die unablässig antiarabische Parolen riefen, über die sie sich zu Tode ärgerte. Das gibt es also doch noch! Von unserem Balkon aus war deutlich zu sehen, daß es am Platz der Märtyrer, wo die Demonstration endete und die Menschen in Busse und Bahnen gelenkt wurden, immer wieder zu Auseinandersetzungen kam. Wahrscheinlich stellten sich dort FIS-Anhänger aus Bab El Oued den Demokraten entgegen. So verlangsamte sich der Zug, aber ein Ende kam nicht in Sicht. Die Demokraten waren zahlreicher, als sie selber angenommen hatten. Keinesfalls dürfen sie – wie die FIS es tut – als Atheisten abgestempelt werden. Wahrscheinlich haben diese Leute aus ihren Arbeitszusammenhängen heraus ein Verständnis dafür entwickelt, daß die Zukunft des Landes nicht mehr einfach nur Menschen des Vertrauens überlassen werden kann – seien es nun Vertreter einer revolutionären Partei oder der Religion. Sie traten für kontrollierbare und gegebenenfalls absetzbare Institutionen ein, die in Zukunft Fehlentwicklungen korrigierbar machten.

Der FFS war es in der Stunde der Not gelungen, eine beträchtliche Mobilisierung auch unter der nichtkabylischen Bevölkerung zustandezubringen. Vielleicht bereute nun so mancher, ihr in der vergangenen Woche nicht doch seine Stimme gegeben zu haben? Warum waren die Demokraten in so viele kleine Parteien zersplittert, wenn sie doch in Wirklichkeit bereits einen respektablen Teil der Bevölkerung ausmachten? Dieselbe Frage mußte ich mir ein

Jahr später auch bei den großen Demonstrationen gegen Ausländerhaß in Deutschland stellen.

Um fünf Uhr war die genehmigte Demonstrationszeit vorbei, aber noch immer waren nicht alle Wartenden defiliert. In Bordj El Kiffan – der Kommune, in der wir zum Schluß gewohnt hatten – sollen die letzten gestanden haben! Eine solche Demonstration hatte Algier seit der Unabhängigkeit nicht gesehen. Selbst die FIS hat ähnliche Menschenmassen nicht zusammengebracht. Das französische Fernsehen sprach zwar nur von 300 000 Demonstranten, ich bin mir aber sicher, daß es mindestens die doppelte Anzahl gewesen ist.

In der Tat waren Zeitpunkt und Motto des »friedlichen Marsches« richtig gewählt: vierzehn Tage später wäre es schon nicht mehr möglich gewesen, gegen das Militärregime zu demonstrieren. Denn am 11. Januar 1992, sechs Tage vor dem zweiten Wahlgang, zogen die Panzer auf.

Seitdem bewegt sich Algerien in einem Circulus vitiosus der Gewalt und Gegengewalt, von dem niemand weiß, wie er je wieder durchbrochen werden kann. Zunächst hatte zwar die »demokratische« Fraktion des Militärs das Sagen, die das Verbot der FIS nur bei gleichzeitiger Bekämpfung des FLN-Filzes für sinnvoll hielt. Für dieses Projekt holte sie Mohamed Boudiaf aus seinem marokkanischen Exil und setzte ihn als Regierungschef ein. Wie Ait Ahmed war Boudiaf ein Revolutionär der ersten Stunde, der schon kurz nach der Unabhängigkeit mit dem Totalitarismus der FLN in Konflikt geriet und von Ben Bella inhaftiert wurde. Freilich war der von Boudiaf eröffnete Kampf gegen die FLN weitaus schwieriger als das Verbot der FIS. Zwar hätte man auch der FLN – wie der FIS – unzählige Verfassungsbrüche anlasten können, aber sie beherrschte nun mal noch den gesamten Machtapparat: »Ich finde unter den Funktionären keine Mitarbeiter, weil es niemanden gibt, der sich unter dem alten Regime nicht besudelt hätte«, klagte Boudiaf.

Er plante eine Art »Runden Tisch«, an dem alle Teile der Bevölkerung noch einmal ihre Zukunftsvorstellungen diskutieren sollten, ehe man zu Neuwahlen schritt. An diesem »Runden Tisch«

sollte die FIS zwar nicht als Organisation teilnehmen, aber doch der Teil der islamistisch denkenden Bevölkerung, der den demokratischen Wechsel akzeptieren würde. Daß er die Möglichkeit des Dialogs offenhielt, zeigte Boudiaf mit der schützenden Hand, die er über den führenden Anwalt der FIS, Ali Yahia, hielt.

Durch die Einstellung der Parteienfinanzierung und die ernsthafte Vorbereitung erster Prozesse gegen korrupte FLN-Bonzen verletzte Boudiaf die alte Einheitspartei immerhin so deutlich, daß ihm sogar Sympathien in der Jugend zuwuchsen. Er beendete den linguistischen Mummenschanz seiner Vorgänger und hielt seine Reden in Maghrebarabisch. Boudiaf hatte Chancen, die ersten freien Präsidentschaftswahlen zu gewinnen, die – nach der Verfassung – Ende 1992 hätten stattfinden müssen.

Er wurde am 8. Juli auf der Rednertribüne eines Kulturhauses in Annaba von einem Mitglied seiner eigenen Leibgarde ermordet. Wer die eigentliche Verantwortung für diesen Mord trägt, blieb offiziell ungeklärt.

Während der Berliner Orienttage Ende März 1992 wurde mir ein islamistisches Flugblatt zugespielt, auf dem Boudiafs angebliche Mitgliedsurkunde der französischen Freimaurerloge abgebildet war. In Algerien zirkulierten auch andere Flugblätter, die mitteilten, daß Boudiaf von einem islamistischen Gericht zum Tode verurteilt worden sei.

Er wurde aber nicht nur von den Islamisten gehaßt. Heute gilt es als offenes Geheimnis, daß er nicht im Auftrage der FIS getötet wurde, sondern von jener Fraktion des Militärs, die sich von ihm bedroht fühlte, weil sie selbst politisch und ökonomisch zu tief im »Filz« der FLN steckte.

Diese Fraktion hatte denn auch das Sagen, als es um Boudiafs Nachfolge ging. Heute sind wieder Altkader der FLN die Galionsfiguren der Armee: Ali Kafi, der ehemalige Vorsitzende des Vereins der Moudjahidin als Präsident, und Abdessalam Belaid als Regierungschef.

Abdessalam – der bei den Parlamentswahlen in seinem Wahlkreis nur ganze 140 Stimmen erobern konnte – stellt kaum eine Hoffnung für die Demokratie dar. Er versucht, den Mythos Boumedienes wiederzubeleben und sich selbst als »Vater der algerischen Industrialisierung« darzustellen, die seine Nachfolger zerstört hätten. Der in den Medien noch vorhandene Spielraum der Demokraten wird systematisch eingeschränkt. Immer wieder werden Journalisten und Zeitschriften gemaßregelt, wenn sie versuchen, den Dialog mit den Islamisten in Gang zu setzen. Mit dem neuen Fernsehdirektor Abada – einem alten Pionier der Arabisierung – kehrte bereits die totalitäre »Sprache des Holzes« auf die Bildschirme zurück.

Eigentlich bestand kein Zweifel, daß die Nichtanerkennung des Wahlergebnisses und das Verbot der FIS die Entstehung eines todesmutigen islamistischen Maquis zur Folge haben würde. Der Bürgerkrieg kocht nur deshalb bislang auf kleiner Flamme, weil die Islamisten noch über relativ wenig Waffen zu verfügen scheinen. Seine Ausweitung hängt nur davon ab, ob die einstigen Gönner der algerischen Islamisten – der Iran, die Golfstaaten oder auch der Sudan – in dieser Weltgegend einen Großbrand entfachen wollen.

Einstweilen begnügt sich der Maquis mit jener Kampftaktik des raschen Zuschlagens aus dem Hinterhalt, die schon König Jugurtha im Kampf gegen die Römer praktizierte und die auch die FLN im Befreiungskrieg erfolgreich anwandte. Seit Errichtung des Militärregimes sind bereits etwa tausend Polizisten und Armeeangehörige umgebracht worden. Die Militärs antworten mit Härte: Tausende islamistische Aktivisten sind in Lager der Sahara verbannt, Todesurteile werden verhängt und vollstreckt. Es wird wieder gefoltert. Nur Abassi Madani und Ali Belhadj sind mit relativ geringen Freiheitsstrafen in komfortablen Gefängnisse festgesetzt worden. Für den Fall der Fälle werden sie als Geiseln in Reserve gehalten.

Früher oder später wird eine der Kampfparteien aufgeben müssen. Können die Polizei und die Armee auf Dauer dem Druck standhalten, den der FIS-Maquis ausübt? Müssen sich die einfachen Polizisten und Soldaten nicht fragen, warum sie ihren Kopf für ein Regime hinhalten sollen, dessen Legitimität und Zukunft zweifelhaft ist?

Epilog

So ist mir das Land meiner Träume zum Alptraum geworden. Immer seltsamer kommt es mir vor, daß eine Art Leben dort trotzdem weitergeht.
 Mein alter Direktor Abassa hat eine erfolgreiche private Nachrichtenagentur gegründet. Im Fernsehen soll ein Kampf entbrannt sein, ihn – statt Abada – zum Direktor zu machen.
 Rabia zieht ein Unternehmen für Managerkurse auf.
 Père Antoine Moussali, der die Siebzig weit überschritten hat, hält in alter Vitalität noch immer seine vielbesuchten Arabischkurse in der Diözese von Algier. In den letzten Wochen vor dem Mauerfall habe ich mit ihm zusammen Ostberlin besucht. Sein libanesischer Paß war den DDR-Grenzern eine halbstündige Kontrolle wert. Die algerische Staatsbürgerschaft ist Moussali verweigert worden – wahrscheinlich, weil er Christ ist. Er durfte aber vor kurzem Franzose werden.
 Abdelkrim Kaarer hat die Öffnung des Brandenburger Tors miterlebt. Mit vierundvierzig Jahren bekam er nun endlich eine Wohnung in Ouargla. Obwohl er unentschieden ist, ob er sich mehr vor dem weiteren Alleinsein oder vor der Ehe fürchten muß, studiert er fleißig Heiratsannoncen.
 Dalila Zeghar hat ein kleines Mädchen bekommen.
 Auch in unserer Familie ist ein kleines Mädchen geboren worden. Seine Eltern leben zwar zusammen, möchten aber nicht heiraten. Die Mutter, Faisa, kann sich diesen Luxus erlauben, weil sie eine Stellung in Schwedens Botschaft hat. Sie wohnt mit Yasmin bei ihren Eltern und ihrem Bruder, der 1990 im Kommunalen Rat der FIS saß. Die Familie fand sich mit der Situation

ab und lernte, das Kind liebzuhaben – sie lebt von Faisas Einkommen.

Aber Josie Fanon, die einige Zeit lang in »Révolution Africaine« mit literarischen Kurzgeschichten über den algerischen Alltag brillierte, hat sich im Sommer 1990 aus dem Fenster ihrer Wohnung in den Tod gestürzt. Sie muß begriffen haben, daß sich das Land in weitaus schlimmerem Zustand befand als 1965, als sie es zum ersten Mal aus Hoffnungslosigkeit verlassen hatte.

Damit ist unser Film über Fanon auch erst einmal gestorben. El Hadi Flici, Armenarzt und Chronist der Kasbah (sein Schriftstellername war Laadi Flici) ist am 17. März dieses Jahres in seinem Sprechzimmer mit einem Messer erstochen worden. Ein islamistischer Terrorist hatte sich als Patient ausgegeben.

Flici war 1988 aus der FLN ausgetreten, kandidierte bei den Parlamentswahlen als Unabhängiger und war Mitglied des von Boudiaf gegründeten und von Abdessalam noch nicht abgeschafften Konsultativrates, in dem Menschen aus den verschiedenen politischen Lagern noch eine Möglichkeit haben, ihre Forderungen direkt an die – nicht legitimierte – Regierung heranzutragen. Der islamistische Anschlag auf Flici leitete eine ganze Serie von terroristischen Morden an demokratisch organisierten Intellektuellen ein. Am 26. Mai 1993 wurde der Schriftsteller und Journalist Tahar Djaout erschossen, und am 14. Juni kam der bedeutendste Psychiater Algeriens, Mahfoud Bougebsi, durch Messerstiche ums Leben. Bougebsi war der unermüdliche Anwalt der unehelichen Kinder und ihrer Mütter, mutig trat er gegen den Gebärzwang für Frauen auf. Schon mit dem FLN-Regime hatte er in ständigem Konflikt gestanden: nur die internationale Anerkennung seiner Bücher schützte ihn.

Unsere alte Freundin Aischa, die Partisanin, träumt davon, sich aus dem Staub zu machen. Sie will nach Frankreich gehen, wohin sie schließlich auch in ihrer Jugend emigriert war.

Saddek hat sie Anfang 1993 mit unserer Freundin Rachida – der Schwester der »Hexe« Subida – besucht. Wie früher, empfängt

Aischa Gäste, auch wenn sie krank im Bett liegt. Der mittlerweile zum jungen Mann herangewachsene Sohn muß das genauso hinnehmen wie der Ehemann, der noch immer seine Nachmittage bei ihr verbringt.

Auf ihre Emigrationspläne angesprochen, antwortet sie: »Ich denke, daß ich am Ende doch hierbleibe. Ich demissioniere nicht. Aber wenn ich jung wäre, könnte ich es hier nicht mehr aushalten. Zum ersten Mal in meinem Leben habe ich es abgelehnt, Weihnachten und Silvester zu feiern!«

Was – du hast für deinen Jungen tatsächlich keinen Weihnachtsbaum geschmückt?

»Nein. Es wäre mir wirklich fatal gewesen zu feiern – bei dem Zustand, in dem das Land sich befindet! Jeden Tag Tote! . . . Auch Silvester wollte ich nicht feiern. Ich habe getrauert. Dabei haben in diesem Jahr mehr Menschen denn je Silvester gefeiert. Sie wissen, daß es bald ganz verboten sein wird. Sogar die Ärmeren hier haben ihre ›buche‹ gekauft, den französischen Weihnachtskuchen! . . .«

Und was arbeitest du jetzt?

»Weißt du, ich hatte die Idee für eine Assoziation, um verelendeten Frauen zu helfen, Geschiedene und Verstoßene mit Kindern! Dieses Phänomen hat in den vergangenen Jahren unglaublich zugenommen. Immer mehr Männer werfen ihre Frauen und Kinder einfach auf die Straße! Der Wali ist jetzt froh über die Existenz unserer Assoziation und stellt uns ziemlich viel Geld zur Verfügung. Du verstehst, das Problem soll versteckt werden! Trotzdem können wir nicht allen helfen, die unsere Hilfe brauchen. Wir haben mehr Schwierigkeiten, genug Mitarbeiterinnen als Geld zu finden. Dabei fehlt es bei vielen Frauen nicht am guten Willen, sie haben aber Angst um ihre Reputation. Die Islamisten streuen nämlich das Gerücht aus, daß wir die Frauen zur Scheidung animieren. Dabei machen wir genau das Gegenteil! Wenn eine

Frau in Not zu uns kommt, versuchen wir alles, um noch eine Versöhnung mit dem Ehemann zustande zu bringen. Früher war das üblich in unserer Kultur. Wenn eine Scheidung anstand, versuchte der Ältestenrat zu vermitteln. Diese Sitte existiert heute nicht mehr, aber wir wollen sie wiederbeleben.«

Rachida hat sich entschlossen, Aischas ehrenamtliche Sekretärin zu werden.

Saddek hat auch den alten Händler in der Kasbah wieder besucht. Sein Geschäft befand sich gerade in Auflösung, es gibt keine Touristen mehr, die ihm etwas abkaufen. Junge bärtige Männer trugen gerade die letzten Waren hinaus und lagerten Papierstöße auf dem Fußboden. Saddek fragte den Alten, wie er die jetzige Lage einschätzt.

»Unser Land steht in Feuer und Flammen, weil das Resultat der Urnen nicht anerkannt wurde. Alles, was ich sagen kann, ist: Wir müssen wieder zu den Urnen zurück! Wir sind ein stolzes Volk. Wir haben eine bestimmte Politik abgelehnt.«

Vor einem Jahr haben Sie von der Toleranz gesprochen. Hat denn die FIS genug Toleranz gezeigt?

»Ich weiß nur, daß wir Sunniten sind und keine Schiiten. Wir wollen keinen Iran und keinen Sudan hier. Demokratisch gesehen, muß jeder, der beten will, beten dürfen, und wer es nicht will, soll auch nicht dazu gezwungen werden. Auch ich habe eine Zeitlang nicht gebetet, damals, 1954, 1957, als wir die Revolution machten. Aber das hinderte mich nicht daran, mein Land und den Islam zu lieben. Wir sind und bleiben Muslime.«

Sind die Leute, die die Attentate auf Polizisten und auf Unschuldige im Flughafen begangen haben, Helden?

»Das müssen Sie die FIS fragen. Ich will nicht für die FIS sprechen. Die Straße sagt, daß diese Attentate nicht die FIS begangen hat, welches Interesse hätte sie daran? Unsere Religion verbietet, daß Muslime andere Muslime töten. Vieles ist hier vergiftet und verfälscht. Unter der Folter erzwingt man leicht die Aussagen, die man braucht. Wir aber hatten gewählt.

Früher hatte die FLN unser Vertrauen, damals, als sie noch ganz authentisch war. Sie hat sich verändert. War es richtig, die FIS zu wählen, oder nicht? Man muß uns die Zeit zugestehen, damit wir selbst beurteilen können, ob diese Leute ehrlich sind.«

Was denken Sie von der Rückkehr der alten FLN-Garde?

»Wir brauchen neue junge Leute. Es muß nicht unbedingt die FIS sein. Alle haben den Verstand verloren, sei es die FIS, sei es die Regierung. Ich bin weder für die einen, noch für die anderen. Ich bin nur für den Islam.« Er weint. »Wir sind ein Volk, das im Leid zerbrochen ist. Unser Staat hat sich aufgelöst. Unsere Stimme hat keine Bedeutung mehr ...«

Begriffe

Amazigh, Plural: Imazighen	(berberisch) Freier Mensch, auch Selbstbezeichnung der Berber.
Beylik	(türkisch) Herrschaftsbezirk eines Beys.
Chech	Turban bzw. Turbantuch.
Cheptel	Gesamtheit der Schafherden eines Gebiets; Viehbestand.
Gandura	Langes, hemdartiges traditionelles Gewand.
Fatiha	Eröffnungssure des Koran. Tägliches Gebet der Muslime, wird auch bei der Eheschließung gesprochen.
Dirham	Währung zur Zeit des Propheten, in einigen Ländern noch in Gebrauch.
Fetwa	Islamisches Rechtsgutachten.
Hidjab	Frauenschleier, Vorhang.
Ibaditen	Orthodoxe, bis heute ganz nach der Scharia lebende Sekte, die den irdischen Schiedsspruch in der Frage der Rechtmäßigkeit des Kalifats zwischen Othman und Ali nicht anerkannte. Von den anderen Malekiten, auf deren Schulen ihre Imame studieren, unterscheidet sie ein Teil des Gebets.
Islamisten	Muslime, die politisch die Identität von Scharia und Staatsrecht anstreben. Sie sehen sich selbst als wahre Muslime an. Daraus entsteht die Notwendigkeit, die Mehrheit der nicht hinter ihnen stehenden Muslime begrifflich zu unterscheiden. Islamisten lehnen die von ihren Gegnern benutzten Bezeichnungen wie »Fundamentalisten« und »Integristen« ab. (Wenn diese Bezeichnungen in Gesprächen und Zitaten auftauchten, wurden sie von mir stillschweigend durch »Islamisten« ersetzt.)

Kaschabia	Wollener Kapuzenumhang für Männer.
Khemis	Langes Hemd, aus islamistischer Sicht obligatorische Bekleidung.
Ksar	Altberberische Wohn- und Speicheranlagen, oft Erweiterungen von ausgebauten Berghöhlen.
Malekiten	Innerhalb der Sunniten: Anhänger der Rechtsschule des Malik Ibn Anas (710 bis 795), der das Gewohnheitsrecht von Medina kodifizierte. Algerier sind allgemein Malekiten.
Marabu	Heiliger, Heiligengrab.
Nikab	Über den Kopf geworfenes, langes schwarzes Schleiertuch für Frauen.
pieds-noirs	(französisch) Schwarzfüße. Bezeichnung für die bis 1962 in Algerien beheimateten Franzosen.
Scharia	»Das offenbarte Gesetz des Islam«; religiöses islamisches Recht, das auf dem Koran und den frühen Überlieferungen basiert.
Schahid	Märtyrer, im Krieg Gefallener.
Schia	Islamische Tradition, die sich auf die Rechtmäßigkeit des Kalifats von Ali gründet.
Schiiten	Nach der Schia lebende Muslime. Im Unterschied zu den Sunniten haben sie einen Klerus, dessen Äußerungen als Gottes Wille gelten können.
Souk el Fellah	Wörtlich: Bauernmarkt, jetzt: staatlicher Lebensmittelmarkt.
Sufismus	Asketisch-mystische Richtung des Islam, in der der Gläubige durch Meditation bis zur Einheit mit Gott gelangen kann. Gilt vielen als unvereinbar mit der Sunna.
Sunna	Gewohnheit, Praxis des Propheten.
Sunniten	In der Tradition der Sunna lebende Muslime, die die Rechtmäßigkeit der Kalifen von Othman bis zu den Abbassiden anerkennen.
Ulema, Singular: Alim	Religions- und Rechtsgelehrte des Islam.
Wali	Bezirk.
Wilaya	ursprünglich: Heiliger, jetzt: Gouverneur, Chef eines Bezirks.
Zaouia	Bezeichnung für religiöse Schulzentren mit lokaler Ausstrahlung im Maghreb.

Abkürzungen

ALN	Armée de la libération Nationale – Nationale Befreiungsarmee.
FFS	Front des forces socialistes – Front der Sozialistischen Kräfte.
FLN	Front de libération nationale – Nationale Befreiungsfront.
FIS	Front islamique du salut – Islamische Heilsfront.
GSE	Gestion socialiste des entreprises – Sozialistische Betriebsverwaltung.
PAGS	Parti de l'avantgarde Socialiste – Partei der Sozialistischen Avantgarde, Kommunisten
RCD	Rassemblement pour la culture et la démocratie – Vereinigung für Kultur und Demokratie.
SONACOME	Société nationale des constructions mécaniques – Staatskonzern für Maschinenbau.
SONELEC	Société nationale de l'éléctronique – Staatskonzern für elektronische Produkte.
SNS	Société nationale pour la sidérurgie – Staatskonzern für Stahl- und Stahlprodukte.
UNEA	Union nationale des étudiants algériens (gegründet während des Befreiungskrieges, 1963 aufgelöst).
UNJA	Union nationale de la jeunesse algérienne – Nationale Union der Algerischen Jugend (Nachfolgerin der UNEA, 1968 verboten, 1972 als offizielle Jugendorganisation der FLN neu gegründet).

Quellen und erwähnte Bücher

Abassa, A., *El Moudjahid et les sommets des pays non alignés*, Mémoire von 1980, vorgelegt am Institut de Sciences politiques et de l'Information in Algier (Quelle für Auflagenhöhe von ›El Moudjahid‹ und ›El Schab‹ zw. 1969–1982)

Ait Sabbah Fatna, *La femme dans l'inconscient musulman*, Paris 1982

Al-Ahnaf, Mohamed, Botiveau, Bernard, und Frégosi, Franck, *L'Algérie par ses islamistes*, Paris 1991 (kommentierte Ausgabe von Originaltexten)

Algeriens Berber: Aufstand für Gleichberechtigung, in: »Pogrom, Zeitschrift für bedrohte Völker«, Nr. 77, August/September 1980

Association indépendente pour le triomphe des droits des femmes: *Femme, connais-tu les lois qui te concernent? Guide de lois à l'usage des femmes*, Algier 1992

Association indépendante pour le triomphe des droits des femmes: *Projet pour un manifeste des droits des femmes*, 8. März 1992

Association pour l'égalité davant la loi entre les femmes et les hommes: *Déclarations 1992*, Algier, Oran 1992

Belaid, Abdessalam, *Le gaz Algérien. Stratégies et enjeux*, Algier 1988

Benhedouga, Abdelhamid, *Südwind*, Berlin 1980

Bessis, Sophie, und Belhassen, Souhayr: *Femmes du Maghreb: l'enjeu*, Paris 1992

Boudiaf, Mohamed, *Ou va l'Algérie?*, Algier 1992

Bouhdiba, Abdelwahab, *La sexualité en islam*, Paris 1975

Boumediene, Houari, *Du sang à la sueur. Discours*, Algier 1979

Bounama, Drifa, *La poésie populaire comme expression de la vie quotidienne en monde rural*, Mémoire von 1981, vorgelegt am Institut des Sciences Sociales in Constantine (Gedicht: »Constantine, die stolze Stadt«)

Chafik, Mohamed, »*Le substrat culturel berbère*«, in: *Langue et Pluralité au*

Maghreb. Sondernummer v. »Französisch Heute«, Frankfurt am Main 1984 (Die Zeitschrift gibt ein umfassendes Bild der gegenwärtigen Sprachkonflikte im Maghreb)
Churchill, Charles-Henry, *La vie d'Abd-El-Kader,* Algier 1974
Code de la famille, in: »Revue de Presse«, Algier, Juni/Juli 1984
Comité de défense des droits culturels en Algérie: *Tafsut Imazighen,* »Le printemps Berbère«, Paris 1980
Courrière, Ives, *La guerre d'Algérie,* 4 Bände, Paris 1968
Dennerlein, Bettina, *Das algerische Familiengesetz (Code de la famille) von 1984. Die ›Arabisch-Islamische Familie‹ im Zentrum sozialer und politischer Konflikte,* Magisterarbeit am FB Philosophie und Gesellschaftswissenschaften II der FU Berlin, 1991
Der Koran, übers. v. Max Henning, Leipzig 1968
Direction des statistiques et de la comptabilité nationale: »*L'Algérie en quelques chiffres*«, Algier 1978
Djebar, Assia, *Fantasia,* Zürich 1990
Étienne, Bruno, *L'Algérie, cultures et révolution,* Paris 1977
Forstner, Martin, *Das neue algerische Ehe- und Kindschaftsrecht – Gesetz und soziale Wirklichkeit,* in: »Das Standesamt«, 1987, Nr. 7/8 und 9
Gref, Marion, *Frauen in Algerien,* Köln 1989
Groupe Aischa, *Agenda: Droits des femmes en Algérie 1992,* Algier 1991.
Fanon, Frantz, *Aspekte der algerischen Revolution,* Frankfurt am Main 1968
Fanon, Frantz, *Das kolonisierte Ding wird Mensch,* Leipzig 1986
Fanon, Frantz, *Die Verdammten dieser Erde,* Reinbek bei Hamburg, 1969
Flora, Tristan, *Club d'études et de recherches feministes,* Réunion-débat, 28. April 1990, Nr. 33, Paris 1990
Front de Libération Nationale: *Avant-Projet: Principes Directeurs de l'Autogestion,* April 1968
Front de Libération Nationale: *Charte et code de la gestion socialiste des entreprises* (unterzeichnet v. Houari Boumediene), Algier 1972
Front de Libération Nationale: *Charte Nationale,* Algier 1976
Front des Forces Socialistes: *Premier Congrès,* Algier, 13.–16. März 1991 (Programmentwurf)
Front Islamique du Salut: *Projet de programme,* in: »La Tribune d'Octobre«, Algier, Nr. 11, 25. Juli 1989
Habili, Mohamed, *Le R.C.D. à coeur ouvert. Entretiens avec Said Sadi,* Algier 1990
Hakiki-Talahite, Fatiha, *Sous le voile ... les femmes,* in: »Les Cahiers de l'Orient«, Paris, Nr. 23, 3. Trimestre 1991, S. 123–142

Horn, Heinz Günter, und Rüger, Christoph B. (Hrsg.), Die *Numider. Reiter und Könige nördlich der Sahara*, Bonn 1979 (Katalog einer Ausstellung im Rheinischen Landesmuseum Bonn v. 29. 11. 1979–29. 2. 1980). Ausführliche Dokumente zum heutigen Stand der Archäologie der Numider

Kateb, Yacine, *Nedjma*, Hamburg 1970

Lacheraf, Mostefa, *L'Algérie, nation et société*, Algier 1978

Lacoste-Dujardin, Camille, *Mütter gegen Frauen. Mutterherrschaft im Maghreb*, Zürich 1990

Mao Tse-tung, *Brief an seine Frau vom 8. Juli 1966*, zit. nach: Alain Roux, *La Revolution Culturelle en Chine*, Paris 1976, S. 73–77

Mellah, Salima, *Algerien. Momentaufnahmen aus einem Land in Aufruhr*, Berlin 1991

Mernissi, Fatema, *Die Angst vor der Moderne. Frauen und Männer zwischen Islam und Demokratie*, Hamburg, Zürich 1991

Mernissi, Fatema, *Die Sultanin*, Hamburg, Zürich 1991

Ministère de l'Information et de la Culture: *De l'Armee de Libération Nationale à l'Armee Nationale Populaire*, Algier 1979

Neumann, Wolfgang, *Die Berber. Vielfalt und Einheit einer alten nordafrikanischen Kultur*, Köln 1983

Office National des statistiques: *L'Algérie en quelques chiffres*, Algier 1991

Ouettar, Tahar, *Ez-Zilzel* (»Das Erdbeben«), Algier 1981

Présidence du conseil: *Révolution agraire* (Gesetz über die Agrarrevolution, unterzeichnet von Houari Boumediene), Algier 1971

Radio-Beur: *Octobre à Alger*, Dokumentation, Paris 1988

Rassemblement pour la Culture et la Démocratie: *Rapport de synthese* (Programmentwurf der RCD), Tizi Ouzou 1989

Rouadjia, Ahmed, *Les frères et la Mosquée. Enquète sur le mouvement islamiste en Algérie*, Paris 1990

Saadi, Nouredine, *La femme et la loi en Algérie* (Collection »Femmes du Maghreb«), Casablanca 1991

Sallust, *Catilina, Jugurtha. Fragments des histoires*, übers. v. Alfred Ernout, Paris 1958

Sari, Djilali, *Le désastre démographique*, Algier 1982

SONELEC: *Festschrift zum Internationalen Frauentag*, Sidi Bel Abbes 1980

*Dokumentationen und Zitate
aus folgenden Zeitungen und Zeitschriften:*

»El Moudjahid«, 1977–1992
»Algérie Actualité«, 1977–1993
»Révolution Africaine«, 1977–1991
»El Watan«, 1990–1992
»La tribune d'Octobre«, 1990
»Le Monde Diplomatique«, 1977–1993

Die Zitate aus »El Mounquid« sind der oben angegebenen Anthologie (Al-Ahnaf u. a., *L'Algérie par ses islamistes*) entnommen, wo sie leider nur mit der Zeitschriftennummer, aber ohne Datum versehen sind.

Meinen ehemaligen Studenten und Magistern in Oran und Algier verdanke ich eine große Anzahl von Informationen und Erfahrungswerten.

Für Rat und Hilfe zu diesem Buch danke ich Saddek Kebir, Christine Kortum und Fauwzi Damardji, ehemaliger Direktor der SONACOME von Sidi Bel-Abbes.